中国近代人物日记丛书

樊 昕 整理

赵烈文日记

第 六 册

中华书局

第六册目录

光绪十一年（1885） 太岁乙酉,余年五十有四

正月戊寅

元旦辛丑(2月15日)　晴,东北风,夜半雪

卯刻起,率家众拜天,拜先师孔子,礼佛及灶。先像前馈朝食行礼毕,合家称贺。复诣曾文正像前行礼。诣先兄像前行礼,与嫂氏贺年。发笔书天保六章。

初二日壬寅(2月16日)　雪

降日,家人礼佛设供。

初三日癸卯(2月17日)　晴

午刻终祭,收影像如故事。

初四日甲辰(2月18日)　晴

写邓公武信、树人信,贺年兼祝公武五十寿。初五发,交宽儿。

初五日乙巳(2月19日)　阴

宽儿挈妇邓氏赴苏。

初六日丙午(2月20日)　阴

写宽儿信。即发,信船。

初七日丁未(2月21日)　雨

初八日戊申(2月22日)　　　阴

接宽儿初五日禀。

初九日己酉(2月23日)　　　雨

写宽儿信。即发,信船。

初十日庚戌(2月24日)　　　晴

早食毕出贺岁,惟方处入,少坐。又赵次侯家,晤其子坡生而已。未刻归。

十一日辛亥(2月25日)　　　晴

写陆彦和信,遣重俭往赘其家。十二发,交重俭。赵价人来久谭。接邓公武初八日信。

十二日壬子(2月26日)　　　晴

诣嫂氏处作贺,视重俭行。

十三日癸丑(2月27日)　　　晴

早食后率小俞姬及秾、住二女至石梅观绳伎,下午归。松颜阁前复种松一株,高几三丈,颇有姿致。

十四日甲寅(2月28日)　　　晴

十五日乙卯(3月1日)　　　阴

赵次侯来久谭。

十六日丙辰(3月2日)　　　晴

十七日丁巳(3月3日)　　　晴

张纯卿来答候,久谭。

十八日戊午(3月4日)　　　阴

赵价人来久谭,同访曾君表,亦久谭。新为万孙延馆师童文翰江阴杨舍人,秀才。来开馆。

十九日己未(3月5日)　　阴

二十日庚申(3月6日)　　阴

二十一日辛酉(3月7日)　　阴

福山镇雷震初玉春。来候。答候雷震初,又候张纯卿,均不晤。

二十二日壬戌(3月8日)　　晴

至寺前街阅市,约张纯卿来同茗饮,良久归。

二十三日癸亥(3月9日)　　晴

园梅渐放,与南阳君、诸姬赏玩。

二十四日甲子(3月10日)　　晴

二十五日乙丑(3月11日)　　晴

二十六日丙寅(3月12日)　　晴

接周甥妇廿四日信。

二十七日丁卯(3月13日)　　晴

写周甥女信。即发,信船。

二十八日戊辰(3月14日)　　晴,夜雨

二十九日己巳(3月15日)　　雨

三十日庚午(3月16日)　　晴

二月己卯

朔日辛未(3月17日)　　　晴

子永昆季下午来。

接周甥女正月廿九日信。

初二日壬申(3月18日)　　　晴

园梅盛开,与家人赏玩。

初三日癸酉(3月19日)　　　晴,暄热异常

初四日甲戌(3月20日)　　　春分节。寅刻大风,雷雨雹,屋瓦

皆震,卯刻止。是日薄阴有日色,气候复寒

赵次侯招饮,不赴。午间祀先祖如礼。下午赵价人来久谭。

初五日乙亥(3月21日)　　　晴

初六日丙子(3月22日)　　　晴,甚暄,至欲衣裕,夜大风

得父己卤,无锡周姓来售,云秦氏物也。器高今缝工尺四寸三
分,椭圆,腹大径四寸,小径二寸六分,口大径二寸八分,小径二寸一
分。索绹錾高出器上二寸。盖连顶高一寸九分。器铭"酉父己"三
字,盖同。近口处皆回文饕餮,土斑五色均备,足左缺径一寸二分。
价止番银十二元,殊甚廉也。

初七日丁丑(3月23日)　　　阴寒,仍衣狐裘

初八日戊寅(3月24日)　　　阴

初九日己卯(3月25日)　　　阴

初十日庚辰(3月26日)　　　晴

十一日辛巳(3月27日)　　　晴

答访张纯卿、余听鸿、赵价人、江春华,在价人处久谭,余均不晤。

十二日壬午(3月28日)　　　晴

薛安林自苏来。陈甥伯商自杭来。

十三日癸未(3月29日)　　　阴

十四日甲申(3月30日)　　　雨

十五日乙酉(3月31日)　　　晴,夜雨

十六日丙戌(4月1日)　　　晴

陈甥旋常州。张纯卿来久谭。

十七日丁亥(4月2日)　　　晴

接邓熙之初九日信,接朱箓卿十二日信。

十八日戊子(4月3日)　　　晴

下午薛安林旋苏州。

挽张啸山文虎联:

太乙杖方燃,百千卷帝虎陶阴,廓如扫叶;

少微星遽隐,十馀载冶山泖水,空赋怀人。

十九日己丑(4月4日)　　　雨。清明节

二十日庚寅(4月5日)　　　雨

写杨壬山信,寄皮壳钟价十八银饼。即发,信局。

二十一日辛卯(4月6日)　　雨

写邓季垂信,廿八发,交公武。金鹭卿信。即发,信局。

二十二日壬辰(4月7日)　　阴,午有日色,下晡大雨暴雷

徐文卿元霖。来面结乾裕钱庄账目,分劈股分,竟日而后毕。

二十三日癸巳(4月8日)　　雨

赴苏为周再甥荄纳室嘉礼,晚下舟,未发。

二十四日甲午(4月9日)　　晴

早发,午过吴塔市,酉泊齐门内坛子河。邀安林来谭。

二十五日乙未(4月10日)　　早晴,午前后大雨,申有日色

早食后同安林棹小舟至观后登岸,阅市无所见①,遇雨,饮茗市楼。未刻旋舟。写家信。即发,信船。申刻移舟葑门,至周宅与诸甥女久谭,夜归。

二十六日丙申(4月11日)　　薄阴

访李眉生,闻其有恙,乃罢行。巳刻李氏送女舟至,赵君修代其父来执柯,晤谭毕,余即诣周氏,安林亦来助庇诸事,傍晚下舟。

接南阳君廿五日信,又实儿廿四日信。

二十七日丁酉(4月12日)　　薄阴,下午见日,夜大雨

是日周氏吉期,晨偕赵君修登岸,主人先设醴,午刻饮散。未刻先诣女氏舟,逆者亦至。申刻复诣男氏,妇车入门。酉刻成礼,宾退乃返。自周甥孟舆之授室,暨李伯孟娶于刘氏,余皆为蹇修,俯仰二十八年,咸丰八年周甥授室,九年李娶。复为两姓子女缔昏,周、李及李

---

① 市,稿本作"肆"。

之妇均下世，余独健在，虽自幸，亦为怆然耳。又周氏自伯恬先生暨其配储宜人，下至弥甥荄，余凡见其家四世夫妇，更十馀年，荄当有子妇，使余尚存，亦戚郦之佳话也。

二十八日戊戌(4月13日) 雨

晨起，周再甥荄来谒谢。已刻舟行，与安林同返齐门，泊原处。午刻赁舆候费幼亭、邓公武、树人、任筱沅，均久谭。傍晚乃归。写家信。即发，信船。安林来舟久谭。

二十九日己亥(4月14日) 晴

早食毕至安林家，看艺匠修理钟表、八音匣。江春华访余薛氏，久谭去。余下晡还舟。费幼亭来答候，不值。写家信。即发，信船。夜安林来谭。

接南阳君二十七日信。又侄重十一日信，已安抵徽州，无误吉期，甚慰。

三月庚辰

朔日庚子(4月15日) 晴，大风，夜雨

早移舟阊门外，与江春华会晤于茗楼，昨约也。遂同至下塘广顺茶行，识蔡吉云，江欲业此，强余家共事，姑一行塞其意。已刻放舟山塘，游阅花市，天日晴丽，景物鲜妍，购盆花数盆归。午刻回阊门，至剧场，适遇任筱翁，招邀共座，其客有姚念慈、觐元，湖州人，粤藩得罪归者。恽季文、次山之季子。恽竹坡，酉刻散。移舟齐门，约安林来，谭至亥刻去。

接南阳君二十九日信。

初二日辛丑(4月16日)　　　阴雨

早发,巳刻过蠡口,未刻过吴塔,申刻过湖荡,酉刻抵家。

初三日壬寅(4月17日)　　　早雨,午霁

写任筱沅信,寄《郙阁颂》一册。即发,信船。叶芸伯来候,未晤之。

接重伫二月十五日信,已于十三日嘉礼。又陆彦和二月十七日信。

初四日癸卯(4月18日)　　　晴

初五日甲辰(4月19日)　　　雨

接金鹭卿初二日信。

初六日乙巳(4月20日)　　　晴

赵次侯来访久谭。

初七日丙午(4月21日)　　　晴

答候叶芸伯、徐文卿,均不值。吊陆云孙母丧,并晤曾士虎、杨思赞。答访赵次侯久谭,湖州古董客朱友岩寓赵处,以古砖求售,有半甓文曰"令子贤"者,喜其语,以番饼一元易归。

初八日丁未(4月22日)　　　晴

早食毕,率次儿棹舟至望仙桥,遇方氏昆仲,邀与俱赴北郊闲眺,顺访赵价人,并晤季君梅,少谭而出。舟到北门,饮茗薛山人家,春日方和,踏青游女如织,座客喧阗,少选乃归。下午江春华来,留饮,傍晚去。

接魏殷仲初四日信。

初九日戊申（4 月 23 日）　　　晴

写重侄信，即发，附嫂氏家信。陆彦和信。同发。子永、子顺来，久谭。

初十日己酉（4 月 24 日）　　　晴

徐文卿来答访，久谭。江春华来久谭，同周晋麒青浦人，习西法治病。来诊五女眼疾。

十一日庚戌（4 月 25 日）　　　晴

接杨壬山初二日信。

十二日辛亥（4 月 26 日）　　　晴，夜雷雨雹

十三日壬子（4 月 27 日）　　　晴

十四日癸丑（4 月 28 日）　　　晴，夜大雷雨雹

邓铁仙来自上海。

接任筱沅十一日信，又邓季雨初一日信。

十五日甲寅（4 月 29 日）　　　晴

十六日乙卯（4 月 30 日）　　　晴

十七日丙辰（5 月 1 日）　　　晴

写邓季雨信。十九发，交铁仙。

十八日丁巳（5 月 2 日）　　　阴，午间雨

早食毕，同邓铁仙市中饮茗，又同至方处久谭。下午冒雨归。

十九日戊午（5 月 3 日）　　　阴，下午微雨

邓铁仙去，返上海。宽儿妇邓氏自苏归。写金鹭卿信。二十日发，信局。

接邓公武十八日信。

二十日己未(5 月 4 日)　　　阴,有日色,下午风雨

南阳君挈诸姬观竞渡于西城外。写邓公武信。即发,信船。

二十一日庚申(5 月 5 日)　　　晴

二十二日辛酉(5 月 6 日)　　　晴

二十三日壬戌(5 月 7 日)　　　阴

二十四日癸亥(5 月 8 日)　　　阴,细雨

写邓铁仙信。即发,信局。

二十五日甲子(5 月 9 日)　　　阴

接陆彦和十三日信。

二十六日乙丑(5 月 10 日)　　　阴

二十七日丙寅(5 月 11 日)　　　晴

赵次侯来访久谭。

二十八日丁卯(5 月 12 日)　　　晴

《石鼓释文纂》授梓,今日来写样。

二十九日戊辰(5 月 13 日)　　　晴

宗湘文卜宅虞山,今丁父忧,奉丧而归。往吊,并晤赵次侯、宗月锄。

四月辛巳

朔日己巳(5 月 14 日)　　　雨

写邓季雨信。即发,信局。

初二日庚午(5月15日)　　雨

初三日辛未(5月16日)　　雨,午刻霁

接邓铁仙三月廿八日信。

初四日壬申(5月17日)　　晴

写邓铁仙信,即发,信局。薛安林信。同上。

初五日癸酉(5月18日)　　晴

杨壬山自金陵来,同张楚怀本地人。来访久谭,同早食毕,至市中饮茗,亭午散归。季君梅来访久谭。杨思赞来访久谭。下午答访杨壬山不值。

初六日甲戌(5月19日)　　晴

杨壬山来久谭,同早食毕别去。

接许迈孙△月△日信,寄赠新刊《山中白云词》一部。

初七日乙亥(5月20日)　　晴

候宗湘文不值,答访季君梅亦不值。访孙竹堂久谭。答访杨思赞亦久谭,并以濠叟《字说》二本归之。先是,濠叟读许氏书,引古文以正小篆,或以古人小篆正今人小篆,结集得此,曾属余评点,迨辛巳岁。叟既殁,其书尚在余家,因以己意参订之,可者半,不可者亦半。今思赞欲刻许氏《说解》,尽去大小徐说,而缀叟说,为书以行。余以许书九千文,叟说不得十一,且多立异,而《说解》孰为许氏之旧,孰为后人增加,纷纷聚讼,亦不易剖擘,故力阻之,未知能信余说否。思赞乞还原本,遂面付之。

初八日丙子(5月21日)　　晴

俞姬之母孤苦无归,余许为膳养,是日来虞,其次妹亦至。先是

其幼妹小俞姬以兄殁无以殓,其母质钱余家,余怜其慧黠,貌清秀逊姊而妍丽过之,拟蓄以待年,姬颇知之,婉娩承事,若甚愿为夫子妾者。余老矣,衾裯之奉不复关怀,第书林艺圃之中有此画眉人给事左右,捧书注砚,亦乐境也。

初九日丁丑(5月22日)　　晴

五女淑以有目眚,南阳君挈之就医于苏州,宽儿偕往。建小寝于小奉华堂之北楣,号曰"乐卧",是日起工。

初十日戊寅(5月23日)　　阴,下午雨

写邓铁仙信,即发,信局。薛安林信。同上。滋萌弥甥自苏来即去。

十一日己卯(5月24日)　　阴

接宽儿初十日信。

十二日庚辰(5月25日)　　晴

写南阳君信,即发,信船。薛安林信。即发,信局。

十三日辛巳(5月26日)　　雨

接南阳君十二日信。

十四日壬午(5月27日)　　阴,下晡晴

十五日癸未(5月28日)　　晴

写南阳君信。即发,信船。

接南阳君十四日信。

十六日甲申(5月29日)　　阴

写南阳君信。即发,信船。写邓铁仙信,寄去买洋烛台等价洋银九元。即发,信局。薛安林信。同上。

接邓铁仙十二日信。

十七日乙酉(5 月 30 日)　　阴,夜大雨

十八日丙戌(5 月 31 日)　　雨,夜大雨

李甥伯房自里门来。写南阳君信。即发,信船。

接宽儿十五日信,又南阳君十七日信。

十九日丁亥(6 月 1 日)　　阴

接族叔子慎十六日信。

二十日戊子(6 月 2 日)　　晴

写南阳君信。即发,信船。子慎叔信,寄迪姉等津贴四银饼。即发,信局。

二十一日己丑(6 月 3 日)　　晴

写南阳君信。即发,信船。

接南阳君二十日信,五女目眚已愈。

二十二日庚寅(6 月 4 日)　　晴

乐卧工毕,是日挈俞姬居之。下午季君梅来访,并邀其友王瘦梅观余静圃,久谭乃去。

接朱录卿十五日信。

二十三日辛卯(6 月 5 日)　　晴

南阳君挈儿女归自苏州。

二十四日壬辰(6 月 6 日)　　晴

二十五日癸巳(6 月 7 日)　　晴

李甥伯房去。

二十六日甲午(6月8日) 雨

二十七日乙未(6月9日) 晨雨,巳刻霁,下午复雨

写薛安林信。即发,信船。

二十八日丙申(6月10日) 晴

偕南阳君挈诸姬至新购市廛内观神会,下午归。写薛安林信,寄上海买物洋银四十元。即发,专差。

二十九日丁酉(6月11日) 晴

写曾沅浦宫保信,为李甥事。即发,寄交李甥。

去冬祗奉钧回,备承慈照,嗣欲续修丹启,自念草茅伏处,未敢屡奋室中之说,屑恩尊严,往往抑情而止。春夏以来,敬惟禔履迈常,德施布濩,际此中外好成,黔赤喁喁,孰不仰神恉洞达,始以武功詟远人,终以文德和众志,负重息民,思深虑远,诚非目睫之士所得而论矣。保有衽席,离遏沟壑,民气谧颂,声兴而衡泌之间,倾耳而听,翘足而舞。其为欣服,又岂笔墨之可宣哉!

烈闭关如旧,疾苦婴缠之馀,惟以文字为乐。回忆造朝,复经一岁,山云江树,有思无穷。并以甥李钟骏,夙沐裁成,由浙诣江,泥谢恩德,附呈笺素,肃叩兴居。恭请福安,仰希崇鉴。

三十日戊戌(6月12日) 晴

写朱菉卿信。即发,信局。

五月壬午

朔日己亥(6月13日) 晴,下午微雨

初二日庚子(6 月 14 日) 　　晴

初三日辛丑(6 月 15 日) 　　雨

犹子重自新安赘婚归，其妇尚在母家，未同返。

初四日壬寅(6 月 16 日) 　　雨

接费屺怀四月三十日信。

初五日癸卯(6 月 17 日) 　　阴，夜大雨。端午节

诣祠荐角黍如故事。重侄赴其妇家。

初六日甲辰(6 月 18 日) 　　阴雨

初七日乙巳(6 月 19 日) 　　阴

陈甥范及其弟弢字季略。赴京兆试，绕道来虞。

初八日丙午(6 月 20 日) 　　雨，夜有月，少顷复大雨

初九日丁未(6 月 21 日) 　　阴，夜大雨。夏至节

诣先祠时祭如礼。陈甥去。

初十日戊申(6 月 22 日) 　　晴

写任筱沅信，寄碑拓数种。即发，信船。邓公武信，附树。邓树人信，附铁。邓铁仙信。即发，信局。

十一日己酉(6 月 23 日) 　　阴

十二日庚戌(6 月 24 日) 　　晴

十三日辛亥(6 月 25 日) 　　阴晴不定

十四日壬子(6 月 26 日) 　　阴晴不定

十五日癸丑(6 月 27 日) 　　雨

题费氏《篝灯课读图卷》，拟《列女传颂序》二首。

十六日甲寅(6月28日) 雨

十七日乙卯(6月29日) 雨

接邓树人十四日信。

十八日丙辰(6月30日) 微雨

十九日丁巳(7月1日) 晨雨即霁

二十日戊午(7月2日) 雨

下午宗湘文来候久谭。

接任筱沅十七日信。

二十一日己未(7月3日) 雨

延台北廊因雨湿糟朽,命工重建。是日竖梁柱。

二十二日庚申(7月4日) 晴

早食毕,答候宗湘文久谭。次访季君梅亦久谭。次访赵次侯不值,出门逢湘文亦至,乃排闼径入,不问主人,共谭尤久,日景西斜,而主人不至,乃散归。

二十三日辛酉(7月5日) 晴

自月初至今,梅雨淋洒无休,天色阴寒,晨起至衣重棉,酷似道光己酉年气候,鄂皖以下江流大涨,蛟水时作,小民荡析离居,殊可畏也。虽见睍两日,未知阳能敌阴,不至菀郁否。

二十四日壬戌(7月6日) 晴

二十五日癸亥(7月7日) 阴,夜雨。小暑节

俗谚小暑阴雨为倒黄梅,主雨多,农田苦潦,殊忧之。巳刻招宗湘文、季君梅、赵价人、次侯、曾君表饮。饮罢诸人去,湘文独留久谭,

并以所藏《华山碑》长垣本见示,并请题,约留余斋中十日为度。

二十六日甲子(7月8日) 　雨

二十七日乙丑(7月9日) 　雨

连日因读《华山碑》,遍翻金石书,为之考定。是碑于明嘉靖间毁于地震,拓本希少,传世者旧称三本,今新出一本,如是而止。旧称三本中,以关中本拓最善,题跋亦至多,在国初至为烜赫。长垣本则拓在前,较多九十馀字,故乾嘉诸老见之者又推为弟一本。四明本则阙字与关中同,而系全纸整拓。三本各擅一长,号称鼎足。

关中本,明万历中归东肇商,云驹。天启元年归郭允伯,宗昌。国初归王无异,宏撰,均关中人。康熙初翁考在九年至十四年间。归张力臣,弨。乾隆初归凌□,如焕。三十一年归黄星槎,文莲。凌、黄上海人。三十八年归朱竹君,筠。道光十六年归梁芷林,章钜。光绪十年归沈仲复。秉成。

长垣本,明末归王文荪,鹏冲,长垣人。康熙三十八年归宋牧仲,荦。乾隆五十八年归陈伯恭,崇本。宋、陈商丘人。嘉庆二年归成亲王,道光五年归刘燕庭,喜海。同治甲子质于黄琴川,泾祥。是年转质宗湘文,源翰。后宗增值得之。

四明本,明世归丰南禺,国朝归全谢山,祖望。寻归范□□,懋柱,天一阁主人。乾隆五十年归钱□□,东壁,竹汀子。嘉庆十年质印氏,十二年归阮芸台,元。不知何时入京都归崇朴山。实。

新出一本,不知何时归金寿门,后归马□□玲珑山馆,后归伍贻堂,福,江宁人。此时有孙渊如、严铁桥跋。后归汪孟慈,喜孙。后归张古愚,敦仁。同治十一年归李若农。文田。

此诸本流传之始末也。关中、四明及新出金寿门本,余皆不及见。此长垣本,以纸墨审之,亦只明时物,不可谓之宋拓。以用墨太重,侵蚀甚多,画痕细瘦,而劲折如铁,翁覃溪跋中谓较王山史本细瘦而神逾厚。又云墨沈太浓,不免掩损画痕之憾。殆此拓传神语也。

二十八日丙寅(7月10日)　　　阴晴相间

苏州购蝉翼笺来,余自勾碑额,而命表侄方子顺勾碑文及题名,长子实勾名人题跋十四首。其跋字过小及文字无足取者,已之。是日始。

二十九日丁卯(7月11日)　　　阴

为《华山碑跋》一篇,考经中所用经义一篇,考字义约二千言。

六月癸未

朔日戊辰(7月12日)　　　晴

初二日己巳(7月13日)　　　晴

阮芸台所为《华山碑考》中载长垣本阙字与真本大异,翁覃溪说亦微不合,为之大疑。因会集余旧藏顾南原手勾本,赵次侯藏黄小松手勾本,丁筱农刻唐竹虚勾本,吴平斋刻张芑堂勾本,杨守敬刻陈南叔勾本,与真本及翁、阮说,余次子宽作阙字异同表,余又遍考之。乃知阮实止勾摹长垣本前五行之九十馀字,号曰百字,以补四明本之阙,馀者未勾,见其所为四明本跋中。至为此考时,不知假手何人,以意为之,致此大误。而翁说则与顾南原、唐竹虚、黄小松三勾本别出一本,而非长垣本血胤。张芑堂、陈南叔三勾本则参以关中、四明二本,亦不专属长垣。于是复为跋以辨之,亦千数百言,通前二跋凡三千七百馀言。可谓长饮大啖,此碑精华尽果余腹矣。

初三日庚午（7月14日） 晴

初四日辛未（7月15日） 晴

初五日壬申（7月16日） 晴

长垣本《华山碑》是日勾毕。行世诸勾本皆丰肥，由勾手之不善，又于碑中阙泐处以意为之，未免失真。余此本悉依墨拓，不许丝粟增损，庶下真拓一等，不滋后人之疑矣。

初六日癸酉（7月17日） 晴

于碑尾书观款并写所为三跋皆毕，拟约湘文至此面交之。

初七日甲戌（7月18日） 阴

宗湘文同刘文楠传桢，江宁人，前安庐道，同治初与余同在沅帅军中。来访久谭，午食后去。以长垣本归之，留静圃凡十二日。

初八日乙亥（7月19日） 晴，下午阴

初九日丙子（7月20日） 晴

南阳君生日，家人举觞称庆。

接族叔子慎初五日信。

初十日丁丑（7月21日） 阴雨

为《〈华山碑〉金寿门勾本非长垣本说》。以李若农学士本自言金寿门所藏，属宗湘文以余跋及此说寄与之。

十一日戊寅（7月22日） 阴

访宗湘文久谭。又访曾君表，亦久谭。

十二日己卯（7月23日） 阴雨

十三日庚辰（7月24日） 阴

写朱菉卿信。即发，信船。

接朱荔卿十二日信。

十四日辛巳(7月25日)　　晴,夜月甚朗

与诸姬赏月长桥上,夜分而寝。

十五日壬午(7月26日)　　晴

十六日癸未(7月27日)　　晴

十七日甲申(7月28日)　　晴

宗湘文来久谭,并携北齐《兰陵王碑》墨本见示,此自来未见著录之孤本,亦异物也。

接任筱沅十四日信,又裴浩庭△日信。

十八日乙酉(7月29日)　　晴

写子慎十叔信,即发,信局。又任筱沅中丞信。同上。

十九日丙戌(7月30日)　　晴

二十日丁亥(7月31日)　　晴

赴曾君表招饮,同座宗湘文、杨书城、赵价人、次侯、翁荔卿,未刻饮散。湘文同余至静圃久坐,傍晚乃去。

二十一日戊子(8月1日)　　晴

二十二日己丑(8月2日)　　晴

二十三日庚寅(8月3日)　　阴,大风

二十四日辛卯(8月4日)　　晴,甚暑,际晚大风雷雨

实儿有事赴苏州。

二十五日壬辰(8月5日)　　阴

为《兰陵王碑跋》千馀言。

二十六日癸巳(8月6日) 　阴雨

二十七日甲午(8月7日) 　晴。立秋

早食毕，访宗湘文久坐。又访张纯卿，又访杨思赞，各谭移时。写实儿信。即发，信船。

接邓公武十三日信，已到闽需次。又朱菉卿廿六日信。

二十八日乙未(8月8日) 　晴

写朱萼卿信。即发，信船。得旧拓《皇甫府君碑》，余先藏有一明拓，楮墨至精，为人借失。此本远逊之，而笔画甚肥，神气浑厚，盖亦明季国初拓也，值洋银十二饼。

二十九日丙申(8月9日) 　晴

七月甲申

朔日丁酉(8月10日) 　阴晴相间①

接实儿六月廿九日信。

初二日戊戌(8月11日) 　阴

初三日己亥(8月12日) 　晴

写金鹭卿信，寄去《说文谐声谱》半部五本。初七发，交宽儿。

初四日庚子(8月13日) 　晴

初五日辛丑(8月14日) 　晴

亭午宗湘文来访，少谭即去。

---

① 阴晴，稿本作"晴雨"。

初六日壬寅（8 月 15 日）　　　晴,暑甚,视秋前为酷,寒暑表升至九十七分

宽儿赴江宁省试,其妇附舟归宁至苏,拟明晨成行。

接李甥六月廿三日信,又曾沅圃制军六月十三日信。

初七日癸卯（8 月 16 日）　　　晴

晨起,宽儿已解维矣。辰刻张纯卿来访久谭,同早食已乃去。

初八日甲辰（8 月 17 日）　　　晴,酷暑

　　琵琶仙　盆池绿芙蕖,异品也,为调此阕。

　　南浦红喧,问谁见、月底珊珊环玦。今夜何处云轿,苍霞半明灭。携太华,峰头一片,却抛做、洛川罗袜。绿萼林空,青湘树老,仙侣无迹。　　奈是处,千丈炎尘,向冰地移根甚时节。唤起玉人相对,笑铅华都歇。刚错认,芳尊劝饮,早翠云、拥上冠帻。剩取圆叶田田,碧筒觞月。

初九日乙巳（8 月 18 日）　　　晴,酷暑

下午实儿归自苏州。

初十日丙午（8 月 19 日）　　　晴,有云阴,暑势少杀

十一日丁未（8 月 20 日）　　　晴

接朱莘卿初七日信。

十二日戊申（8 月 21 日）　　　晴

十三日己酉（8 月 22 日）　　　晴

接宽儿十一日禀,已由常州赴江宁。

十四日庚戌（8 月 23 日）　　　晴,凉风肃然,始有秋意

十五日辛亥(8月24日)　　晴,午间午雨即止

十六日壬子(8月25日)　　晴

闻周氏女甥于十四日去世。甥自父殁后矢志不嫁,长斋诵经二十馀年,家事颠沛,荼蘖终身,诚可哀也。

十七日癸丑(8月26日)　　晴

十八日甲寅(8月27日)　　晴,暑热复盛

接金鹭卿十六日信。

十九日乙卯(8月28日)　　晴

二十日丙辰(8月29日)　　阴,风凉,烦衿颇涤

二十一日丁巳(8月30日)　　晴

写周兹明再甥信,寄洋银十元助丧费。即发,信局。又薛安林信。即发,信船。

二十二日戊午(8月31日)　　晴

接宽儿十六日禀,已抵江宁。

二十三日己未(9月1日)　　晴

二十四日庚申(9月2日)　　晴,夜半大雨

接周兹明廿三日信。

二十五日辛酉(9月3日)　　晴

二十六日壬戌(9月4日)　　晴

二十七日癸亥(9月5日)　　晴,亭午午雨

二十八日甲子(9月6日)　　晴

二十九日乙丑(9月7日)　　晴,残暑犹炽

三十日丙寅(9月8日)　　晴

题宗湘文太守爱山台图

台在湖州,苏文忠遗迹,宗典郡时重修绘图

人物依稀记鲍谢,二鲍二谢皆南宋时守吴兴,有名迹。山形终古蔚青蓝。苕溪尊俎皆陈迹,髯老风流剩剧谈。丹阁重留长者辙,白云犹忆使君骖。晋唐遗象清高在,郡人重建三贤祠,祀晋谢太傅安,唐颜尚书真卿,宋苏学士轼。一跃天衢事可参。

题又镜瓦图

君家翠墨冠海内,有长垣本《华山碑》,余为跋三千七百言。镜瓦何劳绘作图。镜自能明瓦能覆,此中真意许参无。

是镜皆明非异事,独怜瓴甓已千年。读书嗜古吾辈事,托物寄意胡芒然。

日湖月湖明镜光,宗作图时守宁波。其间万瓦鳞鳞藏。不惟此瓦惟此镜,我知使君流泽长。

镜能照人还自照,瓦能自寿盍寿人。愿君韬明而及景,千秋万岁存其真。

八月乙酉

朔日丁卯(9月9日)　　阴

初二日戊辰(9月10日)　　阴雨

接邓季垂六月初三日信。

初三日己巳(9月11日)　　雨

初四日庚午(9 月 12 日) 　晴雨相间

初五日辛未(9 月 13 日) 　雨

初六日壬申(9 月 14 日) 　晴

写李眉生信,寄新栗四百苞。即发,信船。

接宽儿七月廿九日禀。

初七日癸酉(9 月 15 日) 　晴

余自七月间足胫患疥,今月初渐剧,痒不能眠,医家吴玉如处方凉血清热一剂,疥势略杀,而阴凝不化,中土为之大滞。是日遂作寒热头痛之疾。《传》不云乎,"齐侯疥,遂痁",然则斯疾也,亦由行古之道耳。一笑。

南阳君有婢陈氏名得寿者,服勤十七年,颇忠鲠,是日遣嫁徽州人洪氏。

初八日甲戌(9 月 16 日) 　晴

是日微寒热,不服药。

初九日乙亥(9 月 17 日) 　晴

疾如昨,不食。

初十日丙子(9 月 18 日) 　晴

是日寒热较剧。

接宽儿初六日禀,又周兹明弥甥初八日信。

十一日丁丑(9 月 19 日) 　晴

岩桂着花,午刻步至东堂少憩。下午赵价人来访,复至东堂接晤。

十二日戊寅(9 月 20 日)　　　晴

宗湘文来久谭。是日仍服往年恒服之加味温胆汤。

接魏殷仲初八日信。

十三日己卯(9 月 21 日)　　　晴

连日无甚寒热,但不大解,食少气滞,仍服温胆汤。

十四日庚辰(9 月 22 日)　　　阴,午后乍雨即止

晨起得大解甚畅,寒热霍然而已,饮食亦进。

十五日辛巳(9 月 23 日)　　　晴,夜无月有雨。中秋遇秋分节,

数十年偶一巧合耳

午后奉祀先祖如礼,余扶疾出一拜。

十六日壬午(9 月 24 日)　　　大雨竟日

本月初五以前雨势极甚,宽儿初次观场,身弱不任劳苦,极忧之。乃自初六日放晴,至闱事毕乃雨,亦幸事也。

十七日癸未(9 月 25 日)　　　阴

写魏殷仲信,即发,信局。周兹明信。即发,信船。

十八日甲申(9 月 26 日)　　　晴

庄女有疾往视,坐良久。又至宗湘文处久谭。

十九日乙酉(9 月 27 日)　　　晴

闻李眉生廉访于十五日下世,惨怛不任。君才高有器识,风味高骞,不与俗迕,仕宦所得,尽以购书画金石。慷慨好施,役甫生时,与之落落,乃恤其孤遗,适馆授餐,逾于密戚。于余尤有嗜痂之癖,凡所言议,信之甚笃。故余归后,敝门寡交,而每至苏垣,未尝不诣君所。从此放棹重游,愁见鲟溪一曲矣。

闻眉生廉访噩耗,适昔年见赠裴岑碑悬座旁,

怆题二绝,卷而藏之

题字淋漓墨未干,旧时缟纻抵琅玕。但留怀袖清芬在,忍作寻常图画看。

落落风期满抱衿,寥寥踪迹止盟心。君门数曲鲜溪水,无复中流拥棹吟。

二十日丙戌(9 月 28 日)　　晴

接周兹明弥甥十七日信。

二十一日丁亥(9 月 29 日)　　晴

宗湘文来久谭。写周兹明信。即发,信船。

接宽儿十六日禀。

二十二日戊子(9 月 30 日)　　晴

二十三日己丑(10 月 1 日)　　晴

二十四日庚寅(10 月 2 日)　　晴

二十五日辛卯(10 月 3 日)　　晴

长子实为觅得泰山二十九字,纸墨颇旧,但恐是模本耳。又唐《姜行本纪功碑》,此石在巴里坤,甚不易得也。

接宽儿廿四日禀,已旋至苏州。

二十六日壬辰(10 月 4 日)　　阴

二十七日癸巳(10 月 5 日)　　雨

宽儿与其妇同归。

接周兹明廿四日信。

二十八日甲午(10月6日)　　阴晴相间

宽儿为得《宋广平碑》裱本四大册,又《昭仁寺碑》一张。

二十九日乙未(10月7日)　　晴

九月丙戌

朔日丙申(10月8日)　　晴

初二日丁酉(10月9日)　　晴

初三日戊戌(10月10日)　　晴

赵次侯来访,以足軏不良于行,未出接晤。

初四日己亥(10月11日)　　晴

初五日庚子(10月12日)　　晴

宗湘文来访,久谭至下晡。叶芸伯来候,移时各去。

初六日辛丑(10月13日)　　晴

写兹明弥甥信。即发,信船。

初七日壬寅(10月14日)　　晴

初八日癸卯(10月15日)　　晴

初九日甲辰(10月16日)　　晴

晨约宗湘文来同食毕,偕游剑门、三峰以应佳节。在拂水岩前坐良久,遂至三峰寺晤药龛僧,观所藏书画,仍以去岁已见之王烟客、王石谷二立帧,又恽南田册页为最,及董香光山水、新罗山人菊花、丁云鹏仙女均佳。下午食于僧舍,遂归。顺访赵次侯不值。

初十日乙巳(10 月 17 日)　　　晴

十一日丙午(10 月 18 日)　　　晴,下午薄阴

早食后步访曾君表久谭。

接周兹明重九日信。

十二日丁未(10 月 19 日)　　　晴

早食后答候钱秋舫邑侯、叶芸伯副戎,均久谭。答访赵价人,又
访张纯卿,亦谭移时。

十三日戊申(10 月 20 日)　　　晴

写周兹明信。即发,信船。

十四日己酉(10 月 21 日)　　　晴

至庄女家久坐。又至宗湘文〈家〉坐弥久,看书画,有黄伯思章
草书《内景经》,孙退谷收藏长跋,虽未辨真伪,然旧物也。又宋元人
画汇装册十六叶,内宋徽宗花鸟三叶,郭河阳山水雪景一叶,皆极工
妙,第无款识,不知何从知之。册尾有"读汉书楼"印,云是顾千里物
也。又南田老人山水册十二叶,灼然无疑,咸可宝贵。数日前送来
李龙眠白描《后赤壁》图卷、释梵隆白描《十六应真》卷,亦均无款。
李卷高江村收藏,跋云汤潜庵赠,梵隆卷后中峰和尚跋。二者以梵
隆卷为胜,李卷或未可恃。

十五日庚戌(10 月 22 日)　　　晴

十六日辛亥(10 月 23 日)　　　晨微雨,午后复晴

张纯卿来久谭。

十七日壬子(10 月 24 日)　　　晴

下午常熟邑侯钱秋舫来候,久谭。

十八日癸丑(10月25日)　　晴

宗处借来赵文敏行书《太湖石赞》等一卷,用笔拖沓,分行布白尚未能知,断其赝迹,而前后檇李项氏印数十方及董香光诸人跋皆真,可见名家鉴赏每不足恃。《野获编》载董所藏颜书《告身》后结衔"关播"误作"开播"尚不能辨其伪,他可知矣。又宋拓《兰亭》一卷,签题"壬之九,庐陵本,苏易简跋"十字,系褚摹本。后有苏易简、富弼、韩玉汝、持国、邵亢宗、李公择等跋,均附刻,字形多有与颖本同者,而灵妙远逊。前亦有"墨妙笔精"长方印,较颖本者为大,盖出宋人传拓,并印文亦袭用其语也。又考理宗百十七刻壬集第九为庐陵胡氏本,与此是一是二,无可考见。此签题不知何人书,殆亦晚近之所附会,而又考之不详,纸墨均不甚佳,书法在《兰亭》中亦属下乘。徒以有"明晋府印"及"乾隆御览"、"石渠秘笈"二宝为之声价耳。阅迄即送还之。

写薛安林信。即发,信船。

十九日甲寅(10月26日)　　晴

二十日乙卯(10月27日)　　晴

二十一日丙辰(10月28日)　　晴

二十二日丁巳(10月29日)　　阴

早食后赴赵次侯招饮,同座廖季仙、宗湘文、魏保卿、陆涑文、曾君表,下午散归。

二十三日戊午(10月30日)　　晴

有人持古钟来售,钲间字二行,首行第一字系"佳"字,二行首二字系"𤔲公"二字,馀皆蚀。鼓右字前二行上半蚀,下半破缺,后二行见"皇且□公"、"皇考□公"八字。右边钲外下至铣有字一行，见"寿无疆，子孙"五字，篆形淳古，青绿弥满。余考"𥤧"即《春秋》之"婼"，为秦楚间小国，的系周器无疑。问其值，仅索洋银二十元，方欲付值，其人往问原主，则云需二百元，前言误也。惆怅不已。

二十四日己未（10月31日）　　晴

二十五日庚申（11月1日）　　阴，微雨

二十六日辛酉（11月2日）　　晴

钱秋舫邑侯来久谭，其友王瘦梅偕至，晡食后去。

二十七日壬戌（11月3日）　　阴

赵价人来访。

挽李眉生按察：

　　　谪仙才调是青莲，止缘文字声高，遂使数奇虚燕颔；

　　　幕府少年同白发，回忆戎韬论洽，不堪泪落过鳝溪。

二十八日癸亥（11月4日）　　晴，大风，始寒，御薄裘

二十九日甲子（11月5日）　　晴

三十日乙丑（11月6日）　　晴

十月丁亥

朔日丙寅（11月7日）　　晴

初二日丁卯（11月8日）　　晨雾如雨，旋晴

初三日戊辰(11 月 9 日)　　晨雾如雨,旋晴

写许迈孙信,寄《石鼓释纂》一部。即发,信局。

初四日己巳(11 月 10 日)　　晴

初五日庚午(11 月 11 日)　　大雪甚寒,十月初遇此,南中罕闻也

初六日辛未(11 月 12 日)　　晴,甚寒,衣狐貉

陈甥范京兆试罢归,过此。

初七日壬申(11 月 13 日)　　晴

与陈甥及子侄晨至市楼吃羊肉面,并邀子永兄弟,吃毕又同饮茗。访宗湘文久谭。

初八日癸酉(11 月 14 日)　　晴

初九日甲戌(11 月 15 日)　　晴

接族孙祜△日信。

初十日乙亥(11 月 16 日)　　阴

十一日丙子(11 月 17 日)　　晴

陈甥旋里去。

十二日丁丑(11 月 18 日)　　晴

十三日戊寅(11 月 19 日)　　晴

小俞姬十龄生日,为礼佛。是日成行,赴里门拜扫,余以天寒道远,命大俞姬侍行。二鼓下舟,移南门泊。

十四日己卯(11 月 20 日)　　晴

早发遇顺风,巳刻过吴塔,未刻过蠡口,申刻到苏,泊娄门内八旗会馆前。写南阳君信。即发,信船。遣要安林来谭。

十五日庚辰（11 月 21 日）　　晴

辰刻安林来,同棹小舟至观前面店吃鱼面以作早餐,毕又饮茗,旋到护龙街古董诸肆,未见佳物。唯汉贞阁有本城吴氏交与模刻之褚河南真迹《封禅颂碎金帖》,前有宋思陵敕,后有胡安国跋,云绍兴中山阴樵人于石室中得古剑、尊彝及一石匣,中藏此书破碎,存者无几。奉敕集存,写为韵语,号曰"碎金帖"云云。其后又有倪云林等跋,系白黄色粉笺,字势遒逸。然与登善绝不类,大抵后人托名也。旋至观前饭肆晡食,又饮茗乃归。是日黛姬往游狮子林及剧园观剧。

接南阳君十四日信。

十六日辛巳（11 月 22 日）　　晴,暄和特甚

早食毕,棹小舟至四通桥上岸,安林俟于茗肆,少坐,同阅市,无所见。午后剧园观剧,傍晚归。写南阳君信。即发,信船。

接南阳君十五日信。

十七日壬午（11 月 23 日）　　阴,午后晴

早食毕舆至葑门李眉生家作吊,入门感旧,已怆然于中,比至抚棺,不觉大恸。主人远宸方下乡相地,晤其孙某,相客者远宸之甥鲁介彭,亦中江人。余为《石鼓纂释》,眉生欲代梓,余辞之,今春付刻之时,预定须得多部,乃刻成已卒。此时自携一册焚之,酬凤诺也。又至周处吊甥女宜生,时已举殡,家中尚设座,洒泪一掬。遂见陈女甥,周甥妇及周甥之女嫁陆氏新归者,又再甥妇李氏,再甥婿陆叙生,各少谭。再甥兹明云眉生频没前数日,召兹明及其子至榻前,告以周氏向有千金存吾处,月付息七厘,以世好未立券,此后或存或归,宜听其便云云。周故未有金,李为此言谩两妾及子,呜呼! 风义

直当求之古人矣。

候杨见山不晤。候任小沅共饭久谭。候吴广安不值。返舟。写南阳君信。即发,信船。傍晚安林来谭。

十八日癸未(11月24日)　　晴

移舟阊门,写南阳君信,寄雪梨八枚。即发,信船。移舟山塘花肆,得老梅一株。遂至虎丘寺,挈黛姬登山,临剑池坐千人石,访真娘墓,饮憨憨泉,乃归舟。未刻发,逆风,夜泊浒墅故关。

十九日甲申(11月25日)　　晴

早发,申刻抵无锡,泊西门驿舍前。候无锡邑侯裴浩庭,久谭,上灯时返舟。裴浩庭来答候,谢之。

二十日乙酉(11月26日)　　晴

移舟北门登岸,饮茗、吃馒头,返舟。写南阳君信,寄无锡馒头七十枚。即发,信船。巳刻移舟惠山浜,挈俞姬登山,休于云起楼,山光当槛,树石幽秀,楼前方亭亦可延览。庭中磊石洞曲折,良工所为也。未刻下舟,顺过黄婆墩,复共登眺,西面向山最胜。未刻舟行,夜泊洛社。

二十一日丙戌(11月27日)　　晴,逆风甚壮

早发,欲走间道先赴宜兴,奴子误之,乃赴常州。行十里,余起知之,返棹仍由洛社进。直逆风,所经为南阳湖,水面宽阔,港汊纷歧,傍晚始抵戴溪桥泊。此地东距洛社三十六里,西抵运村,十八里,又西抵小娘荡,六十八里,为此道适中处,有人家小市井可泊。南阳湖者,盖吾里之所得名,旧湖面当二十馀里,芦洲葑渚渐成平陆,故水道倏宽倏窄,其南有山,孤峰圆顶,号曰阳山,故湖名阳湖也。

二十二日丁亥（11 月 28 日）　　　晴,风止

早发,辰刻过运村,巳刻过小娘荡,午刻出口,过五洞桥至钟溪桥。未刻过和桥〈镇〉,市面较前繁盛,沿路桥道经乱毁者多新建,民气其渐复乎。申刻过冀陵桥。写朱箓卿信,寄《石鼓释文纂》一册。廿三发,交潘济川和泰烛店。酉刻抵宜兴县城,泊长桥下。

二十三日戊子（11 月 29 日）　　　晴

巳刻移舟东山浜,诣先茔祭扫,孤儿远隔,拜罢瞻恋,殊不能去。下午返城,访任步园,并识其友徐箓坡住溪上,在东撒珠巷泰来当铺出官。久谭。余欲觅葬地宜兴,身后体魄庶得长依亲侧。前载福托步园,步园转托箓坡。据云山名昌浦者,有地与东山不远,约明日往观。又荐堪舆家毛雨亭,阳湖人,住戴溪桥左近三里之毛家桥。地成可为卜度也。又访朱箓卿之友潘济川不值。写南阳君信。即发,信局。

二十四日己丑（11 月 30 日）　　　晴

晨起至致和茗肆候徐箓坡至,同棹小舟赴昌浦看地,太狭不堪用,废然而返。下午访黄氏姊,相见久谭,又偕其孙至南门大街访族侄葵生际阳,梅谷二伯之孙。久谭。傍晚返舟,拟明日行。

二十五日庚寅（12 月 1 日）　　　阴雨

晨发宜兴,巳刻过和桥,未刻过寨桥,夜泊丫河。

二十六日辛卯（12 月 2 日）　　　阴,下午微雨

晨发,巳刻抵常州,泊西门外。舆至顾塘桥北岸诸族人家,均不值。又至陈氏,晤范甥久谭。候刘申孙,自同治戊辰别后,盖十八年于今,新从粤归,相见狂喜,久谭。又候武进邑侯金鹭卿久谭。又候庄耀采,耀老今年六十有七,患嗽疾,精神甚困〈悴〉,闻余至,扶杖出

谭,悲喜交集,自言馀生无几,不图尚有此晤。余亦为之凄然。问才叔身后,则云遗孤幼弱,其生母又卒,他妾抚之,存资亦无几。敬伯尚在山东不能归,门户殊可虑。余欲往吊,申孙、耀采皆云已出殡,其家无人支应,勿往为愈云云。傍晚下舟。写南阳君信,寄宜兴馒头一百枚。即发,信船。

二十七日壬辰(12月3日)　　　晴

晨起料理祭扫诸事,巳刻舆行,先诣三堡桥,次诣茶山路诸茔,祭扫礼毕返城。至冯宅作吊士贞先生,去年没于京邸,其丧甫自北归也。晤表嫂杨氏及子祜生、承绪。元生,赙以洋银八元。再至陈氏,晤满甥留饭,鼎甥出候客,范甥已赴上海。次至陆氏,重侄之妇家也,重侄先已至常,率妇陆氏出见,并晤其妇叔彦和久谭。又至刘申孙处久谭,次至张楚生家,不晤,返舟。闻鼎甥曾来余舟。

接实儿廿二日禀。

二十八日癸巳(12月4日)　　　晨雨旋霁

重侄及陆彦和均来舟,同至城内肆中吃鸡面,殊劣于前。食毕,同至府直街骨董肆少坐别去。舆至宗祠拜谒,晤族孙祜字朴卿。少谭。又至庄耀采家,耀老复有恙,晤于卧室,少谭而别。未刻下舟即发,夜泊戚墅堰。

二十九日甲午(12月5日)　　　阴雨,大顺风

晨发,午初至无锡,复挈阿俞游黄墩,久坐,惠山云气飞腾,楼观隐现,山下平畴村舍,万树丹黄,诚胜观也。移舟北门小岸,饮茗肆中。招骨董客华老铺至,得杨西亭立轴山水图一,值洋银四饼。又识邑人秦鹤辉,同至城中阅肆,傍晚返舟,移泊南门。写南阳君信。即发,信船。

与黛楼侍史俞修眉同游三首

　　绀宇剩荒丘，日影清湫。憨憨泉上碧盈瓯。天许吴侬相对饮，图画堪收。　　百族总浮沤，几辈风流。美人踪迹最无愁。直与青山同不老，一样千秋。虎丘饮憨憨泉、访真娘墓。

　　何处擅山光，小阁清凉。参差石磴隔松篁。借作馆娃宫内路，响屟长廊。　　胜事旧当场，风暖笙簧。百年经过几沧桑。留得匏尊僧借与，一勺重尝。惠山云起楼渝第二泉。

　　杰阁水云边，山压朱檐。千林黄叶正澄鲜。寒日风光犹旖旎，况到春妍。　　书画米家船，一棹凌烟。从他唤作地行仙。难得溪山清旷处，著个婵娟。小金山拥翠楼。

十一月戊子

朔日乙未(12月6日)　　薄阴，有日色

　　早发无锡，巳刻至浒墅关，午至苏州山塘小泊，买洋枫一株，其叶红绿各半，拟植之大愿船之西北隅临水处。傍晚泊齐门。写南阳君信。即发，遣千千归。夜安林来谭。

　　接南阳君十月十七日信。

初二日丙申(12月7日)　　晴

　　早食毕，同安林棹小舟至阊门闹市购物，还至护龙街汉贞阁，得《张黑女志》旧拓一，纸墨甚旧，殆非今人能为，惜不能与何子贞藏本一校。又至玄妙观东晡食，仍小舟还。写南阳君信。即发，信船。

初三日丁酉(12月8日)　　晴，夜微雨

　　亭午舆至葑门，候李远宸，赓猷。询眉生身后事，久谭。先是人

言眉生遗箧,嗣子必不能守,余属其扃秘之,或集为藏目刊行示世,远宸感激涕下,跽请余为之考订,坚留下榻。余以寒日不能久留,辞之。又晤周兹明弥甥,亦久谭。次候任筱沅久谭。次候邓氏,时树人在沪,其子适他出,均不晤。返舟。写南阳君信。即发,信船。

接实儿初一、二日禀,又宽儿初二日禀。

初四日戊戌(12月9日)　　晴,夜雨

亭午同安林棹小舟至四通桥上岸,就木器肆置长几一,遂由护龙街至玄妙观中饮茗,未刻返座船。申刻解维,夜泊蠡口。

接南阳君初三日信。

初五日己亥(12月10日)　　阴雨,逆风

早发蠡口,午过吴塔,夜泊木门塘桥,距城数里耳。以萑蒲不靖,直夜竟不敢行。

初六日庚子(12月11日)　　阴寒

辰刻到家,家人无恙。

接侄重初一日信,又周兹明初四日信。

初七日辛丑(12月12日)　　晴

写安林信,即发,信船。重侄信。即发,信局。

初八日壬寅(12月13日)　　晴

接族侄葵生初三日信。

初九日癸卯(12月14日)　　晴

初十日甲辰(12月15日)　　晴

十一日乙巳(12月16日)　　晴

叶芸伯副戎来候谢,未晤。

十二日丙午(12 月 17 日)　　晴

十三日丁未(12 月 18 日)　　晴

杨思赞来谭。子永兄弟来谭。写重侄信。即发,信局。

接重侄十一日信。

十四日戊申(12 月 19 日)　　晴

俞姬之母议以小俞姬归余,是日纳金百五十饼暨珠琲之聘。

十五日己酉(12 月 20 日)　　晴

十六日庚戌(12 月 21 日)　　晴,夜雨。冬至节

下午先祠奉祀如礼。

接族侄葵生十一日信。

十七日辛亥(12 月 22 日)　　雨

写葵生侄信。即发,信局。徐菉坡信。附葵。

十八日壬子(12 月 23 日)　　阴,夜雪

十九日癸丑(12 月 24 日)　　阴

乐卧重修落成居之,大俞、小俞终日给侍,书床与镜槛相连,墨池与脂盏为耦,吾老是乡,虽万户候不易矣。

接魏般仲十六日信,又金鹭卿十四日信。

二十日甲寅(12 月 25 日)　　阴寒

写周兹明信。即发,信船。又薛安林信,寄银饼四十元。同上。

二十一日乙卯(12 月 26 日)　　阴

早食毕候宗湘文久谭,并晤宗月锄。答候叶芸伯,又候赵价人,均不值。答候赵次侯,值会饮,并晤李升兰、曾伯伟、杨书城、曾君表、

翁荩卿、陆涑文、朱保之,邀余入座,谢之,少谭而别。候钱秋舫邑侯不值。

接侄重△日信。

二十二日丙辰(12 月 27 日)　　　晴

写魏殷仲信。即发,信局。

二十三日丁巳(12 月 28 日)　　　晴,时有阴瞳

写邓公武信,廿四发,附树人信。季垂信。同上。

二十四日戊午(12 月 29 日)　　　晴

写邓树人信,即发,附季雨信。邓季雨、铁仙信,唁其母丧,赙洋银两元。即发,信局。

二十五日己未(12 月 30 日)　　　阴

得蔡忠惠墨迹谢御笔赐字,君谟表并献诗一篇。白麻纸书,字大小与《荔枝谱》同,而彼专法颜清臣,此则兼永兴笔意,圆和灵妙。后有米南宫、鲜于伯几二跋。考《清河书画舫》载,此迹在赵定宇祭酒处,有文同、米芾跋,其题识多至十馀人,悉出宋元名手云云。自明至今,不知流转何所,其文与可及它宋元人题均已佚失,犹幸漫仕数行存耳。君谟字系仁宗所赐,《宋史》本传载其事,张青父题为“谢赐御书诗表”,缘次行之赐到御书一轴而误,似尚不审也。质价洋银三十元,约明年正月取赎。无锡骨董人华老铺经手。宗湘文来久谭。

二十六日庚申(12 月 31 日)　　　阴

族侄遵自苏来。写裴浩庭信,荐遵侄也。即发,交遵侄。

二十七日辛酉(1886 年 1 月 1 日)　　　晴

下午,常熟邑侯钱秋舫来答候,久谭。

接族侄葵生廿三日信。

二十八日壬戌(1 月 2 日) 晴

写葵生侄信。即发,信局。

二十九日癸亥(1 月 3 日) 晴

三十日甲子(1 月 4 日) 晴

十二月己丑

朔日乙丑(1 月 5 日) 晴

早食毕,同两儿步由寺前街至方宅,久谭。余又访曾君表,亦久谭。

初二日丙寅(1 月 6 日) 晴

自九月连晴至今已九十日,间得小雨而已。麦苗槁不能生,家池濒岸将涸,民多喉齿之疾。宽儿偕其妇邓氏赴苏。

初三日丁卯(1 月 7 日) 晴

初四日戊辰(1 月 8 日) 晴

初五日己巳(1 月 9 日) 晴

接朱箓卿十一月三十日、本月初一日信。

初六日庚午(1 月 10 日) 晴

粤人张墨卿来为家人照相。南阳君拍一照,视前稍大。酥姬挹秾、住二女合一照。黛姬重拍两照。莺姬亦拍两照,莺姬照最得神。
接宽儿初三、初五日二信。又赵丽生△日信。

初七日辛未（1 月 11 日） 晴

张墨卿来。

接葵生侄初四日信。

初八日壬申（1 月 12 日） 晴

晨起饱吃腊八粥。写任筱沅信，即发，信局。金鹭卿信，即发，专人。重侄信，同上。葵生侄信，即发，信局。朱菉卿信，同上。

接侄重初六日信。

初九日癸酉（1 月 13 日） 晴

初十日甲戌（1 月 14 日） 阴，微雨霡霂

下午宗湘文来久谭。

十一日乙亥（1 月 15 日） 晴

十二日丙子（1 月 16 日） 阴

十三日丁丑（1 月 17 日） 晴

步访宗湘文，其子子戴、婿秦石君宝珩，无锡人，本科举人，咸出拜。又访曾君表，各久谭。

十四日戊寅（1 月 18 日） 晴

宽儿夫妇归自苏郡。

接重侄十三日信，又邓树人初十日信，又金鹭卿十一日信。

十五日己卯（1 月 19 日） 晴

接周瀛士十二日信。

十六日庚辰（1 月 20 日） 晴

赵价人来访。

十七日辛巳(1 月 21 日)　　阴,旋霁,夜雪

接任筱沅十五日信。

十八日壬午(1 月 22 日)　　雪

与南阳君及诸姬登松颜阁玩雪终日。

十九日癸未(1 月 23 日)　　晨雪

写任筱沅信,即发,专人。薛安林信。同上。赵次侯来访久谭。
接魏般仲十四日信。

二十日甲申(1 月 24 日)　　薄阴

二十一日乙酉(1 月 25 日)　　阴,微雨

早食后赴宗湘文家新茔会葬,并识其弟载之。得福,浙江盐大使。
接任筱沅二十日信,又邓季雨、铁仙△日信。

二十二日丙戌(1 月 26 日)　　晴

接裴浩庭△日信。

二十三日丁亥(1 月 27 日)　　晴

夜率家人祀灶如故事。
接颖侄初一日信。

二十四日戊子(1 月 28 日)　　晴

接李远宸△日信。

二十五日己丑(1 月 29 日)　　晴,甚寒

设伊蒲馔礼佛如故事。

二十六日庚寅(1 月 30 日)　　晴,严寒,寒暑表三十分

报祀诸神如礼。

二十七日辛卯(1月31日) 晴

接重侄二十三日信,又周兹明弥甥二十二日信。

二十八日壬辰(2月1日) 晴

二十九日癸巳(2月2日) 晴

三十日甲午(2月3日) 晴

下午祀先〈祖〉如故事。

(以上《能静居日记》五十一)

光绪十二年（1886）岁在丙戌,余年五十有五

正月庚寅

元旦立春乙未（2月4日）晴,午后雨霰

晨起率家众拜天、拜孔圣师、礼佛及灶,谒先祖馈朝食如故事。至嫂氏处贺岁。又谒曾文正象。今年元旦立春,考国朝康熙二十四年乙丑、三十五年丙子,均岁朝春,相去十一年。又五十四年乙未、雍正十二年甲寅、乾隆十八年癸酉、三十七年壬辰,均相去十九年。至嘉庆十五年庚午则三十八年,下至道光九年己丑仍十九年,下至今年丙戌乃五十七年。凡载于万年历可考见者已有九次,其间赢缩之故,非明历者不能知。而相去十九年者为多,似有一定之理。自今年后更十九年乙巳,又十九年甲子,又十九年癸未,亦当巧遇。余生年五十五矣,加十九年为七十四,设蒙天祐,得更遭逢,岂非厚幸哉!

丙戌元旦试笔效香山居士体

丙戌今年五十五,山居已届岁星周。乙亥解组至今凡十二年。齿坚发黑差堪慰,意苶神疲卒未休。幸有田园供八口,愧无事业照千秋。堂堂日月馀长啸,隐几风烟一壑收。

丙戌元旦立春,五十五年初度,逢此喜赋

五十五番吹凤籥,初逢令节逮元辰。岁差恰尽玄枵子,气

朔刚回玉斗寅。营室五星颛帝历，《晋书·律历志》："颛帝以孟春正月为元，其时正月朔旦立春，五星会于营室。"彤庭四始汉家春。《史记·天官书》："正月旦，王者岁首；立春，四时之卒始也。"道山堂下题梅萼，杨万里有《元旦立春·道山堂前梅花》诗。一例衡茅物候新。

初二日丙申(2月5日)　　　　雨

五十五岁生日，家人供佛祈福，食汤饼如故事。

初三日丁酉(2月6日)　　　　阴

早食后出候诸客贺年，晤者方氏昆季、宗湘文、杨滨石、赵次侯，宗、赵久谭。

初四日戊戌(2月7日)　　　　晴

初五日己亥(2月8日)　　　　晴

前题前韵

南还节候舒苍气，《春秋繁露》："冬月尽而阴阳俱南还。"西枕枢衡拥紫宸。《春秋运斗枢》："斗第一天枢，第二旋，第三玑，第四衡。第一至第四为魁，第五至第七为标。"《史记·天官书》："魁枕参首。"按立春后斗标东指，斗魁西枕。北阙玉杯方献寿，《汉官仪》："元日朝贺，三公拜璧殿上，献寿觞。"东郊青旆已宾寅。《汉书》："立春之日，皆青幡迎春于东郊外。"百年老叟希逢事，里谚云："百年难遇岁朝春。"九度熙朝建首春。康熙乙丑、丙子、乙未，雍正甲寅，乾隆癸酉、壬辰，嘉庆庚午，道光己丑暨本年。三素飞云垂月额，《云洞真经》："立春日清朝北望，有紫缘白云，为三元君三素飞云。"《金楼子》："旦日雨，谓之月额。"今年元旦阴云，午后雨。天公并作两回新。东坡《和秦少游王仲至元日立春》诗云："省事天公厌两回，新年春日并相催。"

初六日庚子(2月9日)　　　　晴

写李远辰信，即发，交周。周兹明信。即发，信船。

初七日辛丑（2 月 10 日） 晴

写裴浩庭信,即发,信局。又薛安林信。即发,信船。

初八日壬寅（2 月 11 日） 晴

初九日癸卯（2 月 12 日） 晴

静溪东隅莲塘淤浅,值天旱鸠园,童行客浚治于是日始。

初十日甲辰（2 月 13 日） 晴

十一日乙巳（2 月 14 日） 阴

十二日丙午（2 月 15 日） 阴,下午微雨,夜飞雪

十三日丁未（2 月 16 日） 晴,甚寒

午刻赴曾君表、君静招饮,同座赵次侯、曾伯伟、方恂卿、陆云生、蔡理庭、周维之。下午饮散。

接李远辰△日信。

十四日戊申（2 月 17 日） 晴

接周兹明十一日信。

十五日己酉（2 月 18 日） 晴

十六日庚戌（2 月 19 日） 阴

写任筱沅信。十七发,交信船。

十七日辛亥（2 月 20 日） 阴,下午微雨,夜雪

莲塘开浚工讫。

十八日壬子（2 月 21 日） 晴

百衲堆前接筑圆渚,为秋间种芍药之地,是日始工。夜游邑神庙看灯,匆匆即返。

十九日癸丑(2 月 22 日)　　　晴

宗湘文来答候,久谭。

二十日甲寅(2 月 23 日)　　　晴

二十一日乙卯(2 月 24 日)　　　晴

二十二日丙辰(2 月 25 日)　　　晴

赵价人来候少谭。

接任筱沅十八日信。

二十三日丁巳(2 月 26 日)　　　阴

季君梅来候少谭,宗子戴来候少谭。筑圆渚是日竣工。写徐蒙坡信。即发,信船。

接徐蒙坡廿二日信。

二十四日戊午(2 月 27 日)　　　晴

早食后候杨滨石、李升兰作贺,杨女嫁李子也。并晤季君梅、赵次侯、杨书城、思赞诸人。候张纯卿不值。候宗湘文久谭。

二十五日己未(2 月 28 日)　　　阴,夜雨

二十六日庚申(3 月 1 日)　　　雨

写胡子继信,寄《石鼓释》一本。即发,信局。邓公武信,交树。树人信。即发,信局。周兹明信。即发,信船。

二十七日辛酉(3 月 2 日)　　　雨

二十八日壬戌(3 月 3 日)　　　阴。

二十九日癸亥(3 月 4 日)　　　晴。

三十日甲子(3月5日)　　晴。

接族叔企之廿七日信。

重定元旦立春诗第二首末句:

幡胜当头齐弄影,秦少游《元旦立春》诗:"头上两般幡胜影,一时看入酒杯中。"两回何似一回新。东坡《和秦少游王仲至元旦立春》诗:"省事天公厌两回,新年春日并相催。"

二月辛卯

朔日乙丑(3月6日)　　晴

初二日丙寅(3月7日)　　晴

池心木桥渐坏,易之以石,凡十三节,节长一丈,中节为方台。更名"玉虹桥",台曰"通波台",儌工是日为始。

初三日丁卯(3月8日)　　晴

初四日戊辰(3月9日)　　阴雨甚寒

初五日己巳(3月10日)　　阴

赵次侯来访久谭。

初六日庚午(3月11日)　　阴

静圃西南隅荒芜犹昔,无力兴作,而堤埂渐见陊剥,非沿池为石岸不能保固,工程浩大。余初定全园结构,南洲之上为楼五楹,移天放楼名名之,家藏典册,悉庋其中,四围皆水,无毗连屋舍,庶期永久。西面堤尾为二层圆亭,可以眺远。其馀小亭小榭及连廊数十丈,加以石岸、长桥,估值总在洋银两千圆以外,焦思无策。继念苏之刘园、顾园等,均放游人取资,余素陋之,以为两园主皆巨富,安用为此?
而余则家况日落,且廿载诛茆,力为之疲,神为之瘁,若及身而见其
倾圮,殊觉不能忘情。不如悉索敝赋以成此园,然后师苏人之所为,
数年后填还筹款,即行停止,似尚非失节坠行之比。因与家众熟商,
均以为然。连日与土木诸工昕夕计算,刻无暇晷。创业之艰,即小
可以喻大,后之人其念之哉?

初七日辛未(3 月 12 日)　　雨

初八日壬申(3 月 13 日)　　阴

初九日癸酉(3 月 14 日)　　晴

初十日甲戌(3 月 15 日)　　阴,微雨

十一日乙亥(3 月 16 日)　　阴,微雨

接邓树人初六日信。

十二日丙子(3 月 17 日)　　晴,午后大雷雨

十三日丁丑(3 月 18 日)　　阴

答候季君梅少谭。候冯质甫,贺其女弟出阁。答候余听鸿少
谭。答候赵价人不值,晤其子君穆少谭。实儿赴苏。沿池石岸是日
动工。

十四日戊寅(3 月 19 日)　　晴

接周兹明初十日信,又庄耀采初八日信。

十五日己卯(3 月 20 日)　　晴

写邓树人信。即发,信局。

接沈羲民△日信。

十六日庚辰(3 月 21 日) 晴。春分节
下午先祠春祭如礼。

十七日辛巳(3 月 22 日) 晴
招宗湘文观梅小酌,晡后去。南面东段石岸是日成。

十八日壬午(3 月 23 日) 风雨
接族叔子慎十一日信,又族祖母王氏元丰桥分。△日信。

十九日癸未(3 月 24 日) 阴
玉虹桥下打桩竟。南楼西亭及小亭二所、平屋二所议工价成。

二十日甲申(3 月 25 日) 晴

二十一日乙酉(3 月 26 日) 晴

二十二日丙戌(3 月 27 日) 晴
南楼及南小亭择本日卯刻动土,八字丙戌、辛卯,丙戌、辛卯,两干两支不杂,又与本命辛卯合干合支,上上课也。黎明即起督工。

二十三日丁亥(3 月 28 日) 晴

二十四日戊子(3 月 29 日) 晴
早食后候季君梅,贺其夫人八十寿诞。又至宗湘文处久谭,并晤张纯卿。

二十五日己丑(3 月 30 日) 阴,微雨,将午晴霁
费幼亭来候久谭。

二十六日庚寅(3 月 31 日) 阴,午后雨
午间答候费幼亭、叶芸伯,均不值。至子永处久坐,子永将赴直隶就馆,话别也。又至程东阳俟费幼亭,费欲相程宅,余为介绍,酉

刻乃归。

二十七日辛卯(4月1日)　　　雨,亭午开霁

东皋青林堂之前临水为小屋,西向,屋西渡水为双亭,毗连居水中,环莳白莲,拥以红蓼。是屋又南当土山,东坞为小榭三间,南向面场圃,约一亩,可以艺菊。均于是日卯时动工。八字丙戌、辛卯、辛卯、辛卯,课与前同吉。黎明即起督工。

接朱箓卿十三日信。

二十八日壬辰(4月2日)　　　晴

傍晚宗湘文同其弟载之得福。及子侄二人来游余园,未久即去。实儿自苏归。

二十九日癸巳(4月3日)　　　阴,下午雨

三月壬辰

朔日甲午(4月4日)　　　晴,乍阴

初二日乙未(4月5日)　　　乍阴乍有日。清明节

早食后至曾氏园游览,考核其工作之费,亭午归。写子慎族叔信,寄渭相族叔洋银两元。即发,信局。邓树人信。同上。

初三日丙申(4月6日)　　　晴,下午雨

邑中是日香会,村民捧香登山,一步一拜,号曰"拜香"。于是倾城出观,舟舫塞河,舆马满路,盖古禊饮之遗风也。余徇诸姬及小儿女意,买舟随众漫游,泊烧香浜移晷,俗嚣不可耐,乃拨棹尚湖之滨,眺望山色,良久乃归。

初四日丁酉(4 月 7 日)　　雨,下午霁

初五日戊戌(4 月 8 日)　　晴

初六日己亥(4 月 9 日)　　雨

初七日庚子(4 月 10 日)　　黎明时雷雨,日出晴霁,大风

为圆亭于池西堤上,是日申刻下桩,先为亭下石岸。八字丙戌、壬辰、庚子、庚申,合申子辰水局,庚子为辛命,真文昌也。子永婿后日赴直隶,来话别。

初八日辛丑(4 月 11 日)　　阴,下午雨

初九日壬寅(4 月 12 日)　　薄阴,下午有日色

叶芸伯来答候,久谭。

接胡子继二月廿七日信。

初十日癸卯(4 月 13 日)　　晴

十一日甲辰(4 月 14 日)　　晴

十二日乙巳(4 月 15 日)　　晴

十三日丙午(4 月 16 日)　　晴

今年春寒特甚,本月上旬尚衣裘,连日始觉暄和,然犹挟纩,诚南中所罕见也。黛语楼下海棠盛开,往年约在二月间,今已三月望矣,春寒花较迟,岂不信哉。

十四日丁未(4 月 17 日)　　晴

十五日戊申(4 月 18 日)　　晴

十六日己酉(4 月 19 日)　　晴

接邓树人初三日信。

十七日庚戌（4月20日）　　　晴

写邓树人信，寄洋银六元偿物价。即发，信船。

十八日辛亥（4月21日）　　　晴

昨有肝疾，夜卧胸臆欲裂，竟夕不寐，盖监视兴作已两月馀，手指口讲，日无停晷，故引动真气，一发难收也。是日处方服药一剂，午间渐定，犹出巡工两次。

十九日壬子（4月22日）　　　晴

是日疾稍瘳，夜卧粗安，仍服药。

二十日癸丑（4月23日）　　　晴，亭午雨，即止，下晡复雨彻夜

是日疾间，与南阳君率诸姬游观园圃。

二十一日甲寅（4月24日）　　　晨雨，巳刻晴

二十二日乙卯（4月25日）　　　晴

二十三日丙辰（4月26日）　　　晴

二十四日丁巳（4月27日）　　　晴

叶芸伯来候久谭。

接邓树人廿日信，又邓季垂△月△日信。

二十五日戊午（4月28日）　　　晴

二十六日己未（4月29日）　　　晴，傍晚微雨

接陈嵩泉寿昌。△日信。

二十七日庚申（4月30日）　　　晴，风

访孙竹堂不值。访季君梅久谭。赴宗湘文招饮，同座张纯卿、姚芝生、福垒，邑人。庞云槎、宗月锄、沈公周，姚之婿。下午散归。姚

颇藏弄字画,知余善鉴别,而杜门谢客,故宗为之介绍云。

二十八日辛酉(5月1日) 晴

二十九日壬戌(5月2日) 晴,喧燥特甚

宗湘文来久谭,同赴姚芝生招饮于沈宅,同座湘文、宗月锄、曾君表、丁炳卿、沈公周。下午饮散,又同湘文至君表别墅久谭。

三十日癸亥(5月3日) 阴雨

四月癸巳

朔日甲子(5月4日) 雨

初二日乙丑(5月5日) 雨

初三日丙寅(5月6日) 晴

初四日丁卯(5月7日) 晴

初五日戊辰(5月8日) 晴

赠宗湘文源翰二首

我识宗侯久,才高气更雄。渡河虽异事,破浪已同风。天与人交发,心谐俗岂工。滔滔清夜思,有剑欲摩空。

远道空怀袖,清尊乐往还。风云时易改,湖海气全删。思溢春初草,愁沉雨后山。期君能叱驭,安用羡柴关。

城头月 宗湘文属题张忆娘簪花图

风狂雨横花飞早,一霎春如扫。堕溷愁多,穿帘路迥,无计怜芳草。 丰姿若向金闺老,谁识朱颜好。苏小诗歌,崔徽

图画,得失何人晓。

南柯子

湘文书云:黛语楼中,不可无倚声以张此粲。夫黛楼亦自有粲,使与卷中人并生,正恐瑜亮难为优劣。然而所遇不同,境丰则名嘼,理或然矣。故复赋此阕张吾之粲,媲彼美云。

亦有人间秀,非同雨后花。登墙不解问东家,管取九华帐子七香车。　咏句风腰飑,临书露腕斜。尽饶福慧世争夸,不比人提往事泪如麻。

初六日己巳(5月9日)　　晴

薛安林来自苏州。

初七日庚午(5月10日)　　晴

静溪极南增造小方亭,与远心堂后轩南北正直,是日动工,青林堂前之双亭亦于是日上梁。下午薄设觞,安林傍晚辞去,余约本月望间赴上海相晤。

初八日辛未(5月11日)　　晴,下午微雨

初九日壬申(5月12日)　　晴

初十日癸酉(5月13日)　　阴

宗湘文来,同赴庞云槎招饮于曾君表处,主人曾氏昆季外,客则宗月锄、曹明之及余两人,未刻散归。检点行李赴上海,安林导余贸易之事,近况寥寥,又费土木,故思为补苴,毅然行之。二鼓下舟,泊南门外。

十一日甲戌(5月14日)　　晴

早发,午过巴城湖。巴城,宋人称奔城,见《夷坚志》。申刻抵昆

山县城南泊,饭毕上岸入城闲步,街市不甚繁会,行里许罢归,过茗楼少坐。

十二日乙亥(5月15日) 逆风,午后雨

早发,行小道东车塘,辰刻过陆家浜,未申间过四江口,酉刻至黄渡泊。名百里,实止七八十里。

十三日丙子(5月16日) 雨

早发,乘退潮行,午过野鸡墩,酉抵上海,泊盆汤衖马头。遣觅安林,云已至此,仍寓佛照楼客邸,适他出未晤之。夜俟安林不至。

十四日丁丑(5月17日) 雨

晨起登岸,坐东洋车至客邸觅安林,乃别一无锡薛姓,蠢童受邸人欺也。出就旁肆早食,又饮茗市楼,雨益甚。念安林不至,诸事无人代劳,又道远泥泞,上下不便,不得已仍至佛照楼。僦居甫定,而安林适来自苏州,狂喜,即留同住。午刻行李至邸,遣原舟去。写南阳君信。即发,交原舟。下午同安林饮茗市楼,楼名"也乐",集散乐八辈唱京调,高歌激云,俨然燕赵男子,罗绮成行,珠翠夺目,而人材凡陋,然皆名重一时,为此第以自衒,不取缠头资也。茗散,过凌云阁看古董,少坐归。晚饭后又至华众会茗肆。

十五日戊寅(5月18日) 晴

早起同安林早食面肆毕,雇东洋车游静安寺及申园茗肆。归途过无锡张氏味莼园入眺,张号叔和,素为洋行刚把大,译言买办,司行内贸易。后夤入招商局作知客,干没得资购此园于外国人,为地二十八亩,有洋楼三间,花房玻璃亭二处,水池约二亩,周围槿篱而已。为值至银二万两之多。新又归并旁地二十馀亩,共五十馀亩,可谓广阔。顾洋楼之外空无所有,方买石叠山,计园之成,非糜银十万,

历岁十稔不可。近售游人取资,入者出番银一角,闻数月来尚足敷衍日用云。

午刻归邸舍,食毕,复至传宝斋古董肆看书画数十帧,皆赝迹。惟吴渔山墨笔山水立幅极佳,索值四十二银饼,非力能任,颇惋惜也。下午聚宝楼茗肆听唱,与昨也乐楼同而散乐皆易人,有名吴新卿者,沪上称冠首群芳,是日适未至。傍晚归,遣觅邓季雨来,久谭,二鼓去。

十六日己卯(5月19日)　　　晴

早食毕,同安林访邓铁仙于大马路所设画肆,谭少顷别。又同至虹口大桥北发昌机器厂,买家园工程应用诸物。亭午返至四马路万华楼茗肆少坐,同到海天春番菜馆吃午饭,烹调极佳。有牛尾汤,以童牛尾肉割骰子块煮汤;吉列鱼,以鲳鱼剖半,面裹油煠;生菜虾,以外国种菜叶如中国之芦菔生切,加以虾肉,沃以黄膏,云以卵黄、椒末、糖醋、外国菜油五种合成,此肴味最鲜美。加厘鸡饭,以肥鸡入芥末等红烧,拌粳米饭,又烧牛肉等。二种所费止番银一饼又半饼,颇不昂贵。食毕,至广东磁器店买工程阑干柱、墙花等物。下午至皆宜楼茗肆听唱。傍晚邓铁仙来访久谭,以宋明人画四帧属临。去未几,季雨复至,亦久谭。

十七日庚辰(5月20日)　　　阴,微雨,下午霁

早食毕,遣安林至虹口铁厂取物,余至传宝斋观碑帖字画,碑帖仅四五种,皆号宋拓,其实赝品之下者。有苏东坡、石恪《维摩象颂》、《鱼枕冠颂》合卷,董北苑山水长卷,此二种宗湘文极称之。比索观二颂卷,则不知何人恶札,后有杜本、张雨、杨维桢三跋似真,大抵从原迹割来。北苑山水临手略可,然亦赝作,后亦有张雨、吴宽诸人题,同出一手,不足恃。其馀四王、吴、恽之迹颇多,而十有九伪,即

真者亦非其合作,惟装潢尚可观,凑送官礼,最合用耳。翻简太多,诸行财皆有愠色,余乃取包慎伯先生行书屏四幅,酬值十二银饼以厌之。盖余求包先生书三十年不得,此作特雄放沉挚,可贵之至。

肆主郭某,潮州人,素无赖,早年贩雅片土来苏,积资颇雄,招集亡命。咸丰三年,潮人与闽人乱,据上海,郭至苏州纠潮帮思应之,吃齐心酒,数日形迹大露①,苏之胥、阊二门居民咸思逃避。余友何伯凝时统带定勇奉檄协捕,诛数百人,事乃定。郭漏网去,匿迹数年,由雅片土捐赀缘出身,叠保官职,继又包办苏城土捐,垄断成巨富,官至道员,结纳缙绅,无恶不作。许应镕来为苏臬,以同乡入见,许家贫嗜酒,郭以二者中之,称莫逆交,无日不会饮,由是势益炽。以其挥霍之馀,兼收书画,自名雅人,附膻之流,称之为安亭先生,忘所从来矣。惟潘伯寅尚书以忧归,郭偕士夫往吊,潘怒,裂刺投地,香楮牲牢尽掷门外,足为缙绅吐气。而苏人甘唾秽而不辞,转以潘为不情,吁,是非岂有定哉!

午刻归邸舍饭,安林亦返,同食毕,偕至绿云深茗楼听唱。散乐至十五人之多,中有广妓,故广客来者极众。下午返邸舍,写南阳君信。即发,信局。是日雇归舟成,拟后日行。

十八日辛巳(5月21日) 晴

早食毕,同安林至小东门十六铺油商王元吉家,商人自牛庄贩豆油南来至上海,遇价廉,囤积可以获利。本月初,安林闻跌价至每石银三两馀,以为甚廉,故约沪行。比至此,诸业负贩者已麇集,价骤涨四两二三,今日闻稍减,始来问信,则尚须四两一石,遂废然而返。

---

① 形迹,稿本作"行迹"。

午间同至番菜馆饭,仅食四品,牛尾、生菜同前,作板鱼则比目鱼面裹油炸,虾饭则以虾拌火肉炒饭也。二人去番银一饼。下午过聚宝楼茗肆,肆主人言今日吴新卿必至,遂入座待之。良久乃来,身材短阔,面部方扁,朵颐盱目,足巨于舟,登台未几,而呼召者踵至,骄溢眉宇,掷器径行。同辈及肆人婉留终曲,不顾也。时下固无佳人,然与若辈相伯仲者,比比皆是,身面足有一二胜之者尚不乏人,所操何术,而突过时贤,真不可解也。返寓,铁仙、季雨先后来,各久谭去。

十九日壬午(5 月 22 日)　　　　晴

早食毕,至洋货肆买零物。又至传宝斋看汤禄名士女二帧,价昂未取。归寓,舟人来,午饭后发行李下舟,遣奴子先去。

与安林到华艳楼茗肆听唱,逢散乐马巧珠,其来珊珊,已与众异。身材琐细,望之如弱柳当风,双跌之纤,不言可喻。面长圆合格,坐定细观,鼻如琼瑶,目清俊流利似嫌略大,眉湾长高秀似嫌略黑,口细如樱似嫌上唇略平,颏尖圆似嫌微出。舍此以外,无丝毫不中度者。眉目肤色不如余之黛姬,鼻口颏互有短长,身材面格胜之,小莺未知后来何如,今则视此姝为逊。余阅人最多,评题最刻,就上海所见而言,此为超超等,并生平所见而言,亦在上中无疑。然而先来后去,无人来召侑尊,并无包筹。凡听唱者,人出钱八十四文,妓与熟识,则一人纳十人或二三十人之钱,谓之包筹。点戏妓以某曲擅长,熟客点唱,出洋银一元,谓之点戏。之事,落落寞寞,大难为情。而其姊马双珠,硕躯大面,与昨见吴新卿一流人物,乃熟客趋迎,黠婢列侍,一时趾高气扬,亦与吴新卿等。默观良久,殊为不平。夫世风日趋粗陋,贤士怀才不偶,本系此事难知,无足称怪。至于耳之于声,目之于色,人人皆同,顾进乱弹而退昆曲,已为异事,犹可援曲高罕喻以自解。色则显然可见,美恶背驰,而亦颠倒皂白,一至于此,岂盲于心者,并目而盲之欤？抑游戏琐屑之事，亦有鬼神为之播弄欤？盖士不尚才而尚獝利，女不贵色而贵滥污，吾观吴新卿、马双珠而知今之达人；观马巧珠而知今之穷士。参一分龃侩，多一分亨通；守一分本来，受一分沮塞。呜呼伤已！

下午访邓铁仙于其画室，又访邓季雨于其寓庐，并晤邓载功，各少谭而别。傍晚安林送余登舟，又久谭而去。写邓树人信。即发，存铁仙处。

二十日癸未(5 月 23 日)　　雨，下午霁

早发，未刻过黄渡，戌刻到陆家浜泊舟。

二十一日甲申(5 月 24 日)　　晴

早发陆家浜，巳刻过昆山县，申刻过巴城镇，戌刻抵家。

二十二日乙酉(5 月 25 日)　　晴

二十三日丙戌(5 月 26 日)　　晴

接族侄侃三月廿九日信。

二十四日丁亥(5 月 27 日)　　晴

二十五日戊子(5 月 28 日)　　晴

二十六日己丑(5 月 29 日)　　雨

招姚芝生、庞云槎、宗湘文、曾君表、君静饮，下午客散。湘文独后，傍晚去。

二十七日庚寅(5 月 30 日)　　雨

挽杨鹤峰比部恩海

忆有文章参禅近，杰工禅悦备咨诹。独怜今世无青眼，却向空山老白头。诗思快于春后笋，宦情淡过水中鸥。交游寂寂

真吾辈,掬泪江关咏四愁。

又联:

> 不汲富贵而戚贱贫,十年跋马宣南,视尚书郎腐鼠耳;
>
> 通于禅观以及世智,一夕斗诗溪北,谓盲子夏其龙乎。

二十八日辛卯(5月31日)　　　阴,旋霁

青林堂前屋一间,土山东坞屋三间,远心堂后极南临河屋一间,均于今日卯刻上梁。八字丙戌、癸巳、辛卯、辛卯,年金匮在午月,游火泊离,有一白水星到离制之,辛命阳贵亦到离,而山坞及临河从中宫看均在午方,合于选择家要大兴修火星之说。早食后赴方宅看神会,至丙夜乃归。

二十九日壬辰(6月1日)　　　晴

下午费幼亭来候。

五月甲午

朔日癸巳(6月2日)　　　阴,下午雨

写薛安林信。即发,信局。

初二日甲午(6月3日)　　　阴,微雨

凌晨起,食毕,赴吊杨鹤峰之丧,并晤季君梅、张纯卿、赵价人。答候费幼亭不晤,答候叶芸伯亦不晤。候姚芝生久谭,见所藏黄大痴《春林远岫图》大立轴,青绿设色,粗绢本,尚不渝敝。自跋百馀字,张雨赞二行。画笔浑厚,殆可信。访宗湘文久谭,留饭。见赠石谷画笾一,松树筱竹殊佳。下午归。

初三日乙未(6月4日) 晴

与南阳君、诸姬棹舟东门外观赛神会,已刻去,未刻归。

初四日丙申(6月5日) 晴

土山东坞平房三间成,定名为"见微书屋",旋改"香风有邻室"。
得宋板《陆象山集》,值银饼四枚,以时价论,盖十之一,可谓至廉。
接魏般仲四月廿九日信。

初五日丁酉(6月6日) 晴。端午节

亭午先祠荐角黍如故事。

初六日戊戌(6月7日) 晴

初七日己亥(6月8日) 晴

池南小亭成,名之曰"鸥边吟榭"。

初八日庚子(6月9日) 晴,下午雨

青林堂前临水小屋成,以窗外旧植樱桃颇盛,取瓦当文名之为
"樱桃转舍",旋改"见微书屋"。得明复宋本《韵府群玉》,以思古斋
《黄庭》易之苏州管氏。

初九日辛丑(6月10日) 雨

初十日壬寅(6月11日) 晴,甚凉,须衣绵

玉虹桥成,用工凡百日。下午宗湘文来访久谭。

十一日癸卯(6月12日) 晴

十二日甲辰(6月13日) 晴

下午候常熟邑侯钱秋舫,被劾将去,慰之也,不值。答访赵价人
不值。同佥重在北门榆树头相某氏宅,佥娶妇陆氏年馀未归,闻为

宅隘之故,嫂氏拟移居也。

十三日乙巳(6 月 14 日)　　　阴,夜雨

下午赵次侯来久谭。写魏般仲信。即发,信局。

十四日丙午(6 月 15 日)　　　雨

十五日丁未(6 月 16 日)　　　晴

十六日戊申(6 月 17 日)　　　晴

十七日己酉(6 月 18 日)　　　晴

赵价人来久谭。

十八日庚戌(6 月 19 日)　　　晴

十九日辛亥(6 月 20 日)　　　晴

二十日壬子(6 月 21 日)　　　晴,下午大雨。夏至节

祀先祖如礼。是日长孙始冠,名之曰大纯,字穆士;并名次孙曰大雅,字卓士。吴圣俞之妹适徐氏者为余族姊之女,其故夫有钱千缗贷同里屠氏,屡索不偿,至于成讼,来乞余致书武进令金君。余以干与官事,非家居所宜,辞之。写子宪兄信,为吴事属与里中诸人代两姓解纷。即发,交吴。

二十一日癸丑(6 月 22 日)　　　雨,午后开霁

李少石之族侄少春自保定来,代少石之子幹甫愈。索逋,使实儿晤之。

接李幹甫四月十三日信。此信存实儿手。

二十二日甲寅(6 月 23 日)　　　晴

丑刻起监工役建造南楼,择寅初刻竖柱。八字丙戌、甲午、甲

寅、丙寅,两干不杂。寅午戌火局,一派木火文明之象。甲午月建为
辛命真阴贵,是月月干阳贵,又在未方,而寅初为艮时,在夏至后,系
四大吉时。另择未时上正梁,太阳躔度恰至未方,谓之"归垣入局",
在选择家言之,殆尽善矣。楼西方亭同时上梁。季君梅来访久谭。

上梁谶记

法书典册居兰台,越千万年无乱灾。匪簋珠金侈富财,子
孙保之其念哉。

二十三日乙卯(6月24日)　　雨

写李幹甫信。即发,交李少春。

二十四日丙辰(6月25日)　　雨,午后霁

二十五日丁巳(6月26日)　　晴

早食后访孙竹堂不晤。答访赵次侯不值,晤其侄君默、其子坡
生久谭。访宗湘文久谭。至庄女处视疾处方。访曾君表久谭。

二十六日戊午(6月27日)　　大雨

接朱菉卿△日信。

二十七日己未(6月28日)　　雨

写朱菉卿信。即发,信局。邓铁仙信,寄金冬心梅花一幅。初一
发,交浦仲仙。

二十八日庚申(6月29日)　　阴

二十九日辛酉(6月30日)　　晴

三十日壬戌(7月1日)　　晴

六月乙未

朔日癸亥(7月2日)　　　晴

前在上海铁厂铸铁阑干三扇,信来云已成,属浦仲仙往取。

初二日甲子(7月3日)　　　晴

前常熟邑侯钱秋舫来答候,久谭,时被劾去官,尚未成行也。

初三日乙丑(7月4日)　　　晨有雨,旋霁

初四日丙寅(7月5日)　　　阴,午有雨闻雷

叶芸伯来候久谭。

接子永五月廿五日信。

初五日丁卯(7月6日)　　　晴

初六日戊辰(7月7日)　　　晴

下午常熟新令尹李孟和福沂,山东历城人。来候,久谭。

初七日己巳(7月8日)　　　晴,酷暑

初八日庚午(7月9日)　　　晴

浦仲仙自上海归。

接邓铁仙初六日信。

初九日辛未(7月10日)　　　晴

南阳君降日,家人称贺,具汤饼。

初十日壬申(7月11日)　　　晴

十一日癸酉(7月12日)　　　阴

下午杨思赞来谭。

十二日甲戌(7 月 13 日)　晴,酷暑

下午答候李孟和,不晤,又答候钱秋舫,久谭。

十三日乙亥(7 月 14 日)　晴

写子永婿信,即发,交方附家信。又薛叔芸信。同发,交宗湘文。

十四日丙子(7 月 15 日)　薄阴,傍晚微雨

十五日丁丑(7 月 16 日)　晴

十六日戊寅(7 月 17 日)　晴

接赵丽生十三日信。

十七日己卯(7 月 18 日)　晴

十八日庚辰(7 月 19 日)　晴

十九日辛巳(7 月 20 日)　晴

二十日壬午(7 月 21 日)　薄阴

赴赵价人招饮于曾氏园,同座季君梅、杨书城、宗湘文、杨思赞、曾君表,下午散归。李眉生之子远宸赓猷。自苏来候,久谭,周再甥偕来。

二十一日癸未(7 月 22 日)　阴

答候李远宸不值,遂访价人少谭。午间招李远宸饮,周兹明作陪,下午去。

二十二日甲申(7 月 23 日)　晴

二十三日乙酉(7 月 24 日)　晴,暑气稍澹

二十四日丙戌(7 月 25 日)　晴

二十五日丁亥(7 月 26 日)　　　晴

二十六日戊子(7 月 27 日)　　　晴,仍炎暑

二十七日己丑(7 月 28 日)　　　晴

二十八日庚寅(7 月 29 日)　　　晴,酷暑,寒暑表升至九十七分

天放楼成。

二十九日辛卯(7 月 30 日)　　　阴

七月丙申

朔旦壬辰(7 月 31 日)　　　薄阴

初二日癸巳(8 月 1 日)　　　〈晴〉,酷暑,傍晚大雷雨,暑气颇解

初三日甲午(8 月 2 日)　　　阴

初四日乙未(8 月 3 日)　　　阴,凉爽

初五日丙申(8 月 4 日)　　　晴

答候叶芸伯不值。答候许定臣国祥,桃源人,新补淞北守备。少谭。候吴珀卿疾,不晤。至宗湘文处少坐,同候赵次侯,其五十九岁生日称祝,里俗也。久坐各散。至黄尧和家视其子疾。答访杨思赞久谭。

初六日丁酉(8 月 5 日)　　　晴,傍晚大雨

接朱䣓卿六月廿八日信。

初七日戊戌(8 月 6 日)　　　阴,旋霁

初八日己亥(8月7日)　　晴

初九日庚子(8月8日)　　晴。立秋

初十日辛丑(8月9日)　　晴,夜月甚皎

十一日壬寅(8月10日)　　晴

十二日癸卯(8月11日)　　晴

十三日甲辰(8月12日)　　晴

十四日乙巳(8月13日)　　午前有雨,即霁

接李幹甫△月△日信。

十五日丙午(8月14日)　　阴晴相间,大风

西堤造走廊,自桥亭起至圆亭止,于本日申刻动工。八字丙戌、丙申、丙午、丙申,天干一气,与辛命合。兴造处就本宅全局论,在庚酉方,此课年月日时阳贵均在西,谓之聚贵格,而辛命真禄本年在兑,又为吉课。

十六日丁未(8月15日)　　晴,大风

十七日戊申(8月16日)　　早晴,午后大雨

十八日己酉(8月17日)　　大雨自昨午彻夜不息,将午稍止,午后复雨

接子永婿初十日信,又邓树人十五日信。

十九日庚戌(8月18日)　　雨

写邓树人信。即发,信局。

二十日辛亥(8月19日)　　晴

二十一日壬子(8月20日)　　　晴

二十二日癸丑(8月21日)　　　晴

长侄颖自九年夏余荐至沅浦宫保处时,已卸广督任,犹为位置一席,侄自此留广不肯归。故人刘申孙续为推毂同乡金湛生武祥,逸亭之弟,广东候补运司。盐局,同至广西梧州。离家时本多病,在广时尤剧,本日接申孙书,竟于六月廿八戌刻在梧局去世。悲哉! 侄读书资质中平,而禀性浮动,易沾时习,然本心则无他。数年前妄费致困,不理众口,此行誓欲得际方归,不意运途甚舛,到粤而曾公去任,人情观望,所得无几,数年来赖同乡诸君扶持,仅仅糊口,竟以此客终数千里外,妇胡氏、一子一女均在宁国母家,闻此凶耗,恐无生理,伤哉,悲哉! 余之待侄详于逐年记载,虽扪心无甚愧怍,然不能教养使之成立,亦有忝父兄矣。次侄重捧书号痛,欲即赴丧,余以天暑道远止之,请命嫂氏拟择日成服后再议行止。

接子宪兄二十日信,又刘申孙同日信。

二十三日甲寅(8月22日)　　　晴

下午宗湘文来访久谭,傍晚去。

接方子可十三日信,为颖侄事,并知遗棺已至广东省城,寄停义庄。

二十四日乙卯(8月23日)　　　薄阴,午后晴,傍晚大雨

写刘申孙信,附宪兄。宪兄信,即发,信局。胡子继信,同上。薛安林信。即发,信船。

二十五日丙辰(8月24日)　　　晴

写方子可信,即发,信局。金湛生信。附子可函。

接周兹明廿二日信。

二十六日丁巳(8月25日)　　晴,夜雨

二十七日戊午(8月26日)　　晴

青林堂前楹左墉辟一户,外达长廊,自东而南而西达于柳风桥下,凡五十馀丈,于今日午刻动工。八字丙戌、丙申、戊午、戊午,两干不杂,年月日时干禄均到巳方,辛命阴贵人到巽。

接邓公武四月初十日信。

二十八日己未(8月27日)　　晴

接薛叔耘△日信。

二十九日庚申(8月28日)　　晴,夜雨

下午钱秋舫来辞行,久谭。

八月丁酉

朔日辛酉(8月29日)　　雨

答候钱秋舫送行,又候李孟和邑侯,均不晤。写薛安林信。即发,信船。实儿妇于本日申刻生一女,八字丙戌、丙申、辛酉、丙申。宗湘文来久谭。

初二日壬戌(8月30日)　　晴,夜有雨

接邓树人七月廿七日信。

初三日癸亥(8月31日)　　晴

写邓树人信。初五发,信船。

初四日甲子(9月1日)　　下午雨

初五日乙丑(9月2日)　　　晴,傍晚大雨

汪仲枢煜泰,济南人,县署友,赁屋间壁。来久谭,询知与族弟维藩系郎舅至亲。

初六日丙寅(9月3日)　　　薄阴

写任筱沅信,寄山栗五百枚。即发,信船。

初七日丁卯(9月4日)　　　微雨

初八日戊辰(9月5日)　　　雨,入暮益甚,滂沱达旦

初九日己巳(9月6日)　　　早晴骤凉,午间乍雨乍止

静溪水大涨,溪北石岸出水营造尺才九寸,新建天放楼阶出水一尺,远心堂南石岸二尺五寸,雪亭之址一尺二寸,大愿船北石岸三寸五分,柳风桥南小亭址九寸,〔新建〕鸥边吟榭址不及一寸,双亭阁板约三寸,带烟桥一寸馀,小南桥一尺又十分寸之五,新建通波台南角五寸,北角四寸强,台北桥面三寸八分,南桥面四寸二分。盈堤拍岸,一望浩然。与家人双亭观水甚乐,然使再涨数寸,将投足无所矣。自来涨水多在五月,今已节近白露,泛滥如此,未之闻也。

下午杨思赞来久谭,留小酌。

初十日庚午(9月7日)　　　晴

大雨之后,山瀑可观,遣邀湘文来,同出北门,至桃源涧水源不远,故雨后一日势已杀,然犹喷珠跳沫,石隙下泻瀑水约五尺馀。湘文甚赏之,余为道曩年游匡庐所见,无虑百倍于此。湘文色舞曰:"君真天下奇士,故举宇内异见异闻悉萃于胸中,使人健羡不已。"下山道过次侯门,知其有疾,入候未晤。遂至连珠洞,水势亦可观,瀹泉烹茗良久,日已衔山,归过报慈桥小旗亭沽饮各归。

接魏般仲初九日信。

十一日辛未(9月8日)　　　　晴

下午答访汪仲枢久谭。李孟和来候久谭。

十二日壬申(9月9日)　　　　晴

得高西园研,后为阮文达所藏者,石质中中,琢镂雅细可爱,值银饼二元又半。写魏般仲信。即日发,信局。

十三日癸酉(9月10日)　　　　晴

十四日甲戌(9月11日)　　　　晴

写薛安林信,寄砚去做合,又寄物价洋银五元。即发,信船。

十五日乙亥(9月12日)　　　中秋节。〈晴〉,夜月甚皎,又天气清和无风,盖数年所未有

夜与诸姬坐池上观赏,丙夜始卧。

接族叔子慎十二日信。

十六日丙子(9月13日)　　　　晴

十七日丁丑(9月14日)　　　　晴

下午宗湘文来访久谭。

十八日戊寅(9月15日)　　　　晴

接胡子继五月初二、本月初八日二信。

十九日己卯(9月16日)　　　　晴

为湘文作隶书"念修堂"榜,字径二尺,又自作"青林堂"榜。余素不为隶,然通知其意,始下笔即有汉人风骨,观者称奇,余亦自赏叹也。

接族叔子慎十七日信。

二十日庚辰(9月17日)　　晴

余八岁时,先府君名其斋曰"蛾时术斋"以劝学,迄今垂五十年,学业无成,修名不立,负训多矣。南楼既成,以之额楼下之堂,示不敢忘云尔。

接子宪兄十四日信,又邓树人十六日信。

二十一日辛巳(9月18日)　　晴

写邓树人信。即发,信局。子慎叔信,寄迪甫叔母丧费银八元,邢叔母津贴二元。即发,信局。子宪兄信。同发。

二十二日壬午(9月19日)　　晴

写胡子继信。即发,信局。访湘文久谭,适古董客在,购成亲王八言楹帖,值银饼四元半。赴昭文学送杨镜泉大痊,晤李孟和邑侯久谭,又识邑人翁寿臣。翁叔平之嗣孙。

接族侄尔咸十八日信,又任筱沅十六日信。

二十三日癸未(9月20日)　　晴

湘文见示唐人响拓张芝《冠军帖》甚佳,为作跋。

二十四日甲申(9月21日)　　晴

二十五日乙酉(9月22日)　　晴

二十六日丙戌(9月23日)　　晴。秋分

合祀先祖如礼。写周兹明信。廿七发信船。

制府威毅伯曾沅浦师蒐乘过吴,赋迓四首

十二牙旗拥丽谯,秣陵西望郁迢迢。手芟榛梗归王土,坐压戎夷壮本朝。此日精神文潞国,当年雄武霍票姚。试寻玉垒临流地,时见沉沙铁未消。

平吴奇谶待龙骧，三十登坛志凤偿。共仰尚书同北斗，曾操威斧奠南荒。孤舟摩垒江风恶，癸亥八月十三日，公度江与郭筠仙中丞会晤，余实从行。是晚归过九洑洲，风急船柁毁，顷刻漂近南岸贼营，贼惊疑不敢发炮，会舟师至，牵曳出险，军中以为神助。九地鏖兵士气张。克金陵城用隧道火攻，自春徂夏凡十馀作，往往穴中遇贼，苦斗不解。至六月望后，始蒇大功。幕府少年亲记取，老同邻里话鹰扬。

浑然击鼓指南东，布濩膏霖燮帝功。武帐桓桓齐七伐，文书隐隐慰三农。鱼龙夜静楼船月，梧柳秋高大纛风。为报临边王相国，下方黎赤正喁喁。

忆从识面感陶甄，手笔频加意气真。岂谓疏慵尘启事，由来志业久输人。投醪饮水恩终在，拔薤当屏义敢申。前年谒公节署，垂询地方元恶大憝，余未能答。拥篲未虔先负弩，门生今日是编民。

二十七日丁亥（9月24日）　　晴

写曾沅浦宫保信，遣儿子实候之常州。廿八发。

致沅浦宫保书

敬启者：去岁祗奉钧还，猥以樗散闲居，不敢以草泽之言时烦签掌，谅蒙鉴宥。兹者恭闻六纛巡行，整军经武，当沧海横流之日，正诚臣击楫之时。想见训誓之馀，士气奋扬，迩安远肃，凡斯黎庶，受庇良深。秋气飒然，伏维茞躬多祜，眠食康胜。

久违函丈，尤殷思慕。传言星轺当经下邑，烈得从簪绅之后，重瞻光霁，诚欢诚忭。敝庐近在虞山之下，诛茆结席二十馀年，粗有池亭之胜，颇欲躬率家人妇子拔蔬割肉，冀为一日之供。第间里卑下，又恐有渎尊严，未敢率情径请。昔袁简斋草创随园，尹文端时督两江，每来游赏，见怀诗集甚夥。同治七

年,文正师驻节上海,曾谕烈以道出虞山,当相过从,兼为破山
三峰之游,会天暑改由外江行,未果。吾师植躬简约,恐未欲以
游观之故,久停驺从,然为时不过一日,且闻久传文告,禁止供
亿,则斯须清晏,诚亦何损人间。倘蒙不弃,一过留题,生光圭
荜,无任荣幸之至。用先遣小门生实旋里恭迓前旌,伏俟钧命,
烈于苏虞半道薰祓以待。

　　肃此布臆,祗请褆安,仰希崇鉴。外呈拙诗四章,劣书八
帧,聊寓请益之忱,统希赐鉴。

　　再启者:里人赠道衔举人赵起,与烈为远族,咸丰庚申合家
殉难,经文正师奏请赐恤建祠,今其孙已事营创,欲求燕许大笔
赐之碑铭,以光万祀。窃维褒奖忠义,足以兴起世风,大贤定当
许可。用特代呈事实一册,仰祈政暇濡染,锡以高文,非第寒族
之荣,实亦有光闾里。不揣冒渎,载希鉴可。

接邓季雨廿七日信,又李远宸△日信。

二十八日戊子(9 月 25 日)　　晴

实儿是日赴常郡。

二十九日己丑(9 月 26 日)　　晴

三十日庚寅(9 月 27 日)　　晴

九月戊戌

朔日辛卯(9 月 28 日)　　晴

初二日壬辰(9 月 29 日)　　晴

接邓树人初一日信。

初三日癸巳（9月30日）　晴

天放楼漆饰竟，是早悬榜，并立外园墙石门。季君梅来候久谭。午刻赴李梦鹤邑侯招饮，同座李志清宜兴人。其西宾陶博山、阳湖人。汪仲枢，均其幕客，别一俞姓，为此邑人，申刻饮散。候曾君表，祝其母夫人寿。答候常熟典史李智植不晤。访湘文久谭。

接宽儿八月三十日禀。

初四日甲午（10月1日）　晴

曾君表来答谢久谭，观余园亭。

接实儿初二日禀。

初五日乙未（10月2日）　晴

长廊建至天放楼西小方亭前，方亭为书楼必由之径，以"学蔀通津"额之。候曾伯伟拜寿，主人不出，晤杨滨石昆季及馀人甚夥。

接周兹明初三日信。

初六日丙申（10月3日）　晴

湘文来久谭，极称余书"鸥边吟榭"额，以为包慎伯不能过。下午湘文之子子戴同其戚秦□□、盛夔臣杏生之子。来观园亭。傍晚恽莘耘祖祁，同里人，湖南候补道。来候。

初七日丁酉（10月4日）　晴

写方子顺信，即发，信局。邓树人信，即发，信船。族侄仲颖信。同上。得明拓《西狭颂》，龚定庵藏本，甚精，值银饼十枚。又明拓《颜家庙碑》亦甚精，价银饼十四枚。

初八日戊戌（10月5日）　晴

答候恽莘耘不值，候孙竹堂久谭，答访季君梅久谭。得王蓬心山水小帧,纸本精善,价银饼六枚。傍晚杨书城、曾君表来访少谭。

接实儿初四日禀,又庄耀采初四日信,又郭汝雨△日信。

初九日己亥(10月6日) 晴

写郭汝雨信。即发,交杨滨石。

初十日庚子(10月7日) 晴

下午恽莘耘来少谭,赵价人来谭。李梦鹤来约同迎曾沅帅,云明日即至。申刻下舟,开赴南门外十馀里之湖荡滩泊。

十一日辛丑(10月8日) 晴

泊舟原处终日,而显者不至,诵《候人》之诗,自笑其无聊也。

十二日壬寅(10月9日) 晴

泊舟原处,军官远迓者纷纷归,或言即日至,或言尚须明日,无定语。过李梦鹤、黄耀堂舟中谭竟日,留午餐、晚餐,聊以破寂。识周弼丞,相辅,广西灵川人,海口厘金委员,前昆山县。朴实可谭,其伯启运与先君子丙戌同榜。又陈月珊。四川人,内河厘金委员,大挑知县。

十三日癸卯(10月10日) 晴

早食后过周弼丞舟久谭,少选周及李、黄、陈陆续至,又过李舟午食。未刻沅帅舟来,与诸官迎谒同见,少选李、汤皆起,独留余久谭,将至南门乃出。余约帅来园小聚,辞以腹疾,谈时事颇扼腕,言朝廷信任阎丹初,以束湿为政,刘仲良在浙敲骨吸髓,即升川督。此间有朱竹石者,名之榛,浙人,署臬司,倡议欲办清漕。揣摹风气,不顾民间疾苦,吾到苏当与崧中丞骏,新任苏抚。言之。余唯唯。既出,适遇宗湘文,遂乘其舟抵马头。晤季君梅、杨滨石、张纯卿,各少谭,坐原舟归。

十四日甲辰(10月11日)　　大风,微雨,寒。与昨气候悬隔

得鼻烟一瓶甚佳,价银十三饼,复至廉可喜。随员杨子穆遣刺来候。写实儿信。即发,信局。傍晚闻沅帅至福山阅兵,返节明日即行,复至马头送之。欲上谒,典客持未可,适帅从小舟登坐船,见余在,把臂而入,久谭至乙夜,彼此交询家事,继复言时局,意致愤郁。自云无才,不足当此任。每事直言,恒被严旨诘责。南洋饷需为海军衙门提索一空,无米之炊,难乎为继,人才尽绝,风气日颓。自监司以至牧令,躁竞成风,貌为深厚者,其中多不可测。虽操黜陟之权,劾退一人,继之者未必善,或更加厉。敢问何以处之?余谢言杜门日久,时事无所见闻,勉强登对,未免隔膜。继问地方官贤否,于李梦鹤颇有违言。余力为辨雪。坐久兴辞,郑重而别。出,答候杨子穆,辞疾不晤。

接实儿十一日禀,又胡子继△日信。

十五日乙巳(10月12日)　　阴

周弼丞来候久谭,答候周弼丞不晤。答访赵价人亦不晤。访季君梅久谭。候李梦鹤,祝其尊人寿日,谢不晤。傍晚李梦鹤来答候,久谭。

十六日丙午(10月13日)　　晴

接实儿十五日禀,又朱菉卿十一日信。

十七日丁未(10月14日)　　晴

写实儿信,寄洋银一百元,即发,由钱庄会寄。为伯厚族兄孤女遣嫁之资。伯兄身后子息不肖,家状甚艰,寄居苏州,有女二十馀岁尚未婚配,余深忧之,曾允助银饼两百,遍属亲友为之相攸。今岁或来言,恽次渊彦彬,官翰林侍讲。欲聘为继室,余属遵伻诺之。今月廿八

吉期,命实儿在里门料理其事,先寄此数,馀俟岁暮粜米后补给。写朱菉卿信。即发,信局。

十八日戊申(10月15日)　　　晴

辰刻西亭三层楼上梁,八字丙戌、戊戌、戊申、丙辰。其地在坤宫申方,于艮宅为生气上吉,于兑命为天医中吉。其课两干不杂,丙与辛合,戌与卯合岁月马到,方又用申日,所谓聚马格也。先是本建两层楼,欲远眺城外湖光,改建三层,通宅以此亭为最高,因方位最吉之故,用申辰水局者,以各栋宇多用寅戌火局建造,以此制之也。

季君梅来久谭,约明晚饭,诺之。

十九日己酉(10月16日)　　　晴

访宗湘文久谭,时欲返其里金陵,往送之也。答候杨书城及其子实甫,不晤。访张纯卿亦不晤。赴季君梅招饮,座客李梦鹤邑侯,余及庞伯深、胡幼生,二鼓散。

二十日庚戌(10月17日)　　　雨

二十一日辛亥(10月18日)　　　大雨

二十二日壬子(10月19日)　　　雨

二十三日癸丑(10月20日)　　　晴

接族侄葵生十九日信。

二十四日甲寅(10月21日)　　　晴

许定臣守备来候少谭。新任常熟典史王□来候,未晤。

二十五日乙卯(10月22日)　　　晴

下午赴杨滨石、书城招饮,座客李梦鹤,又刘姓委员、山东人。季君梅及余,二鼓散。

二十六日丙辰（10 月 23 日）　阴。霜降节

候赵价人，贺其女出阁。答候王典史不晤。

二十七日丁巳（10 月 24 日）　雨

二十八日戊午（10 月 25 日）　晴

是日申刻西面走廊竖柱上梁，为全园合龙完工吉日。八字丙戌、戊戌、戊午、庚申，其地在兑宫庚方，年月日时八白均到兑，八白旺于四季，兑庚金方八白为土生金。余又系兑宫生命，故选是日为圆满。余得斯地已二十二年，力薄身孱，每云此生不能副愿，今竟一举成功，老妻举手称贺，并制米圆合家食之，以庆斯喜。凡住宅及园中楼堂亭榭共为屋一百二十间，走廊内外通共八十馀间，石山二堆，大小桥六架，果树花卉以千计，亦可谓大观矣。

二十九日己未（10 月 26 日）　阴雨,夜大雨

十月己亥

朔日庚申（10 月 27 日）　雨

早食后候季君梅，其寿日也。主人不出，晤其子幼梅，孙冠三及赵次侯、陆云生、曾君表等。

初二日辛酉（10 月 28 日）　大雨,下午大风寒

费幼亭自苏来候，久谭。

初三日壬戌（10 月 29 日）　晴,大风

写任筱沅信。

初四日癸亥（10 月 30 日）　晴,下午阴,大风

初五日甲子（10 月 31 日）　　　晴,寒,始衣皮

李梦鹤招初七饮,以微有腹疾辞之。

初六日乙丑（11 月 1 日）　　　晴

下午赵价人来久谭。闻季君梅有恙,方拟明日往问讯,初鼓后忽传去世,令人骇然。季君笃厚长者,与余踪迹虽不甚密,顾相倾重,长余几二十年,见必称先生,余固辞,终不改。前月廿五会饮,杨氏出所藏戴文节山水卷属为跋,廿六又见于赵价人处,言笑如常,甫及一旬,黄垆遽隔。佛言人命在呼吸间,岂不信哉!

初七日丙寅（11 月 2 日）　　　晴

傍晚李梦鹤邑侯来访久谭。实儿自阳羡归,敬知松楸无恙。

接侄重初二日信。又金鹭卿九月十九日信,寄赠鲍少筠刻《金石屑》一部。

初八日丁卯（11 月 3 日）　　　晴

早食毕赴季氏送殓,凄然欲涕,而虞俗男子临丧哭泣辄以为笑谭。曩年杨濠叟殁,余褰帷痛哭,在会莫不指目之。入国问俗,不得不制泪而止也。归途顺至方氏女家久坐。

初九日戊辰（11 月 4 日）　　　晴

初十日己巳（11 月 5 日）　　　晴

十一日庚午（11 月 6 日）　　　晴

曾文正公生日,致祭如往年。

十二日辛未（11 月 7 日）　　　晴

接朱仲我孔彰。△日信。

十三日壬申(11月8日)　　阴

写庄耀采信,即发,信局。金鹭卿信,同上。重侄信,同上。薛安林信。即发,信船。

接子宪兄初十日信。

十四日癸酉(11月9日)　　晴

十五日甲戌(11月10日)　　阴

写子宪兄信,即发,信局。朱仲我信。同上。

接子永婿初六日信。

十六日乙亥(11月11日)　　晴

十七日丙子(11月12日)　　晴

接方子顺十四日信。

十八日丁丑(11月13日)　　晴

十九日戊寅(11月14日)　　晴

张纯卿来久谭。午间招李梦鹤邑侯及其友汪仲枢来饮,尽欢而散。

二十日己卯(11月15日)　　晴

同南阳君赴苏,女秾从行。未刻解维,夜泊吴塔。

二十一日庚辰(11月16日)　　晴

早发,已刻抵苏,泊齐门登陆,借邓树人家作寓。薛安林来久谭。写家信。即发,信船。

二十二日辛巳(11月17日)　　晴

早食后舆至护龙街,与安林期于汉贞阁法帖肆,久坐,同过顾氏怡园。细观布置,大氐甚患逼窄,无送目处。长廊修广,而堂室卑狭不称。惟石峰多而佳耳。下午茗于玄妙观,舆至乃归。于汉贞阁得周平戎禹拓本,值洋银拾元。又唐柳公绰书《诸葛武侯祠堂碑》拓本,值洋银肆元。写家信。即发,信船。

接宽儿廿一日禀,又重侄十九日禀。

二十三日壬午(11 月 18 日)　　　阴,微雨

早食后舆至观中,与安林期于熙春台茗肆,少坐,至观东世经堂书坊,得《皇甫府君碑》一册,值洋银六元。下午复饮茗观中,舆至乃归。写家信。即发,信船。

接实儿二十三日禀。

二十四日癸未(11 月 19 日)　　　晴

早食后同安林木器肆购桌椅诸物,复舆至顾氏园久坐。安林续至,同过师竹斋古董肆,买宜均水盂一,连配座及勺值洋银五元。又空首币一,值银一元半。下午在郡神庙前某茗肆〈久坐〉,候舆至乃归。写家信。即发,信船。

二十五日甲申(11 月 20 日)　　　晴

安林来,同步至阊门大街绸缎肆买衣料一件,云蓝阁笺纸店买笺、封各千枚,下午复步返。是日南阳君赴怡园、狮子林游赏。

接实儿廿四日禀。

二十六日乙酉(11 月 21 日)　　　晴

早食后候费幼亭不值,与其子屺怀久谭。次候任筱沅久谭,午后归。写家信,又俞姬信。即发,信船。

接宽儿廿五日禀,又俞姬廿五日禀。

二十七日丙戌 (11 月 22 日)　　晴

早食后舆至玄妙观,与安林期于观东玉楼春茗肆,久坐,同至绸缎肆买袍料一件,又小俞姬衣料一件。下午复至玉楼春久坐,舆至归。写家信,俞姬信。即发,信船。

张屺堂新任苏臬,知余至此,约明晚晤谭。

接实儿廿六日禀。

二十八日丁亥 (11 月 23 日)　　晴

费屺怀以书画名迹及金石拓送阅,为题"星凤楼残帖"、"王雅宜雪月赋小楷"二种归之。候任筱沅久谭,留便饭。候吴广庵承潞,平斋之子。少谭。候陈嵩泉、实儿业师,由翰林改官江苏同知,委书局提调。强虋庭金坛人,强沛崖先生子。于晏家浜书局久谭。购黎莼斋所刻《古逸丛书》一部,值大泉十四缗。候魏般仲不值,与慎甥晤,盖契阔二十年矣,久谭至晚。赴张屺堂招饮久谭,二鼓归。张屺堂来候不值。

接实儿廿七日禀。

二十九日戊子 (11 月 24 日)　　晴

安林来,同舟赴阊门外度僧桥大观茶园观剧,上灯后乃归。魏般仲来答候,不值。

接宽儿廿八日禀。

三十日己丑 (11 月 25 日)　　晴

魏般仲复来访,久谭。费屺怀答访,并持赵承旨书《胆巴碑》真迹见示。少选,其尊人幼亭廉访亦来答候,并邀饮观剧,力辞之,乃去。周兹明继来。午刻屺怀去,申刻般仲、兹明去。慎甥姊妹均在内室,又久谭。安林为赁归舟成,订明日行。

接实儿廿九日禀。

十一月庚子

朔日庚寅 (11 月 26 日)　　　晴

早食后下行李,安林来送。午刻下舟,未刻解维,戌刻至吴塔住。

初二日辛卯 (11 月 27 日)　　　晴

寅刻舟行,巳刻抵家。

接重侄十月廿一、廿七二信。

初三日壬辰 (11 月 28 日)　　　阴,大风,微雨

初四日癸巳 (11 月 29 日)　　　晴

早食后访宗湘文,谭至下午乃归。

初五日甲午 (11 月 30 日)　　　晴

写方子可信,寄银三十两,为颖侄归槥之用。即发,交震源庄。胡子继信。即发,信局。重侄信。同上。

初六日乙未 (12 月 1 日)　　　晴

写子永信。即发,交方。朱隶卿信。即发,信局。薛安林信,寄洋十四元。即发,信船。

初七日丙申 (12 月 2 日)　　　晴

下午汪仲枢来访,久谭。

初八日丁酉 (12 月 3 日)　　　薄阴

下午宗湘文来访,久谭至晚乃去。

初九日戊戌(12月4日)　　　阴,微雨

写曾劼刚侍郎信,即发,托张臬台。张屺堂信。即发,信船。

致曾侍郎劼刚

劼刚世先生通侯侍郎阁下:

戊寅岁十一月十四日,奉自香港还书,并颁先太傅遗文全帙,稽拜以入,亟当图谢。计公归国在两三年间,安用奋室中之说于数万里外,人事忽忽,瞬息九载。公之勤劳王家,固不以久暂为心,而烈怀袖芬芳,时时展诵,亦不觉岁月之如驰也。

秉节以来,海西大邦莫不委曲以顺使旨,名声如雷,震动华夏。虽烈戢门山椒水滨之间,未尝不闻风起叹,谓贤者之不可测。曩时鲰浅之说,方隅之见,诚不足道也。今者元旋驻车沪上,岂不欲勉策衰慵,再窥东阁。而入冬后屡感寒疾,僵卧瑟缩,斗室之中,几无生气。又恐使事有程,旦夕北上,即荷一握,亦不足以罄其契阔。故揽衣东望,仍复归卧。

公趋朝当复不远,第下是否偕行,郎君辈今复几人,已抱孙否?在西暇日著述如何宏富,轺车载笔必能穷深极微,不与怵心幻人者比,尚冀阎示一二,使寂寥荒寒之人闻之鼓舞,不亦快哉!

烈罢官至今十有二载,家况已不待言。有子孙各二。长男实,数试不售,以誊录议叙候选通判,前荷合肥相国留之畿辅志局凡五六载,局事将竣乃归。次男宽,附生,方俟待试。二子姿性平平,尚廉谨无过。惟实年已三十余,径路既非所谙,坐食又难可久。辄不自量,思欲托公后车,求锡教诲。昔渊明命子俨文云:"既见其生,实欲其可。"区区之情,得无类此。窃缅曩爱,或不以贪冒为罪也。

开生生入玉关,烈竟不获与之一见。香严在苏恒往过从,亦尝两来虞山,拥棹旬日,不意去秋微疾,遽夭天年。公在海外闻之,谅必为之失声陨涕。公今功业隆盛,名流景从,吐握而延,何翅一日七十二士。乃故交落落,念南皮之旧游,叹东山之不见,当不免怆然伤怀者矣。专肃云云。

初十日己亥(12月5日)　　　阴

十一日庚子(12月6日)　　　晴,大风

早食后答候叶芸伯、许定臣,叶不晤。答访张纯卿、赵次侯,均不值。又访杨滨石,问其疾,不晤。访杨思赞亦不晤。

十二日辛丑(12月7日)　　　晴

下午张纯卿来久谭,同访曾君表不值。

十三日壬寅(12月8日)　　　晴,甚寒,寒暑表三十四分

写金鹭卿信,即发,交陈处。邓树人信。即发,信船。

接重倅△日信,又陈甥范初九日信,又费屺怀初十日信。

十四日癸卯(12月9日)　　　晴

为《蔡忠惠谢御书赐字君谟表诗真迹》跋一首。

十五日甲辰(12月10日)　　　晴

族侄定保同其戚李殿英自里来,久谭,傍晚去。

接族兄子宪十一日信。

十六日乙巳(12月11日)　　　晴,夜月甚皎

是日为月当头夕,设酒肴于雪亭与合家欢饮,三鼓乃罢。

接周兹明十二日信。

十七日丙午(12 月 12 日)　　晴

先妣方淑人诞设供。李甥伯房需次浙江,得补诸暨县丞,旋里挈家赴任,绕道过此来见,夜二鼓去。

十八日丁未(12 月 13 日)　　晴

写恽伯方、庄耀采、刘申孙、史佳若、恽竹坡公信,即发,信局。为定保侄事。

十九日戊申(12 月 14 日)　　晴

邓熙之自苏赴江阴来访,留榻久谭。

接邓树人△日信。

二十日己酉(12 月 15 日)　　晴

为费屺怀跋赵文敏《胆巴碑》墨迹、《俞紫芝自书诗》墨迹。

二十一日庚戌(12 月 16 日)　　晴

午间同熙之赴方处,又同访宗湘文久谭。下午归,小酌熙之于内室。

二十二日辛亥(12 月 17 日)　　晴

写费屺怀信。即发,信船。熙之今日行,送之静溪之湄。

二十三日壬子(12 月 18 日)　　晴

写周兹明信。即发,信船。

二十四日癸丑(12 月 19 日)　　晴

池西三层亭成,西北望山,西南望湖,城内瓦屋龙鳞,城外田畴绮错,皆一览尽之。有此亭,而远近胜景咸登几席,在通园中允称杰构。亭址居二水间,八柱而圆顶,状如覆笠。又面东临池,最宜宾月,名之曰"珠渊亭"。是日与南阳君登眺极乐。

接邓季雨二十日信。

二十五日甲寅(12 月 20 日)　　　晴

安林来自苏州。连日余有腹疾,日六、七行,后重而腹不痛,其故由于服二神丸经月,胃火炽盛,饮食肥甘过多,又登降劳力,大气不举。因停服斯丸,并节食戒鱼肉,多坐少行,疾乃少间。

二十六日乙卯(12 月 21 日)　　　晴

写邓季雨信。廿七发,交薛安林。

接重侄廿三日禀,又金桂生初一日信。

二十七日丙辰(12 月 22 日)　　　晴。冬至

俞姬母刘氏疾终于余家,为治棺殓,下午殡于园东南隅之闲房。氏毕生贫瘁,然性颇介,来余家二十月不妄取求,虽俞姬出己资小有供给,亦摈不受。勤于内职,浣濯缝纫,病中未尝间断。曰人生安有坐食者?教诸女严,言笑不苟。余及南阳君皆重之。既殡,两俞姬哭之哀,慰之不可。余特命以嫁女礼成服,十三日而除,以日易月也。安林不期而适至,襄其事甚力,岂与俞氏有夙因邪?何其遇之巧也。

是日冬至,祀先祖,余以疾不能久立,仅侑食一拜而已。夜安林赴沪。

二十八日丁巳(12 月 23 日)　　　晴

二十九日戊午(12 月 24 日)　　　晴

遣送俞母枢于苏州之殡堂,两俞姬往哭尽哀,跪尘泥中宛转不起,执事者莫不掩涕。余老不任哭泣,然观之亦不能自止也。

十二月辛丑

朔日己未(12 月 25 日)　　薄阴,旋霁

初二日庚申(12 月 26 日)　　晴

得商祖己尊一,周正考父鼎一,价止洋银十二饼。

初三日辛酉(12 月 27 日)　　晴

早食毕往吊季君梅丧,归途访宗湘文,不值归。宗湘文来访久谭。

接金鹭卿初一日信。

初四日壬戌(12 月 28 日)　　晴

接邓熙之十一月廿七日信,又费屺怀十一月廿八日信。

初五日癸亥(12 月 29 日)　　晴

初六日甲子(12 月 30 日)　　晴

初七日乙丑(12 月 31 日)　　晴

写邓熙之信。即发,信局。

初八日丙寅(1887 年 1 月 1 日)　　晴,暄热至不能衣皮

自十月初至今两月无雨,冬气不藏,温燠特甚,立春后虑有温疾,可惧也。杨思赞来久谭,傍晚乃去。

初九日丁卯(1 月 2 日)　　阴

初十日戊辰(1 月 3 日)　　阴

赵价人来访久谭。写费屺怀信。即发,信船。

接朱菉卿初八日信。

十一日己巳(1月4日)　　　阴,微雨

十二日庚午(1月5日)　　　晨有微雪,旋止

下晡,宗载之得福,湘文之弟,浙江盐务官。来候。傍晚答候宗载之,即赴赵价人招饮,同座宗氏昆季、陆云生、杨思赞、曾君表、杨映梅,二鼓归。

十三日辛未(1月6日)　　　晴

以静圃落成,邀邑人来饮,共赏之。客十九人,寄籍者四,孙竹堂、宗湘文、载之、叶羲云。世居者十五,李升兰、曾伯伟、杨滨石、书成、张纯卿、庞云槎、姚子逊、赵价人、次侯、陶巽行、陆云生、庞伯深、胡樨生、杨思赞、曾君表。不至者,孙竹堂、宗载之、李升兰、杨滨石、书成、庞云槎六人,实十三人,饮至下午各去。湘文独留久坐。

十四日壬申(1月7日)　　　晴

十五日癸酉(1月8日)　　　阴

写子宪兄信,寄洋银壹百元,补给伯厚兄遗女嫁资也。即发,交震源庄。

三姝媚

冬夜与姬人俞修眉同阅《静志居琴趣》,感赋斯阕。适有求题美人扇面会装成卷,名《千斛明珠图》者,即书其上。

天翁真作剧,怪无端生成,曲眉丰颊。若个平生,对梨涡照眼,朱子诗:十年瘴海等浮萍,归对梨涡却有情。世上无如人欲险,几人到此误平生。绮怀曾抑。窈窕繁华,算有几、人间双绝。但赋闲情,杵玉焚兰,寸肠千结。　　　总是因缘时节,便不遇伤春,也成消歇。一例寒烟,更无人记取,楚宫倾国。得失难知,早爱水

昏波天阔。唐太宗《圣教序》:郎爱水之昏波。为语新图列女,《后汉书·宋弘传》:"帝座新屏风,图画列女。"何如聚翮。《拾遗记》:"聚鹊翅为扇,一名游飘,二名聚翮。"

十六日甲戌(1月9日)　　阴雨

十七日乙亥(1月10日)　　雨

十八日丙子(1月11日)　　阴,晨起微雪,仅掩瓦桅

十九日丁丑(1月12日)　　阴

二十日戊寅(1月13日)　　晨雪较大
与两俞姬登珠渊亭赏眺良久。

二十一日己卯(1月14日)　　阴

二十二日庚辰(1月15日)　　阴雨,夜复雪

二十三日辛巳(1月16日)　　阴
宗湘文来。

二十四日壬午(1月17日)　　阴

二十五日癸未(1月18日)　　阴,甚寒,寒暑表三十六分
午前浮屠祠如故事。
接费屺怀廿二日信,赠新拓石鼓一分,致精。

二十六日甲申(1月19日)　　阴,甚寒
过年祀神如礼。

二十七日乙酉(1月20日)　　阴
赵价人来。宗湘文来久谭,食粉糍乃去。

二十八日丙戌(1月21日)　　　阴

与南阳君登珠渊亭观残雪。

二十九日丁亥(1月22日)　　　阴

三十日戊子(1月23日)　　　雨

除夕夜,祀先称贺如故事。

　　　　　　　　　　　　(以上《能静居日记》五十二)

光绪十三年（1887）岁在丁亥,余年五十有六

正月壬寅

朔旦己丑(1 月 24 日)　雨

晨起率家人行礼如故事。

初二日庚寅(1 月 25 日)　晴,午后复阴

降日行礼如故事。赵次侯、杨思赞来候,贺岁兼祝寿。是日静圃始纳游客,人出钱四十枚,使园丁当关,门仆主进。

初三日辛卯(1 月 26 日)　阴

早食后出贺岁,晤宗湘文,方子顺,路遇赵次侯,余皆投刺。

初四日壬辰(1 月 27 日)　阴

初五日癸巳(1 月 28 日)　雨

天雨无游人,与家众茗饮。

初六日甲午(1 月 29 日)　晴

早食后出贺岁,晤李升兰、赵价人、陆云生。

接张屺堂十二年十二月廿七日信。

初七日乙未(1 月 30 日)　晴

初八日丙申(1月31日)　　　晴

宗湘文来答候,少谭。

接方子可十二年十二月十七日信。

初九日丁酉(2月1日)　　　薄阴

园工告成,报谢诸神,以去年是日始兴作也。

初十日戊戌(2月2日)　　　晴

十一日己亥(2月3日)　　　晴

十二日庚子(2月4日)　　　阴

十三日辛丑(2月5日)　　　阴

张纯卿来访久谭。

十四日壬寅(2月6日)　　　晴

十五日癸卯(2月7日)　　　上午晴,下午阴

十六日甲辰(2月8日)　　　阴

十七日乙巳(2月9日)　　　晴

季佑申来候谢,久谭。君梅之子,浙江运判。

十八日丙午(2月10日)　　　阴

刻碑人无锡唐慎斋来议复摹宗氏藏长垣本《华山碑》也。

十九日丁未(2月11日)　　　晴

二十日戊申(2月12日)　　　晴

二十一日己酉(2月13日)　　　晴

二十二日庚戌(2月14日)　　　阴

二十三日辛亥(2 月 15 日) 晴

二十四日壬子(2 月 16 日) 晴

二十五日癸丑(2 月 17 日) 晴

二十六日甲寅(2 月 18 日) 晴

延榭榴生常州芦墅湾人,与余家世戚。馆课两孙。

二十七日乙卯(2 月 19 日) 晴

答候季佑申,并留刺其弟耜洲,邦桢,君梅次子,直隶长芦运使。又候赵价人,均不晤。答访张纯卿久谭。邓树人自苏州来,留榻远心堂之瑞渠轩。

二十八日丙辰(2 月 20 日) 阴

写张屺堂信。二月初一发,附任小翁信。自去腊杪有目疾,至此稍愈,略能作字。

二十九日丁巳(2 月 21 日) 晴

宗湘文来,少谭即去。周兹明自苏来。季耜洲来答候,不晤。

三十日戊午(2 月 22 日) 晴

下午小酌邓树人、方子顺、周兹明。

二月癸卯

朔日己未(2 月 23 日) 雨

写任筱沅信。即发,信船。邓树人去。

初二日庚申(2 月 24 日) 雨

候黄耀堂邑侯久谭。

初三日辛酉(2月25日)　　阴

黄耀堂来答候,久谭。得晋杨绍《买地莂》、唐《升仙太子碑额》,又《潘尊师碣》墨本。

初四日壬戌(2月26日)　　阴,甚寒,节逾雨水,尚须衣狐裘,南中所罕也

初五日癸亥(2月27日)　　阴

初六日甲子(2月28日)　　阴

接邓树人初四日信。

初七日乙丑(3月1日)　　晴,下午阴

写费圮怀信,即发,信船。又朱箓卿信,即发,信局。薛安林信。即发,信船。

初八日丙寅(3月2日)　　晴,下午薄阴

初九日丁卯(3月3日)　　阴

接族侄宗毅正月△日信。

初十日戊辰(3月4日)　　雨

午刻赴赵价人招饮,同座宗湘文、蒋芍峰、方恂卿、曾君表等,下午散。同湘文访杨思赞久谭,傍晚归。

十一日己巳(3月5日)　　雨

十二日庚午(3月6日)　　雨

十三日辛未(3月7日)　　早晴,旋复阴

下午周璧臣自海口来候,久谭。

十四日壬申(3月8日)　　薄阴

接方子可正月廿一日信。

十五日癸酉(3月9日)　　晴

十六日甲戌(3月10日)　　晴,颇和煦,尚衣小毛

午刻到湘文处久谭,并晤子顺,时馆其家也。

十七日乙亥(3月11日)　　晴,下午阴

十八日丙子(3月12日)　　晴

接胡子继十一日信。

十九日丁丑(3月13日)　　晴

挈两俞姬探梅邓尉,午刻成行,夜泊吴塔。

二十日戊寅(3月14日)　　晴

晓行,午至娄门内泊。薛安林新开大生米行,与安林久谭。下午放舟胥门。写家信。即发,信船。

二十一日己卯(3月15日)　　晴

未明舟行,巳刻抵木渎。雇山兜登岸,两姬从,由灵岩南麓升,望蒋园,仅存其祖墓数抔,石池一泓,水犹未竭,高甍美木,荡然无馀。山径萦回数折,半岭已见具区,烟波潆漾,尘襟一洗。再上则石壁如屏,苍然满望。废寺有衡州僧居之,新建佛宇。少坐息力,出寺西过乾隆行宫,垝垣未尽,阶墀可指。更西高石峰,相传苎萝人鸣琴于此,号曰琴台。昔年居木渎时恒与友登卧其上,今老矣,石级苔滑,顾不欲升,而两姬则已先至峰顶,举袂招邀,遂亦奋往。此峰为灵岩最高处,南望香山,北望天平,相与伯仲,山势虽不雄峻,而秀润丽都,真馆娃之妙地也。下山循北麓颇陡,十馀里至无隐庵,庵僧鹿苑已

寂逝数载,侍者供客,命煮索饼为餐。出无隐东至天平连环亭,半面已摧,与小俞坐亭中,视大俞游一线天,既下,乃同品泉白云精舍。忆丁丑初冬,偕南阳君观枫兼山阁,一瞬已十载矣。复下至高义园,出祠门东渡池中长桥,升舆径返,申刻至舟。写家信。即发,交张子玉。

二十二日庚辰(3 月 16 日)　　薄阴,午后小雨,夜雨甚

黎明发木渎,巳刻至光福镇住舟,即命舆游行。过墅野岭,已见梅花如雪,夹路皆满。过司徒庙观古柏,柏凡七株,其左挺立,皮作旋纹者,号为"古",围两人有半,高约四五丈。其北仆地已僵,复苗苗又数百年苍翠成片者,号为"怪"。其右亦挺立,高亦数丈,上作双犄者,号曰"清"。更右少南,虽未僵仆,而偃卧西向以石拄之者,号为"奇"。以上传为乾隆御题,而无征信。更南三株则其子孙行,然亦古致历落,不减前者。

出柏社,南登石壁,望东洞庭山。谓两俞:"此汝乡也。"大俞黯然欲涕,乃以他言乱之。主僧名德心,新来住持,营殿宇宏厂于昔。循原径下,东北行,至石楼万峰台,右顾潭山以西,直至铜井山足,诸村落间梅林周二三十里,花光如雪,浩然一白。观梅之地旧名香雪海,有亭榭倾攲已久,今以菖蒲潭为最盛,然平观不如俯视,欲收全景,至此极矣。

坐盘石未行①,雨忽至,舆中执盖自覆,过长旗岭入圣恩寺,登还元阁,主僧诺瞿,扬州人,久知余名,礼貌甚重。出示郐公轻钟,连甬高虑㡳尺尺有半,两栾间约尺馀,前后三十六枚,高均寸有半,铜质润滑,朱碧入骨甚坚,铸文颇浅。先是此器寺僧不能守,鬻之富民李氏,苏绅某赎归寺中。未久,守僧又欲持贿当事,求主寺,事未果。

①　未行,稿本作"半日"。

诺瞿既至，适潘尚书祖荫。以忧归，谋取之，其族人翰林遵祁不可，乃假拓而返之，并装拓本为卷以遗诺瞿。诺瞿请余作跋，因留数行。"邾旧读周，殊非，其文与阮氏积古斋所录之周公望、周公华二钟文字大类，作者既非一人，而三钟皆云辰在乙亥，是一疑窦。向来著录家亦未之及，只见印印川《鸥天阁遗稿》中潘跋"云云。印，宝山县人，名康祚。题卷竟，僧以索饼供客，兼饷青梅二器。殿后有梵天阁，榜为明申时行书，阁下"海印发光"额，则王烟客隶也。出寺径归，酉刻抵舟。古墓相传为刘宋青州刺史郁泰玄墓，见《苏州冢墓记》，而不言所在。此出后人傅会。

二十三日辛巳(3月17日)　　雨，下午稍霁。甚寒

停舟不行。饭后登岸，至虎山桥眺望良久，风厉，衣袂为举。顺山麓至光福寺，寺有铜观音像，为唐宋遗制，以省吏祈雨获验，寺得鼎建一新。外门题"铜观音寺"，阴面题"古贤首教寺"，二门题"光福寺"，一刹而三名之，俗僧所为也。殿三重，前天王殿，中三世佛，后铜观音像，高二尺许，坐亭中，亭外更护以龛。寺门外二石幢，唐人书《陀罗尼》，一大中五年五月立，一大中六年十二月立。庚申之难，贼排仆门前小溪中。僧出而树之，字已尽泐，为木塔笼其上，题曰"萧梁古刹"，亦谬。殿左廊有宋元免役公据，刊石数片陷壁上，残阙不完。亭午返舟，遣奴客入山买早桂、海棠、碧桃各一株，盆梅六株。

二十四日壬午(3月18日)　　晴

早发光福，巳刻过善人桥。挈两俞登穹窿山上贞观二门，东南向，正殿已重修，视丁丑来稍整齐矣。在养和堂少坐，堂额王烟客书，丁丑之游已记之。今见前荣有"山水清音"额，款裕亲王为铁竹施炼师书，其时藩邸尊严，何缘得之也？堂上有楼，可见胥口湖波一角。下山舟即行，午到木渎，少住即行，夜泊葑门内。

二十五日癸未(3月19日) 晴

晨移娄门大生行泊,午刻登陆,至玄妙观茗楼久坐,下午归。写家信。即发,信船。

接两儿廿三日禀,又南阳君廿四日信。又陈松泉△日信。

二十六日甲申(3月20日) 晴

午前登岸访客,先至周甥家少坐。次候李远宸久谭,约吾为整比其先人遗箧,许之。次候陈松泉不值。次至李甥女家,并晤殷仲久坐。次候任筱翁,不值归。写家信。即发,信船。

二十七日乙酉(3月21日) 阴,风寒

余拟明日至李氏小住,遣原舟送两俞先归。辰刻舟行,余复至玄妙观,约殷仲来久谭,傍晚归,借榻大生行。写家信。即发,信船。

接两儿廿六日禀。

二十八日丙戌(3月22日) 晴,甚寒

巳刻雇小舟至葑门,遣招周兹明再甥来。同至李氏,主人为设榻于看云读画轩中。眉生藏金石拓字画甚富,身后为姬人匿之不出,嗣子远宸挟余为重,始将碑帖检交,凡数百本,大都残头缺尾,杂乱无章。本日为分汉魏六朝、唐宋元明诸碑暨诸会帖,各置一桌,手批口说,迨暮始毕。夜兹明为言远宸有子号友鹍者,最俗恶,不愿乃翁召客入观,颇有异言。余为怃然,甚悔孟浪。

二十九日丁亥(3月23日) 晴

巳刻主人乃起,启扃入室,尽日之力,看汉碑一百馀册,内《沙南侯》真拓,外间颇希,惟何子贞家有之耳。其馀《礼器》、《校官》、《韩仁》、《张迁》、《孔宙》之类,国初乾隆时黑拓居多,不甚足异。亦有近时新拓者,为定上、中、下三等。是日原船来。

接南阳君廿八日信,又两儿同日禀。

三十日戊子(3月24日)　　　晴

写家信。即发,信船。巳刻接看魏晋六朝、北魏、周、齐、唐碑三百
馀册。内惟唐碑《伊阙佛龛铭》最精,此碑旧拓皆至"因山摹"三字为
止,斯本多至百馀字,册尾有明人跋尾,忘其名。盖元明间拓矣。闻
得之潘顺之家,值甚重。又王《圣教》未断本,纸墨俱太新,恐非真
物。又两《麓山寺碑》,字甚肥润,拓手胜余本,而后铭不全,视余本
少二十馀字。又《庙堂碑》拓亦精,有高江村四跋并金笔照内府唐本
补书缺字。其馀无甚出奇之品。亦照昨分等。

三月甲辰

朔日己丑(3月25日)　　　晴

是日巳刻接看宋元碑数十册。宋碑内有《司马温公神道碑》二
本,均系金人重模刻者,此碑立于元祐之末,绍圣初即毁,原拓世唯
一本,由族祖眛辛先生处流转入余家,正文装两大册,题跋一大册,
厚至二寸,自元明至国朝乾嘉间名迹大半在内,共装一楠木匣。道
光末年,居阳羡时遭知者窃去,自是绝响。若金世复本则比比皆是,
不足言也。又旧拓《醉翁亭记》,为吾兄贞明先生物,与《丰乐亭记》
同时售与李氏,今《丰乐亭记》独未见。又元人《默庵记》,系割截颜
碑而为此文,曾藏孙退谷家,题称宋拓,眉生讥之,谓安得有宋拓元
碑? 然余观之,直是元人取颜碑拓本割装,非重摹于石而后拓者,退
谷之言非尽孟浪。

看碑毕,又接看单行帖数十册。内《黄庭经》一种,与余本字体
毫发无二,纸墨亦同,而字口稍泐,后有元人贡仲章、明人王元美跋

俱真，推崇甚至，其为宋拓无疑。无怪眉生初见余本百计求之也。又越州石氏本《灵宝度人经》极精，即停云之祖刻。又颖本《黄庭》、《兰亭》，《黄庭》颇佳，《兰亭》则远不逮余本，后亦有龚丘张登云跋，与余本仅再见耳。眉生自跋云"张跋在《黄庭》后，而《兰亭》前一行有'兰亭叙唐临绢本'七字，末一行有'允仲'及'墨妙笔精'二印，隐符山阴茧纸，乌丝三十行，首尾皆空一行之规制"云云，语殊不确。余藏本首尾题印，其距丝阑皆有空处甚阔，是李第见后人割凑之本，而未睹原纸少受剪削之本也。李生时又谓余云张登云字登子，山阴人。按龚丘为今之山东宁阳县，与山阴何涉？金石家好考据，而多恃臆说如此。又各种《兰亭》汇装数册，下驷居多，未见骏骨。又白玉、绿玉本《十三行》汇装，甚夸原刻，未见胜人处。

　　看单本帖毕，接看残会帖。有《淳熙秘阁续帖》内之《张九龄告身》一种，又《群玉堂帖》内之《怀素千文》一种，前后收藏印章无虑数百，然亦平平，非惊人之物。又宋拓洪盘洲《隶韵》残刻二部。其一装六本，有秦敦甫、徐紫珊等跋，云是天一阁物。秦自称亦有一本，而徐跋云秦本已失于金陵兵燹，此本亦在上海城陷后保全得出云云。其一装八本，有钱辛楣跋，亦云是天一阁物，究竟孰是孰非，二本之阙存，是否可以相补，无暇正定之也。洪景卢序《娄氏字原》云："吾兄文惠公为五种书，曰释，曰赞，曰韵，曰图，曰续，四者备矣，惟韵书不成。"然则此《隶韵》非洪作也。又按嘉十五年，扬州影刊《隶韵》十卷，即此拓之完本，是残帙亦不足贵矣。

　　看残帖毕，接看汇帖十余种，凡三四百册。有真赏斋二本，来禽馆、馀清馆、停云馆、戏鸿堂之属，亦不全居多。计三日中看碑帖八九百本。配完残阙者百余种，为之录目，分上、中、下三等，手批口命，中者加以观印，上者复作小跋，可谓神速。于此一门，诚有裨李氏藏匣不细矣。眉生在时余所见者,尚有汉碑中《韩敕》,梁碑之《瘗鹤铭》最精、唐碑中之《九成宫》。同州《圣教》原本帖之松雪斋本,《黄庭》汇帖中之澄清堂、汝帖、淳化、祖石、星凤楼等,此行均未之见,见者亦皆中品,盖精华已去大半矣。余本欲看碑毕接看书画,而主人浮慕风雅,意不在此,其子又生歧念,余数日精力大费,两夜不眠,无人知之,遂决意辞去,当晚即下舟。

初二日庚寅(3 月 26 日)　　晴

移舟大生行,上岸访费幼亭久谭。访任筱沅少坐。与唐仁斋、张子玉茗饮观中,下午返舟。写家信。即发,信船。

初三日辛卯(3 月 27 日)　　晴

晨移舟山塘,得大茶花一本,九尺馀,花数百朵,值洋银八饼。午过阊门,上岸观剧,京班甚闹,未及毕即下舟。夜泊陆墓。

初四日壬辰(3 月 28 日)　　晴,顺风

晨发,午刻抵家。

初五日癸巳(3 月 29 日)　　阴雨

写李远宸信,即发,信船。周兹明信。同上。

初六日甲午(3 月 30 日)　　阴

初七日乙未(3 月 31 日)　　晴

接李远宸初六日信。

初八日丙申(4 月 1 日)　　阴雨

写李远宸信。即发,信船。费幼亭自苏州来候,久谭。

接周兹明初六日信。

初九日丁酉(4 月 2 日)　　晴

初十日戊戌(4 月 3 日)　　　晴

下午宗湘文来访,久谭。

十一日己亥(4 月 4 日)　　　晴

十二日庚子(4 月 5 日)　　　晴

十三日辛丑(4 月 6 日)　　　晴

写邓季雨、铁仙信,寄偿不期、氏君铎拓本价洋银四元。十四发,专人。

接朱菉卿十二日信。

十四日壬寅(4 月 7 日)　　　晴

访曾君遴不值。访宗湘文久谭,同步寺前街书肆,又同过曾君表久谭。

接李远宸十二日信。

十五日癸卯(4 月 8 日)　　　晴

十六日甲辰(4 月 9 日)　　　晴

午刻赴曾君表招饮,同座宗湘文、赵价人、次侯、杨思赞、姚子逊,下午饮毕。湘文、次侯、思赞、子逊同至静圃久坐。

十七日乙巳(4 月 10 日)　　　薄阴,下午大雷电风雨,即止

写李远宸信。即发,信船。

十八日丙午(4 月 11 日)　　　阴

苏州人吴苊孙洤。来为余写照,殊不似,已之。

十九日丁未(4 月 12 日)　　　晴

虎丘所得宝珠山茶植于青林堂之东荣,度百年后当有诗人来咏

之也。

二十日戊申(4月13日)　　晴

下午张纯卿来久谭。

接李远宸△日信。

二十一日己酉(4月14日)　　晴

晨至汪仲枢寓吊其父丧。

二十二日庚戌(4月15日)　　晴

与宗湘文合设一酌邀曾氏昆季、赵价人、杨思赞饮,以曾君遴将挈眷北去,饯之也。下午客陆续散。

二十三日辛亥(4月16日)　　晴

陈甥范自常州来。午赴杨思赞招饮,同座宗湘文、言卓三、邑人,广信府通判。赵次侯、曾君表,申刻归。曾君表偕陆云生、蔡理庭来。

二十四日壬子(4月17日)　　晴

写李远宸信。即发,信船。

二十五日癸丑(4月18日)　　晴

二十六日甲寅(4月19日)　　晴

午赴赵次侯招饮,同座宗湘文、胡雅臣、江阴人。曾君表、君遴、陆云生、杨思赞,主人昆季。下午散归。

二十七日乙卯(4月20日)　　晴

得朱竹垞隶书对颇佳,值银二饼。

二十八日丙辰(4月21日)　　薄阴,夜雨

题张雨生《北墅主客图》诗三首

《北墅主客图》者,光绪辛巳闰七夕,赵次侯宴杨濠叟、张雨生诸

人于所居北墅,有唱和诗。未匝月濠叟下世。雨生为作图以纪之也。越六载丁亥暮春,雨生征诗于余。是会余未之与,独忆丁丑秋日与叟步出北郭三四里,半道觅兜舆至破山寺,登救虎阁,抵掌狂谭。叟云斯游最乐,作乐字韵诗见投。余作游字韵,复继以长歌酬答,数日未已。今启箧视之,墨犹鲜也。前尘枨触,不能自已,辄为三诗写怀,次卷中闰七夕三字韵,名从主人也。

百年若周期,迨老等馀闰。驹驰日斯迈,狮掷谢奋迅。轻强难可知,绵惙尚美疢。来游昔之时,忧乐互慰讯。襟怀怡然开,药石自无吝。一从宿草孳,衰气弥不振。岂无巾车人,投洽事亦仅。深居闭重扃,葆啬讵云慎。吾生乐汗漫,因依孰可亲。是以卢敖游,甘与若士趁。

风烟澹北郭,游迈遽忘疾。闻泉缅鸣琴,抚木异触瑟。豪情发咽吭,真气满腰膝。远山半由旬,缓步得六七。嵯峨高阁门,抵掌顾莫匹。悆怀极潎潎,入理重劀切。譬如骋康庄,先道贵有率。如何鸣飙风,潎落到嘉实。溯怀当年观,瞥尔去如失。谁能下巫招,荒杳逾濮栗。濮栗见《尔雅》。嗟嗟龙蛇年,叟殁辛巳岁。百伤竟成戍。《汉书·天文志》:"德成衡,观成潢,伤成戌。"

结交遍人寰,真际罕所适。此邦富名彦,往往共晨夕。宏农两君子,一谓鹤峰比部恩海。遗荣异贬责。庶几同心人,言论互迎逆。怆然后先凋,高吭噭孤只。所嗟玉沉薶,寂寞事如掷。谭经鲜开颜,竖义莫专席。徒使炳烛光,而来理遗籍。时叟嗣君载福请为叟结集遗文。枯荣安足竞,不泯在高迹。愿言平生情,坦焉得安宅。

二十九日丁巳(4月22日)　　　　阴

四月乙巳

朔日戊午(4 月 23 日)　　　晴

赵次侯、胡雅臣来。宁波人盛某、姜某能幻人术,置一桌室中,首在桌上与人问答,而不见其身。来余园售技,苏州人郭某导之,是日至。

初二日己未(4 月 24 日)　　　晴

幻人售技,来观颇众。

初三日庚申(4 月 25 日)　　　晴

与诸妾入园观幻人,南阳君继往。室中一桌,桌下及四围空无所有,或云桌下有大镜,匿身镜中耳。

初四日辛酉(4 月 26 日)　　　晴,夜雨

观幻人者益众,计数三百六十人。

初五日壬戌(4 月 27 日)　　　雨甚

奴子从上海归,购孔雀二、白鹇二、石猴一,为园林增色。孔雀雄者尾有翠目,白鹇雌者身紫褐色,石猴高止四五寸,皆外国物也。价雀十五银饼,鹇八饼,猴三饼。

接邓季雨三月△日信。

初六日癸亥(4 月 28 日)　　　阴雨

初七日甲子(4 月 29 日)　　　晴

写李远辰信。即发,信船。

初八日乙丑(4月30日)　　　晴,下午小雨

阅方子可与实儿书,知颖侄遗榇已趁轮舟至上海。

初九日丙寅(5月1日)　　　阴

初十日丁卯(5月2日)　　　晴

十一日戊辰(5月3日)　　　晴

次侄重至上海迎其兄榇。

十二日己巳(5月4日)　　　晴

十三日庚午(5月5日)　　　阴雨

为杨濠叟整理诗稿。

十四日辛未(5月6日)　　　晴

十五日壬申(5月7日)　　　晴

十六日癸酉(5月8日)　　　晴

十七日甲戌(5月9日)　　　阴雨

十八日乙亥(5月10日)　　　晴

早食后赴吊季君梅夫人之丧。答候邰某扬州人,新任昭文学。不值。候吴珀卿久谭。至次女处久谭。访宗湘文久谭。

十九日丙子(5月11日)　　　晴

二十日丁丑(5月12日)　　　晴

下晡犹子颖遗榇自上海归。

二十一日戊寅(5月13日)　　　晴

午刻颖侄柩迁殡西郊民舍,与子侄辈赴哭尽哀。余为题主,迎

归其室。自侄游粤东已四易寒暑,其妇挈两孤尚在宁国,先有函约今月可至。余老畏抢呼之声,而前此十馀年中,期功之丧沓至,门衰祚薄,天乎! 奈何!

挽颖侄联:

　　教养愧无方,满眼孤遗,蛮府书成千古恨;

　　衰荣虽定分,伤心零落,鸰原谁慰下泉思。侄之赴粤,由余函荐广督曾沅浦宫保处。

二十二日己卯(5 月 14 日)　　晴

二十三日庚辰(5 月 15 日)　　阴雨,夜益倾澍,彻晓不止

二十四日辛巳(5 月 16 日)　　阴雨

二十五日壬午(5 月 17 日)　　阴

二十六日癸未(5 月 18 日)　　阴雨

二十七日甲申(5 月 19 日)　　晴

二十八日乙酉(5 月 20 日)　　晴

宗湘文来久谭。下午颖侄妇胡氏挈子新兴、女琴宝癸未年八月在宁国母家生。归自宁国,奔其夫丧。以日暮,劝勿往殡宫,先已设位家中,哀号之声耳不忍闻。余往吊亦为之大恸。胡子继送其女至,匆匆一谭。

二十九日丙戌(5 月 21 日)　　晴

颖侄妇赴丧西郊殡室。胡子继来久谭。

接朱菉卿廿一日信。

三十日丁亥(5 月 22 日)　　晴

胡子继过余书室久谭。

闰四月

朔日戊子(5月23日)　　　晴

设酌招胡子继,以宗湘文为馔,谭至晡乃散。

初二日己丑(5月24日)　　　晴

与子继长谭。

初三日庚寅(5月25日)　　　晴

胡子继赴杭州,送之。午刻与诸姬及两幼女观赛会南门街市廛,下午归。

初四日辛卯(5月26日)　　　雨

初五日壬辰(5月27日)　　　雨

作《缪宗庆妇金氏守贞说》。文繁不录。

初六日癸巳(5月28日)　　　阴,夜雨

接子永婿四月廿七日信。

初七日甲午(5月29日)　　　阴

写子永信。即发,交方。金湜生信,寄《守贞说》一首,《石鼓释》一本。即发,附子可。方子可信,寄《石鼓》一本。即发,信局。

接李远辰初六日信。

初八日乙未(5月30日)　　　阴

写李远辰信。即发,信船。

初九日丙申(5月31日)　　　晴

薛安林自苏州来。

初十日丁酉（6月1日） 晴

下午宗湘文来访久谭。

十一日戊戌（6月2日） 晴

〈晡〉食毕，与安林出观赛会，入夜灯火颇甚，二鼓归。

十二日己亥（6月3日） 大风雨

十三日庚子（6月4日） 风雨

十四日辛丑（6月5日） 阴

夜安林去。

十五日壬寅（6月6日） 晴

十六日癸卯（6月7日） 阴

十七日甲辰（6月8日） 晴，下午乍雨即止

十八日乙巳（6月9日） 晴

杨思赞来谭。

十九日丙午（6月10日） 薄阴

太仓人华某舟载灰鹤来售，未成。

二十日丁未（6月11日） 阴

二十一日戊申（6月12日） 阴雨

天放楼前庭为东西二亭，以畜孔雀、白鹇，是日成。

二十二日己酉（6月13日） 薄阴

二十三日庚戌（6月14日） 晴

邑人归某假余园为琵琶会三日，今日始，来者颇众。

接李远辰△日信。

二十四日辛亥(6月15日)　　　晴

二十五日壬子(6月16日)　　　晴

张润生、霖。吉孙肇鼎。自里门来候。胡子继自杭州重来。

二十六日癸丑(6月17日)　　　阴

与子继久谭。

二十七日甲寅(6月18日)　　　晴

答访张氏昆季,并遇赵价人。赴宗湘文招饮,同座胡子继、张纯卿、姚圮瞻、邑人,闻好校雠之学。宗月锄,下午饮散。余又留谭良久乃归。

接魏般仲二十四日信。

二十八日乙卯(6月19日)　　　雨,夜益甚

与子继久谭。宗月锄来候久谭。

二十九日丙辰(6月20日)　　　雨

与子继久谭。

五月丙午

朔日丁巳(6月21日)　　　雨

下午宗湘文来久谭。

初二日戊午(6月22日)　　　雨,夏至

午后合祀先祖如故事。傍晚招胡继老饮馂。

初三日己未(6月23日) 大雨

为胡子继题《飞云山馆授经图》七古一首。另稿。与诸妾玩雨南楼。宽儿自江阴科试归。

初四日庚申(6月24日) 雨

下午缪少初莩联,邑人,数年前识之。河南伊阳令,新解组归。来候,久谭。与继老谭。

初五日辛酉(6月25日) 雨。端午节

率子孙献角黍先祠。至嫂氏处贺节,兼候胡子继。

初六日壬戌(6月26日) 阴

早晤子继少谭,夜去,送之舟中。

初七日癸亥(6月27日) 晴

答候宗月锄不值,又访缪少初久谭。访赵价人不值,晤其子君默、君修。访张纯卿久谭。访宗湘文谭尤久。

初八日甲子(6月28日) 阴,微雨

初九日乙丑(6月29日) 阴

下午至方处,以子顺之妇感疾颇甚也。

初十日丙寅(6月30日) 大雨

十一日丁卯(7月1日) 大雨,下午旋霁,天色阴寒,挟纩憎薄

今岁一春少雨,河水浅涸。自芒种后沉阴至今,本月初梅雨尤甚,遂至盈堤拍岸,园西南长廊及通波台、长桥出水仅三四寸而已。

下午张润生昆季来谭。

十二日戊辰(7月2日) 晴

与家众池上观水。

十三日己巳(7月3日)　　阴

十四日庚午(7月4日)　　薄阴

下午邓树人自苏来,住方处,过访久谭。

接陈甥范闰月廿三日信。

十五日辛未(7月5日)　　晴

宗湘文来久谭。

十六日壬申(7月6日)　　大雨

十七日癸酉(7月7日)　　晴,午后午雨

十八日甲戌(7月8日)　　晴

至方处答访邓树人久谭。下午邓树人来久谭,即辞返苏。

十九日乙亥(7月9日)　　晴

二十日丙子(7月10日)　　晴

二十一日丁丑(7月11日)　　晴,晨有雨即止

二十二日戊寅(7月12日)　　晴,暑甚

亭午赴姚子逊招饮于曾氏园,同座宗湘文、吴儒卿、邑人。赵次
侯、宗月锄、曾君表,未刻散归。

接谢厚庵△日信。

二十三日己卯(7月13日)　　晴,酷暑,寒暑表升至九十八分

二十四日庚辰(7月14日)　　晴,暑如咋

接李甥女△日来信。

二十五日辛巳(7月15日)　　晴,暑尤甚

二十六日壬午(7 月 16 日) 晴,寒暑表九十七分

写魏般仲信。即发,信船。

接周兹明廿三日信。

二十七日癸未(7 月 17 日) 晴

为《杨咏春诗集序》一首,稿别存。

二十八日甲申(7 月 18 日) 晴

候宗湘文,因生日往庆也。久谭归。

二十九日乙酉(7 月 19 日) 晴

闻曾君遴忽死,甚惊异。曾自三月赴津,今月望前以疾归,归不及二旬而竟卒。人命呼吸,为之怛然。

三十日丙戌(7 月 20 日) 晴

至曾氏送君遴殓,并晤赵次侯、潘子昭,巳刻归。

六月丁未

朔日丁亥(7 月 21 日) 晴,夜雨

自前月望后晴霁,廿二起酷暑,至廿六、七间炎歊而无风,上暴下蒸,终日彻夜,如坐干甑中,城中暍死者一日至数十人。余素不畏暑,老米阳亏,必十馀日始敢一浴。今年则汗出如浆,夜卧犹未已,非间日一浴不可。所居凉爽甲于一邑,尚不可耐如此,馀可知。廿八日后天始风,蒸气稍散云。

宗湘文来候谢,久谭。

初二日戊子(7 月 22 日) 晴,下午微雨即止

接胡子继五月△日信。

初三日己丑(7月23日)　　　晴

写胡子继信。即发,信局。谢厚庵信,寄《石鼓释》一本。即发,交谢先生。又薛安林信。即发,信船。唐慎斋信。同上。

初四日庚寅(7月24日)　　　晴,傍晚骤雨即止

傍晚,新任昭文县吴子备观乐,杭州人。来投刺,不晤。

初五日辛卯(7月25日)　　　晴

下午季士周君梅次子,长芦盐运使。来候,少谭。

初六日壬辰(7月26日)　　　阴,大风,下午大雨

赵价人来访久谭。早食毕答候吴子备,亦投刺即行。答候季士周,并候其兄佑申,均不晤。候旧昭文令黄耀堂不晤,赴苏也。至宗湘文处,并晤赵价人久谭,价人去,余又留良久乃归。

初七日癸巳(7月27日)　　　雨

初八日甲午(7月28日)　　　晴

常熟令李梦鹤假余园居宴客,客为吴子备、叶翯云、杨思赞及余,前屡言之,不可却也。下午麇至,比暮乃散。

初九日乙未(7月29日)　　　晴

南阳君降日,宗湘文知之,下午来贺,因久谭。

初十日丙申(7月30日)　　　阴,下午雨

十一日丁酉(7月31日)　　　晴,午雨乍止

十二日戊戌(8月1日)　　　晴

是日夜半起泻利二次,晨又数行,委顿殊甚。

十三日己亥(8月2日)　　　晴

吃藿香正气丸钱许,泻利衰止,微有寒热。

十四日庚子（8 月 3 日） 晴

族侄诇庵来，以疾不晤。

接刘申孙△日信。

十五日辛丑（8 月 4 日） 晴

十六日壬寅（8 月 5 日） 晴

十七日癸卯（8 月 6 日） 晴

十八日甲辰（8 月 7 日） 晴

连日疾虽不作，而胸鬲作满，二便阻滞。恐痰饮复作，自制方，仍温胆汤旧法服之。

十九日乙巳（8 月 8 日） 晴

先府君忌日，勉强一拜，使子孙执事。

二十日丙午（8 月 9 日） 晴

诇庵侄归去。

二十一日丁未（8 月 10 日） 晴，暑甚

李梦鹤、吴子备复借地请客，并见邀，余以疾谢，诸人来，喧闹彻暮乃夫。

二十二日戊申（8 月 11 日） 晴

连日服药颇合，惟气力仍怯。先府君诞日，祭如前出一拜。

二十三日己酉（8 月 12 日） 晴

二十四日庚戌（8 月 13 日） 丑寅间大风雨雷电，晨起仍雨，午后复晴

二十五日辛亥(8月14日)　　　晴

答候宗湘文,谢来祝寿也,久谭。访孙竹堂久谭归。病后初次出门,觉气怯之至。是日又微受暑,体中为之不适,仍服前药。

二十六日壬子(8月15日)　　　晴

二十七日癸丑(8月16日)　　　晴

二十八日甲寅(8月17日)　　　晴

二十九日乙卯(8月18日)　　　晴

接金鹭卿初十日信。

七月戊申

朔日丙辰(8月19日)　　　晴

先妣忌日,祭亦止能一拜。

初二日丁巳(8月20日)　　　晴

初三日戊午(8月21日)　　　晴

初四日己未(8月22日)　　　晴

初五日庚申(8月23日)　　　晴

卯刻起,即候赵次侯,其五十九岁寿日,此间俗以逢九为正寿,名"庆九"。是日客甚多,余少坐即返。

初六日辛酉(8月24日)　　　晴

初七日壬戌(8月25日)　　　晴

连日蒸热,不减正伏,寒暑表至九十五六分,不雨涉二旬,农田望泽尤急,桔槔之声远近相接。吾辈广厦静室,犹挥扇不停,念之闷然。然以先王之政言之,如吾辈直幸民耳。农夫竭力以事畎亩,身虽劳苦,而心无愧歉。得失之间,非闻道者不易析也。

初八日癸亥(8月26日)　　晴

初九日甲子(8月27日)　　晴,下午大风雨。雨约三寸馀,农人如释重矣,可庆也

初十日乙丑(8月28日)　　晨雨,亭午霁,天色凉爽

写任筱沅信,唁其母夫人之丧。即发,信船。薛安林信。同上。

十一日丙寅(8月29日)　　晴

十二日丁卯(8月30日)　　晴

十三日戊辰(8月31日)　　晴

接胡子继六月十三日信。

十四日己巳(9月1日)　　晴

十五日庚午(9月2日)　　下午阴

访宗湘文不晤,又访杨思赞,谭移时归。下午湘文来久谭。

接方子可初五日信。

十六日辛未(9月3日)　　晴

十七日壬申(9月4日)　　晴

十八日癸酉(9月5日)　　晴

十九日甲戌(9月6日)　　晴

二十日乙亥(9月7日)　　晴

二十一日丙子(9月8日) 晴

午间候赵价人,其夫人五十寿也。次至宗湘文家,谭移时返。

二十二日丁丑(9月9日) 晴

孙竹堂来答候,谭移时去。

二十三日戊寅(9月10日) 晴

二十四日己卯(9月11日) 晴

二十五日庚辰(9月12日) 下午大雨

二十六日辛巳(9月13日) 晴

实儿下舟赴苏。

接周兹明再甥△日信。

二十七日壬午(9月14日) 晴

二十八日癸未(9月15日) 晴

接任筱沅△日信。

二十九日甲申(9月16日) 晴

接子永婿二十日信。

八月己酉

朔日乙酉(9月17日) 晴

写任筱沅信。即发,附实。陈松泉信,寄还刘凝《石鼓文定本》。同上。

初二日丙戌(9月18日) 阴,微雨

连日又有感冒微疾。

初三日丁亥（9 月 19 日）　　薄阴,晡后细雨

初四日戊子（9 月 20 日）　　阴雨

初五日己丑（9 月 21 日）　　阴,下午开霁

初六日庚寅（9 月 22 日）　　阴

初七日辛卯（9 月 23 日）　　阴,秋分节

午后合祀先祖。

初八日壬辰（9 月 24 日）　　阴,微雨

初九日癸巳（9 月 25 日）　　阴

国朝大政因革,散见各官书,病其间缺错乱,拟每事排比成书,是日始以会典事例为摘录之首。

初十日甲午（9 月 26 日）　　阴

十一日乙未（9 月 27 日）　　阴,微雨

写实儿信。即发,信船。

接实儿初九日信。

十二日丙申（9 月 28 日）　　阴

陈氏妇因呕忽出一物,约长七八分,宽五六分。形如秋叶,能伸缩蠕动,背微隆起,腹稍洼,周遭形类鳖裙,其锐处有口,时吐白汁如脓,渗以末盐,良久乃僵,不知何名,世所言血鳖,盖是类也。

十三日丁酉（9 月 29 日）　　阴,有日色

早食后访宗湘文久谭,下午归。

十四日戊戌（9 月 30 日）　　晴,夜月甚皎

十五日己亥（10 月 1 日）　　晴,夜月不朗

与家人盘桓池上,二鼓乃卧。

十六日庚子（10 月 2 日）　　晴,夜月甚皎

与诸姬坐珠渊亭待月,赏玩彻丙夜。

十七日辛丑（10 月 3 日）　　晴,夜月甚皎

函约宗湘文下午来赏桂,对月小酌珠渊亭。二鼓尽客去,余又偕诸姬出游,丑寅间始返寝。

十八日壬寅（10 月 4 日）　　晴

赵价人同罗少耕嘉杰,福建上杭人,丁忧,川沙同知。来访,游观静圃。

十九日癸卯（10 月 5 日）　　晴

二十日甲辰（10 月 6 日）　　晴

答访孙竹堂少谭。次答罗少耕、赵价人,均不晤。次至张纯卿处久谭。

二十一日乙巳（10 月 7 日）　　晴

傍晚罗少耕来谭。

二十二日丙午（10 月 8 日）　　晴

二十三日丁未（10 月 9 日）　　晴

二十四日戊申（10 月 10 日）　　晴

二十五日己酉（10 月 11 日）　　晴

百字令　题李易安《酴醾春去图》

宋欧阳小更原本,元人王绎重摹,国初松江人姜壎再摹,藏宗湘

文家。

翠眉绀发,是归来堂里,声华未歇。一曲黄花人比瘦,不数芝芙词格。易安"帘卷西风,人比黄花瘦"之句,德甫和之数十阕不能胜。德甫幼时梦诵书云:"言与司合,安上已脱,芝芙草拔。"解云:词女之夫也。展画烧灯,翻书赌茗,韵事千年绝。百城同拥,伤心风卷云没。　已恨春老醄醠,详图名,盖中年所貌。那堪瞥眼,无处求仙骨。三尺剡藤传玉照,缕缕心香谁爇?看取轻衫,泪痕应渍,天水吴绫碧。北宋之季染帛号"天水碧",以为语谶。泉荒柳絮,方塘还浸寒月。济南城西柳絮泉为李故居,仅存方塘废圃,余乙亥南归,曾访之,停骖半日。

二十六日庚戌(10月12日)　　晴

赴翁氏作吊仲渊殿撰之丧。翁以白衣两次恩赐举人、进士,癸亥殿试遂抡大魁,自有科目千馀年来创格也。时其尊人药房中丞因皖抚失守遁逃,为节帅曾公参劾下刑部狱,亲识满朝,无策解免。有援先朝故事,父在系子得状元蒙赦者,传言是吾里庄本淳侍讲事,余考之非是。遂以之膺选,援例陈请,果邀宽典。旋丁父忧归,得疾迄不起,其际遇可谓异矣。余为挽联云:"白衣抡大魁,翰苑千馀年无斯旷典;黑头谢荣膴,林间二十载景此高风。"以谓近刺,未之致也。

次至宗湘文处,贺其夫人诞日,少谭即返。湘文来谢,亦少谭。

二十七日辛亥(10月13日)　　晴

二十八日壬子(10月14日)　　晴

二十九日癸丑(10月15日)　　晴

三十日甲寅(10月16日)　　阴

九月庚戌

朔日乙卯（10 月 17 日）　　阴,有日色,夜微雨

得元明间拓《九成宫》、《醴泉铭》麟游真本未开凿者,价洋银二十四元,唐慎斋手。

初二日丙辰（10 月 18 日）　　晴

拟后日成行,赴宜兴扫墓,而余病后筋力较弱,不耐酬应,常州祖墓俟冬月遣次子前往。

初三日丁巳（10 月 19 日）　　晴

宗湘文亦欲赴宜吊周小棠家榇,通政使署侍郎。之丧,久约同行,适值有事,议余先赴苏俟之,以初十为度。

初四日戊午（10 月 20 日）　　晴,顺风

午刻解维,夜泊蠡口。

接谢兰生八月廿四日信。

初五日己未（10 月 21 日）　　晴

巳刻泊舟娄门内北街,棹小舟至玄妙观饮茗,约安林暨唐慎斋来久谭。唐有残宋拓《皇甫诞碑》至精好,渠原值三十五饼,所望甚奢,余坚欲得之,强而后可。下午返舟,写家信。即发,信船。

接实儿初四日信,又邓树人初三日信,又邓季垂七月十七日信。

初六日庚申（10 月 22 日）　　晴

安林来,同至观前市中购物,回观中饮茗,返舟。写家信。即发,信船。

初七日辛酉(10月23日)　　　晴

安林来,久谭去。周兹明来久谭,得曹秋舫载奎。石刻《彝器图》二册,极精。至李大甥女处,并晤殷仲久谭,候张屺堂提刑久谭,二处均留食。返舟,写家信。即发,信船。张屺堂送《续东华录》乾隆一朝者凡四十八册。钱新之来见,示陆存斋心源,湖州人,福建道员。所藏宋越州石氏博古堂所刻之颜清臣《争座位》书稿甚佳,与安氏本颇有异同,钱已为番刻,允见寄一本,当与安本详校也。

接南阳君初六日信,宽儿代笔也。余行时君本有微疾,乃信来初五日又发寒热,殊以为虑。

初八日壬戌(10月24日)　　　晴

早食后候邓树人,贺其五十寿及令子士佳下月授室之喜,不值。又候费幼亭乔梓久谭。又至任筱沅家作吊,留饭后与其子毓华久谭,复诣苫次与筱老久谭。出至玄妙观同周兹明茗饮,返舟。写家信。即发,信船。张屺堂、费幼亭来,不值。殷仲之子灵年来,邓树人来,均久谭。

接南阳君初七日信。

初九日癸亥(10月25日)　　　晴。重阳节

安林来,同棹小舟赴娄门看王氏小屋二间,欲为它日赴苏盘桓之所也。旋至阊门中市阅物,饮茗而归。写家信。即发,信船。

接南阳君初八日信,云寒热已止。

初十日甲子(10月26日)　　　晴

宗湘文来同泊,在此尚有应酬,不得不候之。午间棹小舟至玄妙观茗饮,与安林、唐慎斋同座,下午归。写家信。即发,信船。马渔珊海曙,宁波人,吴县令。自言与余在金眉生处相识,属湘文坚订明日

午饭,并致枣屺堂亦订明晚饭,均数辞不获,懊恼之至。

接南阳君初九日信,云寒热虽不作,而时畏冷多汗。余以其气血空虚已极,虑有反复,而宜兴之行既不能速,又难中止,终夜不眠,深悔此行约伴之误。又实儿初九日信。交宗带来。

十一日乙丑(10月27日)　　　晴

写家信。即发,信船。宗湘文至任处作吊,余以戚谊偕往。吊毕,同赴马渔珊招饮,座客余及宗外有吴子备,申刻饮散。余至殷仲处,不值,与李甥少谭。旋赴张屺堂招饮,座客有周陶斋,亦昔年江北曾识者。亥刻归舟。

十二日丙寅(10月28日)　　　晴

写家信。即发,信船。安林来久谭去。偕湘文至拙政园游眺,复同小舟至玄妙观茗饮,护龙街阅肆。座舟已移阊门,傍晚至阊门返舟,拟明早解维,而两日不获家书,悬系不已。

十三日丁卯(10月29日)　　　晴

早发顺风,酉抵无锡。湘文访其友沈旭庭,梧,无锡人。邀余同往久谭。写家信。即发,信船。

十四日戊辰(10月30日)　　　阴,微雨

天晴已久,温燥异常,得此意思稍适。早发顺风,夜泊和桥。

十五日己巳(10月31日)　　　阴雨

早发,午抵宜兴。遣具祭品。

十六日庚午(11月1日)　　　晴

早同湘文登岸吃馒头。辰刻放舟东山,敬诣坟墓展谒,兆穴平安,新种松树两年不至已郁然成林,为之稍慰。自顾衰老,远道维

艰,即自舟次步行二三里许,颇不能任。虽曾誓愿他年埋骨青山,必依先陇,而形骸远隔,在生之日不能岁月瞻依,叩别下山,凄怆不已。

未刻返城中原泊处,湘文言周立科志靖,小棠通政之侄。来候不值,复坚约晚饭,余以素未谋面,遣刺辞之。下午同湘文放舟西汊,容与中流,略领溪山清旷之致。先是曾约抵宜兴同游龙池,访离墨山下吴碑遗迹,乃计算道里,往返必须四日。余结念家中病人未知如何,实难久宕,谓湘文既有本地熟识,无须余作导游。而湘文又以游侣不能不择,余既不往,彼遂索然,议论良久,竟定明早返棹,登临之兴,俟之重来矣。下午返泊原处,周宅复遣舆来邀,意甚肫至,勉往相晤。主人周立科之外,座客吴槐卿、徐跃三等均邑人。二鼓归,疲甚即卧。

十七日辛未(11月2日)　　　晴

早发,巳刻过和桥,夜泊戴溪桥。与湘文久谭。

十八日壬申(11月3日)　　　晴

早发,午刻至无锡。写家信。即发,信船。与湘文游黄婆墩。下午移舟沈旭庭居停盐公堂岸下,盐商沈姓外出,其友高花农、李雅深均湖州人。来邀明日饮。夜同湘文至旭庭处,见所藏石谷仿米小幅颇佳,湘文介旭庭呼小妓细宝来陪坐,甚庸陋。

十九日癸酉(11月4日)　　　阴,午前微雨,入夜大雨

早食后候秦莅风,臻,邑人。以湘文之戚,知余甚夙故也,不值。又候陈松泉,寿昌,涿州人,新任无锡县。亦不值。返舟。少顷,陈松泉来久谭,秦莅风亦来答候。下午与湘文、莅风、旭庭同赴高花农、李雅深招饮,坐小驳船至惠山浜蠡业公所登岸,内建楼临水面山,号"溪山第一楼",轩敞之至,主人设饮于此。

饮散,莅风携古泉一篋见示,佳品寥寥。旭庭携四卷,一为宋李忠定、陈简斋书札及元寺人张畴斋名仲寿临右军帖,又唐子华棣诗。四人不同时而纸色若一,李札尾"以荷宠渥",误作"以前",不可通,盖赝物也。一为明△△△合作兰石芝草致佳,二人皆文门弟子也。一为明王仲山问狂草,未谙使转之理,不足观。一为刘文清临写古帖若干种,意思颓散,亦非合作。又二册,一为钱叔宝绘《史记名贤事迹》,如"孙武子吴宫教战"、"冯骠弹铗"、"张留侯博浪椎"、"陈曲逆解衣刺船"等类。张伯起对题本传,王禄之书额"迁史神交"四篆字,书画笔墨皆凡下,殆劣手所摹。一为明崇祯间人集元明人书迹,系真物,第不出色,有成亲王名印。阅毕将下楼,闻魏般仲有事在此,遣邀来少谭,匆匆而别。返至盐局,秦莅风请吃便饭,辞之不得,幸携尊局中,往谭至二鼓,下船卧。

二十日甲戌(11月5日)　　　　　晴,大顺风

早发,午过苑山荡,未刻过华荡,申刻到家。南阳君渐愈,惟孟俞有疾,季俞虽稚,而婉娩承事如成人,深可爱喜。

二十一日乙亥(11月6日)　　　　　晴

接罗少耕△日信。

二十二日丙子(11月7日)　　　　　晴

二十三日丁丑(11月8日)　　　　　晴。立冬

二十四日戊寅(11月9日)　　　　　阴,大风

接邓树人廿三日信,又李远宸△日信。

二十五日己卯(11月10日)　　　　　晴

本年艺菊七百馀盎,寝阁斋堂金英满目,殊可乐也。早食后与

冯姬、季俞巡览园亭,良久而返。

二十六日庚辰(11 月 11 日)　　　　晴

写张屺堂信。廿七发,附邓树人信,并为邓推毂也。

致张屺堂按察书

屺堂老兄阁下:

柏堂两获接晤,均叨馔设,并得闻时事,耳目为之开通。复荷投赠巨编,典故朝章,烂然溢目。画溪归桨,萦溯不能去怀。

前陈今岁河溢,实循贾鲁故道,斯言盖误于舆图所载,土俗相沿之名耳。归检史册,乃知今名贾鲁河者,即古之鸿沟,亦名沙水,贾鲁曾疏治之,以通漕运,故有斯称。其至正十一年中鲁所复黄河故道,实在仪封之黄陵冈,流经曹县之白茅、单县之黄堌,以迄萧县之蓟门入徐州,河身与图经贾鲁河截然为二,习焉不察,殊惭孤陋。

至如河决荥郑之间,下夺贾鲁运河,灌中牟、尉氏、鄢陵、扶沟、淮宁、西华诸县,由沙河、涡河入淮者,稽诸史册,自金章宗明昌五年大河南徙夺淮之后,此变不一而足。元世祖至元二十五年,河决汴梁,陈、颍二州皆被害。《〈世组〉本纪》。成宗大德八年,陈州、西华河溢。《本纪》。仁宗皇庆二年,河决陈、亳、睢三州。《本纪》。延祐元年,河决郑州,《本纪》。二年又决,三年颍州、泰和河溢。《五行志》。七年荥泽河决。《河渠志》。泰定元年,河夺汴渠,至徐州东北合泗入淮,即今日所称之黄河故道,陈、颍之患得以稍息。第《元史》漏略,不言诸县邑被灾情状,及河流所经地名。此胡朏明所谓"《元志》残阙,不可得详","大抵初由涡至怀远入淮,后三十馀岁始行汴渠者"是也。然其时河之正流仍行明昌故道,或东决曹濮、东昌穿运入大清河入海。

元朝臣工言河防者,丞丞在此,陈、颍之祸不挂齿颊,其意转似宜以此路为壑者。至贾鲁挽复旧河,即是泰定元年夺汴泗入徐淮之路,盖亦忧其北流夺运,非为南流夺淮也。

　　至明世则自洪、永以迄正、嘉,此路恒被水患,其见纪载者,太宗永乐元年,工部言河南陈州西华县沙河水溢,冲决堤堰以通黄河,伤民禾稼。《实录》。七年,陈州卫言河水冲决城垣三百七十六丈,堤岸三千余丈。《实录》。二十一年,户部言河南中牟、西华并凤阳府、宿州去年黄河泛溢,蠲其租税。《实录》。宣宗宣德三年,河南郑州、荥阳、鄢陵、中牟、洧川等县河溢。《实录》。英宗正统二年,直隶、凤阳、淮安、扬州诸府奏河、淮泛涨。《实录》。十二年河决张秋沙湾入海,又决荥泽孙家渡口入汴河,至寿州入淮,又决荥阳,东过开封,经陈留自亳入涡口,又经蒙城至怀远入淮。《续文献通考》。景帝景泰四年,直隶、凤阳、淮安、徐州奏河水泛溢,税租无征,遣官复视。《实录》。英宗天顺元年,直隶、扬州、凤阳、淮安、中都留守司等卫奏河湖泛溢,命复视。《实录》。孝宗弘治二年,白昂为户部侍郎,修治河道,《会典》。引中牟之决以入淮,此即涡河、沙河。又疏河入汴、入睢、入泗、入淮,此即曹、单至徐州,又分引入大清河。采《纪事本末》。六年,右副都御史刘大夏修治决河,《实录》。浚贾鲁旧河四十余里,由曹出徐,此即曹、单至徐州。浚孙家渡,导使南行,由中牟至颍入淮,于是张秋决口乃塞。《南河全考》。

　　世宗嘉靖元年,直隶、凤阳、扬州、庐州、淮安等府同日河水泛涨,溺死人畜无算。《实录》。自此以后,不闻河行淮南为害之事。五年,大学士费宏等言,正德之末涡河日就淤浅,黄河大股从兰阳、考城、曹濮奔赴沛县,自徐州至清河一望皆水。为今之计,必须涡、沙等河如旧通流,徐、沛之民乃得免于漂没。《实录》。其说与白昂疏中牟,刘大夏浚孙家渡先后同轨。是此道漫灌,元人憖置之者,明人反欲利赖之,殆年久沙淤,尚欲冀其通畅。即本朝乾隆四十九年阿文成公奏议,亦言荥泽、郑州境内土性尚坚,距广武山甚近,堤头至山脚一千四百馀丈,无堤河水势长,即由山脚漫归贾鲁河,下注中牟、祥符、尉氏、扶沟、西华等州县,至周家口入沙河,经商水入江南太和县境,至正阳关淮河归洪泽湖。又惠济河即贾鲁分支,历中牟、柘城,鹿邑入江南亳州之涡河,亦归洪泽湖。二河见俱窄狭淤垫,如须减黄,必应大加挑浚之语。其说亦与明人同,一若由沙、涡而行,于河有减杀之功,于淮无逼夺之患者。第自咸丰初元上溯金元之泄,淮水虽为黄夺,然云梯入海之道沛然无阻。今则下游生路全恃邢沟,情形大异古昔,断难以前事为比。使郑汛决口不能堵筑,明年春夏水发,全河下注,其祸奚堪设想!

示及大府,奏挑成子、碎石二河,考诸河防各书,莫或称引,恐无名小水不胜大溜。且淮黄故道清口以下久经淤垫,屡见章疏,即由二河导入旧渠,亦恐尾间莫泄。偶阅裘文达《治河二策》,有欲导河别淮,疏浚宿迁九龙庙河,由骆马湖、六塘河、石滠湖分二支入海之议。其说是否可行?不然,则公函牍内请开海河东泄,最为径直。康熙朝靳、乔聚讼,蒙虽不谙水利,而心善靳言。公意滥觞于是,救一时之甚害,并足为淮、黄二渎豁一大路,其利殆非岁月已也。

又观往事,河流入沙、涡归淮时,其正流未尝尽徙。胡氏以为至元中夺涡入淮,而新乡之流遂绝。验诸传纪,殆不尽然。七分向北,三分向南之势,历见元明人奏疏。盖陈、颍一带,沙

潬高下纵横,非河性所乐趋。故元自至元迄泰定,明自洪武迄
正德,淮北受灾,亦止夏秋泛溢,不至遽化洪流。斯则觊幸之
见,非人意能必。总之防患目前惟以导淮下流为急,若夫地形
利害,必躬亲目睹者乃能知,非闭门钻故纸之夫所当妄谭耳。

　　　下邑传闻公方振节监河,闲居无俚,拉杂言之,或可为挥麈
之助,不足为外人道也。

二十七日辛巳(11 月 12 日)　　　晴

写邓树人信。即发,信船。

二十八日壬午(11 月 13 日)　　　晴

二十九日癸未(11 月 14 日)　　　晴

南阳君、孟俞均病起,与阿冯、季俞同观园菊,至晡返内。

十月辛亥

朔日甲申(11 月 15 日)　　　晴

写邓树人信。即发,信船。
接邓树人九月廿九日信。

初二日乙酉(11 月 16 日)　　　晴

写邓季垂信。廿四发,附树人信内。

初三日丙戌(11 月 17 日)　　　晴

初四日丁亥(11 月 18 日)　　　晴

下午费幼亭来候,久谭。

初五日戊子(11月19日) 晴

答候费幼亭不晤。又至宗湘文处久谭,遇周弼臣,下午归。周弼臣偕张小竹大兴人,候补知县,来此勘荒。来访,久谭去。

初六日己丑(11月20日) 晴

接朱箓卿初二日信。

初七日庚寅(11月21日) 晴

初八日辛卯(11月22日) 晴

下午子顺来久谭。

初九日壬辰(11月23日) 晴,天气温煦

旱干日久,节已逾小雪,而尚嫌挟纩,时令不正之至。唐慎斋处得残本宋拓《皇甫君碑》,前后约缺三四百字。拓极精妙,厥价洋银三十五饼,先已寄视,至本日函来始议定。

初十日癸巳(11月24日) 晴

写朱箓卿信。即发,信船。

十一日甲午(11月25日) 晴

十二日乙未(11月26日) 晴

十三日丙申(11月27日) 晴

十四日丁酉(11月28日) 晴

傍晚宗湘文少谭即去。

十五日戊戌(11月29日) 晴

十六日己亥(11月30日) 晴

族侄叔桓自广东归娶,由苏至虞。

十七日庚子(12月1日)   晴

实儿所生第二女孙名韶者,许字柔女所遗之孤保成,是日方氏来纳采。

十八日辛丑(12月2日)   晴

为羖甫选诗,已第三次矣。

十九日壬寅(12月3日)   晴

叔桓侄去。

二十日癸卯(12月4日)   晴

选羖老诗,约存六百首。

二十一日甲辰(12月5日)   晴

早食后候杨思赞,贺其子娶妇之喜。又至北门外赵仲固朗甫子。家送亲舟中,亦作贺,晤仲固堂弟士行。厚甫子。仍返杨处,下午乃归。

二十二日乙巳(12月6日)   晴

傍晚赵士行来候,久谭。

二十三日丙午(12月7日)   晴

见邑人某姓所藏石谷《山堂看梅图》,雅秀入骨,惜系绢本,气味稍觉淡薄。款称"癸亥花朝后一日为虞翁先生作",有南田长跋及诗二首,索价百饼。

接张屺堂二十日信,寄"皇朝三通"一部。

二十四日丁未(12月8日)   晴

杨鹤峰将葬,其家祖奠,往吊。写邓树人信。即发,交南阳君。

二十五日戊申（12 月 9 日）　　　　晴

南阳君赴苏，宽儿、五女从行，午刻解维。方宾穆，子可之子。自
粤东来。

二十六日己酉（12 月 10 日）　　　　晴

写南阳君信。即发，信船。

二十七日庚戌（12 月 11 日）　　　　晴

写南阳君信。即发，信船。

接南阳君廿六日信。

二十八日辛亥（12 月 12 日）　　　　晴

写南阳君信。即发，信船。董临之敬舆，福建闽县人，新任常熟典史。
来候少谭。

二十九日壬子（12 月 13 日）　　　　阴

晨起食毕，至季氏作吊君梅夫妇，卜十一月初一葬，是日祖
奠也。

三十日癸丑（12 月 14 日）　　　　晴，大风寒

写南阳君信。即发，信船。

接宽儿廿九日禀。

十一月壬子

朔日甲寅（12 月 15 日）　　　　晴

答候董临之不晤。至寺前街某肆借坐，俟季氏殡至，为执绋送
数百步即返。作《九成宫醴泉铭跋》二千言。

接南阳君十月三十日信。

初二日乙卯(12 月 16 日)　　　晴

写南阳君信。即发,信船。

初三日丙辰(12 月 17 日)　　　晴

常熟令君李梦和参革,新任郭汝雨今日接印,来候不晤。

初四日丁巳(12 月 18 日)　　　晴

下午廖季仙、缪少初来访,久谭。

接南阳君初二日信。

初五日戊午(12 月 19 日)　　　薄阴

赵次侯来访久谭。写南阳君信。即发,信船。下午张纯卿来久谭。

初六日己未(12 月 20 日)　　　晨有细雨,即霁

写南阳君信。午后答候郭汝雨元昌。令君久谭,并晤曾君表。又访李梦和、汪仲枢,慰之,亦久谭。

接南阳君初四日信。

初七日庚申(12 月 21 日)　　　晴,夜雨

仆人魏四以作过遣去。写张屺堂信。即发,寄苏。写南阳君信。即发,信船。下午郭汝雨复来候,久谭。

致张屺堂廉访书

屺堂老兄大公祖大人阁下:

前月廿三奉廿日惠教,并赐浙局新刻"皇朝三通"一部,俭腹以之得充,寒囊以之骤富,感不可言。公日内计已临莅工次,下竹淇园,沉舟苕口,贾、刘、潘、靳,岂异人哉!北望旌旆,与淮

海群黎同生徯幸矣。

河水夺淮故事,已详前启。续见中朝大官奏牍,有导河朦胧下达灌河之议,私心窃所不解。夫灌河之不可为,河淮尾闾,本朝奏牍纷纷,前人论之綦详。此眉睫近事,不得委为未见。且既开泾河闸走朦胧,则下流直对射阳、湖口,乃不浚射阳,而迂折北过旧河身以就灌口,此何说乎?射阳信不可行,亦当有论,疏中复无一言。不第此也,洪湖地形本北高南下,加之淤塞年久,张福天然,诸引河半成陆地,河壖且有垦种升科者。水至之日,全湖大势必南重北轻,况高堰五坝乱后不闻大修,其不足支拄河淮合并之溜已不待言。此时不于南东两面求出路,而欲河淮两渎舍其趋下之性,折出清口以就泾河朦胧灌口之捷径,其可得乎?

蒙意此时有顺导之法,而无逆挽之法。能于高邮南路南昭各坝以东大为浚筑,仿照文襄成议,由澄子河下达斗龙港等口,庶与上流来路接笋,水行畅速,得平异涨,尚可希冀万一。来源过盛,疏泄不及,则洪湖以南禹王、秦兰等河咸有故道可寻。自明人莫之瀚以后,言之者颇多。虽多年湮没,田庐侵占,不易兴作,而当此危岌之际,图大功者不计小害,况排淮泗而注之江,千古已有成言,或亦多方以俟变之道也。侧闻东省河已断流,豫中工难合辙,昏垫之祸,几在目前。回斡枢机,悉仗神算。聊述謷见,以当复缄。尚其鉴之,幸甚。

初八日辛酉(12月22日)　　晴。冬至节

下午祀先祖如故事。赵价人来,以当祭不晤。

接南阳君初七日信。

初九日壬戌(12月23日)　　　晴

接南阳君初八日信。

初十日癸亥(12月24日)　　　晴

饭后至宗湘文处少谭,其子妇秦氏殁,慰之也。至方处少坐。答访缪少初不值。

十一日甲子(12月25日)　　　晴

南阳君归自姑苏。

十二日乙丑(12月26日)　　　晴

得王圆照绢本山水一帧,笔力苍劲,元气浑沦,峰岚林木极惨澹经营之致,四王中,廉州最不易得,如此帧者,尤其极作也。款题“癸丑秋九画”,为康熙十二年,年已七十六,距其卒时仅四年耳。取余藏扇册内一面,及方氏所藏太仓州人为其远祖参议公之太夫人所作寿册中一帧,核对款印均合,的真无疑。值止番饼十四,可为至廉,不胜狂喜。来头为药肆中伙友代亲戚售变,使落骨董客手,百金不办矣。

十三日丙寅(12月27日)　　　晴

十四日丁卯(12月28日)　　　晴

十五日戊辰(12月29日)　　　薄阴有日色,夜大风

接邓树人十三日信。

十六日己巳(12月30日)　　　晴,大风寒

十七日庚午(12月31日)　　　晴,大风甚寒,晨起寒暑表二十六分

李梦鹤来候辞行,不晤。

十八日辛未(1888年1月1日)　　　晴

十九日壬申（1月2日）　　晴

早食毕答访赵次侯不值，又答访赵价人、张纯卿，各久谭。

二十日癸酉（1月3日）　　晴

写邓树人信。即发，信局。张吉生自里门来，留下榻。

二十一日甲戌（1月4日）　　晴

连日品骘所藏，得宋元明清法书、名画为卷十六，册二十一，轴七十二，均手书签，照宣和式，用月白纸，苏州人陆馥庭来助余整治。

二十二日乙亥（1月5日）　　晴

二十三日丙子（1月6日）　　晴

下午赵次侯来，少选价人、杨思赞陆续来，各谭移时，先后去。

二十四日丁丑（1月7日）　　晴

二十五日戊寅（1月8日）　　晴

张吉生招饮，设天放楼下，客曾伯伟、曾君表、杨思赞及余，下午散。赵价人来，携示王石谷《虞山十二景》，绢本，康熙乙亥所作，的真无疑。又明人墨迹，首洪武敕书，以下凡数十人，有真有伪，二册，索百元，余酬六十元，属为和会。是日得王雅宜、董香光、陈章侯、何义门四人书便面各一，颇精，价洋银六饼。

二十六日己卯（1月9日）　　晴，天色复暄燥，寒暑表六十馀

分，时令可为怪异。

二十七日庚辰（1月10日）　　晴

二十八日辛巳（1月11日）　　晴

二十九日壬午（1月12日）　　阴，下午雨，夜雪

十二月癸丑

朔日癸未(1 月 13 日)　　　晨大雪,已刻以后雨

偕南阳君率诸姬赏雪南楼。

初二日甲申(1 月 14 日)　　　晴

初三日乙酉(1 月 15 日)　　　晴,午刻阴,下晡复晴

早食后步至街衢游览,欲访宗湘文,闻其它出乃止。归少顷,湘文来久谭。

初四日丙戌(1 月 16 日)　　　阴,风寒

曾伯伟招饮,未赴。

初五日丁亥(1 月 17 日)　　　阴雨

张吉生得家书丁父忧,是夜去。

初六日戊子(1 月 18 日)　　　雨

冬梅以暖故早开,着雨尤嫣润,视往年早至五六旬,吴中罕遇。

初七日己丑(1 月 19 日)　　　阴有日色

与赵价人合请郭汝雨邑侯饮,杨思赞、曾君表作陪,午刻至,申刻散。是日早季俞忽咳血数口,盖感冬温气也。

初八日庚寅(1 月 20 日)　　　阴

是日子刻季俞睡醒大咳血满盂,余夜起拣方药磨陈墨一盏,饮之得止。写谢厚庵信。即发,交谢榴生。访胡雅臣锟,江阴人。于赵次侯处。胡形家,约为颖侄相地也。次侯他出,独与胡久谭返。

初九日辛卯（1 月 21 日） 晴

昨季俞服方医药颇安。

初十日壬辰（1 月 22 日） 晴

是日丑刻季俞复欲吐血，忍之而止，复饮墨汁一小盏，晨起吐少许，幸不剧。

十一日癸巳（1 月 23 日） 晴

胡雅臣来，同早食毕，命次侄重陪赴西山相地。下午归，设饮以待之，初鼓去。

十二日甲午（1 月 24 日） 阴

十三日乙未（1 月 25 日） 大雪

早食毕与女庄、女秩、女住，姜冯、俞登西亭坐赏良久乃入。是日赵价人之子君修为余购石谷册成，明人书册同至，价番银八十饼。余嗜好金石书画如命，收藏数十年未得王、恽卷册，每以为恨，今有此，匣中庶不寂寂矣。

接金桂生十一月廿五日信。

十四日丙申（1 月 26 日） 薄阴

选次家藏书画匝月而竟，书编墨字号得九十八，画编丹字号得九十七，书画合者编合字得五号，总二百品。

十五日丁酉（1 月 27 日） 雪

十六日戊戌（1 月 28 日） 雨雪

十七日己亥（1 月 29 日） 雨雪

十八日庚子（1 月 30 日） 大雪

自丁丑岁后，十年来虽有雨雪，未尝连夕彻旦，兹久晴之后，月初以来阴晦相仍,得雪已数次,而今为大。晨起视栏楯堆积约厚四五寸,园中群木尽成琼林,西山如张玉屏,焜煌相向。早食毕挈诸姬登天放楼茗坐,过午南阳君扶病出观,晡后始兴尽而返。

十九日辛丑(1 月 31 日)　　晴,甚寒,檐溜成冰,雪凝不化,篱竹有折者

邀宗湘文来久谭,同饭。下午赵价人来,少谭先去,湘文复少坐乃行。今冬池水甚浅,命工于南亭西南东三面际水下木桩,为异时作石岸之址,是日兴作。

二十日壬寅(2 月 1 日)　　晴

二十一日癸卯(2 月 2 日)　　晴

二十二日甲辰(2 月 3 日)　　晴

二十三日乙巳(2 月 4 日)　　晴。立春

早食后于先祠荐春饼[①],行礼称贺。

二十四日丙午(2 月 5 日)　　晴,下午雨雪

早食后访宗湘文久谭。是日亥刻实儿妇陈氏复生一女。

二十五日丁未(2 月 6 日)　　晴

度岁供佛如故事。

二十六日戊申(2 月 7 日)　　晴

祀神如故事。

二十七日己酉(2 月 8 日)　　晴

---

① 饼,稿本作"卷"。

二十八日庚戌(2 月 9 日)　　　晴

宗湘文来谭,移时去。

二十九日辛亥(2 月 10 日)　　　晴

接邓树人廿七日信。

三十日壬子(2 月 11 日)　　　大雪

晨起祥霙满天,顷刻堆积数寸。家人治岁事方殷,余挈诸姬遍览园中之胜,过午后返。申刻祀先,率家众行礼称贺如故事。

是日陈姓人以恽南田花卉、章是山逸,乾隆时无锡人。山水、郑板桥行书及元方方壶从义。山水、宋雨石克健,不知何时人。山水共五轴,质洋银六十饼。恽画紫薇二枝,上枝集青雀九,下枝临水,中有鱼藻,生香活色,鲜艳可爱。题云"树动情何密,花浓艳欲飞。东园生"凡十三字。书法似稚,疑画真而款系代作。章是山画秋树草亭,上带远山,笔趣雅逸。郑板桥书己作《怀扬州诗》,诗字均佳。方方壶、宋雨石两帧年久,绢色敝渝,精神全乏,不足观也。

光绪十四年（1888） 岁在戊子,余年五十有七

正月甲寅

元日癸丑(2 月 12 日) 早阴,午刻放晴

卯刻起,率家人行礼如往年。

初二日甲寅(2 月 13 日) 早晴有日色,巳刻大雪

晨起行礼如往年。

初三日乙卯(2 月 14 日) 阴

午刻撤先象,拜送如往年。

初四日丙辰(2 月 15 日) 阴,微雨

早食后出贺年,晤赵坡生、方子顺,馀皆不值。宗湘文则在子顺
家遇之。下午宗湘文来贺久谭。

初五日丁巳(2 月 16 日) 雨

初六日戊午(2 月 17 日) 晴

早食毕复出贺年,晤宗湘文、赵价人,在湘文家久谭,便酌乃归。
在湘文处见云林画一帧,笔致萧散,而纸墨太新,盖仿作也。上有自
题诗及詹同题,下方有黄淮题。又石涛花鸟屏十二幅,则决其伪矣。

初七日己未(2 月 18 日) 雨

初八日庚申(2 月 19 日)   阴

初九日辛酉(2 月 20 日)   阴

接张屺堂十三年十二月廿七日信,并抄示廷寄奏折。

初十日壬戌(2 月 21 日)   晴

十一日癸亥(2 月 22 日)   晴

园梅甚盛,与诸姬玩赏于青林堂。

十二日甲子(2 月 23 日)   晴

宗湘文来,少谭即去。

十三日乙丑(2 月 24 日)   晴

陆馥庭自苏州来,为余装治诸书画。

十四日丙寅(2 月 25 日)   晴

十五日丁卯(2 月 26 日)   晴,夜月甚皎。元宵节

夜荐食先祠如故事。

十六日戊辰(2 月 27 日)   晴

十七日己巳(2 月 28 日)   晴

十八日庚午(2 月 29 日)   晴

十九日辛未(3 月 1 日)   晴

二十日壬申(3 月 2 日)   晴

连日写诸碑跋。

二十一日癸酉(3 月 3 日)   阴,夜大雪

午后赴杨思赞招饮,同座宗湘文、翁吉卿、赵棣威、朗甫之孙。杨

滨石、书成,傍晚散归。馆师谢榴生来自里门。

二十二日甲戌(3 月 4 日)　　晴

谢师携来范文正行书潘安仁《藉田赋》卷子,笔势极轩豂,款仅书名,无年月,后亦无题跋,未审真伪。纸深黄色,颇似唐人硬黄,古旧已极,可藏也。

二十三日乙亥(3 月 5 日)　　晴,夜阴有电,未闻雷声

是日陆馥庭去。

二十四日丙子(3 月 6 日)　　晴

与南阳君观梅青林堂。傍晚访宗湘文,同步游灯市,殊不足观。

二十五日丁丑(3 月 7 日)　　晴

二十六日戊寅(3 月 8 日)　　阴

杨书城来候久谭。

二十七日己卯(3 月 9 日)　　晴

二十八日庚辰(3 月 10 日)　　晴

管账人浦仲仙因作事不端辞歇,借住未去,今午自往李姓索欠不给,携刀自戕不绝,李氏以舟送之来。余家为罨伤,并招其弟及子来,询缘由殊不了了,浦欲仍赴李氏,雇舟而去。家人颇受惊骇,至三鼓乃卧。

二十九日辛巳(3 月 11 日)　　晴

答候杨书城久谭。候郭汝雨邑侯亦久谭。

三十日壬午(3 月 12 日)　　阴,夜有雨,雷乃发声

小东亭后土山白梅盛开,偕南阳君登玩竟日。

二月乙卯

朔日癸未（3 月 13 日）　　　阴,下午雨霰

晨起,郭汝雨来答候,久谭。闻胡子继下世,怅然无已。子继承其家学,毕生殚力《礼经》,颇有著述,而处况艰瘁,官宣州广文二十年,几饔飧不能自给。今春抱病访友大通,遇剧卒于舟次,可伤也。其女为余犹子颖妇,孀居悍独,继老深爱怜之,骤闻此耗,殆不可堪,念之尤闵默不已。

初二日甲申（3 月 14 日）　　　阴,亦雨霰

接胡子继十三年九月十二、十二月廿日信,寄来代购各书,此函遽为绝笔。伤哉!

初三日乙酉（3 月 15 日）　　　阴

初四日丙戌（3 月 16 日）　　　雨

初五日丁亥（3 月 17 日）　　　晴

初六日戊子（3 月 18 日）　　　阴

初七日己丑（3 月 19 日）　　　晴

初八日庚寅（3 月 20 日）　　　晴。春分节

午后合祀先祖如礼。黛语楼西墙下石岸,昔年修造未能坚固,十馀年来渐见膨裂,恐至陨压,不得已须拆卸重造,择于本日未刻动工破土。

初九日辛卯（3 月 21 日）　　　晴

梅园南段换植骨里红梅二株,增植绿梅一株,课园客种毕,乃

返内。

初十日壬辰（3月22日） 晴

连日搬运黛语楼小奉华堂家具什物,书床、镜槛移徙一空,以待工作。实儿赴苏州。

十一日癸巳（3月23日） 晴,暄甚,衣绵犹觉过暖

是日为胡继老设位于静圃见微书屋,令颖侄妇成服,并约宗湘文、方子顺来吊。湘文又谭良久乃去。

十二日甲午（3月24日） 晴

十三日乙未（3月25日） 阴,天色复寒,衣裘尚不能御

是日余移居黛语楼之东间,孟俞、季俞移居静安楼下,冯姬率两女移居静安楼上。木工来卸装修,督视竟日。

十四日丙申（3月26日） 雨

石作、泥水作来卸西墙,及半以雨而止。

赵价人来谭。

十五日丁酉（3月27日） 雨

感寒微有恙,偕两俞至青林堂游般终日。

十六日戊戌（3月28日） 阴

楼墙卸毕。

十七日己亥（3月29日） 薄阴,有日色

福山镇总兵雷震初来候,以疾未晤。

十八日庚子（3月30日） 阴

十九日辛丑（3月31日） 晴

二十日壬寅(4月1日)　　　晴

雷震初招饮,不赴。

二十一日癸卯(4月2日)　　　雨

实儿自苏归。石岸卸毕,旧桩少甚,复加新桩,是日夯打。

二十二日甲辰(4月3日)　　　晴

二十三日乙巳(4月4日)　　　晴。清明节

打桩毕,重砌石岸。

二十四日丙午(4月5日)　　　阴,微雨

二十五日丁未(4月6日)　　　晴

石岸砌完,坚固大胜于昔。

二十六日戊申(4月7日)　　　晴

小奉华堂换整石阶三条。

二十七日己酉(4月8日)　　　晴

重筑楼西大墙,卸延台下西墙及天井墙。

二十八日庚戌(4月9日)　　　阴,傍晚雨

二十九日辛亥(4月10日)　　　晴

楼墙完毕,卸南段石岸。

致曾劼刚侍郎书

劼刚世先生通侯少司徒大人阁下:

襄岁使节东归,曾以芜笺代谒,云泥之远,未卜能通。伏闻反命以来,明廷倚畀,内筹民计,外辑邦交,朝野倾心,华瀛仰息,乘时得志,不亦快哉!

方今主圣于上,官修于下,发皇振奋,一洗因循。然而周驿虽重,水陆尚稽于耆栗;尧阶甫格,川原又困夫怀襄。岂云人事之不臧,或亦天心之未偶。明公以宏通绝特之才,当盘错方艰之际,荩谟入告,懿德遐敷。联薄海为一家,奠中区于磐石。渊源有自,孔庭绍鲤伋之传;鼎命方来,汉室继韦平之美。望云颂祝,岂笔能宣。

烈一纪言归,六旬垂及,虽顽躯之将朽,犹逸兴之遄飞。米盐交责,固用琐以耗奇;泉石当前,足消闲而忘晚。心胸所溢,每觉旁流。惜事力拘持,不克身至尊前,一抒忱臆为怅然耳。

舍甥周世澄之子荄,薄游都门,思瞻河岳。此子才不充而志甚笃,貌虽朴而心颇纯,且伊家两世久托恩门,或蒙垂闵孤寒,加之拂拭。庇人广厦,诚绍述之所当先;说士曹丘,岂疏微之能固渎。因风贡意,悚企无崖。专肃云云。

三月丙辰

朔日壬子(4 月 11 日)　　　晴

写曾劼刚信。即发,寄周处。

初二日癸丑(4 月 12 日)　　　晴

青林堂前宝珠山茶盛开,与家众赏玩。

初三日甲寅(4 月 13 日)　　　晴

里人姚彦嘉岳望。自苏州来见访,谭至下午去。

初四日乙卯(4 月 14 日)　　　晴,天时暄和,可衣袷

初五日丙辰(4 月 15 日)　　　　晴

叶芸伯来候少谭,卸事将归也。

初六日丁巳(4 月 16 日)　　　　晴

楼工墙屋完毕,苏州匠人来铺地。

接子永婿二月廿八日信。

初七日戊午(4 月 17 日)　　　　晴

天井、延台下石岸修砌完毕。赵次侯来访久谭。

初八日己未(4 月 18 日)　　　晴,午后大风,阴,甚寒,复衣小毛袍

初九日庚申(4 月 19 日)　　　阴,午间雨,甚寒,非狐裘不御

初十日辛酉(4 月 20 日)　　　阴晴叠间,甚寒

十一日壬戌(4 月 21 日)　　　　晴

十二日癸亥(4 月 22 日)　　　阴,大雨

下午郭汝雨来候久谭。

十三日甲子(4 月 23 日)　　　　晴

小奉华堂漆饰将完,重治朕栖,卸后墙更造。

十四日乙丑(4 月 24 日)　　　　晴

乐卧后墙砌成,漆饰糊褙。

十五日丙寅(4 月 25 日)　　　大雨

未刻安床,是夜徙居奉华堂之小寝。自动工至今,扰扰月馀,今始还吾安乐窝。

十六日丁卯(4 月 26 日)　　　雨

十七日戊辰(4月27日)　　　薄阴

致黄子寿布政

子寿先生侍史:

莲池之别十四年于兹,曩闻荣命,正切来苏之望。月初得女婿方子永书,暨昨邑侯郭公传语,均荷殷殷不置。不图垂老幽居,得庇宇下,而当日见馈诗中"吴楚主宾,挂席来往"之句,烈曾谓归即杜门,非公开府吴中不及相见,竟若左券之合也。闻公头须稍斑白,而精神奋发,意度从容,益欣喜踊跃,不可言状。

方今河患犹殷,淮扬适为其壑。一旦卒至,江北之流离,江南之壅塞,不知何策可以善之?道光年间,林文忠简任江藩,即谕督办江北赈务。旋擢河督,善政慈风,历历人口。公痌瘝在抱,岂逊前人,而时局之艰,倍蓰于昔。《传》不云乎:"官先事,士先志。"公之素志,烈固深知而笃信之矣。若今日之设施,何先何后,尤不能无拳拳于中也。

烈今春本拟作武林之游,归途候荡节于金昌亭下。会所居屋濒河欲圮,不得已命工葺治,身杂佣保者二旬,神疲力尽,不复能出。儿子实前月到苏祗待者亦二旬,以俗事缪葛暂归。兹以今月下月之间,躬诣府朝,野服入谒,以续前游,以应诗谶。届时公履新匝月,酬应稍宽,樽俎久别之怀与成书之事,长安得民之政暨获古之编,苏台敷政之方与防患之策,均可一一举示。烈当倾耳以听,空腹以藏,人生乐事,莫或逾之矣。

再同春明十馀载文名学业,定已月下喧传,秦生是否随侍来南,均切系念。专肃奉贺大喜,祗请台安。云云。附呈扇书次原韵小诗一章,博公粲正。

光绪乙亥保定莲池书院曾恭次先祖训导
府君莲池诗韵,时将南归,黄君子寿和
韵书扇见饯。兹子寿奉命布政江苏,再叠前韵奉赠

归耕历星纪,出处天所局。尻轮临周区,膝室旷迢瞩。惝
惝门巷空,寂寂莎草绿。颇闻尧年灾,颍洞换陵谷。轩车从西
来,殷忧定民俗。东南居下流,曷以展高躅。缅维千秋人,同工
岂殊曲。况兹虮虱群,垢蚋待梳沐。相期在简策,钦迟到林麓。
暵时亲云霓,潦岁爱曦旭。氏饥正无方,车箬祷丰熟。何当写
素心,欢言昔相续。

十八日己巳(4月28日)　　阴

早食后答候郭汝雨不晤。答候叶芸伯送行,久谭。答候周襄臣
鼎升,合肥人,新任淞北协。少谭。旋至宗湘文处,谭至下午。写黄子寿
信。即发,信局。

十九日庚午(4月29日)　　阴

园卉争妍,与南阳君及群姬游赏诸亭榭。

二十日辛未(4月30日)　　阴雨

二十一日壬申(5月1日)　　阴,大风寒

二十二日癸酉(5月2日)　　晨雨,将午放晴

二十三日甲戌(5月3日)　　阴,夜复雨

郭邑侯致鲜鲥一尾,合家饱饫。

二十四日乙亥(5月4日)　　阴雨,甚寒,复衣羊裘,节已立

夏,而阴寒至此,非佳兆也

接朱蓉卿十八日信,并致谭仲修献见赠《复堂类集》一部。

二十五日丙子(5月5日)　　阴雨。立夏

二十六日丁丑(5月6日)　　早晴，旋复阴晦

赴邑侯郭汝雨招饮于曾君表别业，同座宗湘文、蒋芍峰、赵次侯、曾君表，下午散。湘文来余家久谭。

二十七日戊寅(5月7日)　　阴①

次侯昨约余及湘文小酌，将午赴之，湘文继至，谭饮甚畅。见宋理宗朝钞本《太宗实录》五卷，为黄荛圃故物，有钱晓徵跋。又元僧世殊泥银写《楞严经》六卷，有元僧石屋跋。又八大山人画册、董香光画册，内董册余曾为作跋。又隋仁寿四年权。下午散归。

二十八日己卯(5月8日)　　阴

二十九日庚辰(5月9日)　　晴，下午复微雨

三十日辛巳(5月10日)　　晴

天日开朗，与家人游于园中。

（以上《能静居日记》五十三）

四月丁巳

朔日壬午(5月11日)　　晴

下午宗湘文来访久谭。

---

①　阴，稿本作"阴雨"。

初二日癸未(5 月 12 日)　　　晴

初三日甲申(5 月 13 日)　　　晴

黄子寿至苏见招,余以久别亦思一晤。是日买舟,午刻成行,夜泊近蠡口之乡村港中。

初四日乙酉(5 月 14 日)　　　晴

巳刻至苏,泊北街拙政园门外。写家信。即发,信船。雇小舟赴玄妙观茗饮,约书贾侯驼子来谭。又约薛安林至,同到伊所开问奇斋古董铺少坐返。

初五日丙戌(5 月 15 日)　　　阴,夜雨

写家信。即发,信船。仍至玄妙观饮茗,约安林、唐纯斋来谭,傍晚返。

初六日丁亥(5 月 16 日)　　　晴

陆馥庭来。雇小舟至阊门外观戏,傍晚归。

接南阳君初五日信,又邓树人初二日信,又邓季垂二月初六日信。

初七日戊子(5 月 17 日)　　　晴

安林来舟久谭。午刻命舆候黄子寿方伯,十四年之别,寿老须发尽白,而精神壮健如故。留余下榻,辞之不可,性不喜近贵游,惟此老尚不失书生本色,允明日往。下午访般仲并晤慎甥姊妹久谭。又至任筱沅家,赴宜兴未返,遂返舟。写家信。即发,信船。邓树人来访久谭。安林来,晚食后同访里女黄九官,去冬泊舟曾见之,颇冶丽,乃值小极,安林绳余歧黄术,为处方而出。

接南阳君初六日信。

城西老翁曲

日午与显者期，暮与粲者期，乃显者倒屣迎宾，粲者高卧远客。噫，达官之与美人，固若是班乎！夜枕不寐，戏为此曲。子寿亦行九，与其人姓氏行第同，故又号两黄曲。

城西老翁须似银，城东女儿面如玉。老翁倒屣来迎宾，女儿日暮睡未足。重门高闟人趋风，曲房细琐花溟蒙。渔人生长武陵渡，夜梦千树桃殷红。刘翁劚山颜色好，却视曾元环膝绕。西山写韵犹复时，东洞囊书未为矫。呼龙海上教作骑，剂药云中付亲捣。错疑萧史不知年，笑倒函关化胡老。堂堂白日东复西，使柳攀客桃成蹊。桃花人面但如此，崔护漫起春郊啼。人间贵游炙可热，老忆并肩忍为客。连朝骇浪不闻声，直泄云根探月窟。东虹西霓皆连睊，秋实春花同鹘突。赤城霞起空中时，归去青山好晞发。山人止合山中居，况有出水双芙渠。君不见锦淙碧潭草堂乐，安待夜月鹤相呼。

初八日己丑(5月18日) 　　晴，热甚

写家信。即发，信船。晨起无事，至拙政园清坐逮午。方欲放舟盘门，而子寿遣舆来迎，遂往同谭，彻二鼓乃卧。

接南阳君初七日信。

初九日庚寅(5月19日) 　　晴，暄炎至欲裸袒，傍晚有雨意

寿翁治具相待，复谭竟日，留过夏，力辞。请终月，或十日、五日，又请为通饬稿，看候补官试卷，皆力辞，订明日行。其第四子秦生来见，又馆师冯晓卿常州人。亦来。

初十日辛卯(5月20日) 　　阴，夜雨甚大

寿老至抚署衙参。答访秦生、冯晓卿。少刻寿来，又申昨说款

留,仍辞之。下午治具为饯,订明日至舟中,余云即日解缆,乃于座间设拜,意貌均笃。藩署使令止五六人,月给工食数金,不许取门包,衣止洋布,主人父子亦䌷茧而已,清操直与文正曾公相似。行政微近苛,论人微近刻。余尽所欲言,以为清盖士夫末节,劝之宽大。甚韪余言。然人气禀各有所毗,固不能易也。余赠以《郙阁颂》、八大山人画,皆余之副本,答以新书新拓,而秦生赠铜造象一,则唐物也。酉刻别去。又至般仲处少谭。舟时泊大仓口,傍晚下舟。

十一日壬辰(5 月 21 日)　　　阴雨甚寒,重棉不御。

早食后假般仲家舆,至任筱沅家,尚未归。至安林处,拉至对门看戏。下午到邓树人家久谭。返舟,仍泊北街。写家信。即发,信船。接南阳君初十日信。

十二日癸巳(5 月 22 日)　　　晴

安林来言黄九官服余药半愈,约再往,余惮天气凉燠不时,欲急归,恐致缠绕,乃笑谢之。午正解维,夜抵吴塔住舟。

十三日甲午(5 月 23 日)　　　晴

巳刻抵家。

十四日乙未(5 月 24 日)　　　晴

湘文送来《云麾将军碑》,秦淡如物,号称宋拓,较余本多百字,实价洋蚨三十元,拟得之。

十五日丙申(5 月 25 日)　　　晴

十六日丁酉(5 月 26 日)　　　薄阴

写黄子寿信。即发,信局。薛安林信,寄还真珠四十二粒、洋银九元。即发,信船。陆馥庭信,寄表价十元。同上。

十七日戊戌(5月27日) 晴

《云麾碑》成交,与价如其数。

十八日己亥(5月28日) 晴

十九日庚子(5月29日) 晴。炎燥特甚

二十日辛丑(5月30日) 晴

与家人登东楼观赛会,夜灯火甚盛。

二十一日壬寅(5月31日) 阴,下午雨

二十二日癸卯(6月1日) 阴

二十三日甲辰(6月2日) 阴,午后雨,即止

早食后访宗湘文久谭。

二十四日乙巳(6月3日) 晴

二十五日丙午(6月4日) 晴

二十六日丁未(6月5日) 晴

二十七日戊申(6月6日) 阴,下午微雨

淞北营周副将招饮,不赴。是日易门榜"静圃",字为隶书。

二十八日己酉(6月7日) 雨竟日

二十九日庚戌(6月8日) 晴

三十日辛亥(6月9日) 晴

早食后赴方氏,祝其叔母七十寿,午后归。赵次侯来不遇。

五月戊午

朔日壬子(6 月 10 日)　　　晴。芒种后逢壬入霉,而天气清朗,
西风甚燥

初二日癸丑(6 月 11 日)　　　晴
郭汝雨来候久谭。

初三日甲寅(6 月 12 日)　　　晴

初四日乙卯(6 月 13 日)　　　晴

初五日丙辰(6 月 14 日)　　　雨。端午节

初六日丁巳(6 月 15 日)　　　阴

初七日戊午(6 月 16 日)　　　阴,午后晴
答候郭汝雨、周象臣,均久谭。答访赵价人、次侯、杨思赞,二赵
皆不遇,惟杨久谭。

初八日己未(6 月 17 日)　　　阴
苏州书贾侯驼子来。

初九日庚申(6 月 18 日)　　　阴
写谭仲修廷献,杭州人。信,附朱。朱菉卿信。即发,信局。

初十日辛酉(6 月 19 日)　　　薄阴有日色
宗湘文来访久谭。

十一日壬戌(6 月 20 日)　　　阴

十二日癸亥（6月21日）　　阴

写子永婿信。即发，交方处。夏至节合祀先祖如故事。

十三日甲子（6月22日）　　阴，下午微雨

嘉兴唐诚卿以其尊人椒庵翰题，同治初任吴县太湖厅。所遗书画碑帖介侯驼来售，共十件：

一、北宋人临卢鸿《草堂十志》卷，纸本，墨笔沉古苍秀，无美不备，其为宋作无疑。无款识，有明人范德机、□□□、胡□□三人诗跋，及项墨林藏印数十方。考卢鸿自绘《草堂图》唐世藏段成式家，五代、宋世有杨凝式、周必大跋。明世曾入严东楼手，后遂不知踪迹。宋元以来临本甚多，余少时曾在齐梅麓家见一绢本，逊此远甚。

一、北宋画苑临边鸾《梨花双鸠》轴，纸本，淡设色，勾勒皆是宋以前法。亦无款，有元人黄琳国器藏印，明项麟、李应祯二题在玉池已糜损，而画纸尚坚韧。

一、元赵善长《夏山读书》图轴，纸本，淡设色，劈峰高树，中隔巨浸，一叟踞树根置卷地上，意致苍凉，蹊径复异。有明人诗跋在本纸。考赵善长名元，而此款作原，当是旧名。

一、元冯子振书所作《居庸关赋》卷，行楷，四五千言，纸本，笔法生峭，书家传谓其用笔类山谷，信然。有郑元祐、宋濂二跋，及安仪周歧。书画记、卞令之式古堂书画印。惟宋跋字劣，印章尤劣，且郑跋反居后，恐是后人妄增。郑系七言古诗，字均佳，然《侨吴集》不载。

一、元郭天锡父子诗笺，并俞希鲁书为郭翁诗序卷，纸本，俞书较佳。

一、元饶介、米起等七人书札，均纸本。以上二卷唐椒庵所集，有自跋。

一、宋拓泉州本《阁帖》十卷,有毕涧飞跋,指为王弇州藏本。即孙月峰《书画跋》跋所载者,其中有残缺数处。毕以旧拓肃本配入金笔志其处,然细审则辑凑甚多,墨色有浓有淡。且据孙跋王本系阔帘竹纸,此则系棉料,甚类北纸,亦无弇州跋,并无一印,其非王氏本可知。首有张凤起、王百穀二题,拢侗言之,不为此帖而发。考泉帖宋本明初间见于世,其石久已残佚,洪武时泉守常性以旧拓重摹,此石后归内府,而人间复本至四十馀,余及次侯均有残张,与此无甚殊异,盖亦复本而已。

一、宋拓《八关斋会报德记》,有徐坛长用锡。录明嘉靖间孙石云跋,及张叔未题额及跋,言其中有宋拓,有明拓,而首田浣篆额,后官吏衔名均全为难得。顷见赵次侯一本,为十载前余代购之无锡陈氏者,亦有田浣额及官吏题名,而缺字较多于《萃编》本,大氏乾嘉拓本也。视张本固逊,然亦较一二字耳。然则张本仅系明拓可知矣。

又唐崔倬《重立石幢记》,字较《萃编》为多。张以钱五万得之同里李氏云云。考此碑前人题记,"杨东里永乐丁酉所得",每行下缺四字,按依此说,计碑八面,面五行,行四字,当百六十字。而侯朝宗崇祯戊寅所见,云凡八百八十六字,阙七十四字。孙退谷云督饷彼中,亲至碑下,石尚完好。今为时三十年,得宋长公辈拓寄此本,乃下段已尽泐落。王竹云则云阙一百九字。按竹云所指乃拓本,不可定其时代。杨、侯、孙三跋皆亲见碑石,新拓按字计数,何、杨早于侯二百馀年,而缺字反多邪?盖杨约略言之,且行数有空有满,未可拘执定数也。侯确指字数,似较足信,而《金石萃编》数其旁注缺字凡百九十有馀,此拓与之不甚相悬,则亦至多明拓而已。张之驾高张大,犹有明季董文敏之风,其意不免为标榜射利。观跋中云同日同价得宋拓颜书二,一为《东方象赞》,以赠金石友枭使常兰陵。大淳。

常方显宦,其非徒手取之可知矣。若《中州金石记》以此碑为崔倬重刻,而非补书,则甚谬。倬记自云"石幢得之壤下,文义乖绝,于前刺史唐氏得模石本完备,遂命考治,□□□□续其次,虽真赝悬越,貂狗相属,且复瞻仰鲁公遗文,昭示于后",其为补书显然也。

一、宋拓蜀本《干禄字书》,阙入声约十馀行暨句咏跋之上半。见在《萃编》所载咏跋,视此撙节语句处甚多,殆系向壁虚造,则此拓虽残,而可珍甚矣。

一、《李玄靖碑》,亦号宋拓,其实即残石碎片,而以汪志伊复本补缀者。十种中惟此种最劣。

乃《卢鸿草堂图》、泉帖均索值千二百饼,《冯子振》卷六百饼,《八关斋》四百饼,《干禄书》、《李元靖》各二百饼。画苑花鸟、赵原山水,郭天锡、饶介二字卷各百饼,都四千二百饼,可谓荒唐! 余既无馀力而爱之綦笃,择去冯子振、李元靖二种。其馀八种,总偿四百数十饼,实已竭尽生平,而竟作势未合,只有怅怅而已。

下午赵次侯来观唐氏书画,并谭良久而去。

十四日乙丑(6月23日)　　阴
池荷乍开,与家人游观。

十五日丙寅(6月24日)　　阴雨

十六日丁卯(6月25日)　　阴雨
接邓公武四月廿七日信。

十七日戊辰(6月26日)　　晴

十八日己巳(6月27日)　　晴
过饮旧恙复发,颇觉困顿。

十九日庚午(6月28日)　　　晴

郭汝雨邑侯生日,往祝未晤。写邓公武信。即发,交来差。

二十日辛未(6月29日)　　　晴

二十一日壬申(6月30日)　　　阴,下午微雨

二十二日癸酉(7月1日)　　　晴

池荷盛开,卯刻即起,扶疾出看。

二十三日甲戌(7月2日)　　　大雨

连日服自处方,膨胀稍减,而饮食尚难健纳。

二十四日乙亥(7月3日)　　　阴雨

二十五日丙子(7月4日)　　　晴

二十六日丁丑(7月5日)　　　晴

二十七日戊寅(7月6日)　　　阴

郭汝雨来候,以疾辞未见。

二十八日己卯(7月7日)　　　晴,天气始炎热

二十九日庚辰(7月8日)　　　晴

六月己未

朔日辛巳(7月9日)　　　晴

初二日壬午(7月10日)　　　晴,热甚,寒暑表九十三分

初三日癸未(7月11日)　　　晴,酷热如昨

初四日甲申(7月12日)　　晴,酷热尤甚,寒暑表九十四分。

下午风雷不雨,暑气稍退

五点钟起,与三妾清暑池上,朝暾未朗,千树阴沉,晓雾笼山作淡碧色。池荷开放数百柄,朱颜照灼,似与亭中人争为妍丽。余乃凭石开襟,临流晞发。迨日上三竿,始归早食。

初五日乙酉(7月13日)　　薄阴,大风

初六日丙戌(7月14日)　　晴

晨招宗湘文来观荷,留此午饭。并邀王敬庵赓保。来同饭,王新自吉林、黑龙江归,谭彼中时务娓娓可听。

初七日丁亥(7月15日)　　晴

初八日戊子(7月16日)　　晴,晨有微雨

初九日己丑(7月17日)　　晴

南阳君生日,宗湘文来候称祝,余以疾辞未见。赵价人来观荷,亦不晤。曾君表招午饭,惮暑辞之。

初十日庚寅(7月18日)　　晴

十一日辛卯(7月19日)　　晴

十二日壬辰(7月20日)　　晴

疾少间。

十三日癸巳(7月21日)　　晴

连夕月色甚朗,均扶疾至北亭赏玩,乙夜始归。力疾答候郭汝雨、宗湘文,各久谭。

十四日甲午(7月22日)　　下午大雨

是日复有泻痢之疾,虽止四五行,而身殊疲困。

十五日乙未(7 月 23 日)　　　雨渐霁

十六日丙申(7 月 24 日)　　　晴

十七日丁酉(7 月 25 日)　　　晴

十八日戊戌(7 月 26 日)　　　晴

十九日己亥(7 月 27 日)　　　晴

连日均不适,头痛畏风。值先考忌日祭,未能出拜。

二十日庚子(7 月 28 日)　　　晴

二十一日辛丑(7 月 29 日)　　　晴

连日吃西洋咖啡汤,胸鬲颇宽,亦能得汗,畏风渐愈。

二十二日壬寅(7 月 30 日)　　　晴

是日出卧室。先君诞日祭,勉强一拜。

二十三日癸卯(7 月 31 日)　　　晴

二十四日甲辰(8 月 1 日)　　　晴

二十五日乙巳(8 月 2 日)　　　晴

连日胸次虽宽,精力终觉疲怠,心烦间作。

二十六日丙午(8 月 3 日)　　　晴

连日暑热,今年未吃西瓜,午间烦热,适家人切瓜以进,甚佳。食约一碗许,胸次顿开。

二十七日丁未(8 月 4 日)　　　晴

有人送马铃瓜者,虞产也,甚小而极甘,质尤嫩,啾食一枚。

二十八日戊申(8 月 5 日)　　　晴,夜大风

夜半复洞泄,比明三四行,知瓜为祟,复戒不食。

二十九日己酉（8月6日）　　　阴，大风。下午雨，未久即止

三十日庚戌（8月7日）　　　立秋。阴，大风，微雨

七月庚申

朔日辛亥（8月8日）　　　晴

初二日壬子（8月9日）　　　晴

自前月杪泄利后，服方耕霞药数剂，以於术等培土，神曲等健运为主，加服二神丸七分以爨其下。用意不误，而余胃府既积饮化热，心肺复多浮火，此等药终难吻合。今日处方，余属思一升清阳之品，方用葛根，殊是。但於术、山药等恐其滞气，虽定方而未服。

初三日癸丑（8月10日）　　　晴

初四日甲寅（8月11日）　　　晴

初五日乙卯（8月12日）　　　晴

连日不服药，但吃西洋人加非汤，大便渐干，小便稍畅。

初六日丙辰（8月13日）　　　晴

初七日丁巳（8月14日）　　　晴

初八日戊午（8月15日）　　　晴

接周兹明六月廿八日信。

初九日己未（8月16日）　　　晴

初十日庚申（8月17日）　　　晴

余以疾中每夕烦躁，有杭州尹氏媪善讴，自前月望后每夕招之，

日费钱四百文。其人兼善筝琶,遣〈两〉俞姬从之学,月酬洋银六饼。

十一日辛酉(8 月 18 日)　　　晴

次子宽赴省试,今早行。下午邑主郭汝雨来候,以疾辞不见。

十二日壬戌(8 月 19 日)　　　晴

自月初至今,每日大风,其凉砭骨,暑气大减。余疾自服加非后,渐已霍然,精力亦稍健,读《通鉴》日尽三四册,第尚畏风耳。

十三日癸亥(8 月 20 日)　　　晴

十四日甲子(8 月 21 日)　　　阴

薄暮至雪亭少坐,不出已月馀矣。

十五日乙丑(8 月 22 日)　　　晴,丙夜大风雷雨

自旱久河池浅涸,农人告瘁,虽得雨,未几即止,无所济也。已刻宗湘文来访,扶疾出与之久谭,颇见乏。

十六日丙寅(8 月 23 日)　　　晴

余以加非之性必能和气降下,故胸鬲为之肃清,而阳气亦从之而下。表疏无卫,故畏风,因每日嚼酒少许以升清阳,甚效。

十七日丁卯(8 月 24 日)　　　晴

十八日戊辰(8 月 25 日)　　　晴

十九日己巳(8 月 26 日)　　　晴

二十日庚午(8 月 27 日)　　　晴

二十一日辛未(8 月 28 日)　　　晴

二十二日壬申(8 月 29 日)　　　晴,微有雨即止

二十三日癸酉(8月30日)　　　晴

写张屺堂信。

复张苣堂廉访书

今正九日,奉客腊秒手教,示以河运情形,兴盐工作,罗罗分疏,不翅聚谭一室也。伏承水土功勤,半期告绩,虽固天时顺利,民情翕从,而非晓畅事机,胼胝不惮者未易及此。敬佩敬佩!

烈久欲贡笺达悃,自以草茅伏处,闻见无多,论今不免乖违,道古尤多迂远。亦因入夏后夙疾时发,久在枕簟。疏迟之咎,知爱谅无深责。

郑工横溢,殆将匝岁,而清淮千里,水波不兴。益信此道元明浸灌二百馀年,淤沙盈积,奔放末由。读嘉靖初费鹅湖一疏,可爽然矣。目下东河已报入槽,豫堤尚稽挂缆,南北分流与元泰定、明正德以前理无二致。余谓当今急务,赈先于工,去冬曾创停工积料,分河费数成以济皖豫饥口防意外之说,但为湘文道之,而未敢昌言于外也。

历稽本朝成案,从无腊正穿土,伏秋断流之事,况当河工久废,牛坽荡然之日乎。胝满公车,未闻及此,或僻壤所不能知,抑朝廷立言有体,不徒以事理为衡也。今河流所及,几无涸土可事耕植。荐饥不已,势必迁流。而江介百城复以旱干成歉,内外交逼,客主同困。兴言及此,得毋凛然。

公大挑古河,为兴盐去路,运东苍赤,实蒙大造,无异文襄复生今世。第文襄原议,以筑堤束水为最要关键,公自已审计及之,客冬今春乃忧,黄流悬注,无暇措手。夫治成于未乱,患弭于未形。倘乘此旱年水涸之时,勉终此举,一以堤坊补前人疏浚之功,一以畚锸安客民辋饥之众,斯诚不世大业,与古人后先争耀者也。

　　烈于仕宦得失,闲剧进退之机,曹然无觉。独事功千古,争在暑刻者,不禁为知己陈之,不自知其渎也。去年承赐"皇朝三通",顷细检点,中复一函,恐公印存非止一部,彼此均成不完之书,特开单附呈,幸饬掌录者核之。

二十四日甲戌(8月31日)　　晴

二十五日乙亥(9月1日)　　晴

长子妇陈氏四十岁生日,召尹氏媪来为幻人吐火之术,与家人观之。

二十六日丙子(9月2日)　　晴

二十七日丁丑(9月3日)　　晴。秋暑甚剧,加以久旱,如

处炉火上,殊不可耐

宗湘文来谭,未久去。

二十八日戊寅(9月4日)　　晴,巳刻风雨,少刻即止

二十九日己卯(9月5日)　　阴

八月辛酉

朔日庚辰(9月6日)　　晴

前月作屺堂信未寄,忽闻急病,于廿七下世。张有才干,仕宦得路,客岁挑挖江北诸河以防黄水泛滥,颇著劳勋。今夏复任苏臬甫数月耳。与余齐年,后余数月,甚致兄事之礼。遽传噩耗,殊为怆然。

初二日辛巳(9月7日)　　大风雨

雨大而不久,未足以慰农夫之望也。

初三日壬午(9月8日) 晴

初四日癸未(9月9日) 晴

早食后答访宗湘文久谭,归途顺至曾君表处,不晤。

初五日甲申(9月10日) 晴

初六日乙酉(9月11日) 晴

闻陈甥女适周氏者,昨骤疾下世。甥未嫁夫死,茶苦十馀载,复不永年,可伤也。

初七日丙戌(9月12日) 晴

今年久旱,园中早桂始开,迟常年二十馀日。

初八日丁亥(9月13日) 阴

初九日戊子(9月14日) 晴,夜雨

早食后与两俞姬看桂花,历诸亭榭,自病后盖两月不出矣。

初十日己丑(9月15日) 阴雨

十一日庚寅(9月16日) 晴。有月

接宽儿七月十七、本月初四日信。

十二日辛卯(9月17日) 薄阴

是晚小婢遗火米廪下,几致炀灾,时已亥刻,余方欲解袜登床,人声骤起,跣而出,火已焚廪,去楼檐咫尺。幸人众未睡,盆盎尽至,邻居平氏及其家寓客宋氏咸来助,灌救历半时始息。嘻!殆已。火未作前,有鸮鸣于屋际,声甚怪惨,长子妇陈氏怵之,方焚香卜课而火作。岂本不成灾,而妖鸟能为厉邪?抑当祸蒙天祖之庇邪?余有生出入危境几数十度,心恒凝然不动,迨老气衰,一触即动,学无所

成,志随年荒,可愧甚矣。

十三日壬辰(9月18日)　　　阴,微雨

十四日癸巳(9月19日)　　　阴

十五日甲午(9月20日)　　　阴,大风

十六日乙未(9月21日)　　　阴

十七日丙申(9月22日)　　　晴

十八日丁酉(9月23日)　　　晴

傍晚闻天空有声如轮舟激水,历一时许。或曰天愁也,已三日矣。余意盖久旱阳气不敛,近暮阴盛,阴疑于阳邪? 不可知耳。

十九日戊戌(9月24日)　　　晴

二十日己亥(9月25日)　　　晴

二十一日庚子(9月26日)　　　晴

二十二日辛丑(9月27日)　　　晴

二十三日壬寅(9月28日)　　　晴

二十四日癸卯(9月29日)　　　晴

二十五日甲辰(9月30日)　　　晴

二十六日乙巳(10月1日)　　　晴

接周兹明初五日信。

二十七日丙午(10月2日)　　　晴

是晚实儿有事赴苏。

二十八日丁未(10月3日)　　晴

宗湘文来久谭。

二十九日戊申(10月4日)　　晴

宗湘文之婿秦石君以秦淡如遗匣书画托觅售主,是日饱看一日。凡卷六、册八、轴十一。楹帖六卷中,惟元人焦粲至正末年为蔡子坚画《雪篷图》,纸本,淡着色,作山溪风树,两舟一溪中,一濒岸,笔势沉劲,不免犷意。后明初人跋凡十七,吾常谢龟巢应芳与焉。又明人姚绶《都门送别图》,无年月,亦不知为何人作,纸本,淡着色,作岸濒泊舟,数衣冠送客状,末作阔水孤帆,笔势冲和而未脱俗。后另纸绶自题一诗,亦无上款,又一同时人题。此卷当时必尽录送行之作,割截尽矣。

又明杨石淙一清行楷书,为人作《假山诗》一首,诗字均佳。又明王仲山狂草卷,怪怒而无法。馀唐子华墨笔山水,苏东坡书所作诗二卷,则伪迹也。册中惟明清人集锦十二帧,内曹羲、王维烈、程穆清、邵僧弥、释石涛数篇颇佳。又赵忠毅南星为某人传稿,倪文正元璐家书,祝允明与其亲家王款鹤縠祥之父。数札均真迹。馀王烟客文札草稿,傅青主诗,又与刘某合书,及刘文清石庵临苏帖,虽似真而不足观。

轴中惟倪云林《山亭小景》并题句,纸本墨笔,笔法幽秀,有康熙丁丑山阴高介题诗玉池,此帧本吾里汤贞闵贻汾藏物。又董香光仿倪《松亭秋色图》,有题句,纸本墨笔,笔法疏秀而年久乏精采。又元人顾定之安双勾竹,绢本墨笔,曹云西《坡陀秋树》,纸本,墨均佳,而不审真伪。馀赵子昂马、属黄大痴山水、吴仲圭山水均伪品。黄轴有沈度、宋克二题,尤恶札。又沈石田菊,盛仲交山水,释渐江亭榭,邓完白行书,均不佳,或是仿作,楹帖邓完白隶亦仿作,其潘次耕、杜于皇、王箬林、冯鱼山、顾南雅五联,均不佳。

此中《雪篷图》、《送别图》二卷可收,而乏意趣。董香光轴当藏,而渝敝不足发人神思,亦无足深恋。倪轴价昂,亦难问鼎,均却之。

九月壬戌

朔日己酉(10 月 5 日)　　　晴

写实儿信,即发,信船。寄去秦氏书画。

初二日庚戌(10 月 6 日)　　　晴,昏后微雨即止

初三日辛亥(10 月 7 日)　　　阴

宽儿金陵秋试归,其妇弟士会同至。

初四日壬子(10 月 8 日)　　　晴

早食毕与士会谭。邑侯郭汝雨来久谭。

初五日癸丑(10 月 9 日)　　　晴

初六日甲寅(10 月 10 日)　　　晴

实儿妇〈陈氏〉赴苏,哭其妹丧。邓士会去。

初七日乙卯(10 月 11 日)　　　晴

初八日丙辰(10 月 12 日)　　　晴

少颖侄作故,其甥陈矗麟挈其子二人来,欲交余抚养,暨存放银款等。余以望六之年,精力不及,且族分疏远,博施济众,有何能为,婉言谢之。写子慎叔信。即发,交陈。

接族侄哲如八月十一日信,前事。

初九日丁巳(10 月 13 日)　　　晴。重阳节

本年自夏秋缺雨至今,高乡已成灾歉,溪河浅涸,污浊停雦,疠

疫大兴。节届霜降,而天气炎亢,时欲汗流。秋虫绝不闻声,林薄间
鸟鸣睍睆,与三春无异。江皖诸处,桃李盛开,天时人事,殊足生畏。

早食后与诸姬登珠渊亭上层以应佳节,纵眺良久乃下。余病后
足力尚可,惟稍喘而已。

初十日戊午(10 月 14 日) 晴,亭午阴,大风,夜疏雨淅沥

宗湘文来久谭。南阳君微恙历数旬,服扶土疏木药已渐愈,近
复新感,本日寒热颇剧。

十一日己未(10 月 15 日) 晴

十二日庚申(10 月 16 日) 晴,夜雨淅沥

郭汝雨来候。闻苏藩黄子寿忽有恙似中风,老年趋走宦场,行
事掣肘,感此末疾,殊可虑也。南阳君寒热复至,寒战略短,而热时
模糊。写实儿信,即发,信局。命告子寿之子秦生服药当小心,兼以南
阳君疾告之,令早归也。

十三日辛酉(10 月 17 日) 黎明时雨颇甚,辰刻即止。午后

复雨彻夜

今日得此甘澍,人意为之忻快。

十四日壬戌(10 月 18 日) 阴

早食后答候郭邑侯汝雨,久谭。又答访宗湘文久谭。是日南阳君
疟来少轻。新任昭文县徐季恒树钊,长沙人,早年军中识之。来候,未晤。

接实儿十二日信,云子寿疾尚未愈,已请告矣。

十五日癸亥(10 月 19 日) 晴

旧昭文县吴子备来候,未晤。

十六日甲子(10 月 20 日) 晴,甚寒,夜月皎洁

得雨后阴气渐盛,秋虫绝声已久,至此复唧唧矣。夜同诸姬玩

月池上，不胜风寒之气，自叹衰迈。

十七日乙丑（10月21日）　　晴，风势稍减，夜月甚皎

实儿同妇自苏归。晚子顺来久谭。

十八日丙寅（10月22日）　　阴

北闱报罢，子永婿复不隽，绩学无闻，怅然不已。

十九日丁卯（10月23日）　　晴，夜雨彻旦

答候徐季恒、吴子备两邑侯，均不晤。访赵价人久谭。又至子
顺处，少谭归。

二十日戊辰（10月24日）　　阴雨

二十一日己巳（10月25日）　　阴

二十二日庚午（10月26日）　　晴

接朱莍卿廿日信，又谭仲修△日信。

二十三日辛未（10月27日）　　晴

南闱报罢，熟识中唯宗湘文子子戴，费幼亭子屺怀，家厚甫孙剑
秋获隽。郭汝雨来候久谭。

二十四日壬申（10月28日）　　晴

写黄子寿方伯信，朱莍卿县丞信。均即发，信船。

二十五日癸酉（10月29日）　　晴

二十六日甲戌（10月30日）　　晴

早食后候宗湘文乔梓，贺喜久谭，并晤季君梅、蒋芍峰。访曾君
表不值。费幼亭自苏州来见候，久谭。赵次侯来访不值。

二十七日乙亥（10月31日）　　阴晴相间，夜雨

二十八日丙子(11 月 1 日)　　　五鼓大雷雨,终日晴雨相间

南阳君疾少瘳。季俞有疾。

接子永婿十六日信。

二十九日丁丑(11 月 2 日)　　　阴,大风寒

下午曾君表来答访,并同靖江人陈姓来游静圃。

三十日戊寅(11 月 3 日)　　　阴,风寒,始衣裘

下午宗湘文来答候。

十月癸亥

朔日己卯(11 月 4 日)　　　　晴

早食后答访赵次侯,并晤其兄价人。次侯新得《砖塔铭》,假余本对勘,余携之以往,并几而观,彼亦真刻,视余本拓手稍逊,亦后一二十年,字笔较瘦,磨泐故也。朱菉卿自苏州来见访,久谭,留晚饭。

初二日庚辰(11 月 5 日)　　　晴

午间邀朱菉卿来饮,谭至下午别去。

初三日辛巳(11 月 6 日)　　　晴

接陈黼林九月廿八日信。

初四日壬午(11 月 7 日)　　　晴

接周兹明九月三十日信。

初五日癸未(11 月 8 日)　　　晴

初六日甲申(11 月 9 日)　　　晴

写郭汝雨信。即送。

初七日乙酉(11月10日)　　阴雨

初八日丙戌(11月11日)　　阴雨

初九日丁亥(11月12日)　　晴

写朱㮚卿信,寄自书隶屏四幅,又为谭仲修书额、许迈孙书联。即发,信船。

初十日戊子(11月13日)　　晴

亡侄颖是日窆于西山之麓,午间往送,舆过先兄故茔,先往瞻视。新阡更西里许,地殊狭隘,卜亥刻落葬。余病躯不能待,命两儿留彼襄事。

十一日己丑(11月14日)　　晴

曾文正公诞日,设祭毕,以馂馀觞堪舆师胡雅臣,下午客去。

得明杨石淙书《假山诗》墨迹手卷,秦淡如物,宗湘文为余作合,价洋银七元。另倪迂山水一轴,谐价未成。

十二日庚寅(11月15日)　　晴

郑小坡文焯辑《未刊书目》序

章怀太子注《翟酺传》,武帝大合天下之书,引诏令礼官劝学举遗,谓举遗者,搜求遗逸,合天下之书也。嗣是以降,目录家不胜称举,率著存书而已。国朝朱氏《经义考》,乃列佚阙未见之名,网罗散失,其用心益厚。

郑君小坡劬学嗜古,闻见广博。今年夏,余访黄子寿布政苏州,案上见君手辑《未刊书目》一卷,四部都若干种。余生长东南,少以通家子从宋于庭、包慎伯及余里门诸先执游。而邵阳魏先生默深、仁和邵君位西亦接言燕。壮岁获交莫君子偲、龚君孝拱,弆藏咸号鸿秘。当庚申、乙酉间,吴中寇乱,藏书家如汪阆源辈,数十族同尽。吴市书贾逸出者,往往赁乡农粪艘入城,从贼得其遗烬,载之沪上,钞校单本居十七,美不胜收焉。大略有所知见,而居贫鲜暇,旋困简牍,不皇甄写。视君之勤勤,不足愧哉!

顾诸书中,如顾亭林《肇域志》、张皋文《谐声谱》、钱晦庐《诗古训》、沈小宛《汉书疏证》等,多非定本。或已刊版毁者,亦间有之。余于郑君,观其书而重其人,不胜大愿,愿益推而广之,远追炎汉举遗之典,近副朱氏阐微之心。海内承学之士,当骧首以俟之矣。

咸同以前,去承平不远,士大夫好尚风义,不以财贿视典籍。家有善本,喜出示人,或披卷论议,无倾身障箧态,与更乱艰得者不侔。故余于佚存之书,如君所录者。

第二稿:

汉武帝大合天下之书,诏礼官举遗,说者谓搜求遗逸之书也。时尚简略,厥称无闻于世。刘《略》、班《志》以降,目录之学代兴,率著存编而已。国朝朱氏《经义考》,乃列阙佚未见之名,网罗散失,其用心益厚。

初余知郑君叔问劬学名,今年夏,过黄子寿布政斋中,见君手录《未刊书目》一卷,四部凡若干种,已坠之文献略具。夫学者迈志古昔,非周秦书不读,士生昌明学术之世,名作充栋,而旁求不暇,殆所谓学不厌者非邪?余道咸间,得以通家子从东南诸耆宿游。迨壮,四方知交,若日照许君印林,南丰吴君子叙,独山莫君子偲,仁和邵君蕙西、龚君孝拱辈,咸富庋藏而善钩索。当是时,士夫好重风义,不以财贿视典籍。家有善本,喜示人,或披论终日不倦,无倾身障箧态。故余于佚存诸书,类君所录者,大略得以见知。而居贫转徙,继困简牍,不皇甄写。视君之勤勤,不足愧哉!

顾诸书中往往非定本,或已刊复毁,间亦有之。余于君才观其书而益信。不胜大愿,愿更推而广之,远追炎汉举遗之典,近绍朱氏阐微之心。海内承学之士,骧首以俟之矣。

十三日辛卯(11 月 16 日)　　阴

周璧臣来访久谭。

十四日壬辰(11 月 17 日)　　晴

十五日癸巳(11 月 18 日)　　晴

子顺来久谭。

十六日甲午(11 月 19 日)　　晴,已刻后阴雨

十七日乙未(11 月 20 日)　　雨

十八日丙申(11 月 21 日)　　阴

十九日丁酉(11 月 22 日)　　晴

宗湘文设筵招饮贺客,命实儿往赴之。

二十日戊戌(11 月 23 日)　　晴

二十一日己亥(11 月 24 日)　　晴

接朱荣卿十九日信。

二十二日庚子(11 月 25 日)　　晴

接邓公武初七日信。

二十三日辛丑(11 月 26 日)　　晴

二十四日壬寅(11 月 27 日)　　　晴

是日赁舟赴苏，两俞姬侍行。午刻解维，戌刻至蠡口泊。

二十五日癸卯(11 月 28 日)　　　阴，微雨

辰刻至苏，泊娄门内八旗会馆前。棹小舟到牛角浜，饮茗于观东玉楼春肆，遣招安林至一谭，下午返原舟。写家信。即发，信船。

二十六日甲辰(11 月 29 日)　　　阴，微雨，下午渐霁

早食毕，棹小舟仍至昨处茗饮，招薛安林、唐慎斋、张子玉来，各少谭。下午返原舟。写家信。即发，信船。

二十七日乙巳(11 月 30 日)　　　晴

早食毕，棹小舟并载两俞至昨泊处。挈季俞登弥罗阁，并游观中，少顷送之返小舟。余至观西及护龙街一走。在师竹斋见黄尊古山水一帧，颇佳。又见王烟客纸本山水大帧，有董题，又王石谷绢本山水中帧，均不佳。又恽南田绢本墨梅小帧，画极妙而题款浮软，亦不可信。次至汉贞阁，识浙人蒋小祁，其尊人寅舫余素识也。唐慎斋见示《皇甫碑》一本，虽未断而瘦弱已甚，恐是复刻。下午与两俞同返原舟。写家信。即发，信船。

接南阳君廿六日信。

二十八日丙午(12 月 1 日)　　　阴

早食后棹小舟至原处，到因果巷木器肆购文石面方桌，五色如锦，值洋银十八饼。下午返原舟。写家信。即发，信船。

二十九日丁未(12 月 2 日)　　　晴，下午阴

黎明发舟移泊阊门，登岸饮茗、剃头。午刻入剧场观剧，遣座舟赴山塘，两俞欲游虎丘寺也。下午舟返，剧不足观，遂去之舟中。

十一月甲子

朔日戊申（12 月 3 日）　　　雨

早食毕移舟胥门,遣刺候黄子寿,以官署非野人所当轻造,故通问而已。少选,寿老遣其子秦生来舟固邀往谭,不得已诺之。午刻登岸访朱荔卿县丞,不值。次至李甥女家,魏殷仲方召市侩为营弁制牌伞献新调浙抚崧骏,斟量分寸,商画文镂,无暇顾客。良久侩去,余呼李甥出,长谭,约同余舟返虞小住,又治酌留饮。

申刻访黄子寿布政,时疾已愈,见余至大喜,同至署西废圃中盘磅畅谭。出示旧拓《圉令碑》整本,有桂未谷、翁覃溪、阮文达诸人题名,墨色极厚。惟碑额上无晕文,与《隶释》所载不合,是一疑窦耳。谭久,及吏敝政窳,为治不易。余言苏省大政,无过丁漕,其中蠹弊,不胜枚举,然不但不能更革,且不能轻议。至于风俗则由来更久,诚之以言则徒繁文牍,而莫警顽愚,束之以法则终饱吏胥,而适成嗟怨。今日之所能为、可为,皆皮毛而已,似不必以深心大力赴之。寿首肯再三。傍晚别出下舟。

初二日己酉（12 月 4 日）　　　晴

遣借魏氏舆,亭午谒客。先至朱荔卿处久谭。次至任筱沅家,方营葬赴宜,晤其子群伯。又候俞荫甫樾,德清人,昔在金陵熟识。久谭。又候费幼亭乔梓,均不晤。又候邓树人亦不值,晤其子。申刻至八旗会馆前,原舟已自胥门移泊于此。写家信。即发,信船。

初三日庚戌（12 月 5 日）　　　晴

邓树人来,同早食毕,棹小舟至醋坊桥上岸,仍赴玉楼春茗饮,安林亦至,下午返。写家信。即发,信船。得般仲书,李甥托疾不行。
余遂即日言归,上灯后移舟出城,泊齐门外马路桥。

初四日辛亥(12 月 6 日)　　　晴

黎明舟行,八点钟到蠡口,十二点钟过吴塔,四点钟到虞。计自
马路桥至蠡口历时八刻,蠡口至吴塔历时十四刻,吴塔至虞历时十
九刻。本日无风,舟行迟速如一,约每刻行二里馀。是马路桥至蠡
口二九,蠡口至吴塔三九又半,吴塔至常熟五九少欠,得远近之数焉。

初五日壬子(12 月 7 日)　　　阴

南阳君之侄简士邦选。自山右归,方榻余家。

初六日癸丑(12 月 8 日)　　　晴,下午薄阴

初七日甲寅(12 月 9 日)　　　阴

初八日乙卯(12 月 10 日)　　　阴

子永婿自天津差次假归,来候畅谭。

初九日丙辰(12 月 11 日)　　　阴雨

初十日丁巳(12 月 12 日)　　　阴雨

十一日戊午(12 月 13 日)　　　阴雨

写邓季雨信。十五发,交宽。

十二日己未(12 月 14 日)　　　晴

十三日庚申(12 月 15 日)　　　晴

约子永昆季、邓简士饮。

十四日辛酉(12 月 16 日)　　　晴

接族叔子慎△日信,又朱蓉卿十二日信。

十五日壬戌(12 月 17 日)　　晴

邓简士赴其叔季簪于宜昌,遣次子宽送之至上海。

十六日癸亥(12 月 18 日)　　阴

十七日甲子(12 月 19 日)　　阴

十八日乙丑(12 月 20 日)　　阴

子永昆季来久谭。

十九日丙寅(12 月 21 日)　　晴。冬至节

午后奉祀先祖如故事。写族叔子慎信,即发,信局。朱菉卿信。即发,信船。郭汝雨来候,方祭谢之。

二十日丁卯(12 月 22 日)　　晴

早食后答候郭邑侯久谭。次至子永家,又次候杨思赞,均久谭。

二十一日戊辰(12 月 23 日)　　晴

下午郭汝雨来候,久谭。

二十二日己巳(12 月 24 日)　　晴

写黄子寿信,即日发信船。寄阅《圉令碑》一册。

二十三日庚午(12 月 25 日)　　晴

写费屺怀信。即发,信船。

二十四日辛未(12 月 26 日)　　晴

二十五日壬申(12 月 27 日)　　晴

二十六日癸酉(12 月 28 日)　　晴

宽儿自上海返。

二十七日甲戌(12月29日)　　　晴

下午宗湘文来访久谭。

二十八日乙亥(12月30日)　　　晴

二十九日丙子(12月31日)　　　晴

子永昆季来谭。

三十日丁丑(1889年1月1日)　　　阴,傍晚雨,夜雪

亭午答访宗湘文久谭,得秦氏遗匣倪云林纸本墨笔山水一帧,幽秀绝伦,即八月杪所见也。本吾里汤贞愍藏品,有雨生及汤字圆印钤本身,与高介题纸缝上,又梁芷林视款题镶边绫上,本身又有明王敬美、国初朱竹垞印,值洋银三十元。又明吴匏庵与王济之诸人联句赠琴师徐□诗笺,后有祝枝山、唐伯虎、陈鲁南、文徵明题,均极精,共表一卷,值洋银七元。又近人汪叔明纸本墨笔山水大幅,值洋银三元。别见陈惟允墨笔山水轴,有云林及陶振题句,画笔古峭,精采动人,惜值过昂,不能入手。又唐子畏菊花奇石大帧,纸本淡着色,石纯用皴勒,望之如危峰,而题字颇劣,故亦不取。

十二月乙丑

朔日戊寅(1月2日)　　　晨雪

下午陆馥庭自苏来,即去。

初二日己卯(1月3日)　　　晨雪,严寒

初三日庚辰(1月4日)　　　晴,严寒,寒暑表三十五分

初四日辛巳(1月5日)　　　薄阴,严寒,寒暑表二十九分,砚墨皆冻

接朱菉卿初三日信,寄赠《绩语堂碑录》一部。

初五日壬午(1月6日)　　　雪,严寒,寒暑表三十一分,池冰尽合

作诗两首。

陈惟允墨笔山水图意致骞拔,旧藏秦淡如湘业家,

今夏见之,叩值未谐。顷宗湘文以属张雨生争之不得,

诗纪其事,即致湘文

溪翁老癃不出户,日倚图经药灵府。回看瓶盎气已尽,坐失珍奇目为努。省僚张雨生,官浙藩经历。曳组湖山间,囊箱卷轴来骈阗。好之有力不胫走,神驱气翕通云烟。人间凡事有衰盛,簪绂能捐复何竞。据舷颇忆阿章呼,一物由来轻性命。崔卢婚嫁但论财,纵有威施愧将聘。粤东老守无他肠,于彼于此奚短长。三年未试不龟手,聊假细故明官常。后先一间苦辨析,豸冠执法何觥觥。方今朝野百纷缴,愿奉此意持维网。鸿沟楚汉久不下,失笑黄垆古作者。当年千幅知顾希,悔不深藏待风雅。

湘文复诗谓代求倪画未录功,失陈乃怨,

且为惜卒岁资,走笔再答

迂翁妙墨五日张,得倪迂《秋林图》甫五日。公子有德畴能忘。小髯陈汝言字惟允,与兄汝秩有"大髯"、"小髯"之称。遗迹去之水,咫尺烟峦成万里。人生恩怨得失中,贤哲何必殊鸡虫。公于世间熟憎爱,试反指爪扪心胸。受施不言有真意,匿怨勿告非淳风。子敬二长不掩短,况欲谲谏居奇功。床头金尽事则巨,醉学刘伶死埋我。未能得肉贵快意,但计饔飧亦琐琐。微公雅意轻刀锥,胡以斯语为忠规。妻儿羔豚乐岁晚,老夫坐叹诚何为。

不然卷图便挹赠,天下健者非公谁。诗成走笔雪盈尺,满眼溪山成皓白。能专一壑天所丰,不羡张弓新画格。王叔明画泰山图,惟允往观遇雪,乃以小弓张粉笔弹画上,遂成雪景。

初六日癸未(1月7日) 　夜雪约三寸,昼复雪,下午霁。寒暑表三十五分

早食毕,与南阳君率全家登天放楼玩雪。池冰既合,雪积其上,遂成玉田。此景惟丁丑年有之。今年雪较小而甚寒,沍冻不冻,故亦然耳。子永、子顺来久谭。

初七日甲申(1月8日) 　薄阴,寒暑表三十五分

初八日乙酉(1月9日) 　晴,寒暑表三十九分

写朱蓉卿信,寄《石鼓释》二本,又杨咏春《散盘释》拓本一分。即发,信船。任筱沅信。即发,交实。

初九日丙戌(1月10日) 　阴

写魏殷仲信,寄还《孔羡碑》。即发,信船。周兹明信。即发,交实。

初十日丁亥(1月11日) 　阴

十一日戊子(1月12日) 　阴,雨霰

十二日己丑(1月13日) 　阴寒,下午有霁色,夜霰

接朱蓉卿初十日信。

十三日庚寅(1月14日) 　阴,下午雨霰

郭汝雨来久谭。至宗湘文家贺其子苏州入赘之喜,不晤。

十四日辛卯(1月15日) 　阴晴相间

作《散氏盘说》。得元盛子昭《枫林客话图》轴,纸本,淡设色,甚佳,价银六饼。

十五日壬辰(1 月 16 日)　　　　阴,雨霰交作

十六日癸巳(1 月 17 日)　　　　晴

作《平戎鬲说》。

十七日甲午(1 月 18 日)　　　　晴

下午赵次侯来久谭,读《散氏盘》、《平戎鬲》二说,极见倾倒。

接任筱沅十六日信。

十八日乙未(1 月 19 日)　　　　晴

十九日丙申(1 月 20 日)　　　　阴,下午雪

早食后到庄女家视外孙疾,与子永久谭。

二十日丁酉(1 月 21 日)　　　　阴

二十一日戊戌(1 月 22 日)　　　　阴

二十二日己亥(1 月 23 日)　　　　晴,寒

访赵次侯久谭,以渠藏《散氏盘》拓本请余录新作《说》于上。次访宗湘文亦久谭。

二十三日庚子(1 月 24 日)　　　　阴

夜祀灶如故事。

接魏般仲十一日信。

二十四日辛丑(1 月 25 日)　　　　阴

写魏般仲信。即发,信船。

二十五日壬寅(1 月 26 日)　　　　阴,下午霁

午前供佛如故事。

接费屺怀廿一日信,寄赠古文甲、乙编。

二十六日癸卯(1月27日)　　晴

午前祀神如故事。俞荫甫来候,当祭辞之。答候俞荫甫于其舟,方送其女孙就婚宗氏也。又候宗湘文,贺其子纳室。

二十七日甲辰(1月28日)　　晴

二十八日乙巳(1月29日)　　晴

二十九日丙午(1月30日)　　阴

傍晚祀先祖如故事。

光绪十五年（1889）太岁己丑,余年五十有八

正月丙寅

元旦丁未（1 月 31 日）　晴,西北风,甚寒。下午阴,微雪

卯正起,率家众拜天,拜先圣,祠堂行礼,献朝食,家人称贺,拜
曾文正像,至嫂氏处称贺,皆如故事。余恐腰脚不任叩拜,比礼终,
亦无缺失。

元旦咏怀

五十八年垂晚暮,更支腰脚看春阳。足吾玩好遗尘策,欧阳
文忠用世之士,而曰"足吾玩好而老焉",盖有为而然也。息尔官骸却
老方。身隐犹惭名未尽,学疏剩有习难忘。高情千古柴桑叟,
甲子编诗事可商。妻孥朋厚劝余结集文字,自顾虚薄不足问世也。

初二日戊申（2 月 1 日）　阴,下午微雪

生朝礼佛如故事。曾君表来候贺年,少谭去。下午宗湘文来久
谭。郭汝雨来二次,余不知之,未接见。

初三日己酉（2 月 2 日）　晴

初四日庚戌（2 月 3 日）　阴

早食后出谒客,紫金街晤杨思赞。宝慈桥晤赵坡生,东门外晤
赵君默及其叔次侯。绢线巷晤宗湘文。又在报本街庄女处一坐归。

初五日辛亥(2月4日)　　　晴,下午微雪

初六日壬子(2月5日)　　　阴,微雪

福山镇总兵雷震初来候。

初七日癸丑(2月6日)　　　晴

为《慎师》一篇。

初八日甲寅(2月7日)　　　晴

为《与善》一篇。稿均另存。

初九日乙卯(2月8日)　　　晴,下午阴,微雪

初十日丙辰(2月9日)　　　晴,下午雨

郭汝雨邑侯来候,久谭。

十一日丁巳(2月10日)　　　晴,风寒

写费屺怀信。即发,信船。

答费屺怀孝廉书

屺怀世大兄阁下:

　　去腊廿五读廿一手毕,并损惠珍艺先生古籍疏证残刻。发书欲读,值岁暮不乏琐琐,又衰病目眊,旬馀以来尚未卒业。其识解古文可谓精义入神,第干支分统诸部,书既阙佚,凡例又不明言,思之不得其解。如宀部等,隶甲岂以篆文甲作宁,日部等,隶丁岂以古文丁作●乎? 果如此,则亦肤近说也。与序所云"通古今之变,穷天工之奥"者微不类矣。

　　仓颉作书从甲子,犹言始作者,甲子字耳,而以为诸部偏旁,从甲子字起例,得无左乎? 愚尝笑王贯山《说文释例》,与潘昂霄《金石例》同一妄凿。上古始造文字,以代结绳而已,不但

无偏旁部首,且无六书之名,而何有于例?后世事物日繁,文字
不得不增。许氏生于百世之后,就字言字,不为之分别部居,则
杂而无纪,其势然也。今舍小篆而言古文,似当屏弃一切,而仍
循昔人窠臼。虽取径至为崇高,陈义极于窅渺。神功圣渊,悉
纳形声,帝典王谟,都归点画。使古人视之,有咥然而笑,以为
孤始愿不及此耳。且古文以象形为本,而象形亦何常之有。如
彡可为须,亦可为眉,亦可为文理,纳之同部则乖本原,分之数
家则难识别。如以声为统,则当周之世,千八百国,言人人殊,
清浊轻重急慢之不同,征诸古编,往往而在,将安从乎?今之所
谓古音,汉以后之读居多,以读古文,古人其许之乎?五经无双
在,南阁祭酒,言止汉篆可倚是耳。古文则远者且及唐虞,近者
或越姬孔,是经书尚不可为征也。

　　窃谓戴侗《六书故》以物类文,其理可用。顾为今人诋薄,
然乾嘉老宿阳斥其书,未尝不阴用其说,则公道之不可泯也。
不观《仓颉》以至《凡将》、《急就》诸篇,皆以物类文乎?何弹射
之不及也?今掇拾煨烬之馀,古文千百不及十一,欲求完备,反
厥古初,其势不能。何如择古文之可征信者,各以类从,效杨雄
之训纂,法孟坚之在昔,作为一篇之书,抱残守阙,索隐钩沉,靳
存古先,不贵私臆。阙疑慎言之义,庶在兹乎!曩官北方,吏进
祀典,书灶为皂,初欲斥之,继思此非所谓音近通假乎?留俟数
十年后为小学之蓏,供诸贤穿穴,亦胜事也,遂笑而罢。附此以
博一粲。

　　《石鼓续考》,游戏事也,许为书已善,何敢督过,请携之入
都,他日石渠校理之馀,徐为染翰,或为木天增一故事。愚所增
数条,不外阁下所见,有缮小纸夹置丛帙,有但折角而未之摘

录,非仓卒可寄,请亦无督之可也。近为《散氏盘》、《平戎鬲》二说,颇有思致,写寄一通,长安好事者多,盍举似之,不以为妄否?

　　郑庵尚书素未谋面,亦无片楮之通,然介吴君平斋见惠墨本甚夥,而盂鼎郘钟独遭干没。襄岁在南曾托李君眉生询求二拓,暨攀古楼、滂喜斋全刻,承允到京即寄,申之以旦旦之言。阁下谊属师门,为代言可乎?又闻阁下近得江阴吴氏唐幢,幸拓寄一分,专此布谢。即颂侍祺,不尽一一。

十二日戊午(2月11日)　　　晴

答候郭汝雨邑侯,不晤。

十三日己未(2月12日)　　　晴,暄和。夜月甚皎

十四日庚申(2月13日)　　　阴,傍晚霁

午间招宗湘文挈其子子戴,方婿子永与其弟子顺来饮,为宗饯也。傍晚宗去,二方又留长谭。

十五日辛酉(2月14日)　　　晴,月色甚皎

夜先祠荐食如故事。

十六日壬戌(2月15日)　　　晴

碑贾党姓来,得《刁遵碑》阴,颇佳。

十七日癸亥(2月16日)　　　晴

十八日甲子(2月17日)　　　晴

装潢人毕藻卿来,为余潢治诸石墨。

十九日乙丑(2月18日)　　　阴

二十日丙寅(2月19日)　　　阴,下午大雪

杨思赞招是日饮,不赴。

二十一日丁卯(2月20日)　　　晴

二十二日戊辰(2月21日)　　　阴

二十三日己巳(2月22日)　　　阴

二十四日庚午(2月23日)　　　阴,下午大雷电,雨雹如弈棋子

早食后候宗湘文,送其入都之行,少谭归。宗湘文来辞,亦少谭
即去。

二十五日辛未(2月24日)　　　阴雨

二十六日壬申(2月25日)　　　阴雨

二十七日癸酉(2月26日)　　　阴雨

二十八日甲戌(2月27日)　　　晴,甚寒

接朱蓉卿廿七日信。

二十九日乙亥(2月28日)　　　晴

下午子永来久谭,二鼓去。

接朱蓉卿十四年十二月廿一日信。

三十日丙子(3月1日)　　　晴

写朱蓉卿信。即发,信船。

二月丁卯

朔日丁丑(3月2日)　　　阴,旋霁

初二日戊寅（3 月 3 日）　　　晴

实儿赴苏,是夕下船。

初三日己卯（3 月 4 日）　　　晴

约子永来晡食,畅谭,傍晚乃去。写实儿信。即发,信船。朱菉卿信。同上。

接朱菉卿初一日信。

初四日庚辰（3 月 5 日）　　　晴

俞荫甫自苏州来见访,久谭去,即解维赴苏。

初五日辛巳（3 月 6 日）　　　晴

赵次侯招饮未赴。

初六日壬午（3 月 7 日）　　　晴,天色暄暖,至欲衣袷

初七日癸未（3 月 8 日）　　　阴,午后霁,傍晚雨

南阳君设酌招宗湘文、杨思赞之内来饮。午后赵次侯来访久谭。

初八日甲申（3 月 9 日）　　　阴,下午大风雨霰雷电

接实儿初六日信。

初九日乙酉（3 月 10 日）　　　阴,大风,甚寒,重裘不暖

初十日丙戌（3 月 11 日）　　　阴雨,甚寒

十一日丁亥（3 月 12 日）　　　阴寒

感寒,微有恙。

十二日戊子（3 月 13 日）　　　晴

恙较愈。

十三日己丑(3月14日) 　　晴,下午薄阴

季俞育余家七载,年已及笄,亭亭秀发,光艳照人。自十岁时俞母受珠琲之聘,数年来婉娈顺从,心如止水,余察其秉心贞一,怜而重之。大妇南阳君尤见赏爱。爰择今月今日礼见正嫡,纳为箧室,张设黛楼西间为合欢所,与其姊居室相对。以其名莺,字之曰春睆,手书联语以赠。申刻行礼,送归新室,醴饮极欢。余自顾老翁,而女畅然,若甚得所,夙分之重,盖有自来,非可强求者矣。拟作诗志喜,甫十馀联,女盛妆出见,为之情移,待它日竟之耳。

十四日庚寅(3月15日) 　　晴

晨起,季俞盛装出谢正嫡,并谒见先祖于家祠。经行之处,合家数十人夹道聚观,莫不啧啧称艳。黛楼之内,孟俞清逾秋月,季俞丽胜春葩;黛楼之外,虞山列如张屏,静溪围如环玦。帘幕之际,图史纵横,亭榭之间,梅柳争发。盘旋左右,目不暇给,不意老来有此备福。出世超离,吾无其道德;住世有为,吾无其命运。所处虽卑,视人间轩冕真土苴矣!

十五日辛卯(3月16日) 　　晴

子永来久谭。写实儿信。即发,信局。

接朱崧卿十三日信。

十六日壬辰(3月17日) 　　薄阴

十七日癸巳(3月18日) 　　晴

十八日甲午(3月19日) 　　晴

十九日乙未(3月20日) 　　晴。春分

午刻合祀先祖如故事。子永婿携其长子纶男赴津,来辞。纶男

甫十四岁,家寒不能延师,离母远出,为之凄然。

二十日丙申(3月21日)　　　晴

早食后至子永婿处送其行,久谭。

二十一日丁酉(3月22日)　　　阴,大风

念子永行舟,心甚悬悬。

二十二日戊戌(3月23日)　　　晴,仍风

陈氏妇小产失血过多,黎明即起为诊视处方,幸得无恙。

二十三日己亥(3月24日)　　　晴

二十四日庚子(3月25日)　　　晴

二十五日辛丑(3月26日)　　　晴

实儿自苏归。

二十六日壬寅(3月27日)　　　晴

二十七日癸卯(3月28日)　　　晴

二十八日甲辰(3月29日)　　　晴,大风

陈氏妇小产后已数日,平安,不意腹中尚有一胎,是日复血崩晕厥,势重于前。孙男女均已环哭,余方挈诸姬登珠渊亭观眺其乐,群仆奔告,急入内视之,两脉皆绝。呼之良久少苏,气微汗泄,危险之至。因命用黄芪二两、於术一两煎浓汤急灌,甫得渐渐安定。南阳君、实儿皆面无人色。医生方耕霞至,所见亦与余同。然失血过多,能否平复,殊无把握耳。

二十九日乙巳(3月30日)　　　晴

晨起往视陈氏妇,夜卧渐安,血已止住,仍为处方。

三月戊辰

朔日丙午（3月31日）　　阴

初二日丁未（4月1日）　　阴

陈氏妇连日服药，气血渐定，然倾筐倒匣之后，复旧正难也。

初三日戊申（4月2日）　　晴

接朱隶卿二月廿七日信。

初四日己酉（4月3日）　　晴

初五日庚戌（4月4日）　　晴，午后阴，夜雨

写朱隶卿信。即发，信船。

初六日辛亥（4月5日）　　雨

初七日壬子（4月6日）　　阴

初八日癸丑（4月7日）　　阴。夜雷电大雨雹，严寒如冬

二月初六以前暄暖异常，初八雨雹后至今，匝月天恒阴雨，寒风刺骨，重裘不温。园中百卉欲吐不吐，绝无春意，天象殊可畏也。下午张纯卿来访久谭。

初九日甲寅（4月8日）　　晨起晴霁，旋复阴晦，寒如昨

下午郭汝雨邑侯来谭。

初十日乙卯（4月9日）　　阴寒

十一日丙辰（4月10日）　　阴

十二日丁巳（4月11日）　　阴

十三日戊午(4月12日)　　晴,大风

答候郭邑侯久谭。候杨思赞,贺其子入学,久谭。答访张纯卿、赵次侯,均不值。

十四日己未(4月13日)　　阴,微雨

十五日庚申(4月14日)　　雨

写俞荫甫樾信、陈范甥信,均即发,信局。陆馥庭信。即发,信船。

十六日辛酉(4月15日)　　阴雨

十七日壬戌(4月16日)　　阴雨

写张纯卿信,言新阳客民事。即发。

十八日癸亥(4月17日)　　阴

十九日甲子(4月18日)　　阴雨

二十日乙丑(4月19日)　　晴,下午雨,旋霁,傍晚又雨

雇舟偕南阳君、孟俞、季俞、庄、秋二女观竞渡于西门外,将晚归。

二十一日丙寅(4月20日)　　晴

郭汝雨来候久谭。

接朱菉卿十五日信。

二十二日丁卯(4月21日)　　阴

写朱菉卿信。即发,信局。

二十三日戊辰(4月22日)　　晴

接俞荫甫廿一日信。

二十四日己巳（4 月 23 日）　　晴

准补常熟令君吴友乐康寿，石门人。来候谢，未晤。

二十五日庚午（4 月 24 日）　　晴

二十六日辛未（4 月 25 日）　　晴

答候吴令君久谭。

二十七日壬申（4 月 26 日）　　晴

下午费幼亭来候少谭。

二十八日癸酉（4 月 27 日）　　晴

早食毕，答候费幼亭于其舟中，不晤。

二十九日甲戌（4 月 28 日）　　晴

三十日乙亥（4 月 29 日）　　晴

接朱箓卿廿八日信。

戊子冬，黄子寿巡抚祷雪获应，集宾僚宴饮，名其楼曰
"咏雪"。逾日值苏文忠诞，祀之楼中，并有纪事诗。

远道索和，次十五年前莲池唱酬诗原韵

调民歌来苏，惇老莅官局。高楼雪三巅，志不在览瞩。匀
匀千万顷，未睹麦苗绿。深居废寝馈，凛若坐渊谷。白苻颢初
花，欢雷动方俗。沉襟豁然开，轩咏嗣高躅。乃知学古心，繄不
系物曲。我居水中坻，寒卧不巾沐。怡神贵远哲，赏惬第泉麓。
地殊易暄凉，境迁异暗旭。犹能知身谋，瓶盎计歠熟。庶几广
此心，农歌为公续。

坡公昔宋年，所处顾不局。平生闲散时，赋物寄观瞩。经
途历冰炎，章身递朱绿。讵非朝宬人，胡然异空谷。坐此耿耿

姿，敬恭到成俗。儒修志沆瀣，步武合轨躅。往复事有程，大直先小曲。节楼丰蘋蘩，垂伸佐熏沐。而我澹沱居，苍苍隔层麓。烟云日雰霏，岂不志丹旭。亭楼各薦题，所喜一丰熟。愿言陈纪纲，千秋追能续。

四月己巳

朔日丙子(4月30日) 阴雨

牡丹盛开，偕南阳君、诸姬观赏。

初二日丁丑(5月1日) 晴，下午阴雨

初三日戊寅(5月2日) 阴雨

出所藏古泉付拓，拟类入吉金册后。

初四日己卯(5月3日) 雨

初五日庚辰(5月4日) 雨

初六日辛巳(5月5日) 阴

微恙。缪少初蓴联。来候，以畏风未出晤。写朱菉卿信。即发，信船。

初七日壬午(5月6日) 阴

初八日癸未(5月7日) 阴

拓藏泉四百八十馀品竟，其未拓者约尚二百品。

初九日甲申(5月8日) 晴

嫂氏冯挈诸子迁居县东后街新典之宅。自辛巳九月来余宅同居，至今八易岁，彼此尚能相安。次侄重娶陆氏妇已数载，尚未归见

姑嫜,去年其母殁,始议言归,于是有别居之举。余年暮力薄,教养均愧不至,第里俗刁浇,诸子未有定识,自立门户,念之殊增心痏。嫂处定明日丑刻动身,往送久谭,并致余意,使诸子慎之。

初十日乙酉(5月9日) 阴

十一日丙戌(5月10日) 薄阴,夜微雨

接子永婿三月廿五日信。

十二日丁亥(5月11日) 阴

十三日戊子(5月12日) 阴

郭汝雨邑侯来候,谢未见。

十四日己丑(5月13日) 晴

下午缪少初萼联。来访,久谭。

十五日庚寅(5月14日) 晴,夜雨

早食后,答候郭邑侯久谭。至嫂氏新居一观,房屋尚紧称,惟狭小耳。答候缪少初久谭。缪于虞山之趾,石梅之西,筑屋十馀楹,为其兄祠堂。盖其兄名□□,官□□州知州,□□之乱,夫妇同殉,奏奉上谕建专祠于原籍也。地据山麓,远眺东湖,眼界颇宽。屋三层,其后尚有馀地,垣墙之右有大石离立若屏,景象类西湖南岸之蕉石坞,余劝仿效为之,未知能见从否? 下午归,顺道访县尉董□,未晤,以其人好金石书画,故愿与作缘也。

十六日辛卯(5月15日) 阴

十七日壬辰(5月16日) 阴

十八日癸巳(5月17日) 阴

十九日甲午(5 月 18 日)　　晴

二十日乙未(5 月 19 日)　　晴

二十一日丙申(5 月 20 日)　　晴

下午郭汝雨来候久谭。

二十二日丁酉(5 月 21 日)　　阴,微雨

二十三日戊戌(5 月 22 日)　　晴

下午张似初来访久谭,其人颇知篆刻。

二十四日己亥(5 月 23 日)　　晴

二十五日庚子(5 月 24 日)　　晴

二十六日辛丑(5 月 25 日)　　晴

二十七日壬寅(5 月 26 日)　　晴

二十八日癸卯(5 月 27 日)　　晴

犹子重迎其妇陆氏归自毗陵,始庙见,余往主祭,并贺嫂氏,下午归。顺至郭邑侯处谢步,未晤。

接朱荩卿廿五日信。

二十九日甲辰(5 月 28 日)　　晴,暄甚

三十日乙巳(5 月 29 日)　　晴

五月庚午

朔日丙午(5 月 30 日)　　晴

初二日丁未（5 月 31 日）　　　阴

初三日戊申（6 月 1 日）　　　晴

实儿挈万孙小试里门，是晚下舟。

初四日己酉（6 月 2 日）　　　晴

初五日庚戌（6 月 3 日）　　　晴。端午节

巳刻于先祠荐角黍。

初六日辛亥（6 月 4 日）　　　晴

初七日壬子（6 月 5 日）　　　晴

初八日癸丑（6 月 6 日）　　　晴

接实儿初五日禀。

初九日甲寅（6 月 7 日）　　　阴

宗湘文归自京师来候，谭朝政时局，言之甚析，迨暮乃去。

初十日乙卯（6 月 8 日）　　　晴

十一日丙辰（6 月 9 日）　　　晴

候杨思赞，贺其子入学之喜。又答候湘文，久谭归。

十二日丁巳（6 月 10 日）　　　晴

接朱菉卿初九、初十日信。

十三日戊午（6 月 11 日）　　　晴

写朱菉卿信，寄吴平斋刻帖一册，自书扇一执，酒一瓶，茶叶二瓶。其六十寿日也。即发，信船。

十四日己未（6 月 12 日）　　　晴

接实儿十二日禀。

十五日庚申(6月13日)　　晴

写实儿信。即发,信局。

十六日辛酉(6月14日)　　晴,夜雨

十七日壬戌(6月15日)　　雨

十八日癸亥(6月16日)　　阴,微雨,下午渐霁

实儿、万孙归自故里。

十九日甲子(6月17日)　　晴

二十日乙丑(6月18日)　　大雨

宗子戴来候久谭。往岁得《皇甫诞碑》残宋拓,久未装池,兹以足本宋拓手勾补之。

二十一日丙寅(6月19日)　　晴

二十二日丁卯(6月20日)　　阴

归公临邑人。来访,观余古泉拓本,其人素有泉癖也。赵价人、陆云生同顾缉庭熙,苏州人,前吉林道。来访久谭。

二十三日戊辰(6月21日)　　阴。夏至

亭午合祀先祖如故事。响拓《皇甫诞碑》凡四百四字,四日而毕。

二十四日己巳(6月22日)　　阴雨

宽儿嗽疾,治之两月始就愈,而神气萧索。方与调养,值学院岁试,请往试,余未之许。请送万孙考,许之。今早成行,子顺亦送其侄长绥考,与之同舟。

二十五日庚午(6月23日)　　晴

答访顾缉庭、赵价人不值。至嫂氏处与诸侄谭,以万孙赴试励

使向学,语良久乃止。又答访归公临,观所蓄泉,自唐宋以后圜钱颇多精品,秦汉至六朝殊寥寥,刀布尤少。

二十六日辛未(6月24日)　　晴,始炎暑,衣葛。入暮风雨

监视装《皇甫诞碑》,此拓精湛,目未经见,殆胜余别藏足宋本,手拓之字自谓能得率更神理,惜乏名手勒石传世耳。下午招画手李岷川绍兴人。来为孟俞、季俞写照。

接朱菉卿廿一日信。

二十七日壬申(6月25日)　　晴

李生图二俞貌殊得真,季俞尤似。图成当题之曰"黛楼二秀"。

二十八日癸酉(6月26日)　　晴

季佑申来候,谭少顷。

接宽儿廿六日信。

二十九日甲戌(6月27日)　　大雨

接邓季垂三月廿八日信,其子同曾旋江南赴试,并来就婚。

六月辛未

朔日乙亥(6月28日)　　晴

初二日丙子(6月29日)　　雨,午后霁

二秀图成,其舍宇树石咸肖黛语楼下之南荣。

初三日丁丑(6月30日)　　雨

写朱菉卿信。即发,信局。

初四日戊寅（7月1日）　　晴

写邓树人信，寄去庚帖以备诹吉。即发，信船。

初五日己卯（7月2日）　　〈晴，入暮〉雷雨

初六日庚辰（7月3日）　　晴，甚暑，下午大雨

季士周邦桢。来候少谭。

初七日辛巳（7月4日）　　晴，午后大风雨雹，大者如桃李子，
夜又大雨

宗湘文假余静圃觞客，至者为季士周、翁吉卿、赵价人、杨思赞，
酉刻散。湘文谭至傍晚去。

初八日壬午（7月5日）　　晴

初九日癸未（7月6日）　　晴，暑甚，表面水银升至九十度

南阳君生日，家人称贺。

初十日甲申（7月7日）　　晴，酷暑，表面水银升至九十五度

卯初即起，纳凉池上。早食毕，候郭汝雨久谭。答候季佑申、士
周兄弟，亦久谭。访宗湘文，少坐归。

十一日乙酉（7月8日）　　晴，酷暑，表面水银升至九十八度

郭汝雨来答候久谭，即欲卸事旋省。

接魏般仲初十日信，云李甥伯房去世，殊为惊怛。

十二日丙戌（7月9日）　　晴，有风，暑少间

与孟俞、季俞纳凉青林堂。

十三日丁亥（7月10日）　　薄阴

写魏般仲信。即发，信船。

十四日戊子(7 月 11 日)　晴,有风

与南阳君、二俞纳凉青林堂。

十五日己丑(7 月 12 日)　阴,骤凉如初秋

十六日庚寅(7 月 13 日)　阴,午后渐霁

十七日辛卯(7 月 14 日)　晴

十八日壬辰(7 月 15 日)　晴

十九日癸巳(7 月 16 日)　阴,午前雨

宗湘文来访久谭。

二十日甲午(7 月 17 日)　晴

接邓树人十九日信,其侄入赘,诹吉十月廿二。又邓熙之五月十七日信。

（以上《能静居日记》五十四）

附录一　清故奉政大夫易州直隶州知州赵府君能静先生墓志铭

方　怡

先生讳烈文,字惠甫,亦字能静,阳湖赵氏恭毅公六世孙也。曾祖赠朝议大夫汇,祖丰县训导钟书,考讳仁基,湖北按察使。按察君娶于高,生子早卒;继娶于钱,无子;再娶为方淑人,怡之祖姑也。生三子,先生居其次。自少时声誉藉甚,顾不乐举子业,三应省试不中第即弃去。时洪杨倡乱,金陵不守,先生与族兄伯厚、同邑周弢甫、刘开生诸先生讲求经世学,思以靖祸变而保乡里。曾文正公督师江右,以币聘之往。俄归,居母忧。常州陷,避之沪上,值朝廷命曾公举人材,公以先生等六人应,有诏令咨送曾公大军录用,遂居幕府。及忠襄公围金陵,文正公奏以先生参军事。江南平,以功保直隶州知州。先生以性刚不愿为吏,尝游常熟,得吴氏废园,爱其山水,卜居有终焉之志,而文正公强之仕。戊辰,公移督畿辅,奏调八人往,先生与焉。初摄磁州,寻知易州。居官五年,引疾归,以光绪十九年六月二十八日卒,年六十二。

先生在两曾幕所赞画,往往关天下大计。其始谒文正公也,使观樟树镇诸军,归为公言周凤山军营制懈,未足恃,不十日果溃。尝与公论交涉,宜遣使如汉宋故事,庶得其要领。公以入告,今之遣使分驻,实创议于此。请于忠襄公造渔具以给江上难民,设局收养诸妇女,所全活以万计。是时军帅都兴阿奏请封江南。民之避贼役者不得进退,率穷饿死。先生言之苏抚,禁乃弛。金陵将克,忠襄目不交睫月馀矣。既入,倦甚而寝,军中将肆掠,先生恐有变,夜半排闼促公起,遽止之,城中得安堵。

先生为政,不汲汲邀民誉,惟审利弊所在而兴革之。磁当南北冲,民出车马以供上用,而差胥多索费,为立轮应法,民困以苏。北地少水,掘大小井百馀以溉田。后丁丑、戊寅间畿辅旱,磁不为灾。在易修仓廪,复藏谷如旧日;增书院,肄业生额厚其饩;加设古学课,导以为学门径,士习大变。其决狱以情感理喻,不逆为钩距法。尝以大府檄勘宁晋、隆平争堤事,周览两日,稽旧牍及水经图志,得滏水故道所在,曲直立判。乃议浚下游淤塞,使宁晋不受河患,而隆平水有所泄,两造悦服。撰谳语三千言,上之行省制府。今大学士李公谓曰:“湘乡公谓君能以经术饰治,信然。”易民贾氏兄贫而弟富,以争产,讼事垂六十年,皆老矣,而讼不已。先生以巽言感动之,问所争,则兄欲弟假钱万缗而弟不可,命半其数,俱不听。先生顾堂吏以纸进,大书其父名,黏之柱,使二人坐其下竟日,大愧,泣愿遵断。

始先生以博雅善持论、工谋画见重于曾公,亦未知其有吏才也。及试吏而大效,虽文正亦自谓失人。既先后治两州,政绩为畿辅最。李公至,亦夙重先生。值毅皇帝谒西陵,供张办而民不扰,受上知,寖寖将向用而先生归矣。

先生之学,期于有用,为文章抒己见。虽从曾公游,未尝囿于桐城文派。廉悍雅洁,自取法于古。为诗歌及长短言,悉超绝。晚岁喜金石文字,得一拓本,援引考订,为跋语恒数千字。国朝金石家翁北平号最精审,然先生屡驳其误,其博核如此。家居二十年,日手一编。暇时涉园林,位置树石,淡焉泊焉,若无意于世者。然怡侍先生久,纵谈时事,辄忧愤形于辞色,是岂真能忘世哉!且曾公之举先生,固以备封疆将帅之选,而表见止于此,此不能不为天下惜也。

配邓宜人,有贤行。嫁时资遣甚丰,尽出以赡家用,佐先生,馈穷乏,居官舍,不改常度,既去而不思。遇诸妾与子女等厚薄,殁时有痛哭晕绝者,戚党以为难。好读诸史及宋五子书,独不喜吟咏,以为非女子所宜。后先生二年卒。子实、旸、宽,既葬先生于宜兴清泉区梅岭,今将合祔宜人于先生之茔,属怡以铭。先生与先府君以中表最友善,怡两兄弟皆取先生女。自先府君殁,依先生以居者二十年,恩谊至重。虽不文,其敢辞。铭曰:

天丰其才,用独靳耶?亦畀以遇,仕不进耶?

孰尼止之,孰援驰之?匪尼匪援,先生自为。

虞皋之麓,琴川之滨。泉石图史,以娱其生。

为先生谋,其又奚哀。才为世出,世实需才。怀此耿耿,铭示后来。

（闵尔昌《碑集传补》卷二十六）

附录二 论赵烈文日记的文史价值

　　赵烈文(1832—1894),字惠甫,号能静居士,江苏阳湖人(今常州),少时声誉籍甚,不事举业,三应省试不中。时太平天国乱起,与族兄赵振祚(伯厚)、姊丈周腾虎(弢甫)等"讲求经世学,思以靖祸变而保乡里"。曾国藩督师江右,咸丰五年(1855)以币聘之,因对战事的敏锐判断,遂成为曾氏最为倚重的机要幕僚之一,参与了曾国荃同治三年(1864)克复金陵的军事行动。后经曾国藩保举,于同治同治八年(1869)初摄磁州,十一年(1872)官易州知州。光绪元年(1875)辞归,终老常熟山水之间。传见闵尔昌《碑集传补》卷二十六《清故奉政大夫易州直隶州知州赵府君能静先生墓志铭》。

一、赵烈文日记的版本

　　现存赵烈文日记主要有《落花春雨巢日记》与《能静居日记》两种①。

---

　　① 赵烈文另有《赵伟甫先生庚申避难日记》与《赵惠甫先生白下从戎日记》两种。前者为民国六年(1917)《小说月报》第八卷第一二三期排印连载,择录《能静居日记》中咸丰十年(1860)太平军攻占浙江的相关部分;后者现藏上海图书馆,蓝格钞本,因版心有"亦龙亦蠖之居"字样,可判定与南京图书馆所藏《能静居日记》同为赵氏倩人所钞之腾清本。末页有常熟俞鸿筹(1908—1972)朱笔跋:"此册为能静居士自摘日记中围攻金陵二年之事。自同治癸亥四月始,至甲子十月止,约二万馀言,皆为重要史料。居士日记卷数甚多,闻原本今存南京图书馆,此摘录本或系当日有人索阅金陵旧事,故另付钞写。所惜鱼豕甚多,居士手校者仅及二十三页而止……亦龙亦蠖之为居士书斋之一。"(《上海图书馆藏稿钞本日记丛刊》第二十九册影印,国家图书馆,2017年)可知两种均为《能静居日记》相关部分的节录。

　　《落花春雨巢日记》六卷,今藏南京图书馆,版本有三:一为赵氏手稿本,五册,开本为24.9＊13.0cm,半页版框17.7＊9.4cm,绿框,每半页十行,每行约二十三字。卷首钤有"南京图书馆善本图书"、"南京图书馆珍藏善本"、"毗陵文献徵存社"等朱文印,"惠父"、"延陵赵季"、"赵氏惠父"等白文印。起咸丰二年(1852)正月初七日戊午,迄咸丰六年(1856)六月二十五日庚戌,并有"七月初一日,逢方淑人讳,绝笔。至戊午五日重记,凡断二十二月"之语(此句为另两本所无)。此本系赵烈文手稿,然字迹潦草,涂抹甚多,识读不易;一为赵氏能静居钞本,一册,开本为28.4＊19.2cm,半页版框18.8＊13.0cm,黑框,每半页十行,每行约二十三字。版心有"能静居钞"四字,无钤印。起咸丰二年正月初一日壬子,迄咸丰六年六月二十五日庚戌,字体工整,当为钞胥所钞,且间有校改。按此本每月末有"光绪丙申五月校过"、"丙申六月初十日校"等字迹,再比对同藏于南图的《能静居日记》钞本,在第一册咸丰八年八月建辛酉十四日丙辰所记末有"甲辰十月依原本校勘竟,宽谨识"一条,笔迹系同一人所书,可知最初始的"光绪丙申"为1896年,此时赵烈文已谢世两年,"宽"即赵氏次子赵宽(1863—1939)。此钞本为三个版本中唯一从咸丰二年正月初一日起始,且经过书手的誊录与赵宽的校改,最称完善。钞本封底有一粘条,云"贺昌群先生交来落花春雨巢日记壹册"①。再一钞本,五册,开本为22.9＊15.5cm,无版框,每半页十行,每行约二十字,起迄同赵氏稿本,卷首钤"南京图书馆藏"、"南京图书馆珍藏善本"朱文印。抄写时间南京图书馆著录为1952年。

　　① 按:贺昌群(1903—1973),四川乐山人,著名历史学家,在中西交通史、敦煌学等方面均有建树。历任中央大学教授、南京图书馆馆长、中国科学院历史研究所第二所研究院研究员、中国科学院图书馆馆长等职。

《落花春雨巢日记》迄今尚未整体公开①，记录了赵烈文二十一岁至二十五岁的乡居生活，如最后一次赴江宁应试、太平天国兴起及与湘军在长沙、武昌、南昌等地的战事，以及受曾国藩聘，第一次赴南康大营的始末与细节、在家乡参与绿梅庵词会的文学活动等等，内容上与《能静居日记》适相衔接②，甚有裨于了解赵烈文早期的生活与思想③。

《能静居日记》五十四卷，有赵氏手稿本，现存台湾地区"国家图书馆"，台湾学生书局1965年曾据以影印；南京图书馆藏有钞本五十四册，第一至二十五册开本为28.4*19.2cm，半页板框18.8*13.0cm，黑框，每半页十行，每行约二十四字，版心有"能静居钞"四字；第二十六至五十四册开本为28.4*19.2cm，半页板框18.8*13.0cm，蓝格，每半页为13*22格，版心有"亦龙亦蟆之居"六字④。此日记亦经赵烈文次子赵宽校勘，并于每册末记录下了校勘时间。第一册末署"甲辰十月依原本校勘竟，宽谨识"，可知始于光绪三十年

---

① 较早提到这部日记，或者说知道这部日记名称的是马叙伦，其在《石屋续瀋》中记云："阳湖赵惠甫先生烈文……其《春雨巢日记》，蔚为大观，惜不得尽读"（马叙伦《石屋馀瀋石屋续瀋》，浙江古籍出版社，2018年，第338页）然其所录曾国藩评论郭嵩焘奏折及在粤声名的言论，实际上是《能静居日记》中所记，可见马氏并未读过《落花春雨巢日记》。又，罗尔纲先生编《太平天国史料汇编》，曾抄录其中涉及太平天国战事的部分，亦未窥全豹。

② 两部日记间断了两年，因系赵氏为母方荫华去世丁忧所致。《能静居日记》卷首（咸丰八年）云："余旧有日记，琐屑必登，不辍笔者五载。丙辰秋奉先淑人讳，哀擗之中，遂废楮墨，今二十二阅月矣。"

③ 以上参樊昕《赵烈文〈落花春雨巢日记〉的文史价值》，载《文献》2019年第3期。

④ 关于该日记的递藏，据高拜石言，系抗战时期，赵烈文的孙女将整部日记转让给"武进文献征求社"，后为南京汪伪政府的陈群（人鹤）购得。抗战胜利后，陈氏畏罪自戕，日记又流散出去，南京图书馆得以购存至今。见氏著《古春风楼琐谈》第六集"赵惠甫才丰用靳"，台湾新生报社，1979年，第13页。

(1904)，第五十四册末署"癸酉十一月校毕"，即终于民国二十二年(1933)，校勘工作竟达三十七年之久。该日记起咸丰八年(1858)，迄光绪十五年(1889)，荦荦大观，举凡平定太平天国始末、庚申之乱、时政军事、机要人物之臧否、清廷夷务操办、北方官场实态及江南地方士绅的政治文化活动与日常生活，均有详细、生动的记载，具有十分重要的史料价值，向为治晚清史事者所重视。

二、日记中的太平天国史料

日记是一个人的微观心灵史，也是包罗作者所处时代的政治、社会经济、文化的重要史料。赵烈文长达三十七年的日记，首要的价值便在于记录下了太平天国从起义、与湘军战斗到被攻破天京的系列过程。众所周知，洪秀全于道光三十年(1851)在广西金田乡立拜上帝教起义，随后的三年间，太平军的锋镝席卷广西、湖南、湖北、安徽等广大区域，最后击破清军江南大营，定都金陵，改名天京，与清廷呈分庭抗礼之势。位于江南富庶之地的常州，也在第一时间感受到了战火的硝烟。咸丰二年六月二十六日(1852年8月11日)，赵烈文阅读邸报，"知粤西贼由全州犯湖南，道州失守。邑人陈甲自广西逃归，言先时桂林被围甚急，贼于四月初五趋众北去，至初七日，城尚闭不开，伊悬缒而出。壕堑内外，白骨如山，臭不可闻。去境既远，辄觉土石皆香。又言督师奏称所获贼谍，从者皆状貌异常。又或见神灯，书'广福王字请旨加给关帝及蜀汉裨将武当即广富王。封号'"。这是赵氏在日记中第一次记录相关战事。咸丰三年正月二十九日(1853年3月8日)，长兄赵熙文持南京来信，"云贼至铜陵，为周军门天爵所破，刻下向提督扼其上游，周帅阻其下扰云云，则昨日安庆并未被兵之说不确，可知此虽非凶耗，然闻之不能无忧。闻各乡俱有阴兵之助，初至声如疾风暴雨，磷火杂沓，中复见有戈甲

旗帜之象,其来自溧阳、宜兴,由西而东,每夜皆然,咏如、才叔皆目击
之",可见江南地区已感受到战争的紧张氛围;二月十一日(3月20
日),见抄录,始知"贼渠名太平王洪秀泉,广东花县人。东平王杨秀
清,西平王萧朝贵,南平王冯云山,北平王韦正,翼王石达开",并记
正月廿九日南京战事云:"贼纷纷薄城下,炮日夜不绝,挑土筑围为
久守计。四出虏掠,驱年壮力强者为之作工,羸弱者令炊汲。贴伪
示甚多,首称开国平满大元帅杨秀清,示语多指斥本朝。"九月二十
五日(10月27日),广西按察使姚莹幕中的幕客伍锡生来谈咸丰二
年永安湘军围攻太平军之役甚详:

> 广西向多盗,四处剽掠,官司莫敢捕。巡抚郑祖琛但事粉
> 饰,亦不欲捕,以是盗益炽,羽党遍地,渐合为一,始有不轨心。
> 元年于浔州府贵县之金匐乡起事,建城堡,拜官爵,设立伪号。
> 有司督兵往捕,大败,遂出兵纵掠郡邑,我兵莫能撄之。嗣后赛
> 尚阿以辅臣视师,麾下将帅勇名称著者,推乌兰泰、向荣二人,
> 其馀将佐不下千人,兵勇二十馀万,粮饷充足,士气未扰。贼攻
> 据永安州,我兵围之数重。永安险阻之地,城延广六里,南界浔
> 梧,北连省会,城东有山曰仙回岭,岭凡三重,跌而复起,磴道曲
> 折。西曰花城岭,猺獞所居,古无人迹。向荣率十总兵营城北,
> 赛尚阿中军复在其后,乌兰泰率四总兵营城南。一总兵以兵数
> 千守花城岭之内口,一总兵以兵数千守仙回岭之外隘,率去城
> 数里,远者或数十里。坐困月馀,赛惟日登将台,南望颦额。而
> 乌、向二帅以论功绩不相能,向故为赛所委信,晨朝帐中辄云乌
> 畏葸赛,因以令箭命乌克期攻复,兼致诘责。乌不能平,屡移书
> 诟,向猜嫌益甚,会叠逢严旨,促攻甚急,赛转促二帅,二帅约期
> 进攻,以怨故期会多不信。贼守城固严,攻亦不能克。既复令

诸将迭攻以疲之,贼坚定如故,往辄舆尸返而二帅不之悟,日必攻,攻必败,如是五十馀日,死者数万人,兵气大沮。赛知事益绌,忧甚,或为赛言,贼之不破,皆兵少不能合围故耳。盍尽调诸军同日进击。赛然之,并撤诸隘口兵诣城下。识者忧其弃险,谏不停。时天大雨,贼果倾城突出,我军披靡,贼奔据仙回岭之第一重,整兵而退,以次立营于第二、第三重。越二日,乌、向二人始率馀兵至岭下,雨益甚,士卒饥疲,向欲且止,乌不可,兵皆痛哭,不肯从。强率镇将以下偏裨百二十八员、兵三千人往,甫入而贼伏扼其归路,二帅仅以身免,将士咸死之,精锐遂尽。

按当时清军兵马尚足,士气方振,已成永安合围之势,然因赛尚阿的好急偏私以及乌兰泰、向荣的争功推诿,久攻不下,导致战术失当,兵气锐减。太平军遂弃城冲破防线,并于官军路途设下埋伏,大败清军,转而北上围攻桂林,随即又南下湖南,攻长沙、郴州等地。可以说,永安第一道防线的失守,是导致随后太平军一路突进,最后定都天京的重要因素,日记中所记录的前方督帅与大将的表现与细节,无疑丰富了永安之围失败的史料。

咸丰十年(1860)三月初一日,同为江南人的赵烈文闻杭州城破,城民尽为太平军屠杀的惨况,不禁发出"守土大臣于贼在近境,呼吸可至,而恬嬉醉饱,苟自完殖,譬由邻家失火,方交争资产,曰是乌能及我。呜呼!若辈百死不足以蔽其罪,座使吾民毁家并命,殊足发指。或者天心仁爱,笃生大贤,救民水火,吾辈有一技一长而不为之尽者,非复人类,有志者当共矢此心也"的悲叹,并矢志尽己所长,靖平祸乱。

同治二年(1863)四月,曾国藩坚嘱赵烈文前往金陵大营,协助曾国荃策划攻取南京,赵氏于五月十二日发舟,十四日到后,便详细记录了曾军攻克雨花台事。此时湘军已围攻南京一年有馀,正处于发动最后攻势的关键之刻。同治三年六月十五日(1864 年 7 月 18日),接到李鸿章欲派二十营前来助攻的咨文,时驻钟山龙脖子行营的曾国荃传示众将士曰:"他人至矣,艰苦二年以与人耶?"众皆曰:"愿尽死力。"并于当晚挖成地堡城地道,十六日攻破金陵内城,军伍入城掠夺,赵烈文欲使曾前往弹压未获允,随即记录了城破后的民生惨状以及湘军争相掠夺财物而兵帅不加制止的乱象:

> 计破城后,精壮长毛除抗拒时被斩杀外,其馀死者寥寥,大半为兵勇扛抬什物出城,或引各勇挖窖,得后即行纵放。城上四面缒下老广贼匪不知若干,其老弱本地人民不能挑担,又无窖可挖者,尽遭杀死,沿街死尸十之九皆老者,其幼孩未满二三岁者亦斫戳以为戏,匍匐道上。妇女四十岁以下者,一人俱无,老者无不负伤,或十馀刀,数十刀,哀号之声达于四远,其乱如此,可为发指。中丞禁杀良民,掳掠妇女,煌煌告示,遍于城中,无如各统领彭毓橘、易良虎、彭椿年、萧孚泗、张诗日等惟知掠夺,绝不奉行。不知何以对中丞? 何以对皇上? 何以对天地?何以对自己? 又萧孚泗在伪天王府取出金银不赀,即纵火烧屋以灭迹。

不啻为一幅"地狱变"图。二十日(7 月 23 日),忠王李秀成为方山人陶大兰擒至营,盛怒之下的曾国荃欲"置刀锥于前,欲细割之",经赵烈文劝谏始罢,后命其与周悦修(阆山)同审李秀成,并记录下了与李的对话:

> 晚同周阆山至伪忠王处与谭良久。自言广西藤县人,年四十二,初在家甚贫,烧炭为业,洪逆至广西,诱人入会,拜上帝,

从者甚众,皆呼之为洪先生。渠起事时即被掳胁入内,在石达开部下,至金陵七、八年后,始封伪王。余询逆首才能及各伪王优劣,皆云中中,而独服石王,言其谋略甚深。余问:"在伪朝亦知其不足恃耶? 抑以为必成也?"曰:"如骑虎不得下耳。"余云:"何不早降?"曰:"朋友之义,尚不可渝。何况受其爵位,至于用兵所到,则未尝纵杀,破杭州得林福祥、米兴朝皆礼之,官眷陷城者,给票护之境上,君独无所闻乎?"余曰:"事或有之,然部下所杀,视所纵者何啻千百倍蓰,为将者当令行禁止,如尔者安得无罪,而犹自言之耶?"曰:"此诚某罪,顾官军何独不然!"余曰:"以汝自负,故与汝明之,使汝惺悟耳。军中恒情,岂责汝耶?"余又问:"十一年秋,尔兵至鄂省南境,更进则武昌动摇,皖围撤矣,一闻鲍帅至,不战而退,何耶?"曰:"兵不足也。"余曰:"汝兵随处皆是,何云不足?"又曰:"时得苏州而无杭州,犹鸟无翼,故归图之。"余曰:"图杭州,曷不在赴江西之前? 而徒行数千里无功,始改计耶? 且尔弟侍王在徽,取浙甚便,而烦汝耶?"曰:"余算诚不密,先欲救皖,后知皖难救,又闻鄂兵强故退,抑亦天意耳。"余又问:"洪秀全今年甫死,而三、五年前已见幼主下诏,此何礼也?"曰:"使之习事也。"余又问:"城中使今日不陷,尚能守乎?"曰:"粮尽矣。徒恃中关所入无几,不能守也。"余曰:"官军搜城,见米粮尚多,曷云无食?"曰:"城中王府尚有之,顾不以充饷,故见绌,此是我家人心不齐之故。"又曰:"今天京陷,某已缚,君视天下遂无事邪?"余曰:"在朝政清明耳。不在战克,亦不在缚汝。闻新天子聪睿,万民颙颙以望郅治。且尔家扰半天下,卒以灭亡,人或不敢复蹈覆辙矣。"李又言:"天上有数星,主夷务不靖,十馀年必见。"余征其星名度数,则皆鄙俚俗说而已。

余知其无实在过人处。因问："汝今计安出?"曰:"死耳。顾至
江右者皆旧部,得以尺书散遣之,免戕贼彼此之命,则瞑目无
憾。"言次有乞活之意。余曰:"汝罪大,当听中旨,此言非统帅
所得主也。"遂俯首不语。余亦偕众出。

如果没有赵烈文的以上记录,恐怕今天我们无法还原现场感如
此强烈的对话内容,这也正是日记价值之所在。总之,日记对太平
军的建制、在江南各省的军事行动、与湘军攻占等细节,均有不同程
度的披载,极大地丰富了学界对太平天国史料的认识与运用。

三、日记中的湘军幕府史料

作为曾国藩一生事业高峰的主要幕宾,赵烈文终身对曾执弟子
礼。《落花春雨巢日记》记载了他受礼聘,初次拜见曾国藩的情形。
据日记可知,赵烈文得以入幕是因其姊丈周腾虎的推荐,日记咸丰
五年九月十六日(1855 年 10 月 26 日)记:"毉甫有函见寄,专人同江
西钦差曾帅、国藩,字涤生。戈什哈徐某来,特聘金延余赴营,并择属
里中同人,要共往。"随后即与龚橙(孝拱)于十月十一日(11 月 20
日)动身赴江西①,途径苏州、嘉兴、杭州、富阳、桐庐、兰溪、衢州、常
山、玉山、铅山、弋阳等地,于十二月十六日(1 月 23 日)抵达南昌府;
并于十二日瑞洪舟中先会晤郭嵩焘(筠仙),得知九江、樟树战事与
南康水师的大致情况。十二月二十六日(2 月 2 日),赵烈文在南昌
城外的南康大营初次谒见了曾国藩。随后数日,曾国藩命初到的赵
烈文参观驻扎在青山、樟树等地的湘军水陆各营。咸丰六年正月初

_____

①　此处赵氏日记题"江右往返日记五",并云"乙卯孟冬,受督师侍郎曾公之聘,偕
龚孝拱至豫章。丙辰仲春,辞帅返里,中途遭乱,遗弃衣物,日记一帙亦失。归后追忆得
之,辄存景响,惟晴雨多不记,始乙卯十月十一日,迄丙辰四月十三日,总十八旬",可知赴
南昌曾营所记日记系回常州后所追忆。

七日(1856年2月12日),赵烈文先至青山观前、后、左三营,备录彭
玉麟、李元度等营制甚详;初九日,与曾国藩、罗泽南参观湘军陆营
建制。二月初九日(3月15日),赵烈文舟至樟树镇,与驻扎于此的
水师统领彭玉麟晤谈良久;十五日回南康大营,指出周凤山所统领
的"陆军营制甚懈,军气已老,恐不足恃",这番言论引起了曾国藩的
不悦,适逢赵母生病,赵烈文便向曾氏乞归,曾未挽留,批准了赵烈
文的回乡。就在将去之时,传来樟树湘军大败的消息,曾国藩始对
这位年轻的书生刮目相看,并敦促他奔丧后速归。

　　赵烈文再入曾国藩幕,已是咸丰十一年(1861),时曾军已克复
安庆。因赵氏对太平军、捻军和夷务的深刻认识,被委任夷务及代
拟部分文书。八月九日(9月13日),撰《上曾涤生大帅书》,洋洋洒
洒六千馀言,陈述其治夷务、平内乱之策(按:此书稿本无,存钞本
中):

　　　　今长发之焰广矣,然其技长于守而短于战,坚忍而不能飙
　　疾。坐踞千里之地,有整齐之术而无维系之方。政涣人散,外
　　合内离,是足以病我而不足以倾我也;捻匪器利技精,马骑千
　　群,发如飘风,集如急雨。然凶滔恶虐,无自成之心,是足以乱
　　我而不足以病我也;西夷政修国治,民力富强。上思尽理,下思
　　尽能。人人奋勉好胜,而耻不如于中国之政务。民志险阻,风
　　俗今日一图,明日一说。思之惟恐不明,见之惟恐不审。搜讨
　　经籍,翻译传布,孳孳矻矻,无或闻已。此其志不在小。国家之
　　患,无有甚于是者。又其方教说盛行,使遂威侮华夏,泪陈典
　　籍,乃含生之所共耻,而其患非独一世也。今多传言英法力敌
　　世仇,花旗国僻众少,所患惟一俄夷。以今势论之固然,然而天
　　不可知,胜不在大。要之西人无国不强,无人不锐,诚当世所宜

日夜留意也。中国好尚虚文,习用苛礼,虽治世犹不能免,而外方专精简一,夫文多者内必寡,世专者力必优。故三代之下,中外之势,常居不敌。天意欲开通六合,自葡萄牙入居粤边,历祀四百矣,非一旦夕之事也。

此为总纲,后分述具体对策,文繁不具引。同治元年一月二十一日(1862年2月19日),赵烈文得曾帅特片保举人才,考语为"博览群书,留心时务"。同治三年(1864)二月,江西巡抚沈葆桢因奏请江西茶厘牙税不予江南大营而与曾国藩产生龃龉,赵氏于次月记下了事件原委并表达自己的看法:

> 见沈中丞二月廿六奏,请将江西茶厘牙税,归本省征收,钦定协济皖省征饷月额等语。缘中堂于咸丰十年受两江之任,由皖北移师皖南,其时因苏皖糜烂,征饷无出,奏请将江西全省茶厘牙税归督臣遣员设局征收济用,奉旨允准。逮今数年,每岁所入,不下百馀万,军需恃为正款。而江西旧设防军甚少,遇有警信,中堂辄派师千里驰援。咸丰十年、十一年之间,贼匪屡由皖、浙阑入江境,俱经中堂调派左帅、鲍帅截剿,驱贼使返,是秋遂报肃清。故虽用江西之饷,而历任抚臣皆视为当然,未生意见。沈中丞于同治元年春间受事,初亦不欲更张,后因中堂厘员干与公事;又九江道蔡锦青请提洋税协解皖台,未候中丞批示,及小人从中簸弄,遂日见龃龉。沈心地端纯,遇事敏练,而局面未免狭隘。本系中堂保荐升任,自以整顿地方,方为不负所举,不当顾恋私恩,引嫌推委,且薄前任各抚之拥位素餐,一无建白。故到任后,增募继果、韩字等营八千人,移调精毅、精捷等军万馀人,各府募守勇五百人,兵数日增,费用无出,始有此奏。平心论之,中堂荐列贤才,原期为国任事;沈之奋发有

为,不可谓之越职。惟江西饷需虽迫,而皖台竭蹶尤甚。且中堂于江省军务未尝稍置(膜)〔漠〕视,则东征大局攸关,沈亦不当以距江省较远,遂生畛域。当此沧海横流,公私涂炭,体国大臣虽彼此如头目手足之相护,犹虑不济,而分崩如此,不能不为贤者责矣。

六月十六日曾国荃攻破金陵城,赵烈文在劝曾弹压湘军掠夺与善后折子的撰写二事上,触怒了九帅;奏折为赵撰写,在接到清廷责之甚严的廷寄后,赵氏详细记录了他与曾国荃在此奏折撰写上互致分歧的诸多细节:

> 闻外营诸人言,此次廷寄甚严,由于前折云伪城甚大之故,以为余罪。按旨中以中丞遽回老营为责。彼时中丞初归,余见各营纷乱,恐有中变,谆谆劝之再出弹压,坐是逢怒。余原奏稿寥寥数语,并未叙及回营一层。中丞亲笔稿逐细详叙,始有赶回老营之说,及后又属删定,余力言此四字可去,中丞艴然,以为不必取巧,余安能固争。仅将下文"令官军环城严守,四路搜杀",改作"环城内外札定,兼扼各路要隘,冀使无一漏网"云云。以见中丞之归,非图休息,乃为防贼之窜,庶周旋语病。中丞及余稿亲笔俱存,非妄言也。惟"伪城甚大"云云,则的系余添。时已四鼓,缮折将半,中丞与彭毓橘联榻酣卧,而外报窜出三百馀骑,步队千人,报者不敢惊中丞之卧,向余备言始末。余私忖伪酋必在其内,事关重大。况金陵城内伪主名酋,非他城可比,断难掩饰。且中丞孤立无援,又多怨忌,难保无人指摘。此次已奏明歼灭净尽,日后如何转湾,故于梦中撼之使起,再三商订,增此一节。下复云"万一城大兵单,窜漏一二,臣自当严饬各军尽力穷追,会合前路防军悉数擒斩,免致流入他方,复贻后

患"等语。以见城破之后,贼力尚强悍如此,则防范不严,尚为有辞可说。不求有功,先求无过,问心不为不苦,若辈悠悠之口,何足与辨!

表面上看,朝廷的指责是因湘军后续报备不力,实际上赵烈文早已觑出个中关窍:"至此次廷寄忽加厉责,其中别有缘起,余知其约略,而未敢臆断,大抵朝廷苟无奥援,将帅立大功于外,往往转罹吏议。"很明显,在平定东南之后,清廷对当前"内轻外重"的局面十分忌惮,这也为日后曾氏兄弟调离两江埋下了伏笔。

在底定南京之后,赵烈文重回曾国藩幕府。同治六年至七年间(1867—1868),赵、曾二人几乎无日不见,无所不谈,评古论今,臧否人物,判断时局,在在可录。其中对时贤的评论尤引人注目,如六月十五日(7月16日)等评李鸿章"才则甚好,然实处多而虚处少,讲求只在形迹";十七日,评李鸿章、曾国荃、李瀚章、杨载福、彭玉麟等人,谓"李少荃血性固有,而气性亦复甚大,与沅浦不相上下。李小荃亦有脾气,杨厚庵尤甚,彭雪芹外观虽狠,而其实则好说话,遍受厚庵、少荃、沅浦之气";十九日曾谈郭嵩焘、毛鸿宾隙事始末;二十一日,评郭嵩焘"自负不凡,其实奏折无有清晰得要者";七月五日,续谈郭在粤声名之劣;十二月朔日,言沈葆桢办理船政恣横事,并评沈与左宗棠等等,对研究这批咸同间的风云人物提供了更深层次的视角。

而最为后人津津乐道,使赵烈文在晚清近代史上留名的原因之一,大概源于他被认为是"准确预言大清结局"之人。同治六年六月二十日(1867年7月21日),曾、赵二人有了以下这段著名的对话:

> 初鼓后,涤师来谭。言得京中来人所说,云都门气象甚恶,明火执仗之案时出,而市肆乞丐成群,甚至妇女亦裸身无裤,民穷财尽,恐有异变,奈何? 余云:"天下治安,一统久矣。势必驯

至分剖,然主威素重,风采未开,若非抽心一烂,则土崩瓦解之局不成。以烈度之,异日之祸,必先根本颠仆,而后方州无主,人自为政,殆不出五十年矣。"师蹙额良久,曰:"然则当南迁乎?"余云:"恐遂陆沉,未必能效晋、宋也。"

人都有猎奇之心,把注意力放在"方州无主,人自为政,殆不出五十年"云云的所谓预言清廷气象的文字上。如换一角度看,赵烈文此言是否有更深一层的含义? 是否在暗示曾国藩当乘此机会,东南称王,与清成分庭抗礼之势? 如再联系二十三日两人借南宋罢兵权而引出的一段对话,似乎更能印证这种可能性:

师曰:"甚当。南宋罢诸将兵柄,奉行祖制也。故百年中奄奄待尽,不能稍振。"又言:"韩、岳等军制,自成军,自求饷,仿佛与今同。大氐用兵而利权不在手,决无人应之者。故吾起义师以来,力求自强之道,粗能有成。"

余笑言:"师事成矣,而风气则大辟蹊径。师历年辛苦,与贼战者不过十之三四,与世俗文法战者不啻十之五六。今师一胜而天下靡然从之,恐非数百年不能改此局面。一统既久,剖分之象盖已滥觞,虽人事,亦天意而已。"

师曰:"余始意岂及此,成败皆运气也。"

赵烈文反复提到"一统既久"、"剖分之象",与其说是"预言",毋宁说乃是其长期处于幕府核心,有机会接触到各类邸抄及军机要件,从而对局势作出的清晰判断,这其中的弦外之音,却被曾国藩以"运气"二字谐谑带过,举重若轻,着实让人浮想联翩。

四、日记中的北方官场实录

作为曾国藩最为倚重的幕僚之一,赵烈文得到曾氏的高度评价,大乱靖平之后,曾颇为看重他的吏才,为其出处多方设计,并认为他"天分绝顶,世间学问事理有虚实二宗,无虚则实,有时而窒碍不行;无实则虚,又无所附丽。论虚处则足下当世无敌,惟实处讨探未尽,再能勉力,便为全才"(同治六年九月十五日,1867年10月12日);同治七年八月初三(1868年9月18日),即将南归的赵烈文到曾劼刚处告别,曾氏转述其父言曰:"惠甫天分至高,心地尤厚,曾见其因殁甫身后坠泪二次,汝九叔始甚优待,继颇不欢,而惠甫至今犹不忘之,于吾尤恋恋,中间别去数年,终不愿受人一字嘘拂,其志趣有异于人。时人如周缦云等,皆以吾待之过优,且有毁短之者。其在秣营时报捷之折,人以为中有语病,然汝九叔岂未之见,而以为人过邪?皆不平之论也。今与之约,吾此行不能同往,如到直隶任,即奏调到直,畀以地方,伊必是一好官,能做事。如吾为京官,亦必为之位置,伊可于明春附吾行李舟由海道北行,川资一切皆吾为具。"可见对其出仕的殷殷期盼。为了不使老师悬望,回常熟不到一年,赵烈文便于次年五月前往直隶谒见曾帅,并与之畅谈直省水道、吏风、中枢等事:

> 两宫才地平常,见面无一要语,皇上冲默,亦无从测之。时局尽在军机恭邸、文、宝数人,权过人主。恭邸极聪明,而晃荡不能立足。文柏川正派而规模狭隘,亦不知求人自辅。宝佩衡则不满人口。朝中有特立之操者尚推倭艮峰,然才薄识短。馀更碌碌,甚可忧耳。(同治八年五月二十八日,1869年7月7日)。

十月五日(11月3日),经曾国藩奏缺,赵烈文委署广平府属之磁州(今属河北邯郸)。二十五日到磁州。二十八日奉印入署,揭开了他在北方为期六载官宦生涯的序幕。在磁州任上,除了处理日常案牍之外,赵烈文稽诸志乘,得磁州元明及本朝节烈四百馀人,勒新石牌位于节孝祠(同治九年一月三十日,1870年3月1日),后撰成《磁州重修忠义孝弟节孝两祠祀典碑》(同治十年九月一日,1871年3月1日);磁州北地,水源缺乏,他每月都赶赴所辖各处勘探水源,发动民众掘大小井数百馀口以事灌溉;因久不雨,赵烈文赴县圣井中求铁牌、城隍庙行香、风神庙中添制云雨风雷神牌以及撰写《祷雨文》,向黑龙洞滏水龙神祈祷并得灵验(同治九年五月初四至十九日);同治九年五月天津教案发,赵烈文转引了友朋信件以及与曾国藩的对谈,记录下了事发缘由及曾国藩等人的处理过程:

> 接金鹭卿初一日信,载天津事云:五月二十三获用药迷拐幼孩之犯,供出系法国教会内之王三所使,百姓向法国索王三不交,因此起衅。法领事丰大业向通商大臣崇厚、天津县刘杰开枪,幸均未中。倚一跟丁,百姓大动公忿,立殴丰大业身死,并杀外国人十馀人,内有俄国三名,英国二名,又烧毁各教堂及望海楼等。崇厚奏请特派名望大臣查办,奉旨曾相国前往,外国亦请示伊国主云云。(六月初五,7月3日)

> 接曾劼刚六月二十六日信,言相君查办津事忍气吞声,与夷酋、汉奸周旋。汉奸指崇厚。天津府张光藻与之不协,挑唆洋人必欲置之重典云云。……又高聚卿同日信,并寄示二十二日津信,有云法使罗淑亚二十日来,自京来津,中堂在崇大臣衙署见面,意气尚和,并无决裂。二十二日忽来文要将府县正法,陈国瑞拿问,若不照此办理,伊国水师提督来此便宜行事,难以管束云云。现有外国兵船十馀只驻泊紫竹林,已调张秋之铭军克日到沧州驻扎,以备不虞。其挖眼剖心之说无甚凭据,诱污妇女有二、三可证。(七月初九,8月5日)

> 师以津事相告,且以办理不善自谦。先是师为洋人辩无挖

眼剖心事,奏牍再上,中外哗然,至有连名致书诋之者。余问斯
事究有证验否? 师言:"到津后曾亲讯闹事之人,如有丝毫凭
据,许为奏办,乃辞皆游移不近情理,穷其所往,则彼此推委,故
不能折外人之心,明知必犯清议,然不得不尔。"余曰:"然。虽
烈,亦以为必无。天主教固不轨于理,顾何至食人之肉,行同豺
虎,使果有之,太西服从之者不翅百馀国,能皆甘之邪? 中国人
不求实在,妄以名义自居,至边衅一开,则又束手无策。师初次
奏复时,烈度必为众人所咻,深虑师意见或摇,故曾以一函力主
辨明曲直之说,后见师第二疏,乃始释然。天下事但患胸中见
地不真,苟是非当矣,外来嚣嚣之说,直等之时鸟候虫可耳。"师
称善,继云:"第二疏前段为外人辨诬,后段尚有五可疑之说,叙
津人肇衅之故。政府但欲吾为外人出头辨雪,遂将后段删去方
始发抄,致成一面之言,吾之得谤,有由然也。"余言:"恭邸以姬
公之地位,顾居心始终不外一巧宦,师之谤如浮云翳日,不久自
退。烈所虑者,政地若此,非国家之福,不能不为隐忧。"师亦喟
然。(十月十八日,11 月 10 日)

天津教案最终以处死为首民众,革职天津知府、知县,赔偿洋人而了
结,在朝野上下却引发了巨大争议,中兴功臣曾国藩"积年清望,几
于扫地以尽"[1],竟"诟詈之声大作,卖国贼之徽号竟加于国藩。京师
湖南同乡,尤引为乡人之大耻"[2]。而比照曾国藩同时期日记中极为
简要且克制的心曲表露[3],赵烈文日记中的谈话内容,则为此事件提

①　徐凌霄、徐一士《凌霄一士随笔》,中华书局,2018 年,第 444 页。
②　徐凌霄、徐一士《曾胡谈荟》,中华书局,2018 年,第 378 页。
③　如《曾国藩日记》同治九年五月十六日:"本日办一咨文,力辩外国无挖眼、剖心
等事。语太偏徇,同人多不谓然,将来必为清议所讥。"唐浩明编《曾国藩日记》四,岳麓书
社,2015 年,第 330 页。

供了更多的观照视角。同治十年十月(1871年11月),赵烈文经参核旧志、实地勘验,判定了耗时甚久的宁晋、隆平两县争堤之案,使得两地均心悦诚服,其经过及考察细节,在本月的日记中都有详细地记载,藉此可了解同治年间滏河的水文及所涉区域对其的治理情况。

同治十一年(1872)一月,赵烈文又署易州(今河北易县)知州。其地所属有清室泰陵、泰东陵(雍正朝帝后),昌陵、昌西陵(嘉庆朝帝后),慕陵、慕东陵(道光朝帝后)三朝陵寝,故担任了同治十三年(1874)二月迎驾同治帝及两宫太后谒西陵的重任。日记详细记载了大驾入州的盛况以及同治帝、慈安、慈禧等皇室成员的若干细节:

> 御道旁灯火相属,车马自二十五日早至今肩摩毂击,已一昼夜不绝,囊箱筐箧之属,覆以龙纹黄袱,数人一抬,数十抬一起,不可得而指数。王公贵人,绿舆而黄屋,骑者黄其缰,各撮数十马,来如撒菽,皆由驰道行,莫敢问,问亦不答,或反谯呵之。内监、校尉、八旗护军及走卒厮养,骑者车者,腰弓矢执旗者,短后衣战裙者,冠植木顶数鸟羽者,以百十为群,无行列,无区别,混杂而驰,目所能极,前后无间。

> 天将明,直隶及京营扈从官皆过。辰刻大驾始至,前驱曲项伞一囊负于背而不张,衣白袿,持长木棓骑者八人而分两列,号卡伦马。皇上乘骑行,一黄褂骑而引其缰者为向导大臣。四黄褂翼而趋者,为御前大臣。皇上御石青褂蓝袍,缓辔其间,迎驾诸臣皆跪。天语垂询何官,余称官称名以对,复问以次何官,余均代对讫。皇上揽辔注视,少选而去。驾以后豹尾枪十环拥之,护从约百馀骑,最后双纛并进,纛过后不跸行人矣。(二月二十六日,4月12日)

　　此届差务,内监各费均交孟甥为谐价,所费无艺,然犹狼藉不堪,闻他处更甚。权珰屡奏事,奉旨行知外廷,甚至御前小竖随围特赐车上旗号,亦见公牍。有都总管张得喜,先期奉旨查看四处行宫,势张甚,内务府大臣泰宁镇清安往见,踞坐不起,以属僚视之,中外称之为都老爷。东太后住□□宫,西太后住长春宫,皇后住□□宫,慧妃住永和宫,各有殿差、膳房、茶房等名色。内奄较旧时大差随从者多数倍,供亿之费较旧时多数百倍。甚至一马一骡,索麸料各数斗,储峙麸料、草、柴、炭等,均以数十百万计,他亦仿此,而尚不足。地方官救过不遑,故临时不得不择深远处藏匿以避其锋。

　　皇上圣性慈厚,而恶静喜动,自出京至梁家庄皆乘马,御舆辇时甚稀,天颜和蔼,语笑四顾,敕近侍不禁人窥瞻。过安河时登露台掷橘墙外,望众民争夺倾跌以为笑。西太后重耳目之玩,沿途各行宫均自携花草、盆景,随处安设,随园花儿匠至八十名,而舁夫不与。旧制谒陵近于丧礼,各行宫向无灯彩之设,今次特旨均用灯,每宫无虑百数十计。又旧时尖营帐房数架,前后腾倒而已,今次尖营二十馀处,各设玻璃房六间及蒙古包等,先期支搭以俟,闻此一事,即费至十馀万金。慧妃有盛宠,西太后尤爱之,一切服御驾皇后而上,所至与西太后同住正室,皇后独御厢屋,梁家庄宫内预备皇后处所,盖浅促不可以居,内廷诸人皆为之不平,烦言啧啧,殆非盛德之事。(二月二十七日)

为了振兴地方文化,培养士子的读书风气,赵烈文在磁、易州任上还有一项重要举措,即于州郡、书院等地以月课、州课等形式出题考核该地区士人的课业,并评以等第。特别是在易州,因"以易人不重古学,别出古学题加奖赏以鼓励之"(同治十一年四月十三日,1872年5月19日),如此一来,在四书、经文、诗歌之外,还特别增加了"赋题","导以为学门径,士习大变"(《清故奉政大夫易州直隶州知州赵府君能静先生墓志铭》)。这些课业题目在日记中均有记录,为考察当时的北方科举史保存了珍贵的史料。

光绪元年(1875),因与陵工载纲、荣颐及泰宁镇清安不协,赵烈文屡遭弹劾,虽得李鸿章力辩弹劾之诬,并有"素有学行,在任整顿地方,尽心民事"的褒语(五月二十日,6月23日),赵烈文还是请辞易州任,在短暂游览京师诸胜之后,旋归虞山,从此不复出仕。

五、日记中的文学活动与金石收藏

作为浸淫诗书的传统文人,赵烈文日记中记载了大量自己创作的诗词文,征诸日记所录,约得诗四百二十一首、文一百五十篇、词三十四阕。据《清代毗陵书目》卷四"集部别集类"载,他曾著有《天放楼集》,惜至今未见,未知尚存天壤间否①? 据日记可大体窥见赵氏的文学创作活动与风格面貌,这些作品大都是在游览或宦游之中创作的。特别值得一提的有两次创作活动,一次是《落花春雨巢日记》所记青年时期的赵烈文在家乡常州参加的八期"绿梅庵词会"。该词会自咸丰五年五月二十八日(1855年7月11日)始,迄于八月初九(9月19日),从时间上来看,显然为消夏之举。二十八日记云:"同人纠词会,才叔、稚威、听胪、咏如、吴晋英、盛隽生、徐孟祺、汤伯温及余为会友。"②八期词会采用每期分题赋咏的形式,赵烈文参加

---

① 王贵忱亦云:"往承雷梦水先生见告,赵烈文别有精刊本《天放楼诗集》四卷本传世,此书未见他家称引,不知尚在人间否?"见《赵烈文遗文知见录及其〈天放楼碑跋〉稿本纪略》,载氏著《可居丛稿》,广东人民出版社,2014年,第180页。

② 按:词会成员,才叔即管乐,稚威即周瑄,听胪即杨传第,咏如即刘曾撰,吴晋英即吴唐林,盛隽生即盛久曜,徐孟祺即徐启荣。

了其中的七期,先后创作了《贺新凉·咏蝉》(五月三十日,7 月 11 日)、《咏竹夫人·调寄绮罗香》(六月初五日,7 月 18 日)、《咏闽兰·调倚多丽》(六月初九日,7 月 22 日)、《六州歌头·咏七夕》(七月十二日,8 月 24 日)、《长亭怨慢·赠徐氏倡,社首意也》(七月二十四日,9 月 5 日)、《摸鱼儿·赋得秋雨》(八月初二日,9 月 12 日)《六丑·紫薇花谢后拟周美成蔷薇谢后作》(八月初九日,9 月 19 日)七调①。关于词会的情况,组织者吴唐林在《留云借月盦词叙》中有更进一步的披露:"不佞少伏里间,壮识俊流。尝于咸丰乙卯夏日,与杨汀鹭、管才叔、赵惠甫、唐伯温辈共集八人,合成一社。粘题斗韵,刻烛倚声,即所谓云溪词社是也……"②日记中的绿梅庵词会,大概就是云溪词社的别名或初名。这七首词作以及词会的组织情况,对于了解咸丰时期常州地方词派的创作生态,颇有助益。另一次是《能静居日记》所记晚年的赵烈文在常熟的静圃别墅,因临水亭榭建成,适逢大雪,署之曰"雪亭",并与友朋杨沂孙(咏春)、杨恩海(鹤峰)、曾中翰(君静)等步韵和诗,此事在光绪三年十二月朔日至初七日(1877 年 1 月 3 日—9 日),赵烈文先后赓和了八首七律。曾君静复将此次诗歌盛况请名手吴秋农绘为《溪北斗诗图》,赵氏为此图作《溪北斗诗图序》,详细记载了静溪斗诗会的缘起与实况:

> 虞山之南,东琴水之北,有溪焉,广轮十亩以肆,岁旃蒙赤奋若,南兰陵之逋民赵烈文,始挈其孥来居溪北,而圃于其东。越四年,民以贫受禄于幽冀之野,未几病归,归则晨夕溪上。民

① 按:第四期词会在六月二十三日,系无题《菩萨蛮》五首,赵烈文未参与,请周瑄代作。

② 刘炳照:《留云借月盦词》,光绪十九年刻本。冯乾《清词序跋汇编》第四册,凤凰出版社,2013 年,第 1736 页。

故号能静,遂名溪曰静溪,所居曰静圃。云时溪之北有楼二、堂一,南与东为圃自若,以饮以食,以作以息,廓乎其有容。既民升其堂,则奇衺不中绳,临溪而观山水之奥,其色在晦冥,雨雪无屋蔽之,则不可以宁。距始至一纪,岁在强圉之夏,民乃撤其堂而正之、以馀材为亭堂之西少南,仲冬亭成。既成而雪,请客故濠州守杨叟咏春与其弟书城、鹤峰,曾君表、君静,方子永来集以落之。君表先中酒,鹤峰眚目,谢不至。其二日,君表首遗二诗,濠州继之。民酬诗五言一篇。三日,濠州投长歌道民生平及筑室溪上事已具,民酬诗七言一篇。而君静、子永诗间作。少间,季冬之朔,大雪卷轴狎至,鹤峰、君静仿宋人为险韵诗,民奋相和,而鹤峰苦斗,重叠四五作不止,濠州老益壮,三日四叠韵。吾家次老闻之,亦再叠。于是民谢曰:“公等健者,奈何以众暴寡,且吾学为诗,不学为斗,敢乞骸骨。”皆笑而罢。君静独曰是,会当有图,遣其友携李吴秋农为之图。民曰:“斯图也,以斗诗而斗,诗不可以形,乃形其亭。则亭之当何地,居何人,始何年,不可以不明。《春秋》之义,名从主人,宜列亭所昉而名之曰‘溪北斗诗图’。”濠州篆之,民序之。时光绪三载涂月望后一日。(十二月十六日,1 月 18 日)

序中所言“濠州(杨沂孙)老益壮,三日四叠韵”即此前的十四日,赵烈文特意倒叠前韵所和的两首七律;此《斗诗图》成后,赵氏又作绝句六首。而在此后的二月至四月间,赵烈文又连续撰写《溪北斗诗第二图序》、《第三图序》(二月十五日,3 月 18 日),《第四图序》(四月六日,5 月 7 日),可见对这次诗会的重视。至于赵烈文本人的诗词成就,曾国藩早有定评,同治六年(1867)九月初五,赵烈文将其旧时所作的旧词与新诗呈曾审阅,“曾曰:‘词好。’又曰:‘词极好。’又曰'足下词殆独步,虽名家如周稚珪等,胡能与足下抗.'……不意大令竟如此绝唱.诗亦极高,然尚有之,不如词之异也."

同治十一年(1872)赵烈文辞去易州知州一职,此前数年,便买地常熟虞山,筑"静圃"以安家室,并构天放楼,存藏历年宦游所得的各类珍本书籍、碑帖拓片与金石彝器,他曾自编天放楼藏书目录(光绪四年一月二十六日,1878年3月39日),内中不乏宋椠珍本,惜不存①。赵氏墓志说他"晚岁喜金石文字",其实早在青年时期,赵烈文便已开始措意于金石碑帖的收藏,如咸丰二年九月十一日(1852年10月23日),托同乡友人刘怿(申孙)代买怀素《千字文》一帙,"此为予购石墨之始";十八日,买得《道因碑》、《争座位》、《多宝塔》、《中兴颂》诸帖,并以《思古斋石刻》易申孙颜平原《东方画赞》;二十九日,得《庙堂碑》及《十三行》二种,又东阳《兰亭》一种,并云"此种极良";十月初十、十一日得《玄秘塔》、《九成宫》等;咸丰四年九月十一日(1854年11月1日),冯承熙(耕亭)来常,以宋拓《圣教序》相示,售价三十元,赵烈文"阅之爱不忍释,脱细君头上珠易钱得之,灯下复展阅数过,喜不能寐";十二月初一日(1855年1月18日),于书肆见水拓《瘗鹤铭》,于耕亭处见《岳麓寺碑》,复售南阳君珠饰,得钱买之。可见当时赵烈文购书的重点即集中在精拓碑帖。同治九年(1870)因知磁州之便,赵烈文与侄哲如尽拓响堂寺北齐摩崖与隋碑及造像,使"灵山秘藏,一朝而发"(六月十九日,7月17日),七月初五(8月1日),再入石室拓得碑文及造像多种。晚年卜居虞山,他更是把大量精力投入到金石碑帖的收藏及编目与研究之上。光绪五年十月朔日(1879年11月14日),得旧拓张燕昌藏本《天发神谶碑》

---

① 　近人封思毅曾据《能静居日记》历年所记辑得《天放楼书录》(台湾商务印书馆,1981年)一书,可见赵氏藏书大略。

及钟鼎彝器、汉铜镫、洗泉模、戈弩、造象砖拓数百种,"藏弄从此大富";光绪七年五月初十日(1881 年 6 月 6 日),"积所得彝器拓本装成巨册";赵烈文还与碑拓估商交换、购买各种碑帖,如从苏州护龙街开汉贞阁的唐慎斋处先后购得《张黑女志》旧拓(光绪十一年十一月二日,1885 年 12 月 7 日)、平戎鬲、《诸葛武侯祠堂碑》诸拓(光绪十二年十月二十二日,1886 年 11 月 17 日),元明间拓《九成宫》《醴泉铭》麟游真本未开凿者(光绪十三年九月一日,1887 年 10 月 17 日),唐残宋拓《皇甫诞碑》(十月九日,11 月 23 日)等多种。伴随上述收藏活动的,赵烈文还与金石圈中友人如杨沂孙、吴云(平斋)、费念慈(屺怀)等互观藏品,讨论金石文字,并作有《石鼓释文纂》(光绪十一年三月二十八日,1885 年 5 月 8 日)、《散氏盘说》(光绪十四年十二月十四日,1888 年 1 月 15 日)、《平戎鬲说》(十二月十六日)①。这些活动均反映了晚清苏州、常熟等江南地区金石收藏与研究热潮的一个侧面。

　　六、馀论

　　以上概述了赵烈文日记的版本以及其中的太平天国及湘军史料、北方官场实录、文学活动与金石收藏等,浮光掠影,挂一漏万,日记中所包含的远不止这些,如赵烈文的读书活动、对经方的研记、天放楼的营建、游宦里程的记录、夷务的认识、水利的见解、币制的探索、时事的记录与评论、南北方社会的生态等等,均可为研究晚清史事者提供新的材料与视角。荀子曰:"积微,月不胜日,时不胜月,岁不胜时。"(《国运篇》)这是说,事的积微成著,与其月计,不如日计;

------

① 　关于赵烈文的金石收藏及考订文字,除前揭王贵忱披露的《天放楼碑跋》稿本外,重庆市图书馆尚藏有《天放楼金石跋尾》稿本一册,录文具见王胜明《赵烈文〈天放楼金石跋尾〉考释》,载《文献》2017 年第 1 期。

与其时计,不如月计,与其岁计,不如时计。赵烈文三十七年的日记,年日几乎从未间断,不仅是个人的心史,更是咸、同、光绪间的一幅社会生活长卷。值得注意的是,赵氏本人在日记中巨细无遗地记录下他的所见、所闻、所感,是有着强烈希望其保存下去的意识的,这一点在其于同治八年(1869)赴磁州任,路经天津时,"寄归连日日记二纸"(五月十一日)便可证明。每写一段时期的日记,赵烈文便将其寄回乡里,使人录副以存。联系前揭能静居钞本日记始于"光绪丙申"(1896)赵宽的校语,可知赵烈文去世两年后,其子赵宽的校勘工作至少参考了赵氏稿本与钞本。另外,赵烈文自己也经常通过小注的形式,对此前记录下的某些事件再作补充说明,如记后来与其反目的龚橙赠予陈洪绶、笪重光绘观世音菩萨像,小注云"此二种后均还之"(光绪二年九月六日,1876年10月22日);又赵氏于咸丰十年(1860)开始,每逢元旦便卜问当年运势,记录卦象并分析卦辞,这一活动一直持续到光绪四年(1878),是年卦象"可谓吉祥安静之课",但因九月长女赵柔殉夫自缢,故赵氏于卦象后又另加小注:"此卦全不验。九月注。"这都说明赵烈文对其日记有过多次的审视与修改。至于所写的诗词文稿,在日记中也都保存初稿、二稿甚至是三稿,如光绪四年(1878)吴嘉善与陈荔秋奉命出使美利坚、秘鲁、西班牙等国,赵氏录有《送子登侍讲嘉善出使大西洋序》一、二稿(三月初六,4月8日);光绪十四年(1888)为郑文婥《未刊书目》作序,也有二稿存焉(十月十二日,11月15日),在在表现了他鲜明的借日记以存史的意识。

人名索引

凡　例

一、本索引是《赵烈文日记》(以下简称《日记》)正文中人物姓名、字号或其他称谓的索引。

二、本索引以姓名为检索主体,姓名之后括注《日记》中出现的字、号、别名、习称、昵称、官称及其他称谓。

三、凡《日记》中仅出现字号或其他称谓者,尽力考出其姓名,列为主索引条目;暂未能考知者,则径列为检索条目。

四、人名后所列数字为该人物在《日记》中出现之年月日(公元纪年),如"曾国藩1855.10.26",即表示曾国藩出现在《日记》1855年10月26日。

五、本索引所列条目特殊者如下:(1)人物姓名有本人改易者,或有其他原因而不相一致者,今皆列为互见,前者如周孟舆,后改名周世澄,本索引将两者均列入检索条目,而在周孟舆后注"见周世澄"。后者如翁同龢、翁同和,系同名异写,今皆列为检索条目,而在翁同龢后列出人物所有信息及出现日期,在翁同和后注"见翁同龢";(2)《日记》中出现"某某昆季"者,如"左氏昆季",本索引将其出现的日期分别列入二人(即左桂、左树)名后;(3)《日记》中对族人多有尊称、讳称、省称而不记本名者,兹据赵烈文等修《常州观庄赵氏支谱》(清光绪二年活字本,南京图书馆藏),考出其本名,并将如"按察府君"、"芝庭公"、"靱之大兄"等酌列为检索条目。

包国挺(包小廉)**1870**. 9. 17

包阆田　见包国琪

包家丞(包兴实)**1863**. 12. 30

包屏南　见包增澍

包世臣,包慎伯

包松溪 **1866**. 1. 9

包小廉　见包国挺

包兴实　见包家丞

包增澍(包屏南)**1870**. 7. 14,7. 15,7. 16

宝佩珩　见宝鋆

宝琳 **1871**. 12. 15

宝鋆(宝佩珩)**1862**. 1. 22;**1864**. 6. 19;**1865**. 10. 28;**1867**. 7. 22;**1868**. 3. 7

宝珠 **1855**. 11. 21

葆光　见徐葆光

保绪　见周济

保之二叔　见赵祖慈

鲍昌熙(鲍少筠)**1875**. 11. 9;**1886**. 11. 2

鲍超(鲍春霆)**1861**. 9. 30;**1863**. 5. 19;**1864**. 5. 29,9. 15,12. 3;**1867**. 9. 30

鲍春霆　见鲍超

鲍六　见鲍继培

鲍辑五 **1867**. 12. 9,12. 11,12. 12

鲍继培(善之、鲍六)**1855**. 6. 29

鲍少筠　见鲍昌熙

鲍叔文 **1881**. 9. 6

鲍叔寅 **1881**. 2. 17,7. 25,9. 13;**1882**. 2. 4,4. 18,8. 11

鲍松藩 **1860**. 4. 6

鲍松山 **1861**. 1. 28,5. 31

豹三先生　见赵彪诏

毕泷(毕涧飞)**1888**. 6. 22

毕涧飞　见毕泷

毕涵(毕焦麓)**1862**. 1. 15

毕焦麓　见毕涵

毕文麓　见毕召勋

毕裕庵 **1862**. 3. 20

毕召勋(毕文麓)**1871**. 9. 26,9. 27,12. 24,12. 27

毕藻卿 **1889**. 2. 17

边鸾 **1888**. 6. 22

边竹筠 **1854**. 8. 28

卞宝第 **1862**. 1. 18;**1865**. 10. 28;**1868**. 3. 7

辨才法师 **1882**. 6. 3

滨石　见杨泗孙

炳甥　见李炳照

伯冰　见何裕
伯辔　见莫彝孙
伯度　见赵彻贻
伯方　见恽鸿仪
伯房　见李炳照
伯敷　见程鸿诏
伯厚　见赵振祚
伯厚嫂　见吴氏
伯郎 **1864**. 1. 9, 1. 21
伯荣弟　见赵振纲
伯恬　见周仪玮
伯温　见汤似瑄
伯盂　见李崇鼎
伯渊兄　见赵铸
伯紫　见邓家绶
博多宏武(博梦樵) **1871**. 9. 25; **1874**. 1. 8
博梦樵　见博多宏武
卜鲁斯 **1862**. 3. 2
卜云泉 **1853**. 2. 26
布策 **1860**. 11. 15
布昇初 **1862**. 11. 6

C

昌期　见黄翼升
才叔　见管乐
蔡卞 **1875**. 10. 26
蔡昌荣 **1865**. 7. 25
蔡道　见蔡锦青
蔡公重 **1881**. 2. 19
蔡吉云 **1885**. 4. 15
蔡季蕃　见蔡培
蔡芥舟　见蔡锦青
蔡锦青(芥舟、蔡道、蔡明府) **1856**. 1. 28, 1. 29, 3. 6, 3. 8; **1861**. 8. 21, 8. 22, 10. 8, 10. 9, 10. 10, 10. 11, 10. 12, 10. 14; **1862**. 2. 12, 9. 16, 9. 17, 9. 18, 9. 23; **1863**. 12. 27; **1864**. 4. 17, 4. 20, 7. 5
蔡理亭(蔡理庭) 18, 80. 1. 27; **1886**. 2. 16; **1887**. 4. 16
蔡理庭　见蔡理亭
蔡梅庵　见蔡寿祺
蔡明府　见蔡锦青
蔡培(蔡季蕃) **1881**. 3. 2, 3. 4, 3. 25, 3. 28, 12. 19; **1882**. 8. 27, 12. 7
蔡庆培 **1865**. 2. 6, 6. 6
蔡少彭 **1864**. 5. 18
蔡赏梅 **1859**. 3. 5
蔡寿祺(蔡梅庵) **1865**. 4. 26, 4. 28

蔡襄（蔡君谟、蔡忠惠）1885.12.30；
　　1886.12.9
蔡湘浦 1860.2.7
蔡小园 1860.1.30
蔡雨村 1861.12.3；1864.4.22
蔡乂臣 1868.5.21
蔡映斗 1860.5.27,6.6,6.18；1867.10.
　　17；1869.9.10
蔡月 1883.12.26
蔡贞斋 1867.8.9,8.28
蔡忠惠　见蔡襄
蔡筑岩 1880.12.25；1881.3.16；1882.
　　2.25,4.9
蔡子坚 1888.10.4
曹光汉（曹西源、曹西原）1862.10.28,
　　10.29
曹淦 1860.3.3,4.21,5.31,7.12,7.21,
　　7.27；1862.11.14；1866.6.15,8.1,
　　8.21
曹禾 1860.6.15
曹秉仁（曹恺堂）1858.9.4,9.17,9.
　　25；1869.6.8
曹恺堂　见曹秉仁
曹克忠 1864.5.13

曹洛仪 1871 1.24
曹吉珊　见曹禹门
曹景涵 1878.3.12,3.14,10.1,10.31,
　　12.10；1879.5.30
曹锦荣（松午）1855.1.27,1.28,11.10,
　　12.2；1856.2.21,5.10；1866.4.12
曹镜秋　见曹耀湘
曹柳桥　见曹籀
曹明之 1886.5.13
曹青岩　见曹未
曹壬泰（曹仲山）1869.8.10,11.15
曹松午　见曹锦炎
曹文正　见曹振镛
曹未（青岩）1852.4.7,5.14；1854.9.
　　20；1855.7.26,7.27,7.28,7.29,7.
　　31,8.2,8.8,10.26；1858.8.22,12.
　　18；1860.5.8,8.1
曹羲 1888.10.4
曹西原　见曹光汉
曹小卿 1879.11.4
曹耀湘（曹镜秋）1861.11.30,12.2,
　　12.3
曹禹门（曹吉珊、曹刺史）1861.10.22,
　　1868.5.14

曹云西　见曹知白

曹振镛（曹中堂、曹文正）1862.6.24，
　　1881.2.9

曹毓英（曹琢如）1864.6.19；1865.10.
　　28

曹知白（曹云西）1888.10.4

曹蔗畦 1863.1.10

曹载奎（曹秋舫、曹氏）1861.4.2，
　　1887.10.23

曹中堂　见曹振镛

曹籀（曹柳桥）1862.11.25,11.28,12.3

曹琢如　见曹毓英

柴进宝 1861

蟾老　见浦良耀

蟾翁　见浦良耀

常大淳（常文节、常兰陵）1861.12.31；
　　1862.1.19；1888.6.22

常笛渔 1868.11.13,11.14

常兰陔 1868.11.13

常兰陵　见常大淳

常庆 1873.2.5

常瑞徵 1870.7.26

常文节　见常大淳

常星阿 1864.6.22

常佑 1873.3.25

长耳和尚 1882.6.3

长庚侄　见赵长庚

长纶（外孙）1877.7.29

长侄　见赵长庚

长康（长云衢）1869.3.29；1882.6.15

长生　见赵渝江

长生弟　见赵渝江

长云衢　见长康

长启（长子明、长太守、长太尊、长本
　　府、本府、府尊）1869.10.12,11.25,
　　12.16,12.17；1870.2.16,7.1,7.2,
　　7.3；1871.7.17,11.30；1872.2.1,2.
　　3,2.4,2.6,2.21；1873.2.11

长子明　见长启

朝议府君　见赵克家

巢光许（巢少游）1861.10.26；1862.4.
　　23

巢雪香 1866.11.22

岑毓英 1863.5.26；1864.4.21

陈艾（陈虎臣）1862.6.25；1864.11.
　　28,11.30；1865.1.30,4.20,4.25,4.
　　27,12.28；1867.6.1,6.2,8.26,10.8

陈宝鼎（陈伯商、陈甥伯商、陈甥、鼎

甥)1866.1.4;1873.5.23;1874.3.
22;1875.1.13,9.6,9.16,9.17;
1876.1.14;1877.6.24;1880.5.27,
6.9,8.7,8.11,12.19;1882,3.24,3.
28,8.23,8.24,9.4;1883.5.21,5.
31;1885.3.28,12.3

陈宝范(陈仲畴)1875.9.16;1876.4.
27

陈宝渠　见陈福勋

陈宝箴(陈右铭)1868.10.15,10.20,
10.24,10.31,11.4,11.29,12.10,
12.16

陈伯恭　见陈崇本

陈北壬　见陈禀万

陈北山　见陈钟英

陈本(陈立斋)1869.9.4,9.5,9.21,
10.8,10.11,11.10,11.15,11.18;
1870.3.7;1871.9.21

陈弼宸 1872.1.28

陈斌(陈悝斋)1862.2.21,9.21,9.22,
9.23;1863.9.1,9.2,9.3,9.5,9.6,
10.19;1867.11.3,11.4;1869.10.
24,10.26,10.28,10.30,11.2,11.3,
11.4,11.7,11.8

陈禀万(陈北壬)1862.6.23

陈炳然　见陈清照

陈炳文 1864.5.1,5.10,7.5

陈炳元(陈炎生)1856.2.12;1860.3.25

陈伯山　见陈钟英

陈崇本(陈伯恭)1885.7.9

陈崇砥(陈绎萱)1869.8.10,9.12,9.
15;1870.2.14,5.10,5.11;1871.10.
14,12.20,12.21,12.31;1872.1.28,
1.31,2.7,2.11,2.24,10.31,11.3,
11.4,11.5;1873.2.11

陈大力(对山)1856.2.12

陈德昌(陈润斋)1874.11.16

陈德明(陈竹堂)1862.5.30,6.1

陈德容(陈甥女、陈氏妇、新妇陈氏、长
媳、实儿妇、儿妇)1869.5.23;1870.
11.25;1874.6.6,6.8,6.9,6.20,11.
25;1852.4.10;1853.3.11,1872.10.
13;1874.5.30,6.6,6.8,6.9,8.2,
10.2,11.25;1875.3.27;1877.3.8,
5.21,5.28,12.26;1878.5.29,10.
16;1880,5.31,8.21,10.26,12.17,
12.27,12.31;1881.2.22,4.21,8.1;
1882.5.20,6.15,6.18,6.26,7.16;

1883.2.7,5.31,12.10;1884.3.1;
1886.8.29;1887.9.28;1888.2.5,
10.10;1889.3.23,3.29,3.30,4.1

陈德生　见陈之纯

陈德音 1853.3.11;1863.12.7

陈得才(扶王、陈姓) 1864.1.9,3.28,
7.11,7.22

陈得风(松王) 1864.8.21

陈得寿 1885.9.15

陈栋(陈瑞亭) 1863.7.5,9.2,9.4,9.
6,9.9;1864.1.1,1.2,4.25,7.8,7.
9,11.22,11.25;1865.1.30,4.24,5.
3;1869.9.27,9.28,10.4

陈都阃　见陈树堂

陈范(陈叔畴、陈甥叔畴、陈甥、陈甥
范、范甥、三甥范) 1876.3.16,11.
21;1879.5.30;1879.6.1,6.2,11.
28,12.10,12.22,1882.8.24,8.29,
9.4,10.9,10.10,1883.4.13,4.19,
9.25,9.29,10.6,11.24,11.25,11.
26;1885.6.19,6.21,11.12,11.13,
11.17,12.2,12.3;1886.12.8;1887.
4.16;1887.7.4;1889.4.14

陈方坦(陈小圃) 1863.2.8,11.19;

1867.5.30,6.8;7.13,7.20,7.30,8.
5,8.8,8.13,8.30,9.11,9.13,9.22,
10.22;1868.1.2,1.3,4.16,4.17,4.
18,4.24,5.4,6.26,6.27,7.8,7.19,
8.17,9.1,11.8,11.21,12.3;1884.
6.12

陈芳先　见陈湜

陈芳仙　见陈湜

陈舫仙　见陈湜

陈福堂 1876.12.15

陈福勋(陈宝渠) 1861.7.1,7.7,7.20,
7.23;1862.11.14,11.19,12.11;
1868.3.9,6.2;1869.6.18,6.19

陈黼麟 1888.10.12

陈富保 1865.2.26;1867.5.15;1868.4.
16

陈顾翁　见陈起新

陈顾岩　见陈起新

陈观察　见陈蕭

陈光亨(陈秋门) 1856.2.4,3.2;1881.
1.16

陈国瑞 1864.1.12,3.14,3.30,9.15;
1868.9.10;1870.8.5

陈桂秋 1863.7.26;1864.11.22,11.23,

陈静香　见陈昆芝

陈晋（陈新斋）1872.12.11

陈晋 1873.7.14

陈濬（陈新泉）1864.10.18,10.19；
1868.10.16

陈峻亭 1868.7.18

陈璃（陈六笙）1863.12.29；1864.1.4,
3.26,4.1,4.22,5.12,5.15,5.17,5.
31,6.13,6.14,8.21,12.7,12.14；
1865.7.12,11.26,11.27,11.28；
1866.3.13,5.9,6.24,7.5；1881.2.
21

陈钧堂　见陈康祺

陈俊（陈玉堂）1856.5.14；1858.9.17

陈俊臣　见陈士杰

陈侃 1878.4.12

陈康祺（陈钧堂）1879.1.26,9.8,9.
12,9.17,9.28,10.7,11.12；1880.4.
3,4.7,5.25,5.28,9.28,10.3,10.8,
10.17,10.21,10.24,12.4,12.8；
1881.2.28,3.23,7.29,10.29；1882.
1.17,2.1,2.13,6.17,7.26,12.22；
1883.2.5

陈克家（陈良叔）1861.9.20；1874.7.

26

陈昆兰（陈佩芝、陈佩之）1873.6.14,
11.20,11.26；1875.8.22

陈昆授（陈乐天）1873.2.28

陈昆景（陈朗山）1872.3.5,6.11,11.
17；1874.10.22,11.21；1875.3.21,
8.21

陈昆萱 1875.8.21

陈昆芝（陈静香）1872.3.5,6.11,8.
28,12.13；1874.1.19；1875.4.9,4.
24

陈兰彬（陈荔秋）1869.7.3,7.8,7.16,
7.17,8.3,8.8.8.31,9.4,9.19,10.
20,11.7,11.12,11.17,11.26,12.
25；1870.2.13,2.14；1878.4.8

陈兰谷　见陈士棻

陈兰舫 1875.4.6

陈兰卿 1862.12.31

陈朗山　见陈昆景

陈烺 1864.6.25

陈烺三 1872.4.15

陈老莲　见陈洪绶

陈良谟 1878.4.30

陈烺三 1872.4.15

陈来忠(陈笏山)1875.8.21,10.2,10.
10

陈乐天 见陈昆授

陈立(陈倬人)1867.9.7,9.8;1868.4.
28,4.29,5.1

陈立斋 见陈本

陈荔生 见陈金式

陈丽生 见陈金式

陈荔秋 见陈兰彬

陈莲叔 1860.9.6,9.7

陈良叔 见陈克家

陈麟勋(陈芷轩、陈芝轩)1863.2.27,
7.5

陈柳门 见陈会榜

陈六笙 见陈璠

陈六昔 1871.4.26

陈鲁南 见陈沂

陈履升(陈香谷)1875.7.6

陈曼生 见陈鸿寿

陈眉公 见陈继儒

陈南叔 1885.7.13

陈鼐(作梅、陈作梅、陈作翁、陈观察)
1867.6.30,7.1,9.7,9.8,12.31;
1868.4.17,4.21,5.14,7.4,7.11,

10.2,11.26,12.1;1869.7.8,7.9,7.
14,7.23,7.26,7.28,7.31,8.1,8.2,
8.5,8.7,8.9,8.10,8.11,8.14,8.
16,8.18,8.22,8.25,8.29,8.31,9.
1,9.6,9.9,9.12,9.15,9.17,9.23,
9.27,10.4,10.5,10.7,10.9,10.12,
10.17,10.19,10.23,10.27,11.6,
11.8,11.10,11.15,11.16,11.18,
12.23,12.28;1870.1.3,1.28,3.7,
6.4,9.3,9.5,11.10,11.11;1871.1.
17,9.18,9.20,9.21,9.23,9.25,9.
27,10.2,10.6,10.30,11.2,11.4,
11.11,12.20,12.30;1872,1.2,1.
16,1.31,2.5,2.21,3.28,4.5,4.7,
6.24,6.26,9,10,10.15,11.1;1875.
5.20

陈鼐 1878.4.29

陈名珍(陈品册)1884.1.16,1.18

陈念慈 1861.7.24

陈佩芝 见陈昆兰

陈佩之 见陈昆兰

陈品册 见陈名珍

陈聘臣 1881.10.5

陈起新(陈顾岩、陈顾翁)1860.12.25,

12. 26,12. 28,12. 29;1861,1. 3,1. 6,
1. 18,1. 19,2. 7,2. 8,2. 9,2. 10,2.
11,2. 17,2. 18,2. 19,3. 12,3. 22,7.
7,7. 8,7. 20;1862. 11. 21,12. 4

陈乔森(陈逸山)1868. 6. 29,6. 30,7. 3

陈钦(陈子重)1871. 9. 3,9. 4

陈清照(陈炳然)1852. 12. 11;1864. 12.
2,12. 3;1865. 2. 24,2. 25;1867. 8. 24,
10. 15

陈庆瀛(陈子芳)1862. 8. 10,10. 31

陈庆云 1865. 5. 28

陈庆滋(陈云鹤)1869. 9. 12

陈确庵　见陈瑚

陈秋门　见陈光亨

陈润斋　见陈德昌

陈绍庆(陈同福)1861. 6. 18

陈湜(陈芳先、陈芳仙、陈舫仙、舫仙)
1861. 9. 30,10. 2;1863. 7. 24,10. 3,
10. 5,12. 26,12. 31;1864. 1. 23,2. 1,
3. 16,3. 30,4. 15,4. 24,5. 3,5. 6,5.
22,5. 25,5. 28,6. 1,6. 18,7. 26,7.
29,8. 21,9. 3;1865. 5. 16,5. 17,5.
20,5. 23,5. 25,5. 31,6. 4,6. 7,6. 9,
6. 11,6. 12,6. 14,6. 15,6. 16,6. 18,

6. 25, 12. 16; 1866. 10. 24, 11. 1;
1884. 6. 14

陈莱仙 1861. 9. 30

陈楞香　见陈庭桂

陈品三 1863. 12. 28

陈谦吉(陈子怀)1863. 1. 19;1865. 10.
28;1867. 5. 16

陈庆瀛(陈子芳、陈子舫)1862. 8. 10,
8. 15,9. 14,10. 22,10. 31;1863. 4.
17,9. 30;1864. 5. 27,8. 30

陈礽寿(陈忍三)1875. 4. 24

陈忍三　见陈礽寿

陈忍斋　见陈兆麟

陈偲斋　见陈兆麟

陈镕(彦修、陈彦修、陈彦翁)1852. 3.
5,3. 10;1853. 3. 6;1853. 3. 14;1854.
1. 17,7. 12,8. 5,9. 9,9. 16,9. 19,9.
23;1855. 1. 29,2. 5,2. 14,2. 19,2.
27,3. 3,3. 10,3. 18,4. 3,4. 14,6. 29,
8. 25;1860. 5. 20,5. 23

陈汝言(陈惟允)1889. 1. 1,1. 6

陈瑞亭　见陈栋

陈若木 1862. 11. 28

陈三贵 1871. 4. 26

陈襄逵　见陈锡祺

陈小丹 **1858**. 9. 2

陈小圃　见陈方坦

陈小铁　见陈元禄

陈新泉　见陈澹

陈新斋　见陈晋

陈惺斋　见陈斌

陈省中 **1865**. 11. 27

陈姓(局弁)**1867**. 10. 25；**1888**. 11. 2

陈姓(屋主)**1864**. 10. 25，11. 17

陈姓(书贾)**1888**. 2. 11

陈姓(靖江人)**1888**. 11. 2

陈姓(伪大将)**1865**. 7. 25

陈姓　见陈得才

陈杏孙　见陈远谟

陈仙舫　见陈瀛

陈香谷　见陈兆和

陈绣华　见陈基美

陈绣农 **1880**. 11. 20

陈煦万　见陈与同

陈彦翁　见陈镕

陈彦修　见陈镕

陈衍昌(陈衍林、陈臧伯)**1862**. 11. 21；

　1868. 3. 8，3. 9；**1869**. 6. 19；**1878**. 10.

30；**1884**. 5. 6

陈衍昌　见陈臧伯

陈衍林　见陈臧伯

陈彝 **1875**. 1. 24

陈沂 **1878**. 4. 22

陈沂(陈鲁南)**1889**. 1. 1

陈逸山　见陈乔森

陈绎萱　见陈崇砥

陈荫培 **1864**. 2. 1

陈有让 **1871**. 4. 12

陈友谅 **1862**. 1. 21，2. 13；**1878**. 4. 4

陈幼华　见陈基美

陈与同(陈煦万)**1872**. 1. 28，1. 30

陈与义(陈简斋)**1887**. 11. 4

陈玉才 **1871**. 4. 26

陈玉成(英王)**1860**. 10. 31；**1862**. 1.

　22，1. 23

陈玉良 **1871**. 4. 26

陈玉堂　见陈俊

陈愈敬 **1862**. 2. 11

陈元鼎(陈芰裳)**1862**. 3. 20；**1866**. 7.

　29，7. 30，7. 31，9. 12；**1868**. 3. 8；

　1884. 5. 6

陈元禄(小铁、陈小铁)**1871**. 10. 14，

10. 18,10. 21,12. 29,12. 31;**1872**. 1.

2,1. 3,1. 5,1. 6,1. 9,1. 11,1. 14,1.

17. 1. 18,1. 25,2. 2,2. 4,2. 6,2. 11,

2. 17,2. 19,2. 20,2. 21,2. 24,2. 25,

3. 16,3. 21,3. 30,4. 5,4. 9,4. 20,4.

23,5. 3,5. 6,5. 29,6. 24,6. 25,6. 26,

7. 3,7. 6. ,78,7. 30,8. 1,8. 18,9. 1,

9. 14, 10. 31, 11. 2, 11. 4, 11. 28;

1873. 1. 10,4. 25;**1875**. 7. 6

陈远济 **1880**. 11. 15

陈远谟(陈杏孙)**1868**. 4. 21,4. 22

陈溶(陈渊如)**1860**. 7. 18;**1862**. 12. 8,

12. 9,12. 12

陈右铭　见陈宝箴

陈渊如　见陈溶

陈云甫 **1859**. 8. 14

陈云鹤　见陈庆滋

陈云斋　见陈鉴

陈月珊 **1866**. 10. 9,10. 10

陈瑛(陈瑚海)**1875**. 7. 6

陈瀛(陈仙舫)**1873**. 2. 11

陈吟阁 **1862**. 11. 28,12. 12

陈臧伯　见陈衍昌(林)

陈章侯　见陈洪绶

陈兆和(陈香谷)**1867**. 11. 3

陈兆麟(陈偲斋、陈忍斋)**1875**. 5. 18,

6. 27,7. 8

陈兆壬(陈文治)**1862**. 6. 16,6. 17,6.

19,6. 20,6. 22,6. 23,6. 28

陈兆荣(陈鉴堂)**1868**. 10. 20,11. 1

陈之纯(陈德生)**1852**. 5. 13

陈芝轩　见陈麟勋

陈芷轩　见陈麟勋

陈志铨(陈莘农)**1863**. 2. 27,7. 5;

1875. 12. 23,12. 25;**1876**. 4. 12,4.

16,6. 11,6. 26,7. 29,7. 30,9. 4,9.

20,10. 19,10. 25,11. 1,11. 15,11.

22,11. 24,11. 25;**1880**. 5. 24,11. 27

陈则兢(陈吉裳)**1865**. 6. 29,7. 1,7. 6

陈倬人　见陈立

陈钟英(槐亭、槐庭、槐兄)**1852**. 6. 22,

7. 2,7. 3,7. 7,7. 18,7. 29,8. 3,8. 12,

8. 20,8. 21,8. 26,9. 5,12. 28;**1853**.

5. 3,6. 3,12. 24;**1854**. 1. 8,2. 24,4.

15,4. 16,4. 28,5. 6,10. 23,11. 24,

11. 27,12. 1,12. 5,12. 20;**1855**. 8.

17,12. 25,12. 26;**1856**. 1. 7,4. 25,4.

27,5. 1,5. 2,5. 5,5. 14,6. 6,6. 25;

1872.2.4,5.27,6.1,6.17,6.28,6.
30,7.10,7.17,7.18,7.22,7.23,7.
24,8.12,8.31,9.1,10.13,10.17,
12.8,12.26;**1873**.3.17,4.10,5.23,
5.30,7.13,9.14,10.6;**1874**.3.22,
6.30,8.2,8.19;**1875**.3.13,3.25,6.
5,6.19,10.4,12.25;**1876**.1.14,4.
13,4.21,7.31,8.10,11.21,12.3,
12.5,12.18;**1877**.1.14,1.27,1.29,
3.4,12.18;**1878**.1.26,3.13,4.13,
5.1,6.28,8.17,9.20,10.25,11.1;
1879,1.4,2.16,3.18,5.14,5.15,6.
22,8.7,12.9,12.17;**1880**.1.26,2.
27,6.9,6.28,10.3,12.1;**1881**.1.
29,2.13,2.15,2.22,3.25;**1882**.5.
16

陈钟英(陈北山、陈伯山)**1869**.8.30,
9.1,10.23,11.3,11.9,11.11,11.
15,11.16,11.17,11.18,11.19;
1870.1.1;**1871**.9.24,12.20;**1872**.
2.25

陈竹堂   见陈德明

陈子芳   见陈庆瀛

陈子舫   见陈庆瀛

陈子怀   见陈谦吉

陈子金 **1864**.4.21,4.23,4.27,5.28,7.
25;**1865**.5.2

陈子挺   见陈嘉幹

陈子受 **1861**.10.12

陈子昭 **1868**.7.17,7.27

陈子重   见陈钦

陈作梅   见陈鼐

程宝山 **1863**.7.3;**1864**.9.8;**1865**.1.7,
1.30,1.31

程伯敷   见程鸿诏

程伯符   见程鸿诏

程伯溪 **1861**.9.4

程东阳 **1886**.3.31

程方忠   见程学启

程芳忠   见程学启

程封君   见程希辕

程黼堂 **1866**.6.16

程光滢(程小涵、程小韩、后任、新任),
1871.3.31,4.7,4.23,6.20,7.5,7.
6,7.7,7.9,7.11,7.12

程国熙(程敬之)**1865**.1.20,1.21,1.
30,4.17,5.30,8.25,10.31,12.30;
1867.10.22;**1868**.5.18,9.29,9.30,

12.14

程桓生（程尚斋、程让斋）**1861**.9.20；
1862.2.21,2.24,3.8,3.14,3.19,3.
21,3.24,5.17,5.18,6.9,8.24,9.5,
10.25；**1863**.3.14,3.27,4.13,5.12,
5.13,5.15,5.18,6.18,6.22,6.23,
6.29,10.19,10.21,11.17,11.19；
1864.5.12,10.4,10.5；**1865**.11.10；
1867.5.30,7.30,8.1,10.14,12.22；
1880.12.30；**1881**.10.2

程鸿诏（伯敷、程伯敷、程伯符）**1862**.
2.21,2.26,3.14,3.17,3.24,5.17,
5.18,5.29,6.9,8.7,8.24,9.5,10.
29；**1863**.3.14,5.4,5.6,5.12,5.30,
6.18,6.22,10.19,10.22,11.11,12.
5；**1864**.9.21,9.22,9.30,11.19；
1865.1.31,6.20,6.25

程虎臣 **1871**.1.11

程槐滨　见程辕

程经武（程藜阁）**1872**.12.29,12.30；
1873.1.2,2.5,6.21

程景濂 **1872**.11.12

程敬之　见程国熙

程嘉燧（程孟阳）**1883**.5.8

程钜夫 **1875**.9.20

程鬻采 **1862**.1.19

程军门　见程学启

程藜阁　见程经武

程柳生见程栻

程孟阳　见程嘉燧

程名瀛（程彦孳）**1863**.1.24

程勉之 **1882**.4.25

程敏政 **1881**.2.9

程穆清 **1888**.10.4

程朴生（程石洲）**1863**.11.19

程廷弼（子良、程子良）**1859**.12.1；
1860.2.7,3.25,3.28,3.29,4.2,4.
21,4.23,4.30,5.3,5.4,5.9,5.10,
5.14,5.15,5.18,6.7,11.13；**1861**.
9.2

程桐阶 **1868**.12.14,12.15

程让斋　见程桓生

程尚斋　见程桓生

程石洲　见程朴生

程栻（程柳生）**1863**.10.19,12.24；
1864.4.1,4.5,6.20,12.7,12.24；
1865.1.30

程素云 **1855**.11.22,11.23

程希辕(程封君)**1864**.5.14

程小涵　见程光滢

程小韩　见程光滢

程学启(程方忠、程芳忠、程军门)

　1862.10.29;**1863**.6.10,8.10,9.21;

　1864.1.6,1.9,1.18,3.23,4.12,4.

　13,4.17,4.25,6.27;**1866**.6.21

程雪芦 **1863**.11.11

程维屏　见程薇省

程薇省(程维屏、程维翁)**1852**.3.28,

　3.29,3.30,11.12;**1853**.7.31,8.2,

　8.3,**1854**.10.27,10.29,10.31;

　1855.4.27,4.30,5.1

程维屏　见程薇省

程维翁　见程薇省

程研君 **1880**.12.5

程彦挲　见程名瀛

程瑶田 **1883**.8.15

程应旄 **1876**.12.1

程颖芝 **1865**.5.20

程映玑 **1873**.7.9

程月坡 **1863**.6.29;**1864**.11.22,11.25

程云卿 **1862**.1.9,1.11,1.17,1.21,1.

　28,1.29,1.30,2.2

程有挈 **1863**.1.24

程又忠 **1861**.9.17

程辕(程槐滨)**1863**.11.17,11.18,11.

　20

程正坤 **1864**.7.5

程子良　见程廷弼

程子俊 **1863**.6.30

程子骏 **1863**.10.11

程遵远(迳来)**1859**.4.21

成大吉 **1862**.10.29;**1863**.5.12,5.15,

　7.29;**1864**.1.20,7.5,7.11

成福(成五斋)**1869**.8.15,9.24,11.

　18;**1872**.3.21;**1875**.5.5,5.7

成芙卿　见成孺

成果道(成静斋)**1863**.8.20

成亲王　见永惺

成孺(成芙卿)**1868**.11.26,11.29

成天麒(成振云)**1861**.8.25,9.29;

　1865.1.31

成五斋　见成福

成振堂 **1864**.7.28

成振云　见成天麒

诚明 **1872**.5.22

承志(承廉泉)**1871**.10.21

承廉泉　见承志

澄侯丈　见曾国潢

持国　见韩维

崇厚 **1868**.8.18;**1870**.7.3,8.5,11.15

崇纶 **1862**.1.19,1.22

崇朴山　见崇实

崇绮 **1865**.6.7

崇实(崇朴山、崇帅) **1871**.7.4;**1885**.
　　7.9

崇帅　见崇实

重俭　见赵重

储安仁 **1862**.11.18,12.12

储大文(储六雅) **1880**.11.22

褚登善　见褚遂良

储遁庵　见储方庆

储方庆(储遁庵) **1880**.11.22

储赓芸(储稼堂、储君) **1862**.5.19,5.
　　26

褚河南　见褚遂良

储稼堂　见储赓芸

褚金昌　见褚景锠

褚景锠(褚金昌、褚守然) **1854**.3.9,
　　1855.1.27,11.14;**1856**.5.10

储君　见储赓芸

褚蕭臣　见褚调元

褚汝航 **1856**.3.4

储汝楫　见褚调元

储少岳 **1858**.9.1,9.2;**1861**.3.19,3.
　　21,3.27

储守然　见褚景锠

褚调元(储汝楫、褚蕭臣) **1863**.2.9,2.
　　10;**1864**.9.10,9.11,9.12,9.15;
　　1865.3.11,4.1,4.4,5.9,5.17,5.
　　26,6.23,6.27,6.28,8.26,8.28,8.
　　29,8.30,9.1,9.2,9.5,10.30;**1866**.
　　1.5,1.6,1.8,1.9;**1878**.11.30,12.
　　2;**1879**.2.3,2.18,2.25

褚遂良(褚登善、褚河南) **1879**.5.11;
　　1885.11.21

储宜人 **1852**.8.22

储咏 **1875**.7.16

楚翁　见邓尔晋

春生侄　见赵文炳

春佑 **1862**.6.27

纯亮师 **1875**.9.10

莼庵　见赵企翔

莼斋　见黎庶昌

醇邸　见奕譞

醇郡王　见奕譞

醇亲王　见奕譞

莼顷　见蒋嘉棫

莼卿　见蒋嘉棫

慈安(皇太后、东太后、慈安宫)**1861**.9.12,9.13,12.18;**1862**.1.10;**1865**.4.26,6.14;**1867**.8.4,8.8;**1872**.11.10;**1873**.2.16,9.3,**1873**.7.14,11.29;**1874**.4.13,8.23;**1875**.1.20,1.24,2.3,2.4;**1880**.11.15

慈禧(皇太后、西太后)**1861**.9.12,9.13,12.18;**1862**.1.10;**1865**.4.26,6.14;**1867**.8.4,8.8;**1870**.8.8;**1872**.11.10;**1873**.2.16,7.14,11.29;**1874**.8.23,11.18;**1875**.1.20,1.24,2.3,2.4;**1880**.11.15

慈宝　见方恒

次儿　见赵宽

次侯　见赵宗建

次女　见赵庄

次青　见李元度

次卿　见彭椿年

次婿　见方恒

次子　见赵宽

存牧　见存禄

存诚斋　见存禄

存陔　见陆光迨

存禄(存诚斋、存牧)**1871**.9.18,10.4,11.3,11.6;**1872**.2.20

崔灿然 **1870**.4.17

崔福金 **1873**.7.2

崔孔昕 **1881**.2.2

崔乃翚(崔芋堂)**1874**.5.18,5.21,5.22;**1875**.3.10,5.6,5.7,6.24,7.5,7.11,8.9

崔庆元 **1871**.4.12

崔三子 **1870**.10.2

崔书黼(崔仲伦)**1860**.1.2

崔述(崔东璧)**1871**.7.6

崔铣 **1878**.4.29

崔晓峰 **1870**.4.17;**1871**.4.12

崔印川 **1870**.4.17

崔雨 **1874**.12.25;**1875**.1.3

崔芋堂　见崔乃翚

崔倬 **1888**.6.22

粹甫　见刘灏

D

达桂保(达听香)**1870**.9.17

戴味琴 **1852**. 3. 29

戴熙（醇士、戴文节）**1863**. 2. 18,2. 19;
1871. 10. 23;**1874**. 12. 1;**1886**. 11. 1

戴襄清（戴凫川）**1869**. 11. 29,12. 5,
12. 27,12. 28;**1870**. 1. 6,1. 8,1. 10,
1. 26,2. 4,2. 23,2. 27,3. 9,5. 25,7.
19,7. 20,7. 30,8. 3,8. 7,8. 18,8. 19,
9. 4,10. 4,10. 11,10. 13,10. 17,11.
24,11. 25,11. 29,12. 2,12. 8;**1871**.
1. 5,1. 30,2. 2,2. 22,3. 27,3. 30,4.
16,5. 17,5. 26,5. 29,6. 28,7. 7,7. 8,
7. 10,7. 11,7. 12,10. 8,11. 24;**1872**.
1. 3,1. 24,2. 22,4. 22,5. 6;**1873**. 1.
20

戴行之　见戴并功

戴仪卿　见戴彬元

戴颐堂　见戴垂勋

戴翊臣　见戴清

戴盈之 **1859**. 3. 5

戴蕴之　见戴并德

戴震（戴东原）**1859**. 3. 6;**1860**. 1. 22;
1862. 12. 11;**1881**. 1. 30

戴宗骞（戴孝侯）**1867**. 8. 27

黛姬　见俞姬

黛娟　见俞姬

党姓 **1889**. 2. 15

道孚 **1875**. 9. 14

道翊 **1858**. 9. 12;**1882**. 5. 19

德峰 **1865**. 7. 30

德克额多尔济 **1864**. 3. 30

德润 **1882**. 6. 30,7. 2

德生　见赵希江

德生　见盛久荣

德心 **1887**. 3. 16

得禄 **1874**. 7. 14

邓宝臣 **1875**. 9. 30

邓邦超 **1879**. 11. 29

邓邦赵 **1879**. 11. 29

邓邦起 **1879**. 11. 29

邓邦述（同曾）**1876**. 2. 5;**1879**. 11. 29;
1882. 11. 8;**1883**. 6. 4;**1889**. 6. 27

邓邦选（邓简士）**1888**. 12. 7,12. 15,
12. 17

邓邦遇（邓士佳）**1887**. 10. 24,11. 29

邓帮运（邓士会）**1879**. 11. 29;**1880**.
11. 28;**1882**. 4. 11,4. 13;**1885**. 1. 22,
1. 25,1. 26;**1888**. 10. 7,10. 8,10. 10

邓邦遇

8. 14, 11. 13; **1874**. 12. 25; **1875**. 3.

17, 3. 22

邓嘉绂(季簪、邓季簪) **1866**. 10. 24,

10. 26, 11. 5; **1867**. 2. 7, 4. 14, 8. 16;

1868. 1. 20, 1. 25, 1. 26, 2. 6, 2. 14, 3.

20, 4. 16, 4. 18, 6. 23, 7. 29, 8. 15, 9.

15; **1869**. 1. 4; **1878**. 10. 2, 10. 18, 11.

12, 11. 19; **1879**. 4. 30, 5. 4, 6. 5;

1880. 7. 15; **1884**. 1. 17, 4. 19; **1888**.

12. 17

邓家绥(伯紫、邓伯紫) **1952**. 4. 23, 9.

12, 9. 14, 9. 19, 9. 29, 10. 3, 11. 5;

1853. 2. 3; **1855**. 6. 10, 6. 14, 7. 7, 7.

20; **1860**. 9. 2; **1864**. 10. 15, 11. 17,

11. 28; **1865**. 1. 12, 6. 15, 11. 4, 12.

16; **1866**. 10. 24, 11. 1; **1867**. 2. 17, 7.

1, 9. 13; **1868**. 2. 22, 6. 22, 6. 24, 6.

25, 8. 3, 8. 15, 8. 16, 10. 1, 10. 11, 11.

1, 11. 13, 12. 4, 12. 6; **1869**. 1. 2, 1. 4,

2. 21, 4. 18, 4. 23, 12. 11; **1870**. 1. 14,

5. 6, 5. 15, 5. 22, 5. 30, 7. 11, 7. 13, 7.

17, 8. 5, 9. 11, 9. 12; **1871**. 8. 3, 9. 15;

1872. 5. 23, 8. 14; **1874**. 12. 25; **1880**.

2. 21

邓嘉绚(履吉、邓履吉) **1861**. 12. 6, 12.

7, 12. 9, 12. 11; **1862**. 5. 28, 6. 7, 6.

24, 7. 1, 9. 7, 9. 8; **1877**. 4. 16, 4. 17,

4. 20; **1879**. 6. 5, 11. 29; **1881**. 12. 3;

1882. 5. 7

邓嘉缉(熙之、邓熙之) **1863**. 2. 8, 9. 7;

1865. 11. 4; **1867**. 5. 29, 5. 30, 6. 1, 8.

23, 12. 20, 12. 22; **1868**. 4. 24, 6. 9, 6.

10, 7. 27, 9. 16, 11. 1, 11. 26; **1869**. 2.

21, 3. 25, 4. 18, 5. 15; **1871**. 5. 30, 8.

9; **1872**. 4. 25, 4. 26, 4. 27, 5. 8, 7. 18,

7. 23, 8. 10, 11. 21, 11. 23, 11. 24;

1873. 3. 23, 5. 10, 8. 22; **1874**. 1. 26,

4. 25, 4. 29, 5. 18, 5. 26, 6. 11, 6. 18,

6. 21, 6. 23, 7. 3, 7. 5, 7. 15, 8. 11, 8.

13, 8. 19, 9. 17, 9. 18, 9. 26, 10. 7, 10.

28, 10. 29, 11. 8, 11. 10, 11. 18, 11.

20, 11. 26, 12. 11, 12. 22; **1875**. 2. 19,

5. 6, 6. 18, 6. 19, 6. 20, 7. 30, 8. 19, 9.

28, 12. 25; **1876**. 3. 9, 3. 19, 3. 31, 5.

12, 5. 19, 5. 26, 5. 30, 6. 9, 6. 20, 6.

27, 7. 2, 7. 5, 7. 29, 8. 3, 8. 20, 9. 2,

11. 2, 11. 5, 12. 23, 12. 24; **1877**. 2. 5,

2. 6, 2. 18, 2. 22, 2. 24, 4. 16, 5. 28;

1880. 2. 18；1884. 4. 29，5. 11，6. 12，
6. 14，6. 15，7. 15，10. 28；1885. 4. 2；
1886. 12. 14，12. 16，12. 17，12. 28，
12. 31；1889. 7. 17

邓嘉绩（树人、邓树人）1861. 12. 7，12.
9，12. 10；1862. 2. 27，3. 21；1867. 5.
29，6. 1，6. 3，6. 12，7. 9，7. 26，10. 8；
1868. 3. 9；1869. 6. 13，6. 15，6. 16，8.
26，8. 30，9. 6；1872. 2. 1；1875. 12. 3；
1876. 1. 16，1. 21，2. 5，2. 7，2. 18，2.
27，3. 9，3. 19，3. 23，4. 1，4. 14，4. 29，
9. 8，9. 14，9. 20，9. 30，10. 18，10. 21，
12. 10，12. 11，12. 18，12. 19，12. 21；
1877. 1. 3，1. 7，1. 10，1. 14，1. 18，2.
18，2. 22，2. 24，3. 17，3. 18，3. 28，3.
29，4. 15，4. 16，4. 17，4. 18，4. 20，5.
2，5. 11，5. 14，5. 27，6. 1，6. 2，6. 3，6.
13，6. 14，6. 21，11. 14，11. 28，12. 5，
12. 8，12. 18；1878. 6. 19，6. 20，6. 26，
7. 18，7. 21，7. 28，8. 4，8. 10；1879. 4.
30，6. 5，6. 23，7. 10，7. 31；1880. 7.
19，8. 4，8. 5，11. 13；1881. 11. 25，11.
30，12. 2，12. 3，12. 11，12. 13，12. 18；
1882. 5. 5，5. 8，7. 15，7. 24，7. 25，7.

28，11. 17，11. 28；1883. 2. 4，2. 18，5.
23，5. 27，6. 4，7. 24，8. 14，8. 16；
1884. 3. 24，11. 15，11. 17，11. 18，11.
24，11. 27，12. 3，12. 7；1885. 2. 18，4.
13，6. 22，6. 29，12. 8，12. 28，12. 29；
1886. 1. 18，3. 1，3. 16，3. 20，4. 5，4.
19，4. 20，4. 27，5. 22，8. 17，8. 18，8.
30，8. 31，9. 17，9. 18，9. 29，10. 4，11.
16，12. 8，12. 14；1887. 2. 19，2. 22，2.
23，2. 28，7. 4，7. 8，10. 21，10. 24，11.
9，11. 11，11. 12，11. 15，11. 16，12. 8，
12. 29；1888. 1. 3，2. 10，5. 16，5. 17，
5. 21，12. 4，12. 5；1889. 7. 1，7. 17

邓嘉荣 1871. 11. 9

邓嘉绅（笏臣）1852. 9. 13，9. 19

邓嘉绳（公武、邓公武）1864. 3. 8；
1865. 1. 12，1. 13，6. 1，6. 3，6. 9，7.
10，7. 12，7. 21，8. 8，8. 19，10. 31；
1866. 11. 1；1867. 2. 12，8. 23，8. 30，
9. 7，9. 15，10. 10；1869. 11. 2，11. 3，
11. 4，12. 3；1870. 1. 6，1. 10，1. 11，2.
1，10. 31；1872. 3. 31，8. 10；1879. 6.
23，7. 3111. 29；1880. 1. 20，1. 21，8.
4，8. 8，8. 31，9. 17，9. 19，9. 21，11.

16,11. 28,12. 27,12. 30;**1881**. 1. 1,
2. 23,3. 1,3. 5,3. 17,5. 29,6. 10,6.
13,6. 16,6. 17,7. 2,7. 12,9. 13,9.
16,10. 5,10. 7,10. 25,11. 25,11. 26,
11. 29,12. 2,12. 3,12. 18,12. 20,12.
31;**1882**. 1. 1,1. 5,1. 27,1. 28,2. 2,
2. 4,3. 10,3. 20,4. 11,4. 12,4. 19,4.
20,4. 26,5. 5,5. 8,6. 15,6. 16,7. 19,
7. 22,7. 25,7. 28,7. 29,8. 1,8. 8,8.
10,8. 16,8. 19,8. 27,8. 28,9. 18,9.
28,10. 1,10. 6,10. 10,10. 13,10. 14,
10. 17,10. 24,10. 26,11. 27,12. 1,
12. 31;**1883**. 2. 4,2. 6,2. 18,2. 21,3.
31,4. 21,4. 27,5. 6,6. 4,6. 5,6. 6,6.
19,7. 22,8. 14,8. 16,9. 5,9. 9,11.
17,11. 20;**1884**. 1. 20,1. 22,1. 24,2.
4,2. 8,2. 14,2. 16,2. 20,2. 21,4. 28,
5. 9,5. 11,5. 20,6. 26,7. 2,7. 5,10.
17,10. 19,11. 8,11. 11,11. 12,11.
15,11. 16,11. 17,11. 23,11. 24,12.
7,12. 9;**1885**. 1. 22,1. 25,2. 18,2.
25,4. 6,4. 13,5. 3,5. 4,6. 22,8. 7,
12. 28;**1886**. 3. 1,8. 26;**1888**. 6. 25,
6. 28,11. 25

邓嘉统(季垂、邓季垂)**1861**. 12. 7,12.
9,**1867**. 8. 13,9. 7,12. 20,12. 22;
1868. 4. 16,6. 10,6. 22,6. 24,7. 21,
7. 25,7. 27,7. 29,8. 30,9. 16,11. 26;
1869. 2. 21,4. 18;**1871**. 5. 18,5. 21,
5. 30,6. 26;**1872**. 2. 1;**1873**. 5. 10,
11. 15;**1874**. 1. 26,2. 23,4. 6,6. 5,6.
30,8. 2,10. 2;**1875**. 1. 13,2. 1,12. 3,
12. 29,12. 30,12. 31;**1876**. 1. 10,2.
5, 2. 27, 9. 8, 9. 14, 9. 30, 12. 19;
1877. 6. 21,12. 3;**1878**. 1. 21,1. 29,
7. 18,7. 21,8. 14,8. 17,8. 29,9. 1,9.
10,10. 15,10. 20,11. 27,12. 6,12.
11,12. 15;**1879**. 1. 10,1. 19,1. 30,3.
7,3. 9,3. 12,4. 30,6. 5,7. 10,7. 14,
7. 30,8. 4,8. 5,8. 7,8. 8,8. 9,8. 10,
9. 17,9. 22,10. 23,11. 6,11. 20,11.
24,12. 5,12. 6,12. 30;**1880**. 1. 7,1.
20,1. 21,1. 26,2. 8,2. 18,2. 25,3. 7,
3. 24,3. 27,4. 16,4. 19,5. 12,5. 25,
7. 19,9. 2,10. 11,10. 29,11. 13,11.
16,11. 28,12. 7,12. 27,12. 30;**1881**.
1. 1,1. 9,2. 23,3. 1,3. 17,3. 19,3.
20,3. 23,3. 25,3. 30,4. 3,4. 29,5. 4,

5. 12,6. 10,6. 11,6. 13,6. 14,6. 16,
7. 2,7. 8,9. 13,9. 17,11. 25,11. 30,
12. 2,12. 3,12. 6,12. 7,12. 11,12.
13;**1882**. 1. 1,1.7,1. 16,1. 18,1. 23,
1. 24,1. 26,2. 2,2. 6,2. 12,2. 14,2.
28,3. 4,3. 5,3. 6,3. 8,3. 10,3. 11,3.
22,3. 30,4. 3,4. 4,4. 7,4. 8,4. 10,4.
11,4. 19,4. 26,5. 5,6. 15,6. 16,8.
10,8. 15,8. 19,8. 23,8. 25,9. 3,9.
15,9. 16,9. 26,10. 1,10. 10,11. 8,
11. 17,12. 14,12. 22;**1883**. 1. 8,1.
16,2. 4,2. 18,2. 22,2. 25,6. 19,7.
20,7. 22,7. 24,8. 2,8. 9,8. 10,8. 11,
8. 12,8. 13,8. 14,8. 16,8. 29,8. 31,
9. 22,10. 1,10. 6,10. 8,11. 7,11. 14,
11. 20;**1884**. 5. 20,7. 5,11. 27;**1885**.
4. 6,9. 10,12. 28;**1886**. 4. 27;**1887**.
10. 21,11. 16;**1888**. 5. 16;**1889**. 6. 27
邓嘉祥(吉止、南阳君、内子、细君)
1852. 4. 12,4. 23,7. 15,7. 19,7. 25,
9. 16,10. 3,10. 7,10. 8,10. 12;**1853**.
1. 10,1. 12,3. 11,5. 6,7. 9,11. 16;
1854,1. 18,5. 13,5. 20,9. 30,11. 1,
12. 8;**1855**. 1. 18,7. 29,8. 2;**1858**. 7.

19,8. 23,8. 31;**1859**. 5. 15,8. 14;
1860. 2. 26,3. 2,6. 7,7. 4,8. 2,8. 6,
8. 8,12. 5;**1861**. 1. 24,4. 5,6. 1,12.
7;**1862**. 1. 23,2. 11,2. 19,2. 23,3. 2,
3. 4,3. 16,3. 18,3. 19,3. 21,3. 23,3.
26,3. 29,4. 1,8. 5,12. 9;**1863**. 2. 12,
2. 13,3. 13,7. 13;1864,1. 10,10. 15,
11. 18;1865,2. 12,3. 2,6. 1,7. 19,7.
31,7. 28,11. 19,11. 29,12. 29;**1866**.
1. 4,1. 10,1. 19,1. 22,9. 5,10. 24;
1867. 2. 9,3. 22,4. 9,5. 10,5. 28,5. .
30,5. 31,6. 6,6. 7,6. 13,6. 23,7. 4,
7. 9,8. 23;**1868**. 3. 20,3. 27,3. 29,4.
3,4. 12,4. 18,4. 22,4. 28,5. 8,5. 12,
5. 15,5. 16,5. 19,5. 23,5. 28,6. 3,6.
9,6. 10,6. 12,6. 14,6. 19,6. 22,6.
23,6. 29,7. 1,7. 4,7. 10,7. 13,7. 15,
7. 17,7. 18,7. 20,7. 23,7. 27,9. 12,
9. 13,9. 14,9. 15,9. 16,9. 17,9. 20,
9. 23,10. 4,12. 30;1869,1. 3,1. 6,1.
10,1. 15,1. 16,1. 17,1. 20,1. 22,1.
23,2. 16,2. 25,7. 17,10. 2,10. 26;
1870. 1. 14,1. 17,3. 13,4. 14,5. 2,5.
5,5. 6,7. 7,10. 23,11. 24;**1871**. 1.

15,7. 5,8. 13,9. 23,11. 2,11. 3,11. 8;**1872**. 3. 18,3. 21,4. 25,5. 29,7. 14;**1873**. 4. 12,7. 3;**1874**. 1. 11,4. 19,7. 21,7. 22,11. 1,11. 9,11. 10, 11. 11,11. 13,11. 18,11. 20,11. 21, 11. 22,11. 23,11. 24,11. 25,12. 11, 12. 21,12. 22;**1875**. 1. 4,1. 13,1. 14, 1. 19,1. 20,2. 1,2. 3,2. 8,2. 17,2. 19,2. 21,3. 6,3. 13,3. 15,3. 20,3. 21,3. 26,3. 27,4. 9,4. 10,4. 27,4. 28,5. 6,5. 14,5. 23,5. 30,6. 5,6. 6, 6. 7,6. 14,6. 18,6. 19,6. 20,7. 10,7. 11,7. 28,7. 30,8. 7,8. 10,8. 11,8. 18,8. 19,8. 26,9. 16,9. 28,10. 4,10. 15,11. 8,11. 17,11. 22;**1876**. 1. 14, 1. 24,3. 9,3. 20,3. 21,5. 21,5. 27,6. 6,7. 28,7. 29,8. 7,8. 13,10. 2,12. 10,12. 18,12. 30;**1877**. 2. 24,3. 31, 4. 10,4. 15,4. 17,4. 18,4. 19,4. 20, 4. 28,6. 27,7. 19,9. 6,9. 7,9. 8,9. 9, 9. 10,9. 18,10. 16,11. 7,11. 8,11. 10,11. 11,11. 12,11. **1311**. 14,11. 16, 11. 17, 11. 18, 11. 20, 11. 24; **1878**. 1. 1,3. 6,4. 19,4. 26,5. 26,5.

29,6. 2,6. 4,6. 5,6. 7,6. 19,6. 20,6. 21,6. 22,6. 24,6. 25,6. 26,10. 2,10. 16,12. 2,12. 4,12. 5;**1879**. 5. 3,5. 15,6. 9,6. 11,7. 10,7. 16,7. 27,8. 12,8. 23,8. 24,9. 14,9. 29,10. 17, 10. 19,11. 24,11. 25,11. 28,12. 3, 12. 5,12. 17;**1880**. 3. 23,4. 4,5. 31, 6. 16,6. 28,7. 6,7. 14,7. 15,8. 2,8. 3,8. 13,8. 19,8. 30,10. 4,10. 12,11. 20,11. 24,12. 1,12. 26;**1881**. 1. 3,1. 9,2. 19,2. 23,2. 25,3. 2,3. 8,3. 14, 4. 8,4. 30,6. 11,6. 13,6. 15,7. 4,7. 8,11. 22,11. 24,11. 25,11. 26,11. 27,11. 28,11. 29,12. 2,12. 5,12. 10, 12. 13;**1882**. 1. 13,2. 18,3. 16,5. 4, 5. 6,5. 7,5. 8,5. 11,5. 15,5. 19,5. 28,6. 3,6. 7,6. 14,6. 16,7. 2,7. 20, 7. 23,7. 29,7. 31,11. 3,11. 5,11. 7, 11. 9,11. 10,11. 14,11. 15,11. 17, 11. 20,11. 22,11. 26,11. 28,11. 30, 12. 1,12. 4,12. 19;**1883**. 2. 7,2. 27, 2. 28,3. 16,3. 30,4. 25,5. 12,6. 30, 7. 12,9. 20,10. 31,11. 2,11. 5,11. 7; 11. 8,11. 13,11. 15,11. 18,11. 21,

1. 29,1. 30,2. 1,2. 2,2. 4,2. 6,2. 10,

2. 15,2. 17,2. 19,2. 21,2. 22,2. 23,

2. 24,2. 25,2. 26,2. 29,3. 2,3. 5,3.

28,3. 29,3. 31,4. 1,4. 4,4. 8,4. 9,4.

10,4. 18,4. 19,4. 24,4. 25,5. 4,5.

18,5. 19,5. 26,5. 27,5. 28,6. 4,6.

16,6. 23,7. 3,7. 7,7. 17,7. 21,7. 25,

7. 26,7. 30,8. 1,8. 7,8. 9,8. 10,8.

15,8. 19,8. 20,8. 22,8. 26,8. 27,8.

28,9. 2,9. 5,10. 6,10. 25,11. 17,11.

19,11. 20,11. 28,12. 18,12. 21,12.

22,12. 24,12. 29;**1865**. 1. 2,1. 4,1.

14,1. 18,1. 23,1. 26,1. 28,1. 30,2.

3,2. 14,2. 16,4. 8,4. 18,4. 20,4. 21,

4. 24,4. 25,4. 27,4. 30,5. 2,5. 4,5.

5,5. 8,5. 14,5. 28,6. 1,6. 9,6. 13,6.

30,7. 3,7. 7,7. 10,7. 13,7. 16,7. 21,

8. 2,8. 3,8. 4,8. 9,8. 13,8. 15,8. 17,

8. 18,11. 4,11. 5,11. 9,11. 12,11.

14,11. 16,11. 17,11. 21,11. 22,12.

29,12. 31;**1866**. 5. 12,6. 7,11. 29;

1867. 5. 28,5. 29,5. 30,6. 3,6. 12,6.

14,6. 28,7. 1,7. 9,7. 12,7. 21,7. 26,

8. 9,8. 11,8. 25,8. 26,8. 27,10. 12,

10. 18,10. 21,12. 19,12. 22,12. 30;

1868. 1. 3,1. 4,4. 18,5. 1,5. 10,6.

25,8. 18,8. 31,9. 15,9. 23,9. 28,10.

8,10. 12,10. 15,10. 16,11. 6,11. 12,

11. 15,11. 24,11. 26,12. 1,12. 6,12.

8,12. 10;**1869**. 2. 1,2. 21,3. 12,4. 2,

4. 27,5. 6,5. 9,8. 26,8. 29,8. 30,8.

31,9. 1,9. 2,9. 3,9. 4,9. 10,9. 19,9.

23,10. 13,11. 3,11. 4,11. 8,11. 11,

11. 23,11. 28,12. 15;**1870**. 1. 25,2.

6,2. 8,2. 11,2. 21,5. 18,6. 4,7. 13,

8. 5,9. 26,10. 1;**1871**. 3. 5,7. 16,7.

20,7. 22,7. 29,7. 30,8. 5,8. 11,8.

21,9. 14,9. 15,10. 11;**1872**. 2. 1,2.

25,3. 10,6. 9,7. 29,8. 14,9. 12,9.

13,10. 5,11. 18,11. 21;**1873**. 8. 6,8.

28,9. 25,9. 29,9. 30,10. 6,10. 15,

10. 18,10. 25,10. 30,11. 1,11. 4,11.

13,11. 15,11. 17,11. 20,11. 25,11.

27,11. 29,12. 2,12. 3,12. 15,12. 21,

12. 29,12. 31;**1874**. 1. 5,1. 6,1. 8,1.

11,1. 12,1. 23,1. 24,1. 27,2. 2,2. 6,

2. 17,2. 18,2. 21,6. 1,6. 6,6. 7,6.

10,6. 24,7. 5,7. 19,8. 10,8. 17, 8.

丁杰(丁仲文、丁观察、丁君)**1863.8.**
23,8.24,8.29,9.1,9.5,9.9,9.10,
9.13,10.3,12.31;**1864.**1.1,1.2,3.
28,3.30,5.8,7.6

丁敬甫 **1862.3.5**

丁峻(丁恬生)**1867.**11.3,11.4,11.6,
11.24;**1868.7.17**

丁晴皋 **1871.9.2**

丁孟舆　见丁同方

丁铭章(润斋)**1856.2.3**

丁日昌(丁雨生、丁布政)**1867.**4.23,
4.27,5.30,9.18,9.19,9.20;**1868.**
1.13,2.18,2.24,2.25,2.27,3.15,
3.25,5.27,5.28,6.14,6.23,10.15,
11.3,11.7,11.9;**1869.**1.14,3.2,3.
30,8.27;**1875.9.28;1881.12.31**

丁瑞(丁辑卿)**1866.2.15;1868.3.31**

丁绍基(听彝、丁听彝)**1861.**4.29;
1864.8.17,8.19,8.20,8.21,9.22,
9.23,9.27,9.28,10.3,10.9,10.11,
10.12,10.14,11.19,11.27,12.2,
12.20,12.23,12.26;**1865.**1.12;
1867.8.28,8.29,9.14,9.15,11.29;
1869.2.22;**1872.**1.18,1.25,1.30,

2.6,2.17,2.26,6.24,10.31,11.4,
11.5,12.6;**1873.**1.12,2.10,2.12,
8.13;**1874.**1.7,1.8,11.30,12.2;
1875.1.15,3.10,3.14,4.12,4.29,
5.6,5.7,6.23,6.24,7.5,7.11,7.
13,7.28,8.2,8.4,8.11,8.12,8.15,
8.16,8.17,9.18,10.8,10.14,10.
15;**1878.12.30;1879.**1.4,1.13,2.
4,2.5,2.6;**1881.11.10**

丁士炳　见丁泗滨

丁守存(丁心斋)**1867.5.30**

丁寿昌(丁乐山、丁观察、天津道)
1870.11.4;1871.9.3,9.6,9.7

丁四　见丁履恒

丁泗滨(丁士炳、丁瑞亭、丁军门)
1863.7.5,12.26,12.28,12.30

丁松侪　见丁辰军

丁恬生　见丁峻

丁听彝　见丁绍基

丁同方(丁孟舆)**1881.11.10,11.11**

丁心泉 **1861.8.18**

丁心斋　见丁守存

丁太洋 **1865.8.7**

丁筱农　见丁彦臣

8.23,9.3,9.7,9.15,9.17,11.3,11.
5;**1868**.3.15,4.17,4.30,6.27,7.
15,7.17,8.16,10.10,11.28;**1869**.
2.22;**1872**.3.31;**1873**.10.30,10.
31,11.2,11.9,11.10;**1874**.1.23,8.
26,9.21;**1875**.9.17,9.19,9.20;
1884.3.12,3.13,3.14,3.21,6.12,
6.13,6.14,6.15,6.16

董开沅(董希文)**1874**.1.23;**1875**.9.
21

董亮贻(董贻、仲明、俪青)**1853**.1.14,
9.2,11.21,11.22,12.11,12.13,12.
14,12.15,12.16,12.17,12.18,12.
19,12.20,12.21,12.22,12.23,12.
24,12.25,12.27,12.29,12.30,12.
31;**1854**.1.1,1.6,1.7,2.18,2.19,
2.20,5.20,5.30,6.3,6.5,6.16,7.
5,7.10,7.21,7.24,8.14,8.16,9.9,
9.12,9.21,9.27,9.29,10.9,10.12,
10.16,10.20,10.22,11.4,11.5,11.
7;**1855**.1.11,1.14,1.22,2.2,2.10,
2.28,3.28,4.3,4.9,4.12,5.18,5.
23,5.25,5.31,6.9,6.11,6.12,6.
13,6.14,7.2,7.6,7.11,8.11,8.21,

9.10,9.12,9.13,9.16,9.25,9.30,
10.3,10.9,10.26,10.31,11.1,11.
3,11.11,11.13,11.18;**1858**.7.14,
8.31;**1859**.2.5,2.6,3.30;**1860**.11.
13;**1861**.3.1,3.3,4.16,4.29;**1862**.
2.11,10.21;**1863**.2.2,10.28;**1875**.
10.24

董临之　见董敬舆

董静波　见董衍

董其昌(董香光、董思白、董文敏)
1880.7.11;**1882**.6.4;**1883**.5.8;
1885.10.16,10.25;**1888**.1.8,5.7,
6.22,10.4

董庆祥 **1871**.1.10,1.11,1.12,5.30

董坦生 **1861**.10.26;**1862**.4.23,4.30,
5.1

董蓉初　见董似毅

董蓉翁　见董似毅

董瑞甫　见董似毅

董氏(表嫂)**1882**.6.28

董叔纯　见董孝贻

董思白　见董其昌

董似毅(董瑞甫、董蓉初、董蓉翁)
1861.10.23,10.26,10.27,10.28;

E

鄂林 **1873**. 4. 24

鄂尔泰 **1860**. 8. 12, 9. 6; **1868**. 8. 17

恩承 **1868**. 8. 18

恩福(恩云峰) **1869**. 8. 10, 8. 30, 9. 24,
　10. 7, 11. 12, 11. 18; **1871**. 9. 19, 9.
　27, 10. 30, 11. 2, 12. 20, 12. 27; **1872**.
　1. 2, 1. 24, 1. 29, 2. 17, 2. 25

恩廉(恩小松) **1870**. 10. 10, 10. 11;
　1871. 9. 26, 10. 17, 10. 21, 10. 23, 10.
　30, 11. 4, 11. 12, 12. 20; **1872**. 1. 13,
　2. 1, 2. 6, 2. 20, 6. 26; **1873**. 1. 12, 2.
　10; **1874**. 1. 15, 1. 16, 1. 17, 3. 17, 3.
　18, 3. 19; **1875**. 5. 4, 5. 5

恩奎(恩星垣) **1870**. 3. 8

恩小松　见恩廉

恩星垣　见恩奎

恩云峰　见恩福

儿子宽　见赵实

儿子实　见赵实

二女　见赵庄

二姊　见赵珮媛

F

法定大师 **1875**. 10. 26

樊和 **1872**. 3. 16; **1873**. 10. 15; **1875**. 8.
　19

范秉之 **1879**. 5. 1

范德机　见范桴

范滇生　见范先纶

范公俤 **1875**. 7. 2

范国俊(范西屏、范西民) **1862**. 10. 25,
　10. 28; **1863**. 4. 4; **1868**. 2. 11; **1878**.
　10. 13; **1880**. 12. 12

范甥　见陈范

范懋柱 **1885**. 7. 9

范西民　见范国俊

范西屏　见范国俊

范海门 **1862**. 2. 21

范廉访　见范梁

范梁(范眉生、范楣生、范廉访) **1871**.
　9. 18, 9. 22, 12. 20; **1872**. 1. 1, 1. 2, 6.
　24, 6. 26, 10. 31; **1873**. 2. 9, 2. 11;
　1874. 1. 6, 1. 8, 1. 10, 11. 30; **1875**. 1.
　14, 3. 9, 3. 12, 5. 2, 5. 7, 5. 18, 6. 21,
　7. 26, 8. 7, 10. 6, 10. 12

范桴(范德机) **1888**. 6. 22

范眉生　见范梁

范楣生　见范梁

范启发 **1864**.1.6

范三有 **1871**.6.12

范摅 **1875**.7.2

范先纶(范滇生)**1866**.7.22,7.23

范翔云(范子鹏)　**1875**.6.12

范子华 **1869**.6.27,6.28,7.8,8.7,9.

　20;**1871**.9.1,9.6;**1873**.6.18,8.29,

　9.26,10.30,11.29;**1875**.6.12

范子鹏　见范翔云

方昂卿 **1860**.12.15

方保成 **1887**.12.1

方保之(方诚庵)**1868**.2.27

方伯　见钱鼎铭

方诚庵　见方保之

方宾观 **1884**.12.7

方宾衡 **1884**.12.7

方宾珩 **1884**.12.7

方宾穆 **1884**.12.7

方宾殷 **1884**.12.7

方长绥(外孙、绥孙)**1876**.4.3;**1877**.

　1.26,1.28,1.29,2.5;**1878**.5.21,6.

　5,9.23,10.1;**1889**.6.22

方长泽(方小东)**1865**.3.28,3.29,4.

　1,4.2,4.3,4.4,4.5,6.22,6.23,6.

27,8.26,8.28,9.3,9.4;**1866**.1.7,

8.7;**1867**.12.28;**1868**.10.9,10.11,

11.1,11.2

方诚之 **1862**.4.5;**1864**.4.27

方畴宝 **1952**.3.16

方从义(方方壶)**1883**.5.8;**1888**.2.11

方存之　见方宗诚

方大　见方履篯

方德骥(兰槎、方兰槎)**1860**.9.20;

　1863.2.16,2.17,10.3,10.4;**1864**.

　1.26,4.10,5.5,5.24,11.17,11.23,

　11.25,12.1,12.7,12.16,12.17,12.

　19,12.28,12.29,12.30;**1865**.3.15;

　1868.5.4,10.29,11.3,11.6,11.7,

　11.23,11.24,11.28;**1869**.6.14

方东树(植之)**1862**.4.5

方董之　见方培深

方都司　见方聚星

方方壶　见方从义

方耕霞 **1888**.8.9;**1889**.3.29

方恭人　见方荫华

方观承(方恪敏)**1870**.11.6;**1875**.1.9

方光祖 **1881**.1.15,2.16

方国栋 **1884**.12.7

方恒（子永、方子永、次婿、方氏、慈宝）

1871.6.1,6.8；**1875**.1.6,6.18,7.
30,8.2,8.20,8.22,8.26,9.1,9.15,
9.16,9.17,10.16,10.23,10.24,10.
27,10.28,10.29,10.31,11.10,11.
12,11.13,11.14,11.15,11.19,11.
25,12.7,12.12,12.13；**1876**.1.11,
1.13,1.26,2.18,3.8,3.31,5.12,5.
26,6.9,6.21,6.27,7.2,7.5,7.19,
7.29,8.3,9.2,9.10,9.11,9.24,11.
13,11.14,11.27,12.3,12.21,12.
23,12.24；1877,1.30,2.14,2.15,2.
16,4.3,5.10,5.17,7.4,8.8,8.10,
8.23,8.27,9.3,9.20,9.25,10.26,
12.13,12.19,12.25,12.30；**1878**.1.
2,1.4,1.7,1.11,1.13,1.16,1.18,
1.21,1.25,2.3,2.17,3.9,3.14,4.
22,4.24,5.9,5.20,5.21,10.18,11.
21；**1879**.1.18,2.1,2.22,4.29,5.2,
5.28,7.18,9.2,10.14,11.6,12.26；
1880.1.31,2.2,3.4,3.26,7.6,7.
22,8.7,8.11,11.11,12.12,12.21,
12.31；**1881**.3.8,3.15,3.23,4.1,4.
3,4.15,5.30,6.9,6.10,6.11,6.15,
6.16,6.21,7.20,7.24,8.8,8.13,
10.16,10.17,10.23,11.26,11.29,
12.1,12.3,12.8,12.16,12.17,12.
23,12.24,12.27,12.28；**1882**.1.2,
1.3,1.7,1.10,1.17,1.18,1.23,1.
27,1.28,2.2,2.5,2.7,2.19,3.3,3.
8,4.8,4.13,4.27,5.1,5.2,5.3,6.
3,6.19,7.21,8.2,9.19,10.27,12.
3,12.8,12.14,12.17,12.18,12.23；
1883.1.2,1.14,2.3,2.8,2.9,2.18,
2.25,3.29,3.31,4.1,4.2,5.19,8.
15,10.27,11.11；**1884**.1.9,3.1,3.
18,3.19,3.21,3.25,3.27,4.1,5.9,
5.14,5.18,6.25,6.28,7.8,7.15,7.
17,10.25,11.11,12.7,12.22；**1885**.
3.17,4.23,11.13,12.18；**1886**.3.
31,4.10,7.5,7.14,8.17,11.10,12.
1；**1887**.5.28,5.29,9.16；**1888**.4.
16,4.27,6.21,10.22,11.1,12.10,
12.15,12.20,12.22,12.31；**1889**.1.
7,1.20,2.13,2.28,3.4,3.16,3.20,
3.21,3.22,5.10

方环山　见方士庶

方鉴之 **1859**.4.12

28,5. 29,5. 30,6. 2,6. 3,6. 6,6. 7,6.
8,6. 9,6. 10,6. 11,6. 12,6. 13,6. 14,
6. 16,6. 17,6. 18,6. 19,6. 20,6. 22,
6. 23,6. 24,6. 25,6. 26,6. 27,6. 29,
7. 1,7. 2,7. 3,7. 4,7. 5,7. 6,7. 8,7.
9,7. 10,7. 11,7. 12,7. 13,7. 14,7.
15,7. 18,7. 21,7. 22,7. 23,7. 24,7.
25,7. 26,7. 27,7. 28,7. 31,8. 1,8. 2,
8. 3,8. 4,8. 5,8. 6,8. 7,8. 8,8. 9,8.
10,8. 12,8. 13,8. 16,8. 17,8. 18,8.
19,8. 20,8. 21,8. 22,8. 24,8. 25,9.
1,9. 2,9. 3,9. 4,9. 5,9. 8,9. 9,9. 11,
9. 12,9. 14,9. 15,9. 16,9. 17,9. 18,
9. 19,9. 20,9. 22,9. 23,9. 24,9. 25,
9. 26；**1855**. 1. 23,2. 28,3. 21,5. 22,
9. 12；**1856**. 6. 23,7. 7；**1860**. 2. 1,2.
14,2. 16,2. 17,3. 11,4. 21,4. 27,4.
28,4. 29,4. 30,5. 9,5. 13,5. 14,5.
16,5. 19,5. 21,5. 24,5. 25,5. 30,6.
19,6. 25,6. 27,6. 28,7. 2,7. 3,7. 5,
7. 6,7. 9,7. 13,7. 14,7. 18,7. 22,7.
23,8. 21,11. 7,11. 13；**1861**. 1. 29,4.
29,5. 8,8. 7,12. 27,12. 29；**1862**. 1.
13,6. 25；**1863**. 3. 14,4. 8,11. 24；

1864. 3. 8, 11. 28, 12. 14, 12. 16；
1866. 7. 20,10. 14；**1867**. 8. 21,8. 26；
1868. 6. 26,7. 9；**1869**. 4. 6,9. 22,10.
18,10. 23,12. 10,12. 23,12. 27,12.
31；**1870**. 4. 22,6. 4,6. 12,11. 24,12.
18；**1871**. 1. 3,1. 16,1. 28,3. 6,3. 19,
4. 29,6. 1,6. 6,6. 21,8. 7,9. 22,10.
8,11. 22,11. 28；**1872**. 1. 5,1. 13,1.
26,2. 4,2. 19,3. 15,3. 28,4. 11,4.
17,4. 20,5. 6,5. 23,6. 23,8. 13,11.
11,11. 14,11. 15,11. 26；**1873**. 11. 17
方骏谟（元徵、元翁、元师、方元徵、方
元翁、元徵师）**1952**. 7. 24；**1861**. 5. 5；
1862. 2. 11,2. 19；**1863**. 2. 9,2. 13,3.
13,3. 14,3. 15,3. 16. 3. 17,3. 18,3.
19,3. 20,3. 21,3. 22,3. 25,3. 27,3.
30,4. 3,4. 5,4. 6,4. 7,4. 8,4. 9,4.
12,4. 13,4. 16,4. 17,4. 19,4. 20,4.
21,4. 22,4. 23,4. 25,4. 26,4. 28,5.
1,5. 3,5. 5,5. 6,5. 7,5. 8,5. 9,5. 12,
5. 14,5. 17,5. 19,5. 21,5. 22,5. 23,
5. 24,5. 25,5. 26,5. 29,5. 30,6. 1,6.
5,6. 7,6. 8,6. 9,6. 11,6. 12,6. 13,6.
15,6. 19,6. 20,6. 22,6. 23,6. 24,6.

27,8. 18,9. 7,10. 17,10. 18,10. 20,
10. 26,11. 2,11. 4,11. 5,11. 8,11.
10,11. 12,11. 16,11. 17,11. 18,11.
19,11. 20,11. 21,11. 22,11. 30,12.
3,12. 4,12. 5,12. 6,12. 7,12. 8,12.
11,12. 13, 12. 14, 12. 15, 12. 16;
1864. 1. 19,3. 8,4. 14,4. 20,5. 23,6.
1,6. 2,6. 18,7. 16,7. 28,7. 30,9. 20,
9. 21,9. 22,9. 25,9. 26,9. 27,9. 28,
9. 30,10. 1,10. 3,10. 4,11. 19,11.
22,11. 27,12. 8,12. 14,12. 17,12.
21;**1865**. 1. 1,1. 5,1. 11,1. 27,1. 28,
1. 31,2. 1,2. 11,2. 15,2. 18,3. 16,4.
9,4. 13,4. 17,4. 29,5. 5,5. 15,5. 24,
5. 29,5. 30,6. 4,6. 13,6. 18,6. 20,6.
30,7. 7,7. 8,7. 12,7. 13,7. 21,8. 3,
8. 6,8. 8,8. 14,8. 16,8. 18,8. 20,12.
16,12. 30;**1866**. 5. 12,10. 5,10. 14;
1867. 6. 16,6. 17,10. 1;**1868**. 1. 22,
2. 24,2. 26,9. 29,9. 30,10. 1,10. 3,
10. 4,10. 5,10. 6,10. 8,10. 9,10. 10,
10. 11,10. 12,10. 13,10. 16,10. 17,
10. 19,10. 22,10. 23,10. 25,10. 26,
10. 27,10. 31,11. 3,11. 6,11. 9,11.

11,11. 12,11. 16,11. 23,11. 24,11.
28,12. 3,12. 4,12. 7,12. 8,12. 9,12.
10,12. 11,12. 12,12. 13,12. 14,12.
15,12. 16,12. 18,12. 19;**1869**. 4. 6,
5. 13,6. 6,9. 24,10. 9;**1870**. 2. 22,3.
12,11. 24;**1871**. 3. 6,8. 19,11. 22;
1872. 5. 26,8. 13,11. 15,11. 26,12.
2;**1873**. 4. 14,6. 3;**1874**. 4. 29,6. 1,
11. 14,11. 23;**1875**. 1. 6,3. 28,4. 29;
1876. 11. 14, 11. 15;**1878**. 5. 23,6.
17,7. 5,11. 8,11. 13;**1879**. 7. 27,7.
29,9. 7;**1880**. 1. 6,1. 28,2. 2,8. 22;
1881. 7. 6,8. 2;**1884**. 12. 7

方濬益(方子听)**1866**. 11. 14,12. 3,
12. 4;**1869**. 6. 9,6. 10

方恺(方楷、子可、方子可)**1863**. 3. 13,
3. 15,3. 18,3. 21,3. 30,4. 3,4. 5,4.
7,4. 19,4. 21,4. 25,4. 26,4. 28,5. 1,
5. 6,5. 16,5. 18,5. 20,5. 21,5. 23,5.
26,5. 29,6. 4,6. 9,6. 15,6. 19,6. 20,
6. 27,10. 31,11. 21,11. 22,11. 23,
12. 11,12. 13,12. 15;**1864**. 9. 20,9.
28,9. 30,10. 3,11. 18,11. 23,12. 13;
1865,1. 2,4. 13,5. 5,5. 24,5. 26,5.

13,11. 22,12. 9,12. 11,12. 12,12.

22,12. 24;**1877**. 1. 4,1. 14,2. 5,2.

24,3. 5,3. 19,3. 25,3. 26,4. 3,4. 4,

4. 6,4. 9,4. 11,5. 2,5. 8,5. 19,5. 27,

7. 1,7. 4,7. 5,7. 16,8. 8,8. 10,8. 11,

8. 21,8. 24,8. 26,9. 2,9. 3,9. 6,9.

15,9. 16,9. 26,11. 7,12. 1,12. 2,12.

3,12. 6,12. 13,12. 19,12. 20,12. 30;

1878. 1. 2,1. 16,1. 21,1. 25,1. 29,2.

3,2. 26,2. 28,3. 3,3. 6,3. 9,3. 10,3.

12,3. 13,3. 14,3. 17,3. 21,3. 22,3.

23,3. 24,4. 30,5. 21,5. 22,5. 23,6.

5,6. 8,6. 9,6. 18,8. 5,9. 7,10. 18,

10. 29,10. 31,11. 20,11. 22,11. 23,

11. 26;**1881**. 3. 15;**1882**. 1. 21;**1883**.

1. 20

方勺 **1875**. 7. 2

方声远 **1862**. 5. 26

方氏　见方恒

方氏　见方恮

方氏女　见赵庄

方士庶(方环山)**1880**. 1. 13

方淑人　见方荫华

方崧卿 **1876**. 7. 12

方小东　见方长泽

方婿　见方恮

方薰(方兰坻)**1871**. 10. 23;**1875**. 9. 2

方恂卿 **1886**. 2. 16,3. 4

方耀 **1865**. 7. 25

方怡(子顺、方子顺)**1876**. 9. 24,11.

13,11. 27,12. 21,12. 24;**1877**. 2. 14,

2. 15,4. 3,5. 17;**1878**. 2. 3,9. 7,10.

31,11. 20,12. 4;**1879**. 1. 17,3. 21,5.

5,5. 22,6. 1,9. 2,9. 23,11. 6,11. 17,

12. 11,12. 24;**1880**. 3. 4,3. 11,3. 26,

4. 12,4. 29,5. 5,5. 23,7. 26,9. 26,

11. 11,12. 12,12. 21;**1881**. 8. 2,10.

2,10. 28,10. 29,12. 11;**1882**. 1. 13,

1. 14,2. 16,2. 19,4. 30,5. 1,5. 2,6.

19,7. 15,9. 1,10. 11,10. 20,10. 28,

11. 10;**1883**. 1. 14,2. 9,2. 18,2. 25,

4. 1,4. 28,6. 26,7. 4,7. 8,9. 29,11.

11;**1884**. 1. 9,3. 1,3. 19,3. 21,3. 25,

3. 27,4. 1,5. 9,5. 18,7. 8,7. 15,10.

25,11. 9,12. 7,12. 8,12. 22;**1885**. 3.

17,4. 23,7. 10,11. 13;**1886**. 10. 4,

11. 12,12. 18;**1887**. 1. 26,2. 22,3.

10,6. 29,11. 22;**1888**. 2. 15,3. 23,

赵烈文日记

10. 21,10. 23,11. 18,12. 15,12. 20,

12. 31;**1889**. 1. 7,2. 13,6. 22

方翊元（子白、方子白）**1856**. 2. 4;

1862. 2. 19,2. 24,3. 6,3. 8,3. 14,3.

22,4. 5,4. 11,4. 12

方瀛（仲舫、方仲舫）**1861**. 9. 9,9. 19,

9. 21,9. 22,9. 24,9. 25,9. 29,10. 3,

10. 4;**1862**. 2. 19,2. 26,3. 13,3. 14,

4. 5,4. 11,5. 23,5. 26,5. 29,10. 23;

1863. 4. 13,5. 2,5. 18,5. 30,6. 4,6.

24,11. 22;**1865**. 4. 23,4. 29;**1868**. 9.

29,10. 2,11. 28,12. 2

方荫华（方恭人、方淑人）**1856**. 7. 26;

1858. 8. 5;**1859**. 10. 11;**1860**. 7. 4;

1861. 2. 11;**1863**. 12. 7;**1865**. 3. 27;

1869. 12. 19;**1870**. 7. 28;**1871**. 1. 7,

7. 11,8. 16;**1873**. 8. 23;**1876**. 3. 12;

1880. 12. 13;**1881**. 1. 15;**1883**. 11.

27;**1886**. 12. 12

方樾亭 **1882**. 10. 9

方元翁　见方骏谟

方元微　见方骏谟

方幼静　见方骏谧

方有执 **1876**. 12. 1

方于鲁 **1875**. 7. 30

方昭署 **1882**. 4. 23

方仲舫　见方瀛

方子白　见方翊元

方子诚 **1868**. 5. 26

方子庚　见方憬

方子耿　见方憬

方子谨　见方佺

方子可　见方恺

方子顺　见方怡

方子听　见方潜益

方子永　见方恒

方宗诚（方存之）**1864**. 4. 21,4. 24,7.

29,10. 5,10. 9,10. 15,10. 31,12. 15,

12. 17;**1865**. 6. 10;**1868**. 9. 30,10. 7,

11. 6,11. 8,11. 15,11. 19,11. 20,11.

28,12. 10;**1871**. 9. 18;**1872**. 2. 19;

1882. 9. 9,10. 8,10. 9,10. 10

芳桂　见丁芳桂

芳洲四叔　见赵学修

房蓝云　见房天蔚

房天蔚（房蓝云）**1869**. 11. 11,11. 14,

11. 15,11. 19

舫林 **1875**. 1. 9

舫仙 见陈湜

费阿玉 1860.10.7

费伯埙 见费裕昆

费丹旭(费晓楼)1882.5.11

费德藻(费怡云)1873.11.23

费蝶生 1871.11.2

费鹅湖 见费宏

费观察 见费学曾

费翰东 见费震方

费焕阳 1865.11.16,11.22

费宏(费鹅湖)1888.8.30

费念慈(屺怀、费屺怀)1881.12.7;

1883.4.4,4.5,4.7,6.5,6.6,6.16,

6.22;1884.4.28,7.30,9.19,9.28,

11.12,11.21,11.25,12.2,12.9;

1885.1.18,1.24,2.5,2.10,6.16;

1886.11.21,11.23,11.25,12.8,12.

15,12.17,12.28;1887.1.3,1.18,3.

1;1888.10.27,12.25;1889.1.26,2.

10

费屺怀 见费念慈

费清亭 1860.5.13

费石桥 1869.10.27

费仙舟 见费瀛

费晓楼 见费丹旭

费信 1878.4.12

费学曾(费幼亭、费观察)1869.7.13,

7.16,7.30,8.9,8.22,9.4,9.8,10.

24,11.3,11.14,11.18;1870.11.10;

1871.9.18,9.20,9.24,9.29,11.2;

1872.6.25;1876.2.7,5.26,5.30,

12.13;1877.2.21,2.22,10.9,10.

10,10.13,11.16,11.28;1878.6.22,

6.28,7.29,8.4,11.20;1879.1.4,8.

22;1880.4.17,4.19,11.27;1881.6.

15,7.11,7.19,12.7;1882.5.8,6.

30,8.18,8.19;1883.3.25,3.31,4.

4,4.28,5.7,5.28,5.29,6.5,8.14,

10.1,10.8,10.10,10.12,10.16,10.

24,12.16,12.21;1884.2.20,2.21,

2.26,3.3,4.7,4.28,5.10,5.24,5.

26,10.22,10.25,10.28;1885.4.13,

4.14;1886.3.30,3.31,6.1,6.3,10.

28,11.21,11.25;1887.3.26,4.1,

10.24,11.18,11.19;1888.10.27,

10.30,12.4;1889.4.26,4.27

费怡云 见费德藻

费瀛(费仙舟)1874.12.3

冯承熙(耕亭、赓廷、冯耕亭)1852. 2.
22,2. 24,12. 8,12. 9,12. 10,12. 11;
1853. 2. 3,2. 27,2. 28,3. 1,3. 3,3. 6,
3. 12,3. 13,3. 14,3. 15,3. 19,3. 26,
5. 30,5. 31,6. 14,7. 29,8. 10,8. 11,
8. 19,9. 4,9. 19,10. 16,10. 20,10.
21,10. 23;1854. 1. 3,1. 5,1. 7,1. 8,
1. 11,4. 8,4. 9,5. 14,6. 16,10. 18,
11. 1,11. 2,11. 3,11. 4,11. 9;1855.
1. 3,1. 4,1. 18,1. 19,1. 20,1. 22,1.
23,1. 24,3. 31,4. 2,4. 3,4. 4,4. 5;
1858. 6. 19,6. 20,6. 22,6. 25,6. 26,
7. 1,9. 14;1860. 4. 28,5. 19,5. 21,5.
22,5. 23,5. 24,5. 25,6. 26,7. 7;
1861. 5. 8,5. 9,5. 14,5. 18,5. 19,5.
20,5. 23,5. 24,5. 27,6. 11,6. 12,6.
16,6. 22,7. 4,7. 6;1875. 9. 19,9. 20

冯承裕(冯裕孙、裕生、冯裕生、豫生、
冯豫生)1871. 12. 28,12. 29,12. 30;
1872. 4. 23,5. 15,5. 18,5. 19,5. 20,
5. 21,5. 22,5. 27,5. 30,6. 2,6. 12,7.
17,7. 18,8. 12,8. 14,8. 19,9. 4,9.
21,9. 28

冯此山 见冯准

冯鼎亭 1861. 10. 8
冯端人(冯卓堂、冯竹三)1869. 12. 17;
1873. 2. 13
冯耕亭 见冯承熙
冯桂亭 见冯政先
冯光勋(冯伯森、冯伯绅)1866. 6. 28,
7. 4,8. 10;1873. 1. 7,1. 13,2. 1,2.
10;1875. 1. 11,1. 28,4. 10,9. 19
冯桂芬(冯景亭)1862. 12. 8,12. 10;
1863. 4. 23,4. 30,5. 1;1866. 6. 29
冯光遹(冯仲梓)1864. 11. 30
冯焌光(冯卓如)1868. 6. 2;1869. 3. 2
冯芳缉(申之、冯申之)1861. 3. 20
冯芳植(培之、冯培之)1854. 7. 17;
1861. 3. 17,3. 20,3. 22,4. 2
冯翰(冯俪藩)1868. 1. 28
冯姬 见冯酥
冯洁卿 见冯邦栋
冯景亭 见冯桂芬
冯魁 1871. 11. 20
冯俪藩 见冯翰
冯梦华 见冯煦
冯敏昌(冯鱼山)1888. 10. 4
冯培之 见冯芳植

冯妾　见冯酥

冯晴舫　见冯熙

冯绍庭(冯士明、冯琳)1854.1.11,6. 18,8.25,10.4

冯师　见冯玮

冯石甫 1877.1.24

冯石溪 1865.9.16,10.13,10.16,10. 17,10.18;1866.1.20,1.22,2.5,8. 16,8.29,9.16

冯氏(嫂氏)1861.6.1,12.29;1863.4. 24;1865.3.17,9.13,10.7,10.16, 10.20;1866.1.17,1.19,1.20,2.7, 2.14,2.15,4.29,5.11,6.6,7.3; 1868.1.28,8.21;1870.10.21;1881. 1.23,1.24,1.30,2.8,1.26;1882.2. 18,9.18;1883.2.8;1884.1.28; 1885.2.15,2.26,4.23;1886.2.4,6. 13,8.21;1887.6.25;1889.1.31,5. 8,5.14,5.27,6.3

冯氏　见冯酥

冯氏女婉　见赵婉

冯氏女秖　见赵秖

冯士明　见冯绍庭

冯士贞　见冯玮

冯式之　见冯宝训

冯述甫 1854.5.14,11.9;1855.1.4,4. 26,4.29,4.30,5.1,5.2,5.3,5.15; 1861.11.30,12.1,12.4,12.8,12. 11,12.22;1864.11.30;1866.6.28

冯松轩　见冯邦桷

冯酥(阿酥、冯姬、冯妾、冯氏、妾冯、酥 姬)1877.6.6,8.24,9.18,11.8,11. 12,11.13,11.14,11.27;1878.4.26; 1879.3.29,4.24,5.3,7.16,9.14,9. 29,12.17;1880.5.31,6.28,7.5,8. 19;1880.1.3,4.28;1882.3.17,5.8, 5.19,11.24,11.29;1883.9.20,12. 10,12.26;1884.2.3;1885.1.11; 1886.1.10;1887.11.10;1888,1.25, 3.25

冯太夫人 1883.12.27

冯铁华　见冯誉驹

冯玮(冯廷幹、冯士贞、冯先生、冯师、 士贞师)1852.4.27;1861.5.5;1870. 8.4,11.24;1871.1.17,12.28;1872. 5.15,5.27,11.6,11.26;1873.2.1; 1874.12.24,12.25,12.28;1875.1. 4,1.5,1.28,2.2,3.1,3.14,3.25,5.

20,6.20,9.3,9.17,9.19,9.20;
1876.12.12;**1877**.1.4;1878,11.16,
11.17,11.18,11.19,11.20;**1885**.
12.3
冯熙(冯晴舫)**1868**.4.26
冯锡麟(小农、冯小农)**1860**.7.27,8.
1,8.5,8.11,8.12,8.19,8.26,8.27,
9.14,9.21,9.27,9.29,9.30,10.7,
11.8,11.13,11.14,11.16,11.25,
11.27,11.28,12.27;**1861**.1.7,1.
10,1.17,1.19,1.23,1.24,1.28,7.
10;**1862**.2.23,5.15
冯先生　见冯玮
冯小农　见冯锡麟
冯晓卿 **1888**.5.19,5.20
冯煦(冯梦华)**1885**.1.28,2.10
冯宜人 **1861**.5.5;**1884**.12.7
冯咏阳　见冯至沂
冯誉驹(冯铁华)**1869**.3.2
冯裕生　见冯承裕
冯豫生　见冯承裕
冯裕孙　见冯承裕
冯鱼山　见冯敏昌
冯云鹏 **1876**.6.3

冯云山 **1853**.3.20;**1864**.3.26
冯云鹓 **1876**.6.3
冯允扬　见冯至沂
冯真林 **1863**.8.20
冯竹三　见冯端人
冯卓如　见冯焌光
冯卓堂　见冯端人
冯子材 **1864**.1.7,3.18,5.16
冯子明　见冯卓
冯子振 **1888**.6.22
冯政先(冯桂亭)**1864**.5.11,5.15,5.
16,5.22,5.24,5.26
冯芝馨　见冯琛
冯质甫 **1875**.11.25,11.26;**1879**.7.18;
1880.7.26;**1881**.1.7,2.28,8.1,10.
26;**1883**.12.17;**1886**.3.18
冯至沂(冯咏阳、冯允扬)**1863**.2.27,
7.5
冯仲梓　见冯光遹
冯准(冯此山)**1861**.11.25
冯卓(冯子明)**1862**.8.6,8.15
佛赐　见梯赐佛哩
佛笙　见李传黻
孚郡王　见奕譓

30,5.1,5.4,5.11,5.12,5.15,5.27,
6.26

高凤翰(高西园)**1886**.9.9

高拱 **1878**.4.12

高拱辰(桂轩)**1852**.5.30

高桂轩　见高拱辰

高海风(高琴舫)**1870**.2.16,7.19,7.
20;**1871**.7.17

高翰(高牧)**1871**.9.18

高浩然(高鹿山)**1870**.3.9,4.8,4.29

高花农 **1887**.11.3,11.4

高慧生　见高兆麟

高江村　见高士奇

高峻(高绪堂)**1852**.6.4,8.27;**1853**.
2.13,3.21

高克恭(高房山)**1875**.6.29;**1883**.9.
29;**1884**.3.12

高列三(聚卿、高聚卿)**1867**.12.22,
12.23;**1868**.4.21;**1869**.7.3,7.4,7.
12,7.14,8.1,8.6,8.10,8.24,8.25,
8.26,8.27,8.29,8.30,9.3,9.6,9.
7,9.9,9.12,9.13,9.18,9.20,9.27,
9.30,10.3,10.5,10.10,10.12,10.
18,10.22,10.26,10.29,10.31,11.

2,11.6,11.9,11.15,11.17,12.23;
1870.1.14,1.16,1.18,2.2,3.5,3.
23,4.1,4.19,5.20,6.4,6.14,6.19,
7.12,8.5,8.8,9.11,10.14,11.9,
11.12,11.13;**1871**.3.6,11.5;**1872**.
2.7,8.13,11.19;**1879**.3.11

高建勋(高星槎)**1875**.9.24

高介 **1888**.10.4

高聚卿　见高列三

高俊(高子佩)**1870**.2.13

高鹿山　见高浩然

高梦汉　见高心夔

高墨缘　见高维翰

高牧　见高翰

高琴舫　见高海风

高晴山　见高逢盛

高世麟 **1873**.6.16,6.30

高士奇(高江村)**1885**.10.21;**1887**.3.
24

高淑人 **1852**.4.12;**1861**.10.26;**1868**.
4.16,6.15;**1871**.3.15;**1872**.9.30

高梯 **1867**.10.1,10.7

高廷枚(高恂九)**1861**.12.2

高廷祜 **1862**.1.22

1855. 5. 28, 5. 30, 6. 21; **1856**. 5. 29,

5. 30, 6. 26, 7. 2

龚齐崧(定孙、龚定孙)**1861**. 3. 15, 5.

2, 5. 17, 5. 23, 7. 22, 7. 23, 7. 24, 7.

30; **1866**. 3. 15, 12. 3; **1878**. 10. 15;

1880. 11. 15

龚冕(龚南州)**1873**. 5. 14

龚南州　见龚冕

龚念匏　见龚宝琦

龚念修(龚德生)**1864**. 10. 18, 10. 30

龚少白　见龚建中

龚少华 **1860**. 12. 12

龚少卿　见龚丙吉

龚慎甫　见龚宠

龚恬伯　见龚文熙

龚文熙(龚恬伯)**1880**. 1. 13

龚瞎　见龚得树

龚贤(龚半千)**1880**. 1. 13

龚彦匏　见龚宝琦

龚怡亭 **1862**. 2. 3

龚玉山 **1861**. 10. 15

龚因莲(龚宝莲、龚静轩)**1873**. 5. 14

龚筠谷 **1869**. 8. 15

龚允之 **1864**. 5. 6

龚之棠(龚春海)**1863**. 6. 26, 6. 27;

1864. 9. 30, 10. 5; **1865**. 1. 12, 1. 18,

1. 31, 8. 16

龚自珍(定庵、龚定庵)**1855**. 6. 19, 8.

21; **1860**. 6. 29; **1863**. 9. 28; **1867**. 6.

15; **1886**. 10. 4

贡奎(贡仲章)**1887**. 3. 25

贡仲章　见贡奎

顾安双(顾定之)**1888**. 10. 4

顾蔼吉(顾南原)**1883**. 7. 8; **1885**. 7. 13

顾处士　见顾炎武

顾传德(顾菊舫、顾户部)**1860**. 6. 30,

7. 27, 12. 20

顾莼(顾南雅)**1888**. 10. 4

顾斗南　见顾应三

顾艮庵　见顾文彬

顾定之　见顾安双

顾端文　见顾宪成

顾广圻(顾千里)**1865**. 10. 9; **1885**. 10.

21

顾翰文(顾颖甫)**1862**. 2. 20, 2. 26

顾厚田 **1866**. 3. 13, 6. 27, 7. 9, 11. 6, 11.

26; **1867**. 4. 22

顾户部　见顾传德

1861.4.25；**1862**.2.19，2.23

顾玉年 **1862**.10.29；**1863**.5.26，6.26

顾玉书 **1865**.1.30

顾渊 **1883**.9.29

顾元凯 **1862**.7.2；**1864**.3.6

顾云峰 **1880**.11.15，11.26，11.27；

　1883.6.8

顾增葵(顾渭泉)**1877**.2.26

顾竹城　见顾思贤

顾竹桥　见顾思贤

顾子山　见顾文彬

古道魁(修庭、古修庭、古公)**1855**.8.

　8，8.25，9.7

古公　见古道魁

古修庭　见古道魁

官文(官秀峰、官中堂、官节相、官相)

　1861.8.27，12.7；**1862**.1.26，2.11，

　3.15，3.17；**1864**.1.4

1.26，4.29，5.15，5.18，7.21，8.5，8.9，

　8.11，8.14；1867，4.22，5.30，5.31，

　6.19，7.16，8.8，8.19，9.25

官文军 **1862**.1.19

官节相　见官文

官相　见官文

官秀峰　见官文

官中堂　见官文

管才叔　见管乐

管纪勋(纶云、管纶云)**1852**.3.9，5.

　23；**1853**.2.24，9.25；**1861**.10.26

管镜人 **1879**.4.26

管阆坪 **1862**.9.17

管纪(管砚云、管彦云)**1861**.10.26；

　1862.4.23，4.24，5.2

管敬伯　见管晏

管篯屏　见管毓华

管纶云　见管纪勋

管乐(才叔、管才叔)**1852**.2.23，2.25，

　3.7，3.18，4.3，4.18，4.29，5.2，5.3，

　5.4，5.6，5.12，5.16，5.18，5.20，5.

　30，6.7，6.8，6.15，6.18，6.24，7.4，

　7.5，7.6，7.7，7.8，7.12，7.19，7.22，

　7.25，8.14，8.15，8.17，8.28，8.29，

　8.31，9.1，9.11，9.12，9.21，10.23，

　11.6，11.7，11.17，11.18，11.19，11.

　25，11.26，11.27，11.29，11.30，12.

　3，12.8，12.15，12.17，12.20，12.24，

　12.25，12.29，12.30，12.31；**1853**.1.

　1，1.4，1.7，1.10，1.11，1.14，1.19，

2,2.7,2.8,2.9,2.10,2.17,2.18,2.
19,2.20,2.21,2.22,2.23,2.24,2.
25,2.26,2.27,3.4,3.11,3.14,3.
15,3.16,3.21,3.25,3.26,3.28,3.
30,4.1,4.2,4.3,4.4,4.11,4.14,4.
18,5.17,5.22,5.28,5.31,6.3,7.
13,8.5,9.26,11.25,11.29;1871.1.
27,2.3,3.14,3.20,4.3,7.8,9.14,
9.20,10.8,10.16,12.20,12.27;
1872.1.5,1.11,2.17,2.21,3.2,3.
7,4.23,6.4,7.28,11.21;1873.1.
29,4.29,5.3,8.6,12.31;1874.1.
11,2.10,2.21,2.28,4.28,5.31,9.
28;1875.3.6,4.5,4.16,4.23,5.12,
5.16,6.5,6.28,7.2,7.8,8.4,8.19,
8.20,8.21,8.22,8.23,8.25,8.27,
8.29,9.2,9.3,9.6,9.7,9.8,9.18,
8.29,10.4,10.7,10.13,10.14,12.
17;1876.3.14,6.20,9.23,10.12;
1877.11.30;1878.3.10;1879.5.31

归深斋 1868.1.28

归西谷　见归兆嘉

归兆嘉(西谷、归西谷)1867.4.6,4.8,
　4.11,4.12,4.18;1868.1.28

归仲几　见归令玑

桂馥(桂未谷)1880.1.13,4.16;1888.
　12.3

桂良 1860.11.6;1861.4.27,5.20;
　1862.1.22;1864.6.19

桂林香 1870.9.17

桂实之　见桂正华

桂嵩庆(桂香亭、桂芗亭)1868.5.12,
　5.14,5.15,10.24,12.11

桂未谷　见桂馥

桂香亭　见桂嵩庆

桂芗亭　见桂嵩庆

桂正华(桂实之)1861.8.25;1864.7.
　28,9.27;1865.1.31;1868.7.30,8.8

桂中堂　见阿桂

贵宝 1875.2.4

郭柏荫(郭远堂)1866.2.1,4.3,6.20;
　1868.2.18

郭宝昌(郭善臣)1871.4.9

郭宝勋 1875.9.11

郭弼生　见郭远谟

郭春瀛 1871.5.3

郭次虎　见郭熊飞

郭对山　见郭连城

郭芳 **1870**.9.13

郭公　见郭嵩焘

郭公　见郭元昌

郭河阳　见郭熙

郭兰坡 **1864**.2.9

郭立勋 **1863**.5.18

郭连城(郭对山)**1868**.2.18

郭阶(郭子贞)**1868**.11.14,12.8

郭君　见郭元昌

郭军门　见郭松林

郭崐焘(意城、郭意城、郭意臣)**1861**.
11.30,12.3,12.6,12.7;**1863**.8.20;
1877.9.9

郭某(馆师)**1873**.7.4

郭某(肆主)**1886**.5.20

郭某(苏州人)**1887**.4.23

郭慕徐 **1864**.11.10

郭奇中(郭少亭)**1871**.10.14,10.21,
10.23,10.30

郭琴舫 **1869**.12.12;**1870**.6.13;**1871**.
5.7,7.11

郭庆藩(郭子瀞)**1877**.9.9

郭汝雨　见郭元昌

郭善臣　见郭宝昌

郭少亭　见郭奇中

郭升 **1875**.1.13,8.19,10.16,11.9,11.
10

国守备　见国治

郭帅　见郭嵩焘

郭帅　见郭松林

郭松林(郭子美、郭军门、郭帅)**1868**.
12.15;**1870**.8.21,9.2,9.19,9.20,
11.4,11.5

郭嵩焘(筠仙、郭筠仙、郭帅、郭公)
1856.1.19,4.30,5.1;**1861**.11.30,
12.9;**1862**.3.21,3.31,11.9,11.13,
11.14,11.17,11.18,11.19,11.20,
11.21,11.26,11.28,12.5,12.7,12.
9,12.10,12.11,12.12,12.15;**1863**.
2.12,5.30,9.23,9.24,9.25;**1864**.
2.1,6.1;**1867**.7.20;**1876**.11.22;
1878.4.8;**1886**.9.23

郭天锡 **1888**.6.22

郭熙(郭河阳)**1853**.12.12;**1885**.10.
21

郭熊飞(郭次虎)**1860**.2.18

郭豖 **1875**.8.16

郭远谟(郭弼生)**1864**.6.1,10.25

H

何镜芝　见何源

何敬中(退庵、何退庵)1875.8.23,8.
24,8.29,9.3,9.4,9.5,9.8,10.11,
10.13,10.14

何骏臣　见何崧泰

何骏生　见何崧泰

何俊发1862.6.17

何孟春1878.4.24

何梅阁　见何鸣珂

何梅屋　见何鸣珂

何鸣珂(何梅阁、何梅屋)1861.6.2,6.
12;1862.11.29,12.3,12.5,12.10;
1863.1.17;1866.4.4,4.5;1869.4.
1,7.29

何启长(吉堂)1856.2.12

何平章1875.9.4

何乔新1878.4.12

何庆澂(何性泉)1865.8.16,11.7;
1867.10.10;1868.5.3,8.24,9.3,9.
5

何秋涛(何愿船)1875.5.6;1878.3.3

何廷谦(何棣山)1874.9.24,9.25

何绍彩(何镇)1863.7.29,9.16;1864.
3.28,5.4

何绍基(何子贞)1861.12.3,12.5,12.
12;1863.3.23;1864.6.16,6.23,12.
27,12.29,12.30;1865.1.3,1.9,1.
13,8.16;1867.9.18,10.10;1875.8.
31;1885.12.7;1887.3.23

何慎修(何子永)1868.5.28;1869.6.
11

何杙(廉昉、何廉昉、廉舫、何廉舫、何
莲舫、何莲卿)1864.3.12,6.7,8.1;
1865.5.30,7.12,10.30,10.31,11.
7;1866.1.7,1.8,4.26;1868.5.19,
5.20,7.18,7.21,7.23,7.27,7.28,
8.1,8.7,8.8,8.10,8.12,8.15,8.
22,8.26,8.27,9.
9.6,9.9,9.20,9.22,10.2,10.7,10.8,
10.10,10.13,10.15,10.16,12.14,
12.15,12.16,12.18,12.19,12.20,
12.23;1869.2.28,3.31,4.21,9.28,
11.26;1876.12.10

何瑟如1862.11.29

何崧泰(何骏臣、何骏生)1869.8.10,
8.30,9.24,11.15;1871.9.4;1873.
2.9,2.10

何泰生1853.9.7

洪氏　见洪适

洪氏　见洪顺之

洪氏(魏彦母)1861.7.23

洪氏(徽州人)1885.9.15

洪顺之(洪氏)1883.3.1

洪瑱福　见洪福瑱

洪文卿　见洪钧

洪瀚如　见洪福

洪彦哲 1859.7.11

洪幼俦 1865.11.27

洪雨村 1868.4.5

侯朝宗　见侯方域

侯洞 1873.11.5,11.10,11.14,11.19

侯方域(侯朝宗)1888.6.22

侯国钧(侯介屏)1869.12.18;1870.1.4

侯绩卿　见侯建勋

侯介屏　见侯国钧

侯驼子 1888.5.14,6.17

侯锡封 1870.2.6

侯篆云 1862.12.10

侯建勋(侯绩卿)1863.3.18,4.4,4.5,
4.19,6.13,6.24,10.19,11.3,11.8,
11.12,12.2,12.20,12.23;1864.1.
26,1.29,3.27,5.26,8.10,8.20

胡安国 1885.11.21

胡宝晋(胡仁斋)1864.7.8

胡伯坚　见胡承矩

胡长芝(胡芸圃、胡云浦)1861.10.9,
10.13,10.14,10.20;1862.2.12;
1864.9.25,9.26,9.27,10.8

胡承矩(胡伯坚)1864.3.10,3.27,3.
28

胡春舫 1864.5.24

胡大任(胡莲舫)1864.4.7

胡德玉　见胡璋

胡德之　见胡璋

胡恩燮(煦斋、胡煦斋)1861.6.2,6.3,
6.9;1865.11.5,11.9,11.14,11.16,
12.8,12.9,12.14,12.15,12.28;
1867.6.1,6.2

胡胐明　见胡渭

胡福堂 1882.11.4,11.7,11.21

胡盖南(云岩)1856.2.12

胡宫保　见胡林翼

胡公　见胡调元

胡公寿　见胡远

胡光宠(胡镜湖)1861.11.30;1862.7.
13,7.28

胡光墉(胡雪岩)**1884**.10.10

胡享泰(胡体乾)**1872**.4.3;**1873**.8.6,

12.31;**1874**.2.18,10.3

胡家玉 **1864**.4.18;**1867**.8.8

胡镜湖　见胡光宠

胡果泉　见胡克家

胡克顺(胡裕堂)**1870**.4.28,5.27;

1871.3.6

胡兰枝(胡雪岑)**1878**.10.13;**1881**.6.

22

胡老振 **1861**.3.14

胡莲舫　见胡大任

胡林翼(胡咏芝、胡润之、胡文忠、胡宫

保)**1861**.8.27,9.29,10.7,11.24;

1862.1.26;**1863**.5.15,6.24;**1864**.

3.10;**1865**.2.1,7.10;**1867**.6.19,7.

13,8.11,8.18,9.20,9.30,10.1,11.

24,12.1,12.26

胡聿新 **1862**.11.21,12.7

胡继老　见胡培系

胡克家(胡果泉)**1882**.5.25

胡锟(胡雅臣)**1887**.4.19,4.23;**1888**.

1.20,1.23,11.4

胡培系(子继、胡子继、胡继老、继老)

1881.11.6,12.14;**1882**.5.2,5.3,8.

21,12.4,12.11;**1883**.3.11,3.12;

1884.2.20,3.25,7.31,9.18,10.25;

1885.1.13;**1886**.,3.1,4.12,8.23,

9.15,9.19,10.11,11.30;**1887**.3.

12,5.20,5.21,5.22,5.23,5.24,5.

25,6.16,6.17,6.18,6.19,6.20,6.

22,6.23,6.24,6.25,6.26,7.22,7.

23,8.31;**1888**.3.13,3.14,3.23

胡锜 **1875**.8.16

胡企之　见胡庭徽

胡仁斋　见胡宝晋

胡润之　见胡林翼

胡三省 **1882**.5.25

胡升 **1869**.11.19;**1876**.10.15;**1877**.3.

31,7.20

胡氏(侄妇)**1877**.9.27;**1881**.11.2,11.

6;**1882**.12.7;**1885**.1.13;**1886**.8.

21;**1887**.5.20

胡松江 **1864**.5.12

胡体乾　见胡享泰

胡调元(胡公)**1852**.9.16

胡庭徽(胡企之)**1881**.1.24,1.25,2.

8;**1886**.3.5

祜生　见赵承绪

花楼　见史兆霖

花沙纳 **1862**. 1. 22

花氏　见花月娥

花月娥（花氏）**1882**. 11. 16，11. 17，11.

20，12. 6

滑贵 **1872**. 7. 13，7. 14，7. 20，7. 21

华迪初　见华翼纶

华迪秋　见华翼纶

华笛秋　见华翼纶

华涤秋　见华翼纶

华老铺（华生、华姓）**1880**. 1. 13，1. 17，

7. 11；**1880**. 11. 24，11. 27；**1885**. 12.

5，12. 30

华若溪　见华世芳

华生　见华老铺

华亭　见金勋

华生姓　见华老铺

华星桐（华新桐、华心桐）**1875**. 12. 2，

12. 10，12. 11；**1882**. 3. 3

华翼纶（华迪秋、华涤秋、华笛秋、华迪

初、华叟）**1852**. 5. 23，9. 20；**1862**. 3.

31，4. 4，4. 12，11. 13，11. 19；**1869**. 4.

24，4. 25；**1879**. 2. 20，11. 3；**1880**. 4.

14；**1881**. 3. 27，3. 28，11. 19；**1883**. 3.

22，3. 23，3. 24

华蘅芳（若汀、华若汀）**1862**. 2. 19，2.

20，2. 21，2. 22，2. 23，2. 24，2. 27，2.

28，3. 4，3. 5，3. 8，3. 13，3. 15，3. 20，

3. 25，3. 28，3. 31，4. 2，4. 10，4. 11，4.

12，5. 16，5. 17，5. 23，5. 31，6. 1，6.

22，7. 3，7. 7，7. 15，7. 24，7. 28，8. 6，

8. 12，8. 20，9. 3，9. 4，10. 21，10. 22，

10. 23；**1863**. 3. 14，3. 26，4. 4，4. 5，4.

21，4. 22，5. 11，5. 14，5. 18，5. 24，5.

29，6. 11，6. 13，6. 15，6. 24，6. 26，10.

29，11. 1，11. 2，11. 3；**1864**. 9. 30，12.

22；**1865**. 1. 18，1. 31；**1866**. 8. 6；

1867. 8. 26，8. 29，9. 14；**1868**. 6. 2，6.

3，6. 18；**1879**. 2. 20；**1881**. 3. 16

华世芳（华若溪）**1881**. 3. 16

华某 **1887**. 6. 10

华若汀　见华蘅芳

华若溪　见华世芳

华叟　见华翼纶

华小云 **1860**. 1. 12

华岩（新罗山人）**1872**. 11. 1；**1885**. 10.

16

华严法师 **1875**.9.14

画堂二叔　见赵文晋

槐亭　见陈钟英

槐庭　见陈钟英

槐兄　见陈钟英

槐生　见周槐生

寰中禅师 **1882**.6.4

黄安敏(黄子颖) **1876**.4.3

黄标 **1878**.4.4

黄伯思 **1885**.10.21

黄灿(黄耀堂) **1883**.6.3,6.23,7.28,
7.29,10.10;**1884**.5.17,7.4,7.17;
1886.10.9;**1887**.2.24,2.25,7.26

黄昌期　见黄翼升

黄昌歧　见黄翼升

黄策生　见黄仁普

黄策孙　见黄仁普

黄大痴　见黄公望

黄大令　见黄芳

黄鼎(黄尊古) **1888**.11.30

黄东垣　见黄奎烈

黄芳(黄荷汀、黄鹤汀、黄大令、黄观
察、黄鹤翁) **1858**.6.20,6.24,6.25,
7.6;**1862**.11.27,11.28,11.29,12.

4,12.7,12.12

黄福 **1878**.4.12

黄公望(黄大痴) **1882**.1.10;**1886**.6.
3;**1888**.10.4

黄观察　见黄芳

黄冠北(黄观伯、黄冠伯) **1864**.8.21;
1865.1.5,1.9,1.14,4.17,4.18,4.
24,8.14;**1866**.4.20;**1868**.1.2

黄光荣(黄耀河、黄尧和) **1882**.2.25,
3.2,4.9,8.22,8.31;**1886**.8.4

黄国光(黄亮甫) **1864**.7.6,7.7,7.21,
8.16,11.27

黄国瑾(再同、黄再同) **1872**.1.9,1.
17,1.26,11.5;**1873**.1.7;**1875**.5.3,
6.24,7.9,7.10,7.24,7.29,9.17,9.
18,9.19,10.14,10.28;**1878**.3.10;
1888.4.27

黄国瑄(秦生、黄秦生) **1875**.7.10,10.
13,10.14;**1878**.3.10;**1888**.4.27,5.
19,5.20,10.16,12.3

黄和卿 **1876**.12.15

黄荷汀　见黄芳

黄鹤汀　见黄芳

黄鹤翁　见黄芳

黄鹤姿(黄云骧)**1870**.8.22,9.1,9.4

黄恒山 **1862**.1.27;**1865**.7.9

黄虎臣(剑山)**1856**.2.12,2.13

黄淮 **1888**.2.17

黄家修(黄叟)**1864**.8.29

黄际昌(黄容台)**1864**.10.5,11.2

黄际清(黄秋河)**1861**.7.5,7.23

黄继宪(桐轩、黄桐轩)**1866**.11.8,11.
10,11.11,11.13,11.14,11.18,11.
20,11.21,11.22,11.28,12.3,12.5,
12.6,12.10,12.18,12.19;**1867**.4.
23,4.25,4.27,5.4,5.5,5.8,5.9,9.
11;**1868**.2.1,2.18,2.23,3.19,3.
24,3.26,6.16;**1869**.1.18,1.24,3.
3,3.30,3.31,6.6,6.7,6.9,6.10,7.
17

黄金魁(蓝田)**1856**.2.12

黄军门　见黄少春

黄军门　见黄翼升

黄泾祥(黄琴川)**1885**.7.9

黄九官 **1888**.5.17,5.22

黄爵滋 **1863**.9.9

黄开榜 **1863**.9.16

黄奎烈(黄东垣)**1872**.12.10,12.16;

1875.2.22

黄立山 **1865**.11.13

黄亮甫　见黄国光

黄隆芸(祥王)**1865**.8.7

黄冕(黄南坡、黄南翁)**1861**.12.4,12.
6,12.11,12.13;**1862**.1.8;**1863**.1.
1,1.21,3.23,5.19,5.20,7.11,10.
19,10.21,10.26,11.4,11.9,11.11;
1864.1.6,1.10,3.25,4.9,4.10,4.
27,6.16;**1865**.10.28;**1867**.5.30

黄鸣铎 **1864**.3.27

黄南坡　见黄冕

黄彭年(子寿、黄子寿、寿老、寿翁)
1871.10.19,10.30,11.7,12.30,12.
31;**1872**.1.2,1.3,1.8,1.9,1.11,1.
12,1.13,1.14,1.17,1.20,1.23,1.
24,1.25,1.26,1.27,1.31,2.2,2.3,
2.4,2.9,2.11,2.13,2.17,2.19,2.
20,2.21,2.24,2.25,3.16,3.21,4.
20,4.23,4.29,5.3,6.24,6.26,7.3,
7.4,7.6,7.8,8.1,8.18,9.1,9.14,
9.22,9.27,10.3,10.20,10.30,10.
31,11.2,11.3,11.4,11.5,11.6,11.
10,11.19,11.22,11.28,12.6,12.

21；**1873**. 1. 10, 2. 9, 2. 10, 2. 12, 2.

13, 4. 13, 4. 17, 4. 27, 5. 21, 6. 30, 7.

15, 7. 29, 8. 10, 9. 30, 10. 10, 11. 23,

11. 27；**1874**. 1. 7, 1. 10, 1. 14, 1. 30,

2. 7, 5. 9, 6. 12, 8. 11, 8. 19, 8. 21, 8.

25, 9. 18, 10. 1, 10. 8, 11. 30, 12. 1,

12. 2, 12. 3, 12. 6, 12. 13；**1875**. 1. 15,

1. 26, 2. 17, 3. 7, 3. 9, 3. 10, 3. 11, 3.

12, 4. 12, 5. 12, 5. 13, 5. 14, 5. 15, 5.

17, 5. 18, 5. 25, 6. 19, 6. 24, 6. 25, 6.

26, 6. 29, 7. 2, 7. 5, 7. 6, 7. 7, 7. 9, 7.

10, 7. 11, 7. 13, 7. 15, 7. 16, 7. 18, 7.

21, 7. 22, 7. 24, 7. 25, 7. 27, 7. 29, 7.

31, 8. 1, 8. 2, 8. 3, 8. 6, 8. 8, 8. 9, 8.

12, 8. 14, 8. 16, 8. 17；8. 18, 8. 20, 8.

25, 9. 9, 9. 27, 10. 4, 10. 5, 10. 7, 10.

8, 10. 9, 10. 10, 10. 13, 10. 14, 10. 15,

10. 28；**1876**. 6. 18, 10. 25, 11. 22；

1877. 4. 3, 4. 6, 8. 25, 11. 30；**1878**. 3.

10, 5. 24, 8. 6；**1879**. 5. 26；**1888**. 4.

27, 4. 28, 5. 13, 5. 17, 5. 18, 5. 19, 5.

20, 5. 26, 10. 16, 10. 18, 10. 28, 11.

15, 12. 3, 12. 24；**1889**. 4. 29

黄丕烈（黄荛圃）**1861**. 5. 15；**1864**. 9.

13；**1865**. 10. 9；**1881**. 12. 31；**1882**. 6.

16；**1888**. 5. 7

黄溥 **1878**. 4. 22

黄其恕（黄幼梧）**1875**. 5. 19

黄琴川　见黄泾祥

黄秦生　见黄国瑄

黄秋河　见黄际清

黄荛圃　见黄丕烈

黄仁普（黄策生、黄策孙）**1863**. 2. 27,

7. 5, 10. 3

黄日升 **1861**. 10. 15

黄容台　见黄际昌

黄汝成 **1875**. 6. 3

黄润昌（少崐、黄少崐、黄少昆）**1863**.

7. 9；**1864**. 1. 3, 1. 9, 1. 10, 1. 11, 1.

23, 2. 1, 2. 2, 3. 22, 4. 20, 5. 7, 5. 15,

5. 24, 6. 12, 6. 14, 6. 17, 6. 18, 6. 29,

7. 22, 7. 23, 7. 24, 7. 25, 7. 26, 8. 2, 8.

7, 8. 16, 8. 18, 8. 21, 8. 22, 8. 26, 8.

27, 11. 22, 11. 25, 11. 29, 12. 31；

1865. 1. 18, 1. 31, 2. 5

黄上达（子春、黄子春）**1863**. 1. 1, 1. 3,

1. 4, 1. 26, 10. 4, 10. 14, 10. 15, 10.

17, 10. 18, 10. 19, 10. 25, 11. 4, 11.

11;**1864**.1.12,1.18,1.19,2.9,2.
10,2.14,2.28,2.29,3.4,3.10,3.
30,4.9,4.10,4.19,5.5,5.6,5.30,
6.19,6.27,7.1,8.2,8.6,8.10,8.
15,8.26,8.28,9.4;**1865**.4.10,4.
11,4.13,4.16,4.23,4.24,5.3,5.8,
5.25,6.6,6.7,6.9,6.10,11.10,11.
13,11.19,11.29,12.3,12.28;**1866**.
1.1;**1867**.5.30,6.13,6.20,6.23,7.
19,7.26,8.3,8.6,8.17,9.20,10.7,
10.22;**1868**.1.3,4.18,7.18,8.29,
10.11,11.4,11.5,12.5,12.18
黄少春(黄军门)**1864**.5.12,6.3
黄少崑　见黄润昌
黄少昆　见黄润昌
黄绍箕**1864**.7.1
黄莘农　见黄赞汤
黄晟(黄晓峰)**1872**.1.22
黄世本(黄仲陶)**1865**.8.26,8.27,8.
30,8.31,9.9
黄氏姊　见赵缬玖
黄寿之**1881**.1.30
黄思学**1861**.10.1
黄松龄**1862**.12.4

黄提军　见黄翼升
黄桐轩　见黄继宪
黄桐轩夫人**1872**.4.29;**1873**.2.9;
1874.7.27
黄文涵(子湘、黄子湘)**1863**.7.5,7.7,
7.16,8.4,8.15,8.30,9.3,9.30,10.
3,11.10;**1864**.1.10,1.12,2.9,3.3,
3.8,4.5,4.10,4.12,8.12,8.13,8.
15,8.21;**1865**.4.4,4.5,5.18,6.27,
10.31;**1867**.7.9;**1868**.5.20,12.15,
12.16,12.17
黄文经(黄文金)**1861**.9.29;**1864**.1.
6,5.1,5.4,5.10,5.16,6.3,6.30
黄文金　见黄文经
黄文莲(黄星槎)**1885**.7.9
黄氏姊**1883**.11.25,11.27,11.29,12.
24;**1885**.11.30
黄星槎　见黄文莲
黄晓峰　见黄晟
黄小松　见黄易
黄燕卿**1882**.11.20
黄尧和　见黄光荣
黄耀河　见黄光荣
黄耀堂　见黄灿

黄也园 **1863**.1.4

黄易(黄小松)**1868**.2.21；**1875**.11.9；

　1884.3.17；**1885**.7.13

黄翼升(昌期、黄昌期、黄昌歧、黄提

　军、黄军门、黄总戎)**1862**.11.10，

　11.28，12.10；**1863**.9.7，9.16，12.

　13；**1864**.4.17，4.25，6.22，6.27，7.

　3，7.29，8.30，8.21，9.8；**1865**.6.26，

　11.9，11.12，11.13，11.15；**1867**.7.

　18，8.18；**1868**.5.13，5.14，10.2，11.

　9，11.14，12.11，12.20，12.21；**1869**.

　1.2，1.4

黄幼梧　　见黄其恕

黄瑜(黄子寿)**1863**.11.2；**1864**.1.7，

　3.25

黄元御 1**1860**.12.1；**1876**.12.1

黄钺(黄左田)**1868**.8.29

黄云骧　　见黄鹤姿

黄咏仙 **1863**.1.7，1.8，1.11，1.14，1.

　24，1.25，1.26

黄雨林 **1859**.4.19

黄玉芳(凌云)**1856**.2.12

黄赞汤(黄莘农)**1852**.1.27；**1863**.3.

　14；**1867**.7.20

黄再同　　见黄国瑾

黄中元 **1864**.3.23

黄秩晋(黄根生)**1864**.5.25，5.26

黄志述(仲孙、黄仲孙)**1852**.7.5，8.9，

　10.30；**1863**.1.7

黄仲陶　　见黄世本

黄仲孙　　见黄志述

黄子纯 **1862**.12.12

黄子春　　见黄上达

黄子潆 **1864**.1.9

黄子寿　　见黄彭年

黄子寿　　见黄瑜

黄子湘　　见黄文涵

黄子颖　　见黄安敏

黄宗羲 **1877**.2.26

黄总戎　　见黄翼升

尊古　　见黄鼎

黄左田　　见黄钺

皇太后　　见慈安

皇太后　　见慈禧

怀清 **1862**.7.24

霍奎元 **1871**.3.29

霍生 **1880**.7.2

霍仲云(霍某)**1879**.2.2；**1880**.1.2

悔庐府君　见赵仁基

蕙生兄　见赵振祺

蕙兄　见赵振祺

慧崇 **1875**.10.26

慧妃 **1874**.4.13

惠洪 **1875**.7.16；**1877**.8.27

慧思 **1858**.6.16；**1875**.9.10,9.11

慧珠 **1855**.11.21

J

吉尔杭阿 **1856**.6.4

吉如　见赵国卿

吉如侄　见赵国卿

吉士 **1873**.5.13

吉祥 **1875**.9.17

吉秀峰　见吉英

吉英(吉秀峰)**1869**.9.21

吉止　见邓嘉祥

积之六叔　见赵祖德

藉佩芝　见藉鸣珂

藉鸣珂(藉佩芝)**1872**.6.11

季大 **1879**.8.28；**1882**.1.1

季邦桢(季士周、季耜洲、季自周)
　1884.1.31,5.14,7.19；**1887**.2.19,

2.21,7.25,7.26；**1889**.7.3,7.4,7.7

季沧苇　见季振宜

季垂　见邓嘉统

季冠三 **1881**.3.16

季纶全(季佑申)**1887**.2.9,2.19,7.
26；**1889**.6.26,7.7

季念诒(君梅、季君梅、季氏)**1863**.1.
26；**1866**.9.17；**1867**.3.19,3.27,3.
30,4.18；**1868**.1.18,1.19,2.2,2.
21；**1869**.4.14,5.4,5.13,5.22,5.
27；**1875**.11.26,11.28,12.2,12.10,
12.11,12.23；**1876**.1.6,1.21,4.3,
5.18,6.2,6.25,8.31,9.6,11.4,11.
8,11.9,12.25；**1877**.5.3,6.24,6.
25,8.13,8.22,8.27,12.30；**1878**.1.
21,1.24,5.20,6.10,6.12,6.14,9.
22,9.28,10.13,11.10,11.17,11.
22,11.26；**1879**.1.15,2.12,2.20,3.
3,3.5,3.7,9.12,10.15；**1880**.4.5,
7.3,7.8,10.8；**1881**.1.7,2.28,3.1,
3.27,3.28,4.7,4.11,4.20,5.24,5.
26,6.22,10.18,10.29,11.22；**1882**.
2.10,3.3,3.15,4.8,6.19,12.7；
1883.4.3,4.17,5.2,5.4,5.5,5.16,

5. 30,7. 5,8. 2,8. 22,10. 16,12. 17,
12. 20;**1884**. 2. 17,2. 20,2. 27,3. 1,
4. 6,4. 9,5. 14,5. 16,5. 18,5. 26,7.
4,7. 19,9. 26,11. 4,11. 5;**1885**. 1.
31,4. 22,5. 18,5. 20,6. 4,7. 4,7. 7;
1886. 2. 26,2. 27,3. 18,3. 29,4. 30,
6. 3,6. 23,7. 21,9. 30,10. 5,10. 10,
10. 12,10. 15,10. 16,10. 22,10. 27,
11. 1,11. 3,12. 13,12. 15,12. 27;
1887. 2. 9,2. 19,5. 10,7. 25,12. 13;
1888. 10. 30
季君梅　见季念诒
季氏　见季君梅
季士周　见季邦桢
季耕洲　见季邦桢
季仙九　见季芝昌
季芝昌(季仙九)**1866**. 9. 17
季耀煃(季祖庚)**1867**. 4. 12;**1875**. 12.
　23,12. 24;**1876**. 12. 5;**1879**. 10. 12;
　1882. 4. 9
季幼梅 **1886**. 10. 27
季佑申　见季纶全
季簪　见邓嘉绂
季振宜(季沧苇)**1882**. 6. 16

季自周　见季邦桢
季祖庚　见季耀煃
继芳 **1864**. 1. 30
计苇村　见计棠
计棠(计苇村)**1869**. 8. 23
计老　见胡培系
纪朋陵(纪祝三)**1873**. 11. 1
纪文达　见纪昀
纪昀(纪文达)**1875**. 6. 3;**1876**. 7. 12
纪祝三　见纪朋陵
季圃　见曾学时
季荃　见李鹤章
季俞　见俞小莺
季雨　见邓启贤
寄圃　见曾学时
寄雨　见邓启贤
冀鉴文 **1872**. 11. 8;**1873**. 1. 8,1. 9,5. 19
嘉顺皇后　见孝哲毅皇后
家兄　见赵熙文
家英　见龚宝琦
贾德镒 **1872**. 11. 16
贾鸿诏 **1864**. 4. 21
贾秋壑　见贾似道
贾似道(贾秋壑)**1881**. 12. 1

椒生　见董开汾

椒孙　见董开汾

椒侄　见董开汾

节相　见曾国藩

杰人　见陈伟

洁卿　见冯邦栋

劼刚　见曾纪泽

芥舟　见蔡锦青

金安清（眉生、金眉生、眉叟、金眉叟、
眉老、眉翁、金都转、金六廉访）
1859. 8. 10,8. 29,12. 3;**1860**. 6. 26,
10. 17,11. 6;**1861**. 2. 27,3. 1,6. 24,
6. 25,6. 26,6. 27,6. 28,7. 1,7. 7,7.
20,7. 22,7. 23,8. 20,8. 29,9. 7,9.
11;**1862**. 2. 16,2. 25,3. 19,4. 1,4. 2,
4. 5,4. 11,5. 15,5. 18,5. 23,5. 27,5.
29,6. 3,6. 9,6. 18,6. 20,7. 18,7. 20,
7. 28,8. 5,8. 14,8. 15,8. 17,8. 20,8.
21,8. 22,8. 23,8. 24,8. 25,8. 26,8.
28,8. 29,8. 30,8. 31,9. 1,9. 2,9. 3,
9. 4,9. 5,9. 6,9. 7. 9. 8,9. 10,10. 19,
10. 20,10. 21,10. 22,10. 23,10. 24,
10. 25,10. 26,10. 27,10. 28,10. 29,
10. 30,10. 31,11. 1,11. 7,11. 18,11.

21,12. 1,12. 2;**1863**. 2. 6,2. 7,2. 9,
2. 10,2. 13,2. 14,2. 15,2. 16,2. 17,
2. 18,2. 19,3. 14,3. 21,3. 29,4. 8,4.
10,4. 16,4. 20,5. 31,6. 1,6. 6,6. 19,
7. 13,7. 21,7. 30,8. 1,8. 3,8. 4,8. 5,
8. 15,8. 16,8. 19,8. 21,8. 24,8. 26,
8. 30,9. 3,9. 4,9. 5,9. 7,9. 10,9. 11,
9. 12,9. 15,9. 17,9. 18,9. 22,9. 24,
9. 25,9. 28,9. 30,10. 1,10. 3,10. 4,
10. 5,10. 11,10. 17,10. 19,10. 21,
10. 23,10. 25,10. 27,10. 28,10. 30,
10. 31,11. 1,11. 2,11. 3,11. 4,11. 5,
11. 6,11. 7,11. 11,11. 14,11. 15,11.
24,11. 27,11. 30,12. 1,12. 5,12. 6,
12. 9,12. 11,12. 20,12. 23,12. 31;
1864. 1. 10,1. 12,1. 14,1. 15,1. 24,
1. 26,1. 27,2. 4,2. 5,2. 10,2. 29,3.
3,3. 8,3. 10,3. 19,4. 5,4. 12,4. 13,
4. 15,4. 17,4. 18,4. 21,4. 26,4. 27,
5. 2,5. 6,5. 8,5. 9,5. 16,5. 17,5. 18,
5. 23,6. 8,6. 13,6. 14,6. 17,6. 18,6.
30,7. 1,7. 26,7. 29,7. 30,8. 1,8. 2,
8. 3,8. 6,8. 10,8. 11,8. 12,8. 13,8.
14,8. 15,8. 16,8. 18,8. 20,8. 21,8.

24,9. 2,9. 10,9. 12,9. 13,9. 14,9. 1,
9. 16,9. 17,9. 21,9. 22,9. 27,10. 6,
11. 17,11. 21,11. 23,11. 30,12. 2,
12. 3,12. 8,12. 12,12. 16,12. 17,12.
20,12. 22,12. 28,12. 29；**1865**. 1. 11,
1. 18,1. 19,1. 20,1. 22,1. 24,2. 1,2.
2,2. 3,2. 10,2. 14,2. 17,3. 27,3. 31,
4. 1,4. 2,4. 3,4. 4,4. 5,4. 9,4. 11,4.
13,4. 15,4. 19,4. 20,4. 24,4. 28,4.
29,4. 30,5. 3,5. 4,5. 6,5. 7,5. 8,5.
9,5. 13,5. 14,5. 15,5. 17,5. 21,5.
22,5. 26,5. 28,5. 29,5. 30,5. 31,6.
1,6. 2,6. 7,6. 8,6. 9,6. 10,6. 11,6.
16,6. 17,6. 20,6. 21,6. 22,6. 23,6.
24,6. 25,6. 27,6. 28,7. 1,7. 2,7. 6,
7. 8,7. 15,7. 22,7. 23,7. 24,7. 30,8.
3,8. 6,8. 7,8. 22,8. 25,8. 26,8. 28,
8. 31,9. 1,9. 2,9. 4,9. 5,9. 7,9. 9,9.
10,10. 27,10. ,10. 29,10. 31,11. 4,
11. 7,11. 9,11. 11,11. 13,11. 14,11.
17,11. 26,11. 27,12. 3,12. 6,12. 7,
12. 8,12. 9,12. 12,12. 13,12. 15,12.
18,12. 26,12. 28,12. 30；**1866**. 1. 5,
1. 6,1. 7,1. 8,1. 9,1. 26,1. 29,2. 1,

2. 2,2. 8,3. 7,3. 8,3. 10,3. 27,3. 30,
4. 4,4. 5,4. 9,4. 10,4. 13,4. 15,4.
16,4. 18,4. 19,4. 27,4. 30,5. 3,5. 7,
5. 13,5. 24,5. 27,6. 3,6. 12,6. 13,6.
16,6. 17,6. 18,6. 19,6. 20,6. 21,6.
22,6. 23,6. 24,6. 25,6. 26,6. 28,6.
29,6. 30,7. 2,7. 4,7. 5,7. 9,7. 11,7.
19,7. 20,7. 21,7. 22,7. 23,7. 24,7.
25,7. 29,7. 30,8. 1,8. 2,8. 15,8. 17,
8. 19,8. 26,8. 27,8. 31,9. 6,9. 7,9.
8,9. 12,9. 14,9. 16,9. 26,10. 8,10.
14,10. 17,10. 28,11. 1,11. 2,11. 3,
11. 6,11. 16,11. 21,11. 25,11. 26,
11. 29,11. 30,12. 2,12. 5,12. 7,12.
8,12. 16,12. 17,12. 25,12. 27,12.
28；**1867**. 1. 5,1. 7,1. 9,1. 20,1. 21,
1. 30,2. 4,2. 13,2. 14,2. 22,2. 24,2.
26,2. 27,3. 5,3. 6,3. 7,3. 17,3. 20,
3. 24,3. 25,3. 30,4. 11,4. 17,4. 20,
4. 24,4. 25,4. 27,4. 30,5. 5,5. 14,5.
29,5. 30,6. 2,6. 8,6. 17,6. 29,6. 30,
7. 3,7. 28,7. 29,8. 14,8. 21,9. 1,9.
11,9. 13,9. 21,9. 23,9. 24,10. 22,
11. 4,12. 27；**1868**. 1. 12,1. 18,2. 1,

2. 2,2. 6,2. 13,2. 18,2. 22,2. 23,3.
3,3. 6,3. 7,3. 12,3. 13,3. 15,3. 16,
3. 18,3. 22,3. 23,3. 31,4. 5,4. 7,4.
8,5. 7,5. 25,5. 26,5. 27,5. 28,5. 29,
5. 31,6. 1,6. 4,6. 5,6. 11,6. 13,6.
15,6. 19,6. 28,6. 30,7. 18,7. 20,8.
10,8. 17,9. 14,9. 15,9. 19,9. 21,10.
9,10. 13,10. 15,10. 16,11. 2,11. 19,
11. 30,12. 14,12. 15,12. 16,12. 17,
12. 19;**1869**. 1. 13,1. 21,1. 24,2. 7,
2. 17,2. 19,2. 21,2. 27,2. 28,3. 1,3.
19,3. 21,3. 29,3. 30,3. 31,4. 1,4. 6,
4. 13,4. 20,4. 21,4. 29,5. 11,5. 22,
5. 29,6. 7,7. 28,7. 29,9. 18,9. 20,
10. 17,11. 12,11. 26;**1870**. 4. 10,4.
19,5. 4,10. 2,10. 30;**1871**. 3. 1,3.
11,5. 25,10. 8,11. 16,11. 28,12. 18,
12. 25;**1872**. 3. 3,3. 4,7. 23,12. 26;
1873. 1. 1,7. 19,8. 31,9. 16,9. 26,
10. 6;**1874**. 1. 9,6. 28,7. 11,7. 24,9.
5,12. 22;**1875**. 4. 28,6. 19,7. 4,11.
22,12. 11,12. 17,12. 21,12. 23,12.
25,12. 31;**1876**. 1. 19,2. 8,2. 10,2.
11,2. 16,2. 24,2. 25,3. 4,4. 21,5.

11,5. 17,5. 18,5. 19,5. 20,5. 24,5.
27,5. 29,6. 24,7. 1,7. 7,7. 26,8. 9,
8. 23,8. 26,8. 28,9. 28,10. 18,10.
23,10. 24,11. 17,11. 18,11. 27,12.
2,12. 13,12. 14,12. 16,12. 17,12.
24,12. 31;**1877**. 1. 1,1. 7,1. 9,1. 10,
1. 25,1. 29,2. 4,2. 5,2. 17,2. 18,2.
20,2. 22,2. 23,2. 24,3. 1,3. 26,3.
27,4. 10,4. 15,5. 12,5. 19,6. 5,6. 6,
6. 10,6. 16,7. 2,7. 13,7. 23,7. 30,8.
1,8. 12,8. 23,8. 24,8. 30,9. 7,9. 9,
9. 11,9. 12,9. 13,9. 17,9. 28,9. 29,
9. 30,10. 22,10. 23,10. 24,10. 28,
11. 3,11. 18,11. 28,11. 29,12. 22;
1878. 1. 14,1. 21,1. 27,1. 28,2. 6,2.
12,2. 19,2. 27,3. 11,3. 12,3. 13,3.
23,3. 25,3. 30,4. 6,4. 17,4. 29,4.
30,5. 1,5. 8,5. 9,6. 9,6. 23,6. 26,7.
15,8. 7,8. 17,10. 15,10. 20,10. 22,
10. 29,11. 14,11. 26,11. 30;1880,6.
16,8. 10,8. 22,9. 1;**1887**. 10. 26

金波 **1862**. 5. 8

金大定 **1864**. 9. 15

金都转　见金安清

金湛生　见金武祥

金桂荣（力甫、立甫、金力甫、金立甫）
1863.2.6,2.7,2.9,2.10,2.18;
1864.2.10,2.11,7.26,9.2,9.4,9.
10,9.11,9.12,9.17,9.18,11.21,
12.20;**1865**.1.6,1.14,1.23,1.30,
3.25,3.27,3.28,3.29,4.2,4.13,6.
27,8.28,8.29,9.7,10.28,10.31,
11.7,11.9,11.14,11.19;**1866**,1.5,
4.16,4.19,4.26,6.15,11.20;**1868**.
12.15;**1876**.7.1,7.3,8.14,8.19,
12.17,12.19;**1876**.12.13;**1877**.1.
10,1.12,1.18,1.23,2.5,2.19,2.
22,3.6,3.11,4.17,9.17,11.16,11.
18,11.28;**1878**.11.13,11.14;**1880**.
3.16,3.19,4.11,6.16,6.23,9.1

金国琛（逸亭、金逸亭）**1863**.5.15,5.
19;**1864**.5.12,10.3;**1865**.2.6,2.7,
2.11,2.15,2.23,2.24,2.25,2.27,
3.7,3.8,3.9,4.26,4.28,5.14,5.
24,5.25,12.23;**1867**.5.16;**1868**.6.
27,6.30,10.6,10.9,10.12,10.16,
10.17,10.19;**1869**.4.20,6.8,6.10;
1870.9.27,11.25;**1871**.3.1;**1873**.

1.18,1.20,4.23,5.20;**1874**.3.12;
1880.4.9,4.10;**1881**.1.26;**1886**.8.
21

金华亭　见金勋

金黄 **1875**.9.11

金莱怡 **1875**.9.27,9.28

金力甫　见金桂荣

金立甫　见金桂荣

金莲生 **1876**.7.3

金六廉访　见金安清

金鹭卿　见金吴澜

金晋甫　见金树德

金缙甫　见金树德

金敬（金瘦筠、金瘦君、金寿君）**1863**.
2.7,2.10;**1876**.12.13,12.14,12.
15,12.16,12.17;**1877**.11.18;**1878**.
11.30

金静之（金静知）**1865**.10.3,10.4,10.
5;**1866**.1.29,2.1,3.7,3.10,3.13,
7.6;**1867**.2.26;**1868**.2.18,3.4

金静知　见金静之

金科毕（应侯）**1856**.2.12

金眉生　见金安清

金棨 **1875**.7.29,10.28

金农(金寿门)**1884**.3.17;**1885**.7.9,
7.21

金曰修(绍伯)**1854**.12.6,12.23

金若愚 **1860**.3.1

金庆澜(小筠、小云、金小筠,金小云)
1865.8.31,9.1,9.4;**1866**.1.5

金绍先(金枝香)**1872**.3.24,3.25,3.
26,3.27

金少枚 **1866**.7.25

金慎甫 **1862**.4.21

金士麒(仁甫、人甫)**1852**.3.1,3.5,3.
10,12.29;**1853**.1.7,2.10,3.9,4.
27,4.30,10.20,12.19;**1854**.1.9,3.
1,3.5;**1860**.6.26

金士麟(瑞甫、金瑞甫)**1854**.1.9;
1860.6.26,6.27;**1875**.9.17

金寿门　见金农

金瘦筠　见金敬

金瘦君　见金敬

金寿君　见金敬

金仁甫　见金士麒

金人甫　见金士麒

金瑞甫　见金士麟

金绍伯　见金曰修

金世莲(青亭)**1856**.2.12

金树德(金晋甫、金缙甫)**1866**.4.16,
4.27,7.4,11.20

金硕 **1872**.11.13

金松 **1860**.5.2;**1871**.9.8

金素秋 **1882**.11.20

金调卿　见金元烺

金苕卿　见金元烺

金吴澜(金鹭卿)**1865**.1.30;**1869**.3.
30,4.1,7.2,7.3,7.4,7.5,7.10,7.
12,7.28,8.2,8.4,8.11,8.20,8.26,
8.28,8.30,9.1,9.4,10.1,10.7,10.
10,11.4,11.17,11.18,11.19,11.
21,12.3,12.5,12.12,12.14,12.19,
12.23,12.24;**1870**.1.11,1.16,2.1,
2.2,2.21,3.16,3.23,3.31,4.15,4.
19,5.15,5.20,6.4,6.14,6.19,7.3,
8.5,8.8,9.14,9.18,10.10,10.21,
10.25,11.4;**1871**.3.3,9.30,12.25;
1872.4.11,5.3,6.25,8.13;**1873**.5.
4;**1876**.2.9,2.13,2.18,2.20,2.28,
3.4,8.6,8.7,12.19,12.26;**1879**.3.
22,3.25,4.3;**1880**.1.6,2.27,5.15,
5.27,6.9,6.19,12.7,12.15,12.30;

1881.5.1,6.15;**1882**.9.3,10.29,
10.30;**1883**.2.17,2.19,3.31,4.23,
5.6,6.5,6.7,9.17;**1884**.4.28,10.
22,10.25;**1885**.1.14,1.30,4.6,4.
19,5.3,8.12,8.27,12.2,12.24;
1886.1.12,1.18,11.2,11.8,12.8,
12.27;**1887**.8.18

金武祥(金溎生)**1886**.8.21,8.24;
1887.5.29

金芗圃　见金以诚

金小韩 **1860**.12.17

金小眉　见金宗保

金小云　见金庆澜

金小筠　见金庆澜

金勖(华亭、金华亭)**1862**.4.23,4.24,
9.16,9.17,9.18,9.19,9.20,9.22,
10.1

金以诚(金芗圃)**1864**.9.18

金逸亭　见金国琛

金幼孜 **1878**.4.4

金玉 **1861**.2.3

金元烺(调卿、茗卿、金调卿、金茗卿)
1863.2.7,9.7,9.15,11.21,11.29,
12.24;**1864**.1.15,2.9,3.27,6.17,

6.23,7.1,8.12,10.25,12.8;**1865**.
1.9,1.10,1.11,1.13,1.14,1.16,1.
17,1.18,3.27,3.28,4.1,4.2,4.3,
4.30;**1866**.3.7,4.26,4.27,5.7,5.
13,5.18,5.25,5.27,6.3,6.12,10.
14,10.17,11.2,11.20;**1868**.11.30;
1881.5.1

金枝香　见金绍先

金子春 **1862**.5.26,5.27,5.28;**1866**.2.1

金子香 **1862**.5.30,5.31,6.3,6.6,6.9,
6.10,6.25,6.26;**1863**.6.23

金子招 **1861**.2.10

金宗保(小眉、金小眉)**1878**.10.20,
11.30;**1879**.1.4,1.14;**1880**.3.16,
3.19,4.11,6.16,6.23,9.1,9.14

靳兰友　见靳芝亭

靳芝亭(靳兰友)**1863**.6.23,6.26

谨婳　见方恮

景春融(景琮圃)**1877**.1.9,1.26

景琮圃　见景春融

景观(景鉴堂)**1871**.9.20;**1872**.1.5

景翰卿(景翰青)**1874**.3.23;**1875**.5.
25,9.28

景翰青　见景翰卿

景和 **1875**.9.10,9.11

景其濬 **1862**.6.27

景寿 **1861**.9.13,9.28,12.9

近庵　见刘汝刚

敬伯　见管晏

静安上人(静安僧、释静安)**1880**.8.9,
　8.12;**1881**.1.19,2.25,3.20,4.5,7.
　20,7.21,7.23

静臣　见曾纪渠

静琬法师 **1875**.9.10,9.11

静斋　见成果道

镜海　见何应祺

镜如　见赵国裕

镜如七侄　见赵国裕

缙古村　见缙兴

缙兴(缙古村)**1869**.11.26

九舍弟　见曾国荃

九大人　见曾国荃

九帅　见曾国荃

鞠列三　见鞠耀乾

鞠耀乾(鞠列三、鞠镇、鞠镇军)**1862**.
　12.9,12.25,12.26,12.30,12.31;
　1867.12.22

鞠镇军　见鞠耀乾

聚卿　见高列三

隽生　见盛久曜

君麟　见曾宝章

君梅　见季念诒

俊达(俊质堂)**1865**.4.24

俊质堂　见俊达

K

喀和庵　见喀勒冲阿

喀勒冲阿(喀和庵)**1873**.2.5,3.19,
　10.29;**1874**.9.2,10.23,11.2,11.3

开生　见刘翰清

开孙　见刘翰清

恺生　见刘翰清

恺堂　见曹秉仁

恺宜府君　见赵凤诏

恺宜公　见赵凤诏

忾宜府君　见赵凤诏

康国器 **1864**.6.3

康锦文 **1864**.1.12,3.14

康钧 **1873**.3.12

康占鳌 **1871**.4.26

康兆奎(竹吾)**1855**.6.29

柯琴 **1876**.12.1

蓝二顺 **1864**.1.20,4.26,7.5

蓝宋氏 **1871**.6.12

蓝瑛(蓝田叔) **1867**.11.4;**1872**.11.1

兰槎　见方德骥

兰兰 **1853**.7.23

兰卿　见王瀚

赖荣光 **1863**.9.16

赖文光(赖文洸、增王) **1867**.5.28;
　1868.1.3,1.13

赖文洸　见赖文光

朗甫　见赵曾向

朗甫叔　见赵曾向

朗生　见王彬

阆山　见周悦修

劳崇光 **1861**.1.10;**1863**.9.1;**1865**.4.
　28

劳厚甫　见劳乃宽

劳乃宽(劳厚甫) **1871**.11.2;**1875**.5.
　15

劳乃宣(劳玉磋、劳玉初) **1862**.11.26,
　11.27,12.6,12.10;**1866**.3.11,3.
　12,3.13,3.14,3.29,4.1,4.3;**1871**.
　9.25,10.7,10.10,10.11,10.27,10.
　31;**1875**.6.28,7.5,7.9,7.10,10.7,

10.10,10.13;**1878**.9.5,9.6,11.20;
　1879.5.31

劳玉初　见劳乃宣

劳玉磋　见劳乃宣

老九　见曾国荃

勒方锜(勒少仲) **1864**.8.19,9.27,9.
　29,11.27;**1865**.5.12,5.17,5.30,8.
　2,12.22,12.27;**1866**.1.7,1.8,7.4,
　11.1,11.10,11.11,11.23,12.4,12.
　7,12.8,12.29;**1867**.1.21,2.27,4.
　22,4.27;**1868**.1.13,2.18,2.22,2.
　26,5.28,6.9,6.10,6.14,10.4,10.
　5;**1869**.1.14,2.28,3.3,4.12,6.7,
　6.9

勒少仲　见勒方锜

冷景云　见冷庆

冷平甫　见冷玉衡

冷平如　见冷玉衡

冷庆(冷景云、冷中协、冷协戎) **1872**.
　2.25,11.2;**1873**.2.10,4.16;**1874**.
　1.6,1.9,1.10,1.24,1.25,11.30;
　1875.5.3

冷守备　见冷玉衡

冷协戎　见冷庆

冷中协　见冷庆

冷玉衡(冷平如、冷平甫、冷守备)
　1874.1.25,2.6,4.12,11.2;1875.3.
　6,4.10,8.21,9.2,9.3

雷楚材　见雷定国

雷定国(雷楚材、雷总兵)1868.5.16,
　6.4,6.5

雷实卿 1864.7.31,8.2

雷玉春(雷振初、雷震初)1878.2.26,
　2.28;1880.4.14,4.15,7.2,7.3,7.
　4,7.7;1881.10.11;1882.2.6,2.13;
　1883.6.14,6.20;1884.19;1885.3.
　7;1888.3.29,4.1;1889.2.5

雷振初　见雷玉春

雷震初　见雷玉春

雷正绾 1864.5.13,6.22

雷总兵　见雷定国

黎长君(黎斗翁)1860.10.18

黎澄 1878.4.12

黎莼斋　见黎庶昌

黎次平 1862.1.19

黎定中(黎玉晖)1863.11.20,11.22,
　11.27

黎斗翁　见黎长君

黎福宝(黎友林)1868.9.22,9.30

黎福畴(黎寿民)1862.2.24,7.12,7.
　13,7.19,7.20

黎汉西　见黎志彪

黎季辇 1878.4.12

黎蕉园　见黎庶蕃

黎柯堂 1862.2.21

黎寿民　见黎福畴

黎庶昌(莼斋、黎莼斋)1863.5.6,5.
　15,5.24,6.24,6.25,10.19,11.12,
　11.22,12.2,12.6,12.8;1865.1.5,
　1.30,6.26;1867.10.18,10.20,12.
　29;1868.1.4,4.17,4.18,4.21,4.
　24,4.25,4.29,5.11,5.16,5.17,5.
　18,5.19,5.21,5.22,5.24,5.25,5.
　27,5.28,5.30,5.31,6.1,6.2,6.3,
　6.4,6.23,6.29,7.4,7.15,8.10,8.
　12,8.20,8.23,8.26,9.1,9.4,9.29,
　10.21,11.8,11.14;1869.1.14,3.2,
　7.8,7.13,7.14,7.16,7.18,7.20,
　10.4,10.5;1873.2.2,2.9,2.12;
　1886.11.23

黎庶蕃(黎蕉园)1868.7.4,7.9,7.15,
　7.29

黎友林　见黎福宝

黎玉晖　见黎定中

黎志彪(黎汉西)**1864**.8.2

黎竹林 **1868**.12.5;**1870**.11.9

李白 **1882**.6.3

李柏 **1864**.5.4

李邦达 **1864**.5.10

李宝贤(李石版)**1861**.10.1

李保菜(李颖生)**1875**.11.29,12.2

李壁城　见李昌连

李冰叔　见李肇增

李秉衡(李鉴亭)**1871**.9.27

李炳照(伯房、李甥、炳甥、李伯房、伯
房甥)**1859**.3.6;**1860**.5.23,5.27,6.
7,7.21,9.7,10.31,11.15;**1861**.6.
1,6.3,6.4,6.6,6.7,6.10,6.16,6.
17,6.18,6.19,6.21,6.30,7.8,7.9,
7.10,7.22,7.27,8.3;**1862**.1.23,2.
11,3.19,9.10,10.17,10.29,10.31,
11.1,11.8,11.21;**1863**.2.9,2.13,
4.5,6.27,6.30,7.13,10.6,11.8,
11.10,12.2,12.4,12.13,12.24,12.
25,12.26,12.30;**1864**.1.24,4.5,8.
25,9.22,9.27,11.7;**1865**.1.26,4.

8,4.11,4.16,4.26,4.28,5.24,5.
25,6.6,7.31,9.30,11.15,11.17,
11.29,12.9;**1866**,1.2,1.3,1.10,2.
4,2.20,3.15,4.14,4.16,4.19,6.7,
6.26,6.28,7.20,8.16,9.21,10.9,
11.21;**1867**.1.8,2.24,3.17,4.6,4.
7,5.16,5.28,5.30,6.2,7.24,10.
15,12.15;**1868**.4.19,4.24,4.26,5.
1,6.28,7.6,7.17,9.15,11.4;**1869**.
2.17,2.20,2.21,4.18,4.20,6.8;
1870.5.5,9.11;**1874**.3.1;**1875**.3.
13,12.23;**1872**.10.13;**1875**.12.31;
1876.3.15,3.16;**1877**.2.10,11.21,
11.22;**1878**.1.22,1.26;**1879**.11.
29;**1880**.1.23,2.1,11.20,11.22,
11.23;**1882**.4.23,4.24,6.26,7.2,
7.3;**1884**.1.11;**1885**.5.31,6.7,6.
11,8.15;**1886**.12.12;**1887**.10.27;
1888.12.3,12.5;**1889**.7.8

李伯房　见李炳照

李伯孟　见李崇鼎

李伯盂　见李之郇

李博泉　见李溥

李部曹　见李坊

李采臣　见李元华

李昌连(李壁城)1869.11.8

李昌龄(宋人)1875.7.2

李昌龄(营弁)1869.11.29

李长乐(李汉春)1870.9.17,9.18,10. 22

李长裕 1861.10.8

李朝斌(李质堂)1864.3.23,4.12; 1868.5.27,5.28,6.15,9.18,11.28, 11.30,12.2,12.5,12.19;1869.3.4, 3.13,6.10,6.11

李朝仪(李藻舟)1869.11.10,11.23; 1875.10.8

李臣典(李祥云)1863.6.29;1864.1. 7,1.8,1.9,7.18,8.4,8.11,8.26

李承谟(李于湖)1863.12.28

李次青　见李元度

李传献(李翼民)1869.12.9

李崇鼎(伯盂、李伯盂)1859.4.9,4. 12,5.20,9.8;1860.1.10,2.11,6. 19,6.23,6.24,6.26,6.27,6.28,7. 2,7.6,7.7,11.7;1864.7.6,8.10,8. 16;1868.1.19,2.8,6.13,6.15,6. 16;1869.1.30,1.31,3.4,3.5,6.5,

10.2;1878.2.27;1883.6.23;1884. 9.24;1885.4.12

李传黻(佛笙、李佛笙、李佛生)1869. 7.8,7.11,7.13,7.16,7.20,7.22,7. 23,7.31,8.1,8.9,8.11,8.13,8.22, 8.24,8.31,9.19,10.9,10.11,11. 10,11.15,11.18,12.9,12.14;1870. 1.17,1.18,8.19,8.20,9.8,9.11, 11.12,11.13;1872.1.6

李春林　见李德泰

李德麟 1861.8.27,9.3;1862.12.4,12. 31

李德泰(李春林)1871.3.25

李迪庵　见李续宾

李殿英 1886.12.10

李定泰(李镇军)1860.3.3,3.63.6,3. 9,3.12

李栋梁 1870.7.20

李方泰(通甫)1854.12.8,12.9;1855. 1.29;1862.4.22

李芳墀 1873.3.25

李坊(李言宗、李部曹)1874.9.27,9. 28;1875.3.23,3.24,3.29

李逢源(李问渠)1871.9.20,10.14;

15,5. 1,5. 7,5. 8,5. 9,6. 6,6. 7,8.
15,8. 29,9. 13,9. 28,10. 13,10. 21,
10. 25,11. 15；**1884**. 1. 10,1. 13,4.
27,5. 9,9. 7,9. 19,10. 22；**1885**. 4.
11,9. 14,9. 27,11. 3,11. 23,12. 8；
1886. 7. 21；**1887**. 3. 22,3. 25；**1889**.
2. 11

李鸿章(少荃、荃相、少泉、李公、李抚、
相国、相君、中堂、李相、李帅、少帅、
李中丞、李宫保、李少荃、李少泉、李
少帅、李协揆、李节相、李中堂、李合
肥、合肥相)**1861**. 9. 1；**1862**. 2. 21,3.
3,3. 7,3. 24,3. 28,3. 30,5. 18,5. 24,
6. 25,8. 10,8. 28,9. 4,10. 29,11. 13,
11. 16,12. 11；**1863**. 2. 12,4. 7,6. 8.
1,8,6. 10,6. 24,6. 29,8. 10,9. 10,9.
17,9. 21,11. 11,12. 13,12. 27,12.
29,12. 30；**1864**. 1. 1,1. 6,1. 7,1. 8,
1. 9,1. 13,1. 18,1. 21,1. 26,1. 27,3.
8,3. 11,3. 16,3. 23,3. 30,3. 27,3.
28,3. 30,4. 7,4. 13,4. 17,4. 19,4.
22,5. 3,5. 7,5. 12,5. 13,5. 19,5. 21,
5. 22,5. 30,6. 11,6. 17,6. 20,6. 22,
6. 27,7. 1,7. 3,7. 11,7. 13,7. 18,7.

25,8. 6,8. 9,8. 11,8. 17,8. 23,9. 25,
11. 16,11. 20,11. 23,12. 1,12. 3,12.
14,12. 25,12. 30；**1865**. 1. 3,1. 5,1.
7,1. 12,7,2. 16,3. 12,3. 13,3. 14,4.
9,4. 11,4. 18,5. 22,6. 11,6. 17,6.
20,7. 1,8. 3,8. 7,8. 13,9. 24,11. 7,
12. 16,12. 27,12. 29,12. 30；**1866**. 1.
2,1. 30,2. 1,2. 4,3. 5,3. 27,7. 6,8.
31,9. 30,10. 23,10. 24,11. 23,12. 4,
12. 30；**1867**. 3. 18,4. 16,5. 28,6. 1,
6. 19,6. 23,7. 9,7. 13,7. 14,7. 16,7.
17,7. 18,7. 21,7. 22,8. 4,8. 13,8.
31,9. 3,9. 7,9. 19,9. 22,9. 25,10. 1,
10. 4,10. 12,10. 14,11. 2,11. 30,12.
17,12. 26,12. 30；**1868**. 1. 3,2. 18,2.
24,2. 27,3. 13,3. 15,4. 8,4. 21,5.
17,5. 27,6,3. 7,8. 18,9. 8,9. 21,11.
16,12. 10；**1869**. 7. 22,8. 21,10. 16,
10. 25,10. 28；**1870**. 2. 22,3. 10,4.
29,5. 26,8. 8,8. 17,8. 23,9. 4,9. 15,
10. 17,111. 4,11. 20；**1871**. 9. 2,10.
4,10. 28,12. 18,12. 21；**1872**. 1. 2,2.
6,2. 11,2. 12,2. 13,2. 20,6. 20,9.
10,10. 3,10. 16；**1873**. 2. 9,7. 28,7.

29,8.16,8.18,9.26;**1874**.1.6,1.8,
3.16,3.17,3.23,3.24,3.25,3.26,
3.28,4.11,4.14,4.15;**1875**.1.13,
1.14,3.9,3.11,5.25,6.8,6.9,6.
23,8.25,8.26,9.22,9.28;**1876**.1.
1,7.1,9.4,9.11,10.25;**1877**.3.26,
6.20,7.13,11.29;**1878**.3.23;**1879**.
1.11,3.13,3.19,4.18;**1880**.11.15;
1881.3.4,6.1,12.24,12.27;**1882**.
3.30,6.6,7.19;**1886**.12.4

李鸿藻(李兰孙)**1864**.6.19;**1868**.11.
27

李厚甫 **1869**.11.30

李璜(李友琴)**1862**.11.14,12.12;
1866.6.29,7.4,7.5;**1868**.3.2

李继达 **1864**.5.10

李济清(李忍斋)**1863**.12.28

李季荃　见李鹤章

李嘉福(李笙渔、李笙鱼)**1862**.12.8;
1866.4.16,4.27;**1867**.2.27,4.26;
1868.2.24;**1876**.12.17;**1878**.12.3;
1879.12.16

李鉴堂 **1869**.8.9

李鉴亭　见李秉衡

李健斋　见李克久

李捷峰　见李文敏

李节相　见李鸿章

李金库 **1870**.6.16,6.21,6.26,6.29,7.
1,7.2

李金声 **1871**.4.25

李金镛(李秋亭)**1865**.3.13,3.14,3.
15,9.23

李金洲 **1864**.7.23

李晋三 **1863**.7.5

李静涵 **1868**.2.19,2.20

李静山　见李培祜

李静山(秫营旧银钱所委员)**1875**.1.
10

李静轩　见李体全

李静斋　见李体全

李镜藻(李屏侪)**1870**.5.3,5.4

李开 **1872**.11.13,11.17

李克久(李健斋)**1867**.12.24,12.25

李兰孙　见李鸿藻

李老根 **1872**.5.16

李玲 **1874**.10.26

李凌霄(李鹏展)**1872**.2.27,3.18,7.
8;**1873**.1.17,2.21,2.25,4.7;**1874**.

4.6,5.15,12.27

李洺 1871.11.20

李麟书 1870.12.23

李联琇(李小湖)1867.7.26

李龙眠 见李公麟

李洺兴 1871.11.20

李姬 见李纤

李君 见李映棻

李眉生 见李鸿裔

李孟和 见李福沂

李孟平(李铁帆)1869.9.15,9.21;

1873.2.13

李梦和 见李福沂

李梦鹤 见李福沂

李梦阳 1858.9.24;1878.4.17

李勉林 见李兴锐

李勉庭 见李兴锐

李岷川(李生)1889.6.24,6.25

李明墀(李玉阶)1867.12.9

李明山 1864.8.31

李名振 1864.5.27

李某(扬州人)1883.4.20

李默 1871.4.13

李培祜(李静山)1864.2.1,3.24,4.

11,4.12,5.6;1873.2.3,2.10,2.11;

1874.1.7,1.10,3.17,11.30;1875.

1.15,3.10,5.3,5.7,5.14,10.6

李溥(李博泉)1861.10.19;1862.5.7

李佩林 见李文业

李佩书 1875.12.3;1878.10.13

李仆 见李宜

李清风 1880.5.14

李清照(李易安)1887.10.11

李晴芳 1855.1.29

李晴甫 见李曜

李晴湖 见李宗泌

李庆雍 1870.12.18,12.27,12.30;

1871.1.2

李群儿 1872.6.28

李秋亭 见李金镛

李壬叔 见李善兰

李忍斋 见李济清

李冗 1875.7.2

李润田 1864.9.13

李若农 见李文田

李三清 1870.7.26

李善兰(壬叔、李壬叔)1861.4.11,4.

22,4.27,5.24,5.30,6.8,6.23,6.

29,7. 21,7. 22,8. 2,8. 3,9. 11;**1862**.

5. 15,5. 17,5. 23,5. 26,5. 31,6. 1,6.

6,11. 19,11. 21,11. 22,11. 24,11.

25,11. 27,12. 4,12. 12,12. 13,12.

14;**1863**. 5. 6,6. 24,6. 26;**1864**. 9.

29,9. 30,11. 20,11. 21,11. 25,12.

21,12. 22,12. 29;**1865**. 1. 2,1. 31,2.

4,5. 1,5. 31,6. 15,7. 10,8. 14,8. 18,

11. 25,12. 5,12. 9,12. 12,12. 15,12.

31;**1867**. 5. 28,5. 29,6. 6,6. 17,6.

30,8. 31,9. 13,10. 13,12. 20,12. 21,

12. 23;**1868**. 1. 4,4. 16,4. 17,4. 26,

4. 27,4. 28,5. 5,7. 3,7. 14,8. 16,8.

23,9. 3,9. 6,9. 9;**1869**. 7. 29,8. 30

李少伯 **1864**. 8. 19,11. 17

李少春 **1886**. 6. 24

李少甫　见李宗涵

李少荃　见李鸿章

李少泉　见李鸿章

李少山　见李作士

李少石　见李文杏

李少帅　见李鸿章

李绍仔 **1864**. 5. 6,11. 19;**1865**. 2. 24

李申甫　见李榕

李申兰　见李芝绶

李升兰　见李芝绶

李申耆　见李兆洛

李慎儒(李子均)**1883**. 3. 12,3. 13

李笙渔　见李嘉福

李笙鱼　见李嘉福

李生　见李岷川

李甥　见李炳照

李甥　见李钟骏

李甥女　见李望娥

李石 **1875**. 7. 2

李石湖　见李星沅

李石版　见李宝贤

李实 **1878**. 4. 3

李使君　见李鸿裔

李士菜(芋仙、李芋仙)**1861**. 9. 7;

　　1863. 10. 26,10. 30,12. 5,12. 6,12.

　　8,12. 13;**1864**. 9. 21,11. 20;**1865**. 2.

　　1,2. 2,2. 3,2. 4,2. 7,2. 8,4. 19,4.

　　22,4. 23,5. 31,6. 10,6. 17,6. 23,6.

　　24,6. 27,7. 9,7. 12,7. 19,7. 21,7.

　　22,7. 23,7. 28

李士实(李白洲)**1861**. 5. 5

李士杰 **1870**. 7. 1,7. 3

李世侃 1871.9.4

李世延 1860.5.11

李世贤 1864.5.1,5.4,5.10；1865.7.25

李士瓒(李玉舟)1876.11.4

李世忠 1861.9.16,12.7；1862.6.16,

　11.10,11.17；1863.2.3,2.23,2.28,

　3.3,6.5,6.29,10.7,12.28；1864.1.

　12,1.17,2.3,3.14,3.16

李氏　见李纤

李氏(陈甥鼎妇)1882.8.23

李氏(周滋明妻)1883.6.28；1884.9.

　24,11.13；1885.4.11,11.23

李氏(张明妻)1870.7.1,7.3,7.8

李氏　见李赓猷

李氏　见李映棻

李寿椿(李叔惠)1866.6.23

李叔惠　见李寿椿

李淑卿 1864.7.29

李澍卿　见李作霖

李树勋　见李振名

李帅　见李鸿章

李顺清 1870.10.2

李泰国 1860.7.1；1861.1.6；1863.8.1,

　9.21,12.5；1864.5.6,5.7

李体全(李体乾、李静轩、李静斋)

　1872.5.28,6.6,6.7,7.8,12.29；

　1873.2.24,1873.2.24,4.29,7.15；

　1874.2.2

李体乾　见李体全

李铁帆　见李孟平

李通甫　见李方泰

李统领　见李元度

李榕(李申甫)1861.9.22,9.30；1862.

　2.21,2.23,6.1,6.9；1863.4.8,5.

　15,6.1,9.22；1864.1.15,4.6,4.27,

　12.27,12.29,12.31；1865.1.5,6.

　26；1867.11.28,11.29,12.2,12.5

李泰伯　见李觏

李万材(列王)1864.7.22

李万春 1864.1.12

李望娥(慎娥、慎甥、李甥女)1852.4.

　10；1853.3.11,3.12；1861.7.23；

　1865.8.17,8.30,11.21,11.29,11.

　30,12.1,12.12,12.26,12.31；1866.

　1.2,4.14,5.12,6.7,6.26,6.28,8.

　16,9.21,10.9；1867.4.22,5.7,5.9,

　5.10,5.11,5.16；1868.1.29,1.30,

　3.27,5.14；1869.6.4,7.12；1871.8.

1;**1872**.2. 1,2. 5,7. 17,10. 13;**1873**.

7. 25,8. 3;**1874**. 3. 1;**1875**. 3. 25,8.

10,12. 23;**1876**. 1. 19,9. 4,11. 4,11.

6,11. 27,12. 18;**1877**. 1. 1,5. 16,5.

27,7. 17,8. 17,9. 20,11. 5,**1878**. 1.

25,8. 8,8. 13,10. 22;**1879**. 7. 26,12.

29;**1880**. 1. 4,8. 2,8. 11;**1881**. 12.

31;**1882**. 1. 2,3. 17,10. 23;**1883**. 12.

20;**1884**. 1. 11,6. 23,7. 2,7. 18;

1886. 11. 23,11. 25;**1887**. 3. 20,7.

14;**1888**. 5. 17,12. 3

李文恭　见李星沅

李文辉 **1865**. 6. 23

李文敏(李捷峰、李观察)**1870**. 5. 10,

5. 11,5. 12;**1872**. 2. 20

李文田(李若农)**1885**. 7. 9,7. 21

李文杏(李少石)**1868**. 12. 2,12. 5;

1870. 10. 30,11. 11;**1871**. 4. 19,4.

22,5. 28,6. 15,7. 2,9. 19,9. 21,9.

24,9. 27,10. 4,10. 7,10. 9,10. 10,

10. 15,10. 30,11. 3,11. 11,12. 22,

12. 26,12. 30;**1872**. 1. 20,2. 5,2. 10,

2. 15,2. 19,2. 22,2. 25,2. 28,3. 1,3.

8,3. 10,3. 17,3. 19,3. 28,3. 30,4. 5,

4. 9,4. 11,5. 2,5. 3,5. 6,5. 25,5. 31,

6. 5,6. 20,6. 25,7. 3,7. 19,7. 22,7.

27,8. 1,8. 8,8. 13,8. 31,9. 11,9. 14,

9. 19,9. 22,9. 27,10. 3,10. 15,10.

16,10. 20,11. 2,11. 4,11. 5,11. 25,

12. 2,12. 9;**1873**. 1. 6,1. 15,1. 22,1.

25,1. 26,3. 18,4. 13,4. 25,4. 29,5.

7,5. 21,5. 26,6. 21,6. 24,6. 29,6.

30,7. 14,7. 15,7. 24,7. 28,7. 29,7.

31,8. 2,8. 3,8. 5,8. 6,8. 10,8. 11,8.

13,8. 18,8. 22,8. 26,8. 31,9. 10,9.

11,9. 16,9. 21,9. 26,9. 30,10. 5,10.

10,10. 11,10. 13,10. 14,10. 16,10.

28,11. 4,11. 5,11. 14,11. 17,11. 27,

12. 2;**1874**. 1. 14,1. 22,2. 12,2. 15,

3. 28,4. 11,4. 14,5. 9,5. 23,7. 17,7.

22,8. 11,8. 21,8. 26,9. 18,9. 23,10.

1,10. 2,10. 7,10. 8,10. 11,10. 21,

11. 4,11. 8,11. 29,12. 2,12. 6,12.

13,12. 19,12. 25,12. 29,12. 30;

1875. 1. 2,1. 4,1. 13,1. 26,1. 30,1.

31,2. 3,2. 17,2. 21,2. 24,3. 5,3. 7,

3. 8,3. 9,3. 10,3. 15,3. 17,3. 20,3.

23,3. 24,3. 27,3. 28,4. 1,4. 6,4. 8,

4.30,5.6,5.7,5.10,5.12,5.14,5.

16,5.26,6.5,6.26,6.28,7.2,7.31,

8.4,8.6,9.9,9.18,10.4,10.10,10.

11,10.14,11.9,12.10;**1876**.1.4,1.

22,3.14,5.9,6.10,9.4,9.24;**1877**.

3.5,3.19;**1886**.6.22

李文业(李佩林)**1871**.8.1,8.3

李文贞　见李光地

李文庄 **1870**.12.26

李问渠　见李逢源

李维时 **1870**.2.1

李维新(李祥生)**1862**.8.2,8.3

李希庵　见李绫谊

李希帅　见李绫谊

李喜溢 **1864**.7.5

李纤(李氏、李姬、阿纤、纤姬)**1868**.

12.29,12.30;**1869**.1.1,1.3,1.4,1.

5,1.6,1.10,1.15,1.17,1.20,1.22,

2.25;**1870**.5.5;**1880**.5.23

李贤 **1878**.4.3

李显安 **1864**.1.12

李显爵 **1864**.1.12

李湘锦(李晓帆)**1872**.6.11

李香翁　见李映棻

李香雪　见李映棻

李祥和 **1864**.6.30

李祥生　见李维新

李祥云　见李臣典

李相　见李鸿章

李小峰　见李光熙

李筱泉　见李瀚章

李小荃　见李瀚章

李协揆　见李鸿章

李心传 **1858**.12.30;**1875**.2.11

李新甫 **1863**.1.7,1.8,1.9,1.10,1.11,

1.13,1.14,1.24,1.25,1.26;**1867**.

11.30,12.2,12.4

李新华(樾庭)**1856**.2.12

李星沅(李石湖、李文恭)**1861**.12.4;

1867.10.7;**1868**.10.2

李兴锐(勉林、李勉林、李勉庭)**1862**.

2.18,2.19;**1865**.2.16;**1867**.10.28,

10.29;**1868**.5.15,6.28,7.31,8.17,

9.13,9.28,9.29,9.30,10.1,10.7;

1869.7.3,7.8,7.9,7.14,7.18,7.

19,7.23,7.26,7.28,8.1,8.7,8.9,

8.10,8.16,8.22,8.23,8.25,9.6,9.

12,9.15,9.17,9.27,10.4,10.5,11.

6,11.8,11.10,11.16,11.18;**1970**.

1.18,2.13,2.14,11.12,11.13;

1873.1.3,1.6,2.9,2.10,2.11,2.

12,6.2;**1876**.7.1,7.12,10.15,11.3

李晓帆　见李湘锦

李小湖　见李联琇

李小石　见李又琴

李行之　见李镇安

李秀成(忠王、忠酋)**1860**.5.2,6.6,

12.20;**1861**.1.6;**1862**.1.23,2.19,

10.22;1863,5.12,5.26;**1864**.7.19,

7.20,7.22,7.23,7.26,8.3,8.5,8.

6,8.7,8.8,8.11,8.21,8.22;**1865**.

3.15,10.1;**1867**.10.7

李续宾(迪庵、李迪庵)**1859**.2.25;

1861.8.19,8.27,8.28;**1867**.8.14,

12.24,12.26

李续谊(李希庵)**1861**.8.28;**1863**.5.

15,5.19;**1864**.1.4,5.4

李雅深**1887**.11.3,11.4

李雅轩　见李阳

李言立(李禹臣)**1870**.9.16

李扬**1872**.11.13

李阳(李雅轩)**1878**.5.26;**1879**.10.

14,10.15

李宜(李四、李仆)**1862**.8.10,10.14,

10.16,10.17;**1867**.11.10

李沂清**1865**.9.5

李翼民　见李传献

李应麟(柱周、李柱周)**1852**.8.9;

1853.12.14,12.19;**1854**.1.25,2.

13,2.16,2.17;**1855**.1.24,3.25,4.

22,5.10

李应亭**1883**.1.28,2.18

李颖生　见李保菜

李映菜(李香雪、李香翁、李君、李氏)

1862.1.16,1.17,1.18,1.20,1.22,

2.2,2.3

李应祯**1888**.6.22

李有执**1866**.3.13

李禹臣　见李言立

李雨亭　见李宗羲

李愈(李幹甫)**1886**.6.22,6.24,8.13

李浴德**1873**.11.24

李玉阶　见李明墀

李玉洁**1871**.11.20,12.3,12.4,12.5

李玉舟　见李士瓒

李芋仙　见李士棻

18,1.19,1.23,2.2,3.23,5.4,5.23,
5.27;**1875**.11.27,11.28,12.2,12.
11,12.17;**1876**.1.6,5.17,6.2,6.
25,7.12,11.2,11.4,12.25;**1877**.6.
7,6.23;**1878**.1.5,3.12,9.22,10.
13;**1879**.2.4,2.20,5.25,9.6,10.6,
11.3,11.7,11.16;**1880**.4.14,7.26,
10.6,12.13,12.23;**1881**.2.28,3.
27,4.7,4.11,6.22;**1883**.3.22,3.
23,3.24,4.3,5.5,5.16,8.22,10.
16;**1884**.5.18,5.26;**1885**.12.26;
1886.2.27;**1887**.1.6,1.29

李之体 **1871**.4.25

李之郇(李伯孟)**1867**.6.28,6.30,7.
1,7.4;**1868**.1.13

李知先 **1861**.5.31,6.6,6.18,6.21,7.
22,7.30

李直夫　见李质

李治 **1871**.4.13

李志清 **1886**.9.30

李质(李直夫)**1870**.10.25

李质堂　见李朝斌

李致勋 **1864**.7.20

李智植 **1886**.9.30

李中丞　见李鸿章

李中堂　见李鸿章

李忠定　见李纲

李钟骏(李冢骏、李甥)**1859**.2.26,2.
27,3.1,3.10,5.29,5.31,6.3;**1880**.
1.20;**1882**.4.9;**1885**.6.11

李冢骏　见李钟骏

李仲良 **1864**.8.17

李仲宣 **1869**.11.5

李竹崖 **1868**.4.18

李柱周　见李应麟

李子济 **1865**.4.8

李子均　见李慎儒

李子强 **1875**.10.8,10.13,10.14

李子乔　见李岳生

李子寿 **1862**.4.22,8.19,9.19

李子欣 **1868**.2.20

李宗涵(李少甫)**1864**.3.28,4.5,5.5,
5.6,5.31

李宗泌(李晴湖)**1860**.6.23

李宗羲(李雨亭)**1864**.11.27;**1865**.4.
4,4.5,6.27;**1867**.8.1,8.9,10.7,
10.8,10.14;**1868**.5.4,5.9,5.11,5.
12,5.13,8.18;**1869**.8.4

梁美材 **1864**.7.19

梁清远 **1871**.11.29

梁山舟 **1865**.6.27;**1875**.6.29,12.23;
　1877.8.24

梁廷健(梁子刚)**1872**.6.11,11.11

梁廷枏 **1877**.8.1

梁维枢 **1871**.11.30

梁祥和 **1872**.11.8

梁章钜(梁芷林)**1883**.5.8;**1885**.7.9;
　1889.1.1

梁子刚　见梁廷健

梁总兵　见梁洪胜

梁作楫 **1864**.7.5

良贝子　见奕良

量揆公　见赵傅教

廖传(廖季仙)**1878**.11.25,11.26;
　1880.3.31,4.3;**1885**.10.29;**1887**.
　12.18

廖登瀛 **1883**.9.1

廖发受(荣王)**1864**.3.23

廖锦春　见廖献庭

廖鸿清 **1879**.10.22

廖季仙　见廖传

廖钧(廖听桥)**1859**.2.17

廖崑源(廖昆元)**1863**.7.5;**1864**.3.25

廖昆元　见廖崑源

廖听桥　见廖钧

廖夫人(廖太夫人、廖宜人)**1876**.2.5;
　1879.3.7,11.29

廖献庭(廖锦春)**1861**.10.9,10.11

廖养泉 **1868**.3.9

廖莹中 **1876**.7.12

廖宇庆(廖再卿)**1862**.3.13,5.17,5.
　18,6.23,6.24,6.30,7.10,7.13,7.
　18,8.17,8.20,10.21;**1863**.8.23,9.
　5,10.22;**1864**.9.30,10.8;**1866**.7.
　20

廖云清 **1865**.1.8

廖再卿　见廖宇庆

廖宗元 **1862**.7.24

林彩新 **1864**.6.3

林藩台　见林寿图

林方伯　见林桂楣

林福祥 **1864**.7.23;**1865**.10.28

林桂楣(林方伯)**1862**.9.17

林海如 **1882**.2.13

林泉 **1872**.11.4

林汝舟 **1877**.9.12

林少穆　见林则徐

林绍璋 **1864**.7.19

林寿图(林藩台)**1862**.7.24

林文忠　见林则徐

林香国 **1866**.1.29,4.27

林秀山　见林源恩

林耀堂 **1861**.7.22

林源恩(秀山)**1856**.2.12,2.13,2.14

林则徐(林少穆、林文忠)**1856**.1.28;

　1863.9.9;**1868**.2.20;**1876**.12.19;

　1867.9.11;**1868**.2.20;**1877**.9.12;

　1878.5.8;**1888**.4.27

林正扬 **1864**.7.5

林子洁 **1868**.8.24;**1884**.6.15;**1885**.1.

28

林子青 **1864**.4.21

麟趾 **1861**.4.27;**1862**.1.21

凌焕(凌小南、凌小楠、凌小岚)**1864**.

　12.7,12.12;**1865**.3.15,12.3;**1867**.

　6.5,7.17;**1868**.4.22,10.28,11.14;

　1871.9.3

凌如焕 **1885**.7.9

凌小岚　见凌焕

凌小南　见凌焕

凌小楠　见凌焕

凌荫廷(凌问樵)**1861**.10.1

凌志珪(凌竹泉)**1861**.5.14

凌竹泉　见凌志珪

灵年(李望娥子)**1868**.1.29,1.30,1.

　31,2.1,2.2,2.4

刘保泰(刘芙阶)**1859**.4.9,4.11,4.19

刘宾侯　见刘湛膏

刘炳南(刘午桥)**1870**.8.24

刘秉璋(仲良、刘仲良、刘太史)**1862**.

　11.28,12.9;**1886**.10.10

刘柏龄 **1861**.10.9

刘伯山　见刘毓崧

刘伯温　见刘基

刘昌 **1878**.4.29

刘长佑　见刘荫渠

刘传棨(刘小岩)**1862**.2.19

刘玱林 **1861**.9.17,9.30

刘传桢(刘文楠)**1863**.7.5,7.7,7.21,

　9.4,9.27,9.30;**1864**.8.11,8.15,8.

　23,9.11;**1885**.7.18

刘纯甫 **1863**.3.17,3.24,4.4,5.1,5.3,

　5.8,5.14,5.20,6.12,10.20,10.30,

　10.31,11.16,12.4,12.8,12.15;

1865.1. 1,1. 5,1. 9,1. 11,1. 16,1.
17,1. 20,1. 21,1. 23,1. 28,1. 30,1.
31,2. 1,2. 4,2. 11,2. 15,4. 9,4. 10,
4. 15,4. 16,4. 17,4. 19,4. 20,4. 21,
4. 24,4. 26,4. 27,4. 28,5. 3,5. 22,5.
26,5. 30,6. 9,6. 13,6. 23,6. 24,6.
27,6. 28,9. 5,9. 6,10. 23,10. 28,12.
27;**1866**. 1. 9;**1874**. 12. 10,12. 17,
12. 21;**1875**. 1. 20;**1882**. 6. 27,6. 28,
6. 29,7. 2,7. 26,8. 2,8. 10;**1883**. 11.
25;**1884**. 2. 21

刘达敷(子逊、刘子逊)**1852**. 2. 23,3.
2,3. 10,4. 23,4. 30,7. 6,8. 20;**1854**.
4. 22,4. 30,5. 2,5. 7,11. 19,12. 24;
1861. 11. 30;**1863**. 5. 20,6. 20;**1865**.
2. 25,3. 7,3. 8

刘达善(子迎、刘子迎)**1852**. 2. 23,2.
28,3. 6,3. 22,7. 4,7. 5,7. 6,7. 8,7.
11,7. 13,7. 19,8. 9,8. 20,8. 22,8.
28,8. 29,9. 7;**1853**. 3. 4,3. 6,3. 8,3.
9,3. 13,3. 14,3. 19,3. 20,3. 21,3.
22,3. 23,3. 24,6. 18,11. 19;**1854**. 4.
16,4. 22,4. 27,5. 1,5. 2,5. 4,5. 5,5.
6,5. 7,11. 17,11. 18,11. 19,12. 5,

12.6,12. 7,12. 8,12. 9,12. 10,12.
11,12. 13,12. 14,12. 24,12. 25,12.
26;**1855**. 1. 9,1. 11,1. 12,1. 14,1.
16,1. 18,1. 20,1. 22,1. 27,1. 28,1.
29,1. 30,1. 31,2. 4,2. 5,2. 6,2. 7,2.
9,2. 10,2. 11,2. 14,2. 25,2. 27,3. 2,
3. 3,3. 5,3,6,3. 7,3. 8,3. 9,3. 13,3.
14,3. 18,3. 20,3. 21,4. 1,4. 2,4. 3,
4. 4,4. 5,6. 15;**1856**. 4. 25,4. 27;
1861.9. 4,11. 19,11. 30,12. 1,12. 2,
12. 3,12. 4,12. 5,12. 6,12. 7,12. 8,
12. 9,12. 11,12. 12,12. 13,12. 14,
12. 20,12. 23,12. 29,12. 30;**1862**. 1.
13,1. 19,1. 27,2. 27,2. 28,3. 23,5.
27,5. 29,5. 30,6. 7,6. 13,7. 14,7.
16,9. 4,9. 7,9. 25;**1863**. 3. 14,3. 17,
3. 23,5. 16,8. 24,9. 2,10. 21,12. 26;
1864. 5. 3,5. 4,6. 16;**1865**. 2. 6;
1867.12. 5;**1868**. 7. 27,8. 18;**1869**.
6. 22,6. 23,6. 24,6. 25,6. 28,11. 26;
1870. 11. 1,11. 24;**1871**. 9. 4;**1875**.
8. 11,11. 19,11. 20

刘大夏 **1887**.11. 11

刘德生 **1864**.7. 5,7. 7

10.9,10. 11,10. 12,10. 13,10. 14,
10. 15,10. 16,11. 19,11. 20,11. 21,
11. 23,11. 26,11. 27,11. 30,12. 1,
12.2,12.3,12.4,12.7,12.8,12.11,
12. 13,12. 16,12. 18,12. 23,12. 24,
12. 27,12. 29,12. 30,12. 31;**1865**. 1.
2,1.3,1. 5,1. 6,1. 9,1. 10,1. 11,1.
13,1. 15,1. 16,1. 18,1. 20,1. 21,1.
23,1. 28,1. 30,2. 1,2. 2,2. 4,2. 7,2.
8,2. 11,2. 13,2. 15,2. 18,2. 23,3. 9,
4. 8,4. 9,4. 10,4. 14,4. 15,4. 16,4.
20,4. 23,4. 24,4. 26,4. 29,5. 3,5. 5,
5. 11,5. 12,5. 15,5. 16,5. 18,5. 20,
5. 22,5. 23,5. 24,5. 26,5. 27,5. 29,
5. 30,5. 31,6. 2,6. 3,6. 4,6. 5,6. 6,
6. 7,6. 9,6. 11,6. 13,6. 14,6. 15,6.
16,6. 18,6. 19,6. 26,6. 30,7. 2,7. 3,
7. 5,1. 6,7. 7,7. 8,7. 9,7. 10,7. 11,
7. 12,7. 13,7. 14,7. 15,7. 16,7. 17,
7. 19,7. 20,7. 21,7. 22,7. 23,8. 14,
8. 16,8. 17,8. 18,9. 5,9. 6,10. 23,
12. 30;**1866**. 7. 20,7. 29,9. 21;**1867**.
3. 28,3. 29,5. 16,5. 27,5. 28,5. 29,
5. 30,6. 3,6. 5,6. 6,6. 11,6. 14,6.

16,6. 17,6. 19,6. 22,6. 25,6. 26,6.
28,6. 29,7. 1,7. 2,7. 3,7. 4,7. 6,7.
7,7. 9,7. 11,7. 14,7. 17,7. 18,7. 21,
7. 24,7. 27,7. 29,8. 1,8. 6,8. 9,8.
10,8. 12,8. 17,8. 20,8. 24,8. 26,8.
27,8. 28,8. 29,9. 4,9. 5,9. 10,9. 11,
9. 12,9. 14,9. 15,9. 21,10. 14,10.
17,10. 22,11. 29,12. 13,12. 14,12.
15,12. 16,12. 17,12. 18,12. 19,12.
20,12. 21,12. 23,12. 24,12. 25,12.
28,12. 31;**1868**. 1. 1,1. 3,1. 4,1. 10,
3. 12,3. 31,4. 4,4. 5,4. 6,4. 20,5.
23,6. 2,6. 19,8. 28,9. 14,9. 27,9.
28,9. 30,10. 3,10. 5,10. 8,10. 9,10.
11,10. 12,10. 17,10. 22,10. 23,10.
25,10. 26,10. 30,11. 1,11. 3,11. 9,
11. 12,11. 17,11. 20,11. 22,11. 23,
11. 24,11. 28,12. 3,12. 4,12. 7,12.
8,12. 11,12. 19,12. 21,12. 22,12.
24;**1869**. 1. 13,2. 19,4. 6,4. 22,5. 5,
5. 15,6. 6,10. 4,10. 27;**1870**. 2. 21,
5. 5;**1871**. 2. 26;**1872**. 10. 13,10. 18;
1873. 4. 2,4. 27,8. 8,11. 15,11. 27;
1874. 4. 6,6. 5,6. 6,8. 18,11. 3;

1875. 2. 1；**1876**. 1. 12，5. 27，8. 3；
1877. 1. 24，1. 25，11. 20，11. 21，11.
22，12. 20；**1878**. 11. 18；**1882**. 4. 25，
5. 12，5. 16，6. 29，6. 30，7. 1；**1884**.
10. 25；**1886**. 12. 4

刘汉仪　见刘宫祚

刘灏（粹甫）**1862**. 1. 2，1. 9，1. 11，1. 12，
1. 13，1. 18，1. 21，1. 25，2. 1，3. 9

刘鸿训 **1870**. 4. 18，9. 7

刘祜（刘笛渠）**1855**. 9. 5，9. 9

刘焕然 **1871**. 1. 2

刘丽川 **1853**. 9. 13

刘利贞　见刘元亨

刘良驹 **1853**. 4. 6；**1863**. 2. 10

刘烈 **1871**. 1. 2

刘洛吉 **1871**. 2. 12，2. 13

刘履 **1876**. 12. 4

刘基（刘伯温）**1878**. 4. 3

刘吉斋　见刘履祥

刘季山 **1860**. 4. 30，5. 7，5. 11

刘季瑜 **1875**. 7. 18

刘继庄　见刘献廷

刘建德（刘馨室）**1861**. 9. 25；**1864**. 8.
25

刘杰 **1870**. 7. 3

刘洁斋　见刘侨祥

刘金范 **1869**. 9. 6，11. 17

刘瑾 **1878**. 4. 29

刘近庵　见刘汝刚

刘景蕃 **1869**. 8. 8，8. 18，8. 20，8. 22

刘景韩　见刘树堂

刘景桥 **1872**. 2. 14

刘镜涵　见刘树堂

刘近文 **1864**. 2. 11

刘九畴（刘叙伦）**1861**. 3. 9

刘菊存 **1865**. 10. 23

刘君式 **1865**. 12. 27，12. 31

刘开生　见刘翰清

刘康来（刘作山）**1863**. 2. 27；**1865**. 1.
31，8. 18，10. 23；**1867**. 8. 21，8. 22，8.
23，9. 15

刘兰江　见刘湺贞

刘兰孙 **1878**. 6. 19

刘焜莹（刘锡玉）**1863**. 3. 21，4. 4，4. 5，
4. 7

刘连捷（刘南云）**1863**. 8. 20，8. 29；
1864. 4. 22，6. 4，9. 14，11. 9；**1868**. 4.
21，5. 13，5. 17，5. 19，5. 28，6. 4

刘良斋 **1875**.7.20

刘霖岫 见刘玉春

刘蓁卿 见刘源清

刘履泰(刘小泉、刘筱泉)**1875**.5.2,5.4,6.24

刘履祥(刘吉斋)**1863**.9.15;**1864**.1.21,1.22,1.23,4.26,4.29;**1865**.1.22

刘萌震(刘伯起)**1864**.6.25,6.26,8.27,8.28

刘孟求 **1868**.12.15

刘明 **1871**.2.13

刘铭传(刘省三)**1868**.10.10,11.2,12.15

刘铭照(刘光山)**1864**.12.15

刘明珍 **1864**.6.3

刘蓂季 **1875**.11.19

刘南云 见刘连捷

刘臬司 见刘典

刘凝 **1887**.9.17

刘培甫 见刘树敏

刘佩甫 见刘树敏

刘千总 见刘凤翔

刘侨祥(刘洁斋)**1864**.11.7,11.11

刘晴轩 见刘星炳

刘庆和 **1873**.11.23,11.24

刘然 **1883**.5.8

刘日心 见刘献葵

刘荣(刘书云)**1869**.8.9;**1872**.2.20,2.21,2.22,4.24,4.25;**1873**.6.4;**1874**.2.9,2.10,4.10,4.11,4.12,4.15,10.16,10.17;**1875**.4.19,8.25

刘蓉(刘霞仙)**1862**.11.28;**1864**.2.2,5.12;**1867**.7.20,7.22,8.4,9.30

刘容生 见刘绍灏

刘容生 见刘向阳

刘孺人(四伯母)**1853**.11.11

刘孺人(嫂氏)**1858**.7.22;**1859**.7.6,10.17

刘汝诚(刘绳庵)**1863**.2.7,2.8,2.10,5.31;**1864**.2.9,12.16;**1868**.11.9,11.10,11.11,11.18

刘汝刚(近庵、刘近庵)**1852**.6.17;**1853**.4.21;**1858**.10.4;**1863**.2.7,2.10;**1864**.2.9,12.15;**1868**.11.9;**1871**.5.28,12.25;**1879**.5.20

刘汝毅(刘绳卿)**1852**.6.17;**1853**.3.12;**1854**.5.24

1. 15,1. 17,1. 18;**1865**. 4. 4,4. 5,11. 1

刘歆 **1859**. 8. 26,10. 23;**1860**. 1. 22,2. 29,9. 8,9. 29,10. 22;**1861**. 3. 24,9. 14,11. 23;**1862**. 7. 12;**1875**. 7. 2;**1877**. 8. 12

刘心惠　见刘毓彦

刘馨室　见刘建德

刘星炳(刘晴轩)**1862**. 3. 17

刘星海 **1873**. 7. 2

刘省三　见刘铭传

刘兴 **1871**. 3. 9

刘叙伦　见刘九畴

刘郇膏(刘松岩)**1862**. 12. 7,12. 12;**1863**. 1. 17;**1864**. 1. 2;**1865**. 2. 14,2. 15,2. 17,2. 19,3. 12,3. 13,3. 15,4. 12,5. 17,9. 21,11. 18,12. 3,12. 27;**1866**. 3. 8;**1867**. 10. 3

刘锡毅(刘子玉)**1869**. 8. 11;**1871**. 11. 5;**1875**. 6. 22

刘献廷(刘继庄)**1879**. 2. 21

刘湘舲 **1875**. 6. 12

刘向庭 **1863**. 12. 17;**1865**. 10. 23

刘向阳(刘容生)**1867**. 8. 30;**1874**. 7. 24

刘心葵 **1864**. 4. 26,4. 27,4. 30,5. 4,5. 6

刘序来 **1855**. 5. 14;**1863**. 2. 25

刘萱生(刘萱孙)**1864**. 12. 8,12. 16,12. 17;**1865**. 2. 23,2. 25,2. 27;**1867**. 7. 27;**1875**. 10. 24,12. 17

刘萱孙　见刘萱生

刘燕庭　见刘喜海

刘仪典(刘西怀)**1871**. 9. 4,9. 7;**1874**. 1. 25,2. 21,4. 16,12. 3;**1875**. 3. 8,5. 25,6. 2

刘诒英(刘竹君)**1882**. 6. 30

刘怡悦 **1875**. 11. 19

刘怿(申孙、刘申孙)**1852**. 10. 12,10. 17,10. 19,10. 23,10. 24,10. 27,10. 29,10. 30,11. 1,11. 2,11. 5,11. 7,11. 8,11. 10,11. 16,11. 17,11. 19;**1853**. 11. 19;**1867**. 7. 4,11. 27,11. 28,11. 29,11. 30,12. 1,12. 2,12. 3,12. 4,12. 5,12. 6,12. 8;**1868**. 9. 27,9. 28,9. 30,10. 3,10. 12,11. 3,11. 23,11. 24,12. 4,12. 11;**1875**. 10. 21;**1879**. 4. 26;**1884**. 9. 6,9. 20;**1885**. 12. 2,12. 3;**1886**. 8. 21,8. 23,12. 13;**1887**. 8. 3

刘翙宸（刘云樵）1852. 3. 22；1867. 5.
　　15,5. 16

刘翙书　见刘宗白

刘廙来 1855. 5. 14；1863. 2. 25

刘益生 1867. 7. 25

刘荫渠（刘印渠、刘长佑）1864. 1. 15；
　　1865. 8. 15；1867. 6. 19,7. 14,8. 16,
　　12. 22；1868. 2. 18
1869. 9. 3,11. 8

刘印渠　见刘荫渠

刘瀛（子豫、刘子豫）1853. 7. 27；1867.
　　5. 16；1868. 1. 10

刘墉（刘文清、刘石庵）1882. 6. 5；
　　1887. 11. 4；1888. 10. 4

刘永辉 1871. 4. 26

刘咏如　见刘曾撰

刘于淳（刘方伯）1861. 11. 1；1865. 2.
　　18,3. 15,4. 23

刘于浔 1864. 6. 1

刘于义 1871. 10. 30

刘玉春（刘霖岫）1863. 6. 27,6. 30

刘玉平 1871. 4. 26

刘玉山　见刘广兴

刘毓崧（刘伯山）1864. 9. 24,10. 7,10.

15,11. 20,12. 2,12. 11；1865. 1. 2,7.
　　7；1867. 6. 26,7. 9,7. 21

刘毓彦（刘心惠）1872. 1. 14

刘元亨（刘利贞）1870. 7. 19

刘源清（刘箓卿）1868. 9. 16,9. 17

刘岳孙 1862. 11. 25

刘云槎　见刘文轼

刘云芳 1862. 3. 5

刘云樵　见刘文炳

刘云樵　见刘翙宸

刘允仲 1864. 9. 20,9. 21；1865. 12. 3,
　　12. 5,12. 6,12. 11,12. 15,12. 27,12.
　　28

刘韵篁 1863. 7. 24

刘韵樵　见刘文炳

刘振埙（刘绥卿）1867. 8. 30

刘湛膏（刘宾侯）1861. 5. 23

刘镇　见刘松山

刘枝彦（刘竹坡）1869. 10. 4；1871. 9.
　　3；1874. 1. 9

刘治卿　见刘佐禹

刘中丞　见刘松山

刘慈民 1860. 4. 21,4. 22

刘仲蕃 1863. 1. 16,1. 17,1. 21

刘仲, **1878.4.3**

刘仲良 见刘秉璋

刘仲谐 **1865.8.27,8.28**

刘竹君 见刘诒英

刘竹坡 见刘枝彦

刘子羹 **1869.7.30**

刘子明 **1867.11.28,11.30**

刘子江 见刘绍沅

刘子务 见刘盛藻

刘子逊 见刘达敷

刘子迎 见刘达善

刘子玉 见刘锡毂

刘子豫 见刘瀛

刘宗白(刘翊书)**1872.3.31,8.26,8. 27,8.28;1873.2.25,2.26;1874.5. 30,5.31,10.11;1875.3.20,3.21**

刘宗海(刘湘生)**1868.10.28,11.1, 11.15,12.17**

刘佐禹(刘治卿)**1867.7.9,7.10,7. 31,8.10,8.15,9.11,9.19,10.7,10. 8,10.9,12.22,12.23;1868.1.10,4. 22,4.26,6.25,7.18,7.25,7.31,8. 1,8.8,8.10,8.15,9.21,10.7,10. 20,11.30,12.4;1869.9.24;1870.2.**

21

榴弟 见赵榴庆

榴生弟 见赵榴庆

柳秋航 **1862.2.19**

柳门 见汪铭銮

柳人 见邓嘉绪

柳如是(河东君)**1885.1.11**

柳宗元 **1875.7.16**

六泉 见余麓泉

六雅 见储大文

六舟 **1864.9.12;1880.12.5**

六姊 见赵细琼

龙半洲 **1864.1.16,1.20**

龙尔谦(龙吉皆)**1861.11.25**

龙翰云 **1864.6.19,6.20,9.2**

龙海师 **1861.10.16**

龙吉皆 见龙尔谦

龙景徽(龙镜帆)**1880.11.2,11.3; 1881.3.2,7.11;1882.9.24**

龙镜帆 见龙景徽

龙溪 见汪元鲁

龙玉麟 **1863.9.16**

龙湛霖(龙芝生)**1863.8.29**

龙芝生 见龙湛霖

6. 29;**1883**. 9. 17;**1885**. 1. 1,2. 6,2.

25,4. 17,4. 23,5. 9,12. 4

陆鼎文(陆祖庚)**1865**. 6. 19

陆鼎敦(陆小丰、陆小峰)**1863**. 4. 21,

4. 28,6. 12,10. 22,10. 30,11. 18;

1881. 5. 1,7. 19,7. 29;**1882**. 12. 11;

1883. 1. 13,8. 9

陆东渔 **1867**. 9. 11

陆龟蒙 **1866**. 8. 29;**1867**. 8. 6;**1875**. 7. 2

陆费(若卿)**1866**. 7. 20

陆凤桐(陆纯卿)**1868**. 6. 14,6. 15,6.

16;**1869**. 6. 8

陆桴亭　见陆世仪

陆馥庭 **1888**. 1. 4,2. 24,3. 5,5. 16,5.

26;**1889**. 1. 2,4. 14

陆楫 **1878**. 4. 30

陆建瀛 **1853**. 3. 1

陆尔发(陆鸣九)**1866**. 7. 16

陆光迫(存陔、陆存陔)**1852**. 5. 8,6.

30,7. 5,7. 8,10. 21;**1853**. 12. 21;

1854. 9. 29,11. 4;**1855**. 1. 24;**1859**.

7. 17,7. 18;**1881**. 2. 17,2. 18

陆光遂(陆守畴)**1859**. 7. 11

陆广甫 **1872**. 1. 11

陆姬(陆氏)**1876**. 8. 27;**1871**. 1. 10,1.

15,8. 13;**1873**. 7. 14;**1874**. 11. 10;

1875. 3. 13;**1877**. 3. 31

陆津门　见陆式毅

陆健甫　见陆开乾

陆开乾(陆健甫)**1862**. 11. 14,11. 18,

11. 19;**1863**. 3. 22

陆开文(陆章甫)**1862**. 9. 4,9. 5,10.

22,10. 24,10. 28,10. 30;**1863**. 3. 17,

3. 24,4. 4,4. 5,4. 7,4. 28,5. 3,5. 6,

5. 17,5. 23,5. 24,6. 21;**1867**. 5. 16

陆康侯 **1871**. 12. 18;**1872**. 1. 11

陆力甫 **1862**. 6. 15,6. 24;**1864**. 12. 25

陆良翁　见陆循应

陆鸣九　见陆尔发

陆念祺　见陆彦顺

陆陇其(陆清献公)**1875**. 6. 3

陆懋宗(陆云生、陆云孙、陆在衡)

1876. 2. 24,4. 10,6. 2,11. 2,11. 4;

1877. 4. 29,4. 30,7. 29,8. 3,10. 20;

1878. 2. 13,3. 3,11. 8,11. 10,12. 29;

1879. 2. 13,5. 20,10. 17;**1880**. 1. 27,

2. 19,12. 5;**1881**. 3. 26. 16;**1882**. 1.

7,1. 19,3. 15,3. 18,8. 21,8. 27;

1884.1.18,2.22,5.18,5.26,11.29；**1885**.4.21；**1886**.2.16,10.27；**1887**.1.5,1.6,1.29,4.16,4.19；**1889**.6.20

陆祁生 **1852**.5.8；**1859**.7.11；**1881**.2.17

陆清献公　见陆陇其

陆秋澄 **1876**.3.28

陆容 **1878**.4.29

陆惕生 **1876**.12.5

陆少浦 **1869**.3.27,3.31,4.2,4.7

陆少逸　见陆葆

陆深 **1878**.4.3

陆生(装潢人)**1881**.11.28

陆时言(陆绶生)**1872**.2.1

陆氏　见陆姬

陆氏　见陆象宗

陆式榖(陆津门)**1864**.12.26

陆世仪(陆桴亭)**1880**.10.8

陆守畤　见陆光邃

陆绶生　见陆时言

陆叔华 **1879**.5.20

陆叔文　见陆象宗

陆涑文　见陆象宗

陆文泉　见陆初望

陆小丰　见陆鼎敳

陆小峰　见陆鼎敳

陆新甫　见陆增袷

陆心源(陆存斋)**1887**.10.23

陆循应(陆子良、陆良翁)**1861**.12.2；**1862**.1.23,12.22

陆象宗(陆叔文、陆涑文、陆氏)**1866**.10.23,11.2,12.21,12.24；**1867**.1.6；**1869**.4.18,4.24,5.3,5.8；**1875**.11.26,11.27,12.2,12.10,12.11,12.17；**1876**.1.6,1.29,1.30,4.3,4.7,4.10,7.15,7.17,7.30,8.31,9.10,9.19,9.30,11.8,11.24；**1877**.2.16,3.7,3.16,4.3,4.11,4.30,6.14,8.23,9.20,10.13,10.20；**1878**.1.11,1.12,1.24,8.25,8.31,9.22,10.8,11.26,12.17；**1879**.4.12,5.9,5.11,5.19,5.21,5.25,5.30,6.1,10.17,10.24,11.7,11.16,12.11；**1880**.1.25,2.11,4.2,4.7,10.8；**1881**.2.28；**1882**.2.19,3.2,3.3；**1884**.1.27,1.29,1.31；**1885**.10.29,12.26

陆新宝 **1855**.6.10

陆秀卿 **1868.5.**29

陆彦甫 见陆鼎翰

陆彦顾 见陆祐勤

陆念祺 见陆祐勤

陆彦和 见陆鼎翰

陆彦颀 见陆祐勤

陆彦英 **1861.12.**8

陆耀遹(绍闻)**1852.7.**8;**1855.6.**29;
1879.3.22

陆鈇 **1878.4.**29

陆游 **1858.12.**30;**1869.9.**19;**1875.7.**
16

陆祐勤(彦颀、陆彦顾、陆念祺)**1852.**
7.8;**1859.5.**19,**7.**11;**1861.12.**1;
1867.12.11,**12.**12;**1878.3.**23

陆云生 见陆懋宗

陆云孙 见陆懋宗

陆在衡 见陆懋宗

陆增祐(陆新甫)**1875.5.**14

陆章甫 见陆开文

陆治(陆包山)**1871.12.**26;**1872.11.**1

陆竹垣 见陆邦煃

陆子丰 **1863.1.**20;**1865.2.**25

陆子良 见陆循应

陆子全 **1852.7.**5,**8.**28;**1867.5.**16

陆子授 见陆传应

陆祖庚 见陆鼎文

路联奎 **1873.2.**16

路宅揆 **1870.4.**17

路子坦 **1865.3.**2,**3.**3,**3.**5

鹿伯元 **1868.6.**19

鹿杏侪 见鹿学傅

鹿杏斋 见鹿学傅

鹿学傅(鹿杏侪、鹿杏斋)**1875.5.**8,**7.**5

鹿苑 **1866.7.**16;**1877.11.**13;**1887.3.**
15

鹭卿 见金吴澜

麓泉 见余麓泉

禄鸿轩 见禄廉

禄廉(禄鸿轩)**1861.9.**16,**9.**17,**9.**21,
9.22,**9.**24;**1862.2.**21,**2.**25,**6.**1

录事府君 见赵孟埴

路千总 **1873.2.**3,**2.**17

路住大 **1854.10.**29,**10.**30

纶云 见管纪勋

罗伯宜 见罗萱

罗大纲 **1862.12.**31

罗大经 **1873.4.**17;**1875.7.**16

罗定 **1856**.2.12

罗方伯 见罗泽南

罗逢谦 **1865**.4.11

罗逢源(罗旋吉、罗总戎)**1861**.9.30,
10.1

罗好春 **1861**.8.10

罗洪先(罗文恭)**1873**.6.14

罗嘉杰(罗少耕)**1887**.10.4,10.6,10.
7,11.6

罗进贤(罗心斋)**1863**.12.26,12.28

罗麓森(罗茂堂)**1863**.2.27,7.5,7.7,
7.18,7.20;**1864**.8.30,8.31,11.22,
11.23,11.24,11.25,11.26,12.5,
12.14,12.25,12.30;**1865**.1.7,1.9,
1.10,1.12,1.19,1.30,2.4,2.16,4.
12,4.18,4.24,5.1,5.14,5.20,6.
17,6.19;**1867**.11.30

罗茂堂 见罗麓森

罗念桥 见罗星祥

罗庆熙(罗仲允、罗仲云)**1871**.9.29,
10.23,12.31;**1872**.1.5,1.31,2.6,
11.1

罗璞山 见罗朴山

罗朴山(罗璞山)**1861**.1.22,2.1,4.

22,5.2,5.6

罗汝怀(研生、研翁、罗研生、罗研孙、
罗研翁)**1856**.2.4,2.5,2.7,3.2,3.
22;**1861**.12.3,12.10,12.12

罗润甫 **1863**.1.11

罗齐贤 **1860**.5.6

罗罗山 见罗泽南

罗少耕 见罗嘉杰

罗淑亚 **1870**.8.5

罗文恭 见罗洪先

罗星祥(罗念桥)**1864**.12.14

罗心斋 见罗进贤

罗萱(伯宜、罗伯宜)**1856**.2.4,2.14,
3.24;**1862**.9.3,10.28;**1881**.1.16

罗旋吉 见罗逢源

罗研生 见罗汝怀

罗研孙 见罗汝怀

罗研翁 见罗汝怀

罗雨亭 **1861**.9.30

罗泽南(罗罗山、罗方伯)**1856**.1.19,
2.12,3.4,**1861**.9.3;**1862**.1.19;
1867.9.30

罗仲云 见罗庆熙

罗仲允 见罗庆熙

罗子洪 **1866**.9.7

罗总戎　见罗逢源

罗遵殿 **1860**.4.30

骆秉章(骆籥门、骆制军、骆帅)**1860**.
　3.28;**1861**.12.1;**1864**.2.2,4.8,6.
　1,7.21,8.11;**1865**.4.28,7.25;
　1867.8.4,8.18;**1868**.2.18

骆帅　见骆秉章

骆籥门　见骆秉章

骆芝衫

骆制军　见骆秉章

吕承憼(子敬)**1852**.3.21

吕承思(子田)**1852**.3.21;**1863**.1.2

吕承忠(子中、吕子中)**1852**.2.23,2.
　29,12.19;**1853**.2.23,3.5;**1865**.6.
　27

吕定子　见吕耀斗

吕定之　见吕耀斗

吕佰孙(新田)**1853**.12.27;**1861**.12.
　1;**1867**.12.11

吕椒生 **1861**.12.9;**1867**.12.11,12.12

吕阶甫 **1863**.1.2,1.4;**1866**.2.12,2.15

吕晋亭　见吕懋先

吕儁孙(曼叔)**1852**.7.6;**1853**.3.4,

12.20,12.21,12.23,12.27;**1854**.5.
26,5.31;**1855**.8.18

吕亮臣　见吕懋采

吕留良(吕晚村)**1876**.7.12

吕曼叔　见吕儁孙

吕懋采(吕亮臣)**1862**.7.14,7.16,7.
　20,9.18,9.20,9.21,9.24,9.26;
　1864.11.21,12.2

吕懋恒(吕慎伯)**1863**.9.27;**1864**.3.
　27

吕懋先(吕晋亭)**1862**.4.23

吕懋修(吕盛伯)**1861**.12.2;**1865**.3.7

吕懋赏(吕上之)**1861**.12.2

吕清淮 **1870**.12.18,12.21,12.23,12.
　27,12.30;**1871**.1.2

吕上之　见吕懋赏

吕慎伯　见吕懋恒

吕盛伯　见吕懋修

吕庭芷　见吕耀斗

吕庭芝　见吕耀斗

吕晚村　见吕留良

吕伟伯 **1867**.12.7,12.11,12.12

吕耀斗(定之、定子、庭芝、吕定之、吕
　定子、吕庭芷、吕庭芝)**1852**.12.19,

12.27,12.30;**1853**.1.22,2.7,2.11,

2.27,3.2,7.11,7.14,7.18,7.20;

1854.10.13,10.23,11.3;**1863**.9.

30;**1864**.6.14,6.18,6.19,6.20,9.

10;**1865**.1.22,1.24,9.24;**1868**.12.

14,12.15;**1873**.6.24,6.29,7.8,7.

21,11.30,12.18;**1874**.2.1,2.10;

1875.11.19;**1876**.10.25;**1878**.6.

14,6.15,6.16,7.15,7.17,8.4,8.6,

8.12,8.15,10.6,10.14,10.16,10.

19,10.31,11.6,11.9,11.10,11.25,

11.26;**1879**.1.4,1.6,2.19,3.3,3.

24,4.13,5.4,5.7,5.8,7.25,7.28,

8.21,8.22,8.31,9.9,9.11;**1880**.3.

8,3.10,4.17,11.8;**1881**.3.4,4.23,

5.1,5.5,5.28,5.31,7.9,7.20,7.

25,7.29;**1883**.7.9

吕宜人 **1884**.12.7

吕子田　见吕承思

吕子中　见吕承忠

履吉　见邓嘉绚

M

马伯嘉 **1861**.5.14,6.2

马伯营　见马连士

马步云 **1871**.12.8

马诚夫　见马德明

马德明（马诚夫、马蕴斋）**1869**.11.29,

12.20,12.24;**1870**.2.1

马得昭（马德昭）**1860**.4.30,5.22,5.

27,6.27,11.6;**1861**.3.16;**1869**.9.

10

马德昭　见马得昭

马弟伯 **1875**.10.27

马督　见马新贻

马恩溥（马雨农）**1862**.3.30;**1864**.3.

26,11.10

马方伯　见马新贻

马复初 **1864**.4.21

马格里（马清臣）**1867**.9.19,10.8;

1868.6.25,8.20;**1875**.6.8,6.10

马縠山 **1868**.2.18,9.13;**1870**.9.4

马海曙（马渔珊）**1866**.1.6;**1887**.10.

26,10.27

马黑狗 **1871**.11.20

马虎臣　见马烈

马欢 **1878**.4.12

马惠甫 **1862**.9.6

马加利 1876.7.10

马立甫 1862.9.6

马连士（马伯营）1872.3.3

马烈（马虎臣）1870.9.1

马江香　见马荃

马介秋 1866.12.8

马晋斋 1872.1.5

马梅屿　见马维霖

马苗氏 1871.6.9,6.10,6.12

马铭（马子逊、马子巽）1861.3.7；
1862.12.5,12.10；1864.11.30,12.
4；1865.1.12；1869.3.3

马巧珠 1886.5.22

马清臣　见马格里

马秋香 1871.6.9,6.10,6.12

马铨（马锐卿）1860.6.29,7.3；1861.
3.9；1869.3.1

马荃（马江香）1880.7.11

马起升（马慎甫）1862.9.6,9.7；1863.
3.16

马荣 1863.5.26

马融 1860.1.22；1861.5.26,7.1

马融和 1862.10.29；1863.5.12

马如龙 1864.4.21

马锐卿　见马铨

马少庵 1874.1.8

马绳武（马松圃）1869.7.28,7.30,11.
15；1870.11.4,11.5；1871.9.4,11.
13；1872.2.8,2.11；1874.3.16,3.
17,3.18,3.19,3.25,4.14,6.4；
1875.5.26,6.6,6.8,7.28

马慎甫　见马起升

马石樵　见马尧年

马氏 1881.4.9

马双珠 1886.5.22

马松圃　见马绳武

马维霖（马梅屿）1871.2.5

马文升 1878.4.4

马蔚堂 1863.2.25

马锡侯　见马宗周

马新贻（马方伯、马督）1864.10.14；
1865.8.7；1869.3.1,3.18；1870.9.4

马省斋（马信斋）1859.3.14；1860.2.
3,3.22,3.31,4.22,6.4

马信斋　见马省斋

马秀山 1861.2.9

马学孟 1871.1.13,1.14

马尧年（石樵、马石樵）1859.3.18,3.

19;**1861**.6.8

马渔珊　见马海曙

马玉堂 **1864**.1.12;**1865**.1.30

马元卿 **1875**.7.16

马远林　见马钊

马蕴斋　见马德明

马占元 **1870**.9.6

马钊(马远林) **1859**.4.7;**1860**.4.27,
　6.29

马徵麟(马仲山) **1863**.12.5

马振元 **1871**.6.10

马子逊　见马铭

马子巽　见马铭

马宗周(马锡侯) **1869**.11.29,12.5,
　12.27,12.28;**1870**.1.8,1.26,2.4,
　2.23,2.27,3.9,5.25,7.19,7.30,7.
　31,11.24,11.25,12.8;**1871**.2.2,2.
　22,3.27,4.16,5.17,5.26,5.29,6.
　28,7.7,7.8,7.10,7.11,7.12,10.8

玛高温 **1868**.10.30

曼叔　见吕儁孙

毛昶照 **1870**.8.7

毛道　见毛有铭

毛奉高(毛子持) **1872**.3.29;**1874**.10.

24,10.26,10.27,11.7,11.14,12.
14;**1875**.1.5

毛鸿宾(毛寄云、毛季云) **1862**.2.22;
　1864.2.1;**1867**.7.20,8.4,10.1,10.
　14

毛寄云　见毛鸿宾

毛季云　见毛鸿宾

毛其昌(毛五峰) **1870**.3.1;**1871**.9.4

毛奇龄(毛西河) **1859**.6.22;**1874**.12.
　7

毛师彬 **1880**.1.2

毛五峰　见毛其昌

毛西河　见毛奇龄

毛西垣 **1861**.12.30

毛湘渠 **1861**.5.5

毛省庵 **1852**.4.2,4.20,5.9,7.22,7.
　23,7.24,8.9,10.8,10.12;**1853**.1.
　10,1.12;**1855**.8.8

毛颐域(引年) **1861**.5.5

毛有铭(毛道) **1864**.4.8,5.1

毛雨亭 **1885**.11.29

毛子持　见毛奉高

毛子容 **1862**.9.20,9.21,9.24,9.26,
　10.1;**1863**.6.26,8.26,8.28;**1864**

1.13;**1865**.2.7

毛子瑶 **1853**.11.28;**1854**.1.6;**1864**.
11.29

孟传铸(孟柳桥)**1871**.11.20,11.21,
11.29,11.30,12.4,12.7,12.10,12.
11,12.14;**1872**.2.2,2.8,3.31,5.4

孟建侯 **1869**.8.11

孟景斋　见孟瑞均

孟俊 **1871**.11.20,12.8

孟柳桥　见孟传铸

孟农　见赵忱

孟祺　见徐启荣

孟瑞均(孟景斋)**1874**.1.15,1.16

孟甥　见周世澄

孟文大伯　见赵恒泽

孟辛　见左桂

孟星　见左桂

孟俞　见俞姬

孟舆　见周世澄

孟玉 **1870**.9.6

孟忠吉 **1875**.2.4

梅伯言　见梅曾亮

梅谷二伯　见赵学海

梅辉立 **1864**.1.9

梅筱岩 **1864**.6.3

梅曾亮(梅伯言)**1867**.9.18

眉老　见金安清

眉生　见李鸿裔

眉生　见金安清

眉叟　见金安清

眉翁　见金安清

眉珠 **1855**.11.21

蒙时中 **1864**.3.27

米颠　见米芾

米芾(米颠、米海岳、米南宫)**1853**.12.
12;**1865**.4.3;**1875**.11.12;**1885**.12.
30

米海岳　见米芾

米虎儿　见米友仁

米南宫　见米芾

米起 **1888**.6.22

米兴朝 **1864**.7.23

米友仁(米虎儿)**1883**.8.15

米元兴 **1864**.1.12

勉林　见李兴锐

苗景开 **1864**.1.12

苗沛霖 **1861**.5.8,9.16;**1862**.8.24;
1863.5.12

12. 7；**1863**. 3. 14，3. 17，3. 21，4. 18，
5. 15，5. 18，5. 24，5. 31，6. 17，6. 24，
6. 26，10. 18，10. 19，11. 12，11. 22，
11. 30，12. 1，12. 4，12. 5，12. 6，12. 8，
12. 13；**1864**. 3. 26，6. 17，8. 2，9. 24，
9. 27，10. 5，10. 8，10. 9，11. 20，11.
22，11. 27，12. 5，12. 27；**1865**. 1. 9，1.
24，1. 30，2. 4，2. 16，7. 15，7. 21，8.
14，10. 31；**1866**. 8. 10，10. 4；**1867**. 6.
1，6. 3，6. 12，6. 16，6. 20，6. 26，7. 17，
8. 23，8. 28，8. 29；**1868**. 2. 27，5. 25，
5. 26，5. 27，5. 28，5. 30，6. 4，7. 8，7.
9，7. 25，8. 17，8. 26，9. 1，9. 5，9. 8，9.
12，10. 20，11. 3，11. 20，11. 25；**1869**.
3. 3，3. 4，3. 5，3. 28，11. 26；**1871**. 11.
18；**1888**. 11. 15

莫祥芝（善徵、莫善徵）**1861**. 9. 2，9. 3，
9. 6，9. 7，9. 10，9. 11，9. 13，9. 17，9.
18，9. 19，9. 21，9. 22，9. 23，9. 26，9.
27，10. 1，10. 3，10. 4；**1862**. 1. 19，2.
16，5. 15，5. 16，5. 18，5. 19，5. 21，5.
22；**1863**. 3. 14，3. 16，3. 21，3. 23，3.
24，3. 25；**1864**. 12. 1，12. 5，12. 29，
12. 31；**1865**. 1. 28，1. 30，2. 6，2. 7，4.

10，4. 13，4. 14，4. 15，4. 17，4. 19，4.
24，4. 27，4. 28，5. 8，5. 26，6. 13，6.
15，6. 27，11. 10，11. 22，11. 23，12. 6，
12. 9，12. 11；**1866**. 1. 2，3. 30，11. 29；
1867. 6. 16，6. 20，7. 26，8. 29，9. 20，
9. 22，10. 2，10. 10，10. 14，10. 16，10.
20，12. 22，12. 23，12. 28；**1868**. 1. 4，
4. 18，5. 7，7. 4，7. 12，7. 26，7. 29，8.
15，9. 19，10. 3，10. 4，10. 11，10. 16，
11. 2，11. 10，11. 27，12. 4；**1869**. 7. 8，
7. 9，7. 11，7. 14，7. 17，7. 20，10. 3，
10. 5；**1973**. 1. 3，7. 27；**1874**. 8. 31，
10. 5，10. 18；**1875**. 12. 25；**1876**. 2.
25，4. 15，5. 24，5. 30，10. 15，11. 13，
12. 22；**1877**. 1. 12，1. 26，1. 30，2. 7，
2. 17，3. 17，3. 26，3. 27，10. 27，11.
17；**1878**. 1. 13；**1881**. 12. 30

莫彝孙（伯邕、莫伯邕）**1863**. 3. 14，6.
25；**1865**. 1. 30；**1866**. 8. 4，8. 6

莫云卿　见莫是龙

莫之瀚 **1887**. 12. 21

莫钟琳 **1864**. 1. 20

莫仲武　见莫绳孙

莫子思　见莫友芝

莫子偲　见莫友芝

默深　见魏源

N

纳尔金 **1860**.11.6

南老　见吴敏树

南屏　见吴敏树

南叟　见吴敏树

南阳君　见邓嘉祥

内子　见邓嘉祥

倪宝璜(倪载轩)**1863**.1.19,1.21

倪豹岑　见倪文蔚

倪秉渊(倪普堂)**1871**.1.19

倪昌燮(倪理卿)**1869**.11.6

倪稻孙(倪米楼)**1880**.11.14

倪锦帆　见倪人涵

倪镜帆　见倪人涵

倪理卿　见倪昌燮

倪濙淮 **1864**.5.4

倪米楼　见倪稻孙

倪普堂　见倪秉渊

倪谦 **1878**.4.12

倪人涵(倪镜帆、倪锦帆)**1861**.8.25;
　1862.6.13,6.16,10.28;**1863**.11.8,

11.20,11.23;**1865**.1.13;**1867**.7.
18;**1868**.5.18,11.12

倪文蔚(倪豹岑)**1865**.8.13;**1867**.6.
5,6.8,6.9,8.13,8.29,9.4,9.8,9.
9,10.6,10.7,10.10,12.17,12.23,
12.30;**1868**.4.22,4.29

倪文正　见倪元璐

倪迁　见倪瓒

倪元璐(倪文正)**1888**.10.4

倪云林　见倪瓒

倪元庆 **1868**.12.4,12.5,12.7

聂云山　见聂琪

聂云珊　见聂琪

倪载轩　见倪宝璜

倪瓒(倪迁、倪云林)**1853**.12.12,
　1885.11.21;**1888**.10.4,11.14;
　1889.1.1,1.6

念匏　见龚家英

鸟窠禅师 **1882**.5.19

聂邦光 **1864**.5.10

聂琪(聂云山、聂云珊)**1862**.6.1,6.4;
　1863.4.13

聂钺 **1875**.10.24,10.28

聂心汤 **1882**.5.27

庞锡九 **1880**.11.10

庞省三　见庞际云

庞雪门 **1861**.6.29

庞云槎　见庞钟瑚

庞钟瑚(庞云槎) **1875**.12.10;**1878**. 12.26;**1884**.2.25;**1886**.4.30,5.13, 5.29;**1887**.1.6

庞钟璘(庞昆甫) **1865**.10.11,10.20; **1866**.1.22,2.15;**1867**.2.8,4.7; **1868**.1.18,1.19,3.25;**1869**.2.4,5. 23,5.27,6.1,6.2;**1875**.11.27; **1878**.10.13;**1880**.7.13,10.8,11. 10;**1881**.10.5;**1882**.4.9;**1883**.7. 23;**1884**.1.14

庞钟璐(庞宝生) **1875**.12.23;**1876**.1. 21,5.17,8.23;**1878**.10.13

彭邦吉(彭谦六) **1871**.9.27,10.10; **1873**.2.22,2.23,11.3,12.9,12.10, 12.18,12.20,12.22,12.25;**1874**.1.6

彭伯衡　见彭虞孙

彭乘 **1875**.7.16

彭次卿　见彭椿年

彭楚汉(彭纪南) **1863**.12.26,12.28; **1869**.8.13,8.14,11.17

彭椿年(次卿、彭次卿) **1863**.2.27,7. 5,7.6,7.7,8.25,9.9,10.11,10.13, 10.25,11.8,12.24,12.26,12.29; **1864**.1.1,1.5,1.8,1.9,1.10,1.19, 1.20,1.23,1.25,2.1,3.10,3.23,3. 30,4.11,4.17,4.23,4.24,5.10,5. 17,5.25,6.4,7.17,8.19,12.9

彭笛仙　见彭嘉玉

彭方伯　见彭毓橘

彭黼臣　见彭龄

彭复斋 **1869**.3.5

彭宫保　见彭玉麟

彭纪南　见彭楚汉

彭季陶 **1868**.2.19,2.20,2.21,2.22,2. 24,6.14,6.15,6.16,7.26,10.4

彭嘉玉(彭笛仙) **1865**.6.25,7.12,8. 10,8.14,11.12,11.20,12.12;**1868**. 5.8,5.11

彭九峰　见彭山屺

彭丽松　见彭申甫

彭龄(彭黼臣) **1861**.11.19,11.20,11. 21,11.22,11.23

彭讷生 **1879**.10.23

彭佩双　见彭兆珂

彭谦六　见彭邦吉

彭若臣　见彭虞孙

彭若孙　见彭虞孙

彭山屺(彭九峰)1861.8.29,9.25,10.9

彭少怀 1865.11.14

彭申甫(彭丽松)1867.6.27,6.28,6.
29,6.30,7.4,7.6,7.8,7.9,7.10,7.
11,7.12,8.26,8.28,8.30,9.3,9.5,
9.6,9.7,9.11,9.12,9.13,9.15

彭盛南　见彭毓橘

彭时 1878.4.22

彭侍郎　见彭玉麟

彭寿臣 1868.6.14,6.16

彭受人 1868.1.13

彭树生(彭荫棠)1860.5.16

彭斯举(鸿轩)1856.2.12,2.21

彭统领　见彭玉麟

彭文敬　见彭蕴章

彭晓 1880.11.16

彭信古 1860.12.11;1861.4.4,4.15,4.
16

彭星翰(彭翊宸、彭翊辰)1872.2.27,
6.5,6.6,6.7

彭雪门 1862.11.22

彭宫保　见彭玉麟

彭荫棠　见彭树生

彭雪岑　见彭玉麟

彭雪琴　见彭玉麟

彭雪芹　见彭玉麟

彭翊宸　见彭星翰

彭翊辰　见彭星翰

彭虞孙(彭若孙、彭若臣、彭伯衡)
1869.9.11;1871.9.20,9.29,10.1;
1872.1.5;1879.11.16

彭玉麟(雪琴、雪芹、雪帅、彭雪琴、彭
雪芹、彭雪岑、彭统领、彭侍郎、彭宫
保)1856.2.12,3.15,3.16,3.17;
1862.3.30,5.7,5.12,6.1,6.29,7.
13,7.28,7.29;1864,1.18,5.12,7.
3,7.19;1865.5.15,5.17,6.26;
1867.6.19,7.18,9.12,9.13,10.25,
11.4,11.14;1868.9.13,9.29,9.30,
10.2,10.10,11.26,12.19;1869.1.
2,6.10,6.11;1882.5.27

彭毓橘(彭盛南、彭方伯)1863.7.5,7.
30,10.4,12.26;1864.1.9,1.23,2.
1,3.11,4.22,5.20,5.23,5.24,5.
25,5.26

彭蕴章 (彭文敬) 1867. 9. 11；1868. 1.
13

彭兆珂 (彭佩双) 1860. 2. 22

裴大中 (裴浩庭、裴浩翁、裴君) 1882.
2. 18, 3. 11, 4. 23, 10. 6, 10. 8, 10. 9,
10. 28, 12. 22；1883. 1. 1, 1. 2, 1. 6, 3.
21, 5. 4, 5. 5, 5. 6, 5. 30, 6. 26, 6. 29；
1885. 7. 28, 11. 25, 12. 31；1886. 1.
26, 2. 10

裴福德 (裴信甫、裴星甫) 1871. 9. 4,
10. 14, 11. 11

裴椿 (裴鸿年) 1872. 9. 24

裴仿白　见裴中

裴浩庭　见裴大中

裴浩翁　见裴大中

裴鸿年　见裴椿

裴君　见裴大中

裴庭裕 1875. 7. 2

裴信甫　见裴福德

裴星甫　见裴福德

裴姓医 (裴医) 1880. 10. 6, 10. 7

裴中 (裴仿白) 1882. 4. 23

培之　见冯芳植

培之　见祝培之

啤雅瑟 1875. 7. 9

品照 1882. 6. 4

平孚吉 1876. 4. 10；1878. 10. 13；1880.
2. 13；1882. 4. 9；1883. 4. 11

平山谦十二郎 1861. 4. 22

平氏 1888. 9. 17

濮寿君 1873. 2. 10；1874. 11. 30, 12. 1,
12. 2；1875. 5. 18

璞臣　见王炳

普承尧 (普钦堂、普护镇) 1861. 9. 19,
9. 21, 9. 22, 9. 26, 10. 4, 10. 5；1862.
2. 26, 2. 27, 5. 21；1864. 3. 28, 4. 7；
1865. 1. 18

普承忠 1864. 6. 1

普和尚　见真嵩

普护镇　见普承尧

普钦堂　见普承尧

蒲安国 1868. 3. 7

浦炳勋 (浦玉圃、浦元圃) 1882. 4. 9；
1883. 10. 12

蟾翁　见浦良耀

浦蟾老　见浦良耀

浦蟾翁　见浦良耀

浦蟾艿　见浦良耀

浦蟾香 见浦良耀

浦良耀(蟾老、蟾翁、浦蟾芗、浦蟾香、
浦蟾老、浦蟾翁)1878.6.14,6.15,
6.16,11.6,11.10;1879.2.22,3.7,
3.21,5.4,5.5,5.27,9.21,9.23,11.
7,12.11,12.14;1880.1.6,1.7,3.8

浦玉圃 见浦炳勋

浦元圃 见浦炳勋

浦仲仙(浦仲宣)1879.8.24,9.23,11.
17;1880.2.13,2.16,3.7,3.9,3.24,
7.26,10.4;1881.3.16,8.3,8.13,
10.28,10.29,12.1,12.4,12.6,12.
11;1883.2.11,6.5,11.10;1884.3.
1,4.23,4.24,4.26;1886.6.28,7.2,
7.9,1882.2.20,2.27,3.11,7.14,8.
8,10.25;1888.3.10

浦仲宣 见浦仲仙

浦祝春 1879.12.14

溥福(溥云桥、溥云樵)1869.12.17,
12.18;1874.2.27,3.4

濮寿君

朴臣 见王炳

朴人 见盛赓

Q

憩堂二叔祖 见赵钟英

憩棠二叔祖 见赵钟英

憩棠三兄 1865.9.23;1866.3.11,11.17

耆崑 1870.11.12

耆英 1862.6.26;1863.9.1,9.9;1865.
7.25

琦善 1853.3.7;1863.9.1,9.9;1871.
10.14

齐福林 1870.5.25

齐良 见齐学箕

齐令君 见齐在镕

齐锦斋 见齐在镕

齐梅麓 1888.6.22

齐小梅 见齐学箕

齐学箕(小梅、齐小梅)1852.3.28,9.
5;1853.8.1;1854.10.27,10.29,10.
30;1855.4.27;1860.12.25;1861.1.
5,2.10,3.24

齐在镕(齐锦斋、齐令君)1863.1.19,
1.20

祁发 1876.10.15

祁方伯 见祁宿藻

祁㝢藻 **1862.6.27**

祁宿藻（祁方伯）**1852.9.12**

屺怀　见费念慈

屺堂　见张富年

芑堂　见张富年

启王 **1864.7.5**

企之八叔　见赵祖贤

戚砥斋 **1866.7.20**

虔生　见周虔生

虔甥　见周虔生

千孙　见赵大雅

乔都转　见乔松年

乔鹤侪　见乔松年

乔松年（鹤侪、乔鹤侪、乔都转）**1863. 2.6,2.7,2.8,2.9,2.10,9.15;1864. 1.30,2.10,4.11,6.13,8.8;1867. 12.26**

妾冯　见冯酥

钦枚（钦云山、钦云珊、钦韵珊、钦君、钦叟）**1876.1.2,4.7;1882.11.10; 1883.1.20,1.22,1.23,1.30,4.9,4. 10**

钦君　见钦枚

钦叟　见钦枚

钦云山　见钦枚

钦云珊　见钦枚

钦韵珊　见钦枚

琴西　见洪汝奎

青廖 **1860.3.28;1862.1.19**

青岩　见曹未

清安（清吉甫、清公、清镇军、清总戎、清镇台、清镇）**1872.3.4,3.10,3. 29,5.17,7.2,10.6,10.9,10.10,12. 2;1873.3.12,3.15,10.25;1874,2. 8,2.20,4.13,8.27;1875.3.9**

清吉甫　见清安

清公　见清安

清胪　见赵宽

清镇　见清安

清镇军　见清安

清镇台　见清安

清总戎　见清安

青州府君　见赵申季

秦宝珩（秦石君）**1886.1.17;1888.10.4**

秦炳文（秦谊亭）**1861.6.3,6.11,7.4**

秦苣风　见秦臻

秦淡如　见秦湘业

秦端甫 **1865.3.22**

钱伯愚　见钱宝琛

钱朝栋(钱敏甫)1859.10.4

钱彻香 1862.11.6

钱大昕(竹汀、钱氏、钱竹汀、钱辛楣、
　钱晓徵)1858.6.14,9.21;1860.2.
　23;1866.12.24;1871.9.9;1885.7.
　9;1887.3.25;1888.5.7

钱大昭(钱晦之、钱晦庐)1866.12.24;
　1888.11.15

钱坫(钱十兰)1871.10.29

钱鼎铭(钱调甫、钱观察、钱方伯、方
　伯、钱公)1862.3.30;1865.11.14;
　1869.10.7,10.8,10.9,10.10,10.
　12,10.13,10.17,10.18,12.29,12.
　30;1870.2.3,2.14,5.10,9.4,9.5,
　11.10,11.11,11.20;1871.9.3,9.
　18,9.20,9.21,9.22,10.5,10.10,
　10.14,10.18,10.19,11.4,12.18,
　12.20,12.21,12.31;1872.1.2,2.5,
　2.11,2.18,2.22,2.25,2.28,4.3,4.
　15;1873.1.6,8.13;1875.6.30,8.4

钱东壁 1885.7.9

钱东平　见钱江

钱二妹(钱氏)1854.12.22;1855.12.

27

钱方伯　见钱鼎铭

钱芬荣(钱恒甫)1864.4.14,4.18;
　1865.1.30

钱辅亭 1873.7.13

钱甘卿 1866.3.19

钱艮山　见钱文炳

钱公　见钱鼎铭

钱毂(钱叔宝)1887.11.4

钱观察　见钱鼎铭

钱好五 1884.11.6

钱恒甫　见钱芬荣

钱晦庐　见钱大昭

钱晦之　见钱大昭

钱禄泰(钱绥卿)1867.2.23,4.12;
　1879.10.24;1883.5.16,10.16

钱江(钱东平)1864.3.26;1884.3.20

钱敬(钱用五、钱敬五)1870.2.16;
　1871.7.17

钱敬五　见钱敬

钱警石　见钱泰吉

钱菊村　见钱均

钱均(钱菊村)1858.9.13;1859.3.5;
　1865.9.20

仇煦亭　见仇善培

仇英(仇十洲)**1878.5.28**

裘椿锦(裘虞卿)**1870.2.16,5.13**

裘文达　见裘曰修

裘虞卿　见裘椿锦

裘曰修(裘文达)**1868.9.9;1887.11. 11**

屈近村**1869.2.20**

屈云门**1865.10.14;1866.1.22,2.5,2. 6,2.15**

瞿炳孙**1883.10.10**

瞿邕轩　见瞿传埙

瞿传埙(瞿邕轩)**1882.5.18,6.5**

瞿洪茂**1861.7.9**

瞿洪远**1860.7.6**

瞿集之**1884.6.15**

瞿锦翰　见瞿寿同

瞿敬生(瞿敬孙)**1864.2.11;1865.6. 23,10.28**

瞿敬孙　见瞿敬生

瞿木父　见瞿中溶

瞿全宝**1860.7.6**

瞿汝稷**1877.8.27**

瞿寿同(瞿锦翰)**1870.3.26**

瞿廷韶(瞿庚甫)**1870.3.26;1871.3. 30**

瞿中溶(瞿木父)**1861.12.8;1877.11. 11;1880.12.5**

全庆**1860.11.6**

全叔　见赵仁治

全孙　见赵全

全祖望(全谢山)**1885.7.9**

荃相　见李鸿章

R

饶介**1888.6.22**

饶廷选**1862.7.24**

瑞昌**1860.3.25;1862.1.14,1.21**

瑞常(瑞芝生)**1865.4.28**

瑞珊(瑞子珍)**1872.1.3**

任本厚**1876.9.4**

任步园　见任道源

任纯如　见任信成

任赐生　见任继勋

任道镕(任小园、任筱园、任筱沅、任小 沅、任筱翁、任小翁、任方伯、筱沅、 筱翁、筱老)**1853.2.24;1869.11.24; 1871.7.26,7.29,8.1,8.3,8.4,8.9,**

11,7. 12；**1872**. 2. 7

任洛贵 **1871**. 11. 20

任洛斐 **1871**. 11. 20

任洛韶 **1871**. 11. 20

任捷三 **1871**. 8. 19

任聘侯　见任席珍

任卿　见赵振绪

任群北　见任之骝

任群伯　见任之骝

任天庆 **1870**. 9. 23,9. 27

任渭长　见任熊

任问涛（任晓沧）**1871**. 6. 7

任顺之　见任豫泰

任席珍（任聘侯）**1871**. 1. 2

任晓沧　见任问涛

任小园　见任道镕

任小沇　见任道镕

任小翁　见任道镕

任筱翁　见任道镕

任筱园　见任道镕

任筱沇　见任道镕

任信成（任纯如）**1869**. 8. 119. 9,9. 24,

9. 26,11. 3,11. 10,11. 12,11. 13,11.

14,11. 15,11. 16,11. 17；**1870**. 11.

10,11. 11；**1971**. 9. 19,9. 20,9. 21,9.

26,9. 27,10. 3,10. 11,10. 14,10. 30,

11. 5,12. 20；**1872**. 1. 16,1. 21,1. 23,

1. 27,1. 30,2. 1,2. 7,2. 15,2. 19,2.

20,2. 24,2. 25,3. 8,6. 9,6. 25,6. 26,

8. 18,9. 2,9. 19,11. 1,11. 3,11. 4,

11. 28,12. 2,12. 10,12. 11,12. 15；

1873. 1. 11,2. 10,2. 11,4. 13,9. 30,

10. 1,10. 10,10. 13,11. 4,11. 5,11.

8,11. 17,11. 21,11. 25,12. 8,12. 10,

12. 31；**1874**. 1. 6,1. 8,1. 9,1. 14,1.

17,1. 30,2. 2,2. 12,2. 18,5. 16,5.

20,6. 3,10. 18,11. 14,11. 30,12. 2；

1875. 1. 15,3. 10,3. 13,5. 4,5. 5,6.

21,6. 22,6. 29,7. 2,7. 25,10. 6,10.

7,10. 14

任熊（任渭长）**1875**. 12. 23

任延寿 **1875**. 2. 4

任伊（棣香、任棣香）**1865**. 8. 2,8. 17；

1867. 5. 28,5. 30,6. 6,8. 3,9. 16. 10.

22,12. 22；**1868**. 1. 2,4. 16,4. 17,4.

29,5. 1,5. 4,6. 26,7. 31,8. 8,8. 17,

8. 18,9. 1,10. 23,11. 2,11. 14

任益之 **1862**. 12. 12

任毓华 见任之骐

任豫泰(任顺之、任老顺)1870.5.28,
5.30,8.26,9.5,9.12,10.7,10.16;
1871.1.12,1.23,2.5,3.19

任韫山 1855.4.27

任之骐(任毓华)1880.4.19,5.11,11.
26,11.27;1881.6.15,12.7,12.8;
1883.6.5;1884.5.7,5.9;1887.10.
24

任之骕(任群伯、任群北)1875.1.15,
3.10,4.29,5.3,5.7,5.11,5.19,6.
18,6.21,6.27,6.30,7.6,7.11,7.
13,7.30,7.31,8.6,8.15,8.17,8.
20,8.25,9.9,10.5,10.8,10.13,10.
15,12.25;1877.9.6;1878.3.17;
1880.2.24;1884.4.28;1888.12.4

任柱(鲁王)1867.5.28,12.17;1868.1.3

仁甫 见金士麒

壬秋 见王闿运

壬叔 见李善兰

容淳甫 见容光照

容纯甫 见容光照

荣凤楼 见荣诰

荣诰(荣凤楼)1869.8.11

荣公 见荣毓

容光照(容淳甫、容纯甫)1862.5.30,
5.31,6.1,6.3,6.6,7.1,7.2,7.3,7.
20,12.15;1863.1.2;1866.1.2,8.6;
1867.5.28,5.29,6.1,6.2,7.13,7.
14;1869.6.17

容乐庭 见容裕

荣禄(荣侍郎)1855.8.21;1875.1.24,
3.19

荣侍郎 见荣禄

荣颐 1874.8.27;1875.3.9

荣毓(荣公)1872.3.4,5.17;1873.2.1

蓉坡 见王藩

容生 见刘绍灏

蓉生 见刘绍灏

容孙 见刘绍灏

容裕(容乐庭)1872.5.22

蓉圃叔祖 见赵悦善

戎琨(戎象涵)1869.12.17

戎象涵 见戎琨

茹翰香 见茹芝

茹普(茹昔棠)1873.7.13

茹昔棠 见茹普

茹芝(茹翰香)1865.11.14

如芳 **1872**. 3. 27, 3. 29, 3. 31, 4. 7

如幻 **1875**. 9. 14

乳塘公　见赵澧

阮氏　见阮元

阮文达　见阮元

阮仪征　见阮元

阮钰(阮裕) **1865**. 10. 27, 11. 19, 12. 2, 12. 3, 12. 4, 12. 26; **1866**. 1. 13, 3. 19, 3. 30, 3. 31, 5. 25, 6. 5, 7. 31, 8. 1, 8. 21, 8. 22, 12. 28, 12. 29; **1867**. 1. 3, 7. 4, 11. 1, 12. 12; **1868**. 4. 4, 4. 8, 4. 16, 5. 9, 5. 12, 5. 15, 6. 27, 6. 30, 7. 1, 7. 6, 7. 9, 7. 12, 7. 15, 7. 26, 7. 28, 7. 31, 8. 14, 8. 29, 9. 19, 9. 20, 10. 16, 10. 23, 11. 20, 12. 2; **1869**. 3. 31, 11. 16, 11. 19, 11. 23, 11. 24; 1870, 10. 24, 11. 24; **1871**. 7. 22, 11. 3; **1872**. 7. 3; **1873**. 4. 10, 8. 10

阮裕　见阮钰

阮元(阮云台、阮文达、阮仪征、阮氏) **1859**. 3. 6; **1860**. 1. 22; **1863**. 9. 9; **1865**. 10. 31; **1871**. 9. 9; **1879**. 5. 5, 5. 15, 6. 8; **1881**. 2. 19; **1882**. 8. 11; **1883**. 8. 15; **1886**. 9. 9; **1887**. 3. 16; **1888**. 12. 3

阮云台　见阮元

阮榆生 **1864**. 7. 29

瑞甫　见金士麟

润之　见胡林翼

若汀　见华蘅芳

若士　见丁履恒

S

萨隆阿 **1866**. 3. 23

赛尚阿 **1852**. 8. 20, 10. 18; **1853**. 10. 27

三儿　见赵路

桑冲 **1878**. 4. 26

嫂氏　见冯氏

扫公　见扫公

扫师　见扫师

扫叶(悟寻、扫公、扫师) **1852**. 3. 13, 3. 14, 3. 28, 3. 29; **1853**. 7. 30, 7. 31, 8. 1, 8. 2, 8. 3; **1854**. 5. 17, 10. 26, 10. 27, 10. 28, 10. 29; **1855**. 4. 25; **1856**. 6. 19; **1858**. 8. 31; **1859**. 3. 26, 3. 27, 5. 19; **1860**. 1. 2, 1. 3, 5. 7; **1862**. 1. 21; **1871**. 8. 9

色尔固善 **1864**. 6. 11

僧格林沁 (僧邸、僧王) **1860**. 10. 17,

　11. 4, 11. 6; **1861**. 1. 23, 5. 20; **1862**.

　6. 9, 8. 24; **1863**. 5. 26, 9. 4; **1864**. 1.

　1, 1. 12, 1. 17, 1. 20, 1. 30, 3. 14, 4.

　27, 6. 1, 6. 11, 6. 17, 6. 22; **1865**. 5.

　27; **1870**. 11. 3

僧邸　见僧格林沁

僧王　见僧格林沁

沙尔英 **1861**. 4. 5

沙培之 (沙仙根) **1870**. 6. 26, 6. 27, 6.

　28, 6. 29

沙仙根　见沙培之

山子　见吴育

单传及 (单进之) **1875**. 7. 15

单介眉 **1865**. 10. 1, 10. 2

单珠 **1871**. 11. 20, 11. 26

善徵　见莫祥芝

善之　见鲍继培

裳华五兄　见赵庆荣

韶孙　见赵韶

邵亢宗 **1885**. 10. 25

邵僧弥 **1888**. 10. 4

邵孝秀 **1866**. 3. 21

邵辛卿　见邵增

邵莘卿　见邵增

邵信卿　见邵增

邵杏泉 **1860**. 7. 3

邵懿臣 (邵位西) **1867**. 9. 25; **1888**. 11.

　15

邵增 (邵增、邵辛卿、邵莘卿, 邵信卿)

　1862. 10. 20, 10. 25, 10. 27, 11. 28,

　12. 3, 12. 9, 12. 10, 12. 12; **1873**. 2. 10

邵增　见邵增

邵子龄 **1862**. 10. 22, 10. 28; **1863**. 4. 4;

　1865. 1. 31

绍庭　见冯士明

绍闻　见陆耀遹

少白　见龚建中

少韩　见汪学潮

少崑　见黄润昌

少琴　见赵仲洛

少荃　见李鸿章

少泉　见李鸿章

少颖侄　见赵颖

申连妮 **1869**. 12. 12, 12. 14, 12. 15, 12.

　28; **1870**. 3. 1

申九兴 **1870**. 2. 20, 3. 1

申克宽 **1871**. 4. 13

申耆　见李兆洛

申镕 1870. 4. 17,11. 30

申孙　见刘怿

申之　见冯芳缉

申之　见吴达尊

慎娥　见李望娥

慎甫　见龚宠

慎生侄　见赵承惪

慎甥　见李望娥

慎斋　见沈丽文

沈葆桢(沈葆贞、幼丹、沈幼丹、幼翁、

　沈幼翁、沈中丞、沈抚部) 1856. 1.

　27,1. 28,1. 29,1. 30,3. 8,3. 9,3. 24,

　3. 25,3. 26;1862. 4. 21,4. 22,5. 24,

　7. 15,9. 19,9. 23,9. 24,9. 25,11. 9;

　1863. 9. 5, 12. 13, 12. 27, 12. 31;

　1864. 1. 13,1. 18,3. 27,4. 7,4. 8,4.

　17,4. 20,5. 1,5. 4,5. 7,5. 10,5. 12,

　6. 23,7. 5,12. 3;1867. 6. 19,7. 20,

　12. 26;1876. 5. 6,5. 7,12. 19;1877.

　10. 8;1881. 1. 16

沈葆贞　见沈葆桢

沈秉成(沈仲复) 1885. 7. 9

沈丙墀(沈心梅) 1873. 2. 12;1874. 11.

　30

沈德潜(沈归愚) 1865. 3. 15;1877. 11.

　11

沈度 1888. 10. 4

沈芳(沈鹤鸣) 1863. 12. 24

沈方煦(沈俊甫) 1858. 9. 7;1863. 2. 2,

　2. 3,9. 17;1865. 3. 15,3. 21,3. 22;

　1883. 4. 20

沈抚部　见沈葆桢

沈高(沈皋) 1881. 3. 1,7. 9,8. 11;1882.

　1. 28

沈皋　见沈高

沈庚民　见沈懋嘉

沈公周 1886. 4. 30,5. 2

沈归愚　见沈德潜

沈贵 1860. 4. 30

沈贵妃 1858. 6. 25

沈桂庭 1859. 6. 11

沈鹤鸣　见沈芳

沈鸿宾(沈雁门) 1864. 3. 21

沈家藻(沈鉴亭) 1865. 5. 25,5. 30,6.

　27,6. 28,8. 7,8. 8,9. 4,12. 6,12. 15,

　12. 18;1867. 7. 9

沈缄斋　见沈汝言

沈鉴亭　见沈家藻

沈俊甫　见沈方煦

沈俊卿 1865.2.19

沈克斋　见沈启昌

沈括 1858.12.30；1862.7.31；1875.7.
16

沈丽文（慎哉、沈慎哉）1862.3.5；
1863.2.26,2.27,4.7,9.1；1864.1.
2,1.4,1.5,1.12,1.14,1.23,1.24,
1.25,1.31,2.2,2.4,2.6,2.7,2.10,
2.14,2.15,2.16,2.17,2.19,2.20,
2.22,2.23,2.24,2.25,3.13,3.28,
3.29,4.5,4.13,5.30,6.1,6.11,6.
14,7.7,8.11,8.13；1867.12.16,12.
19,12.22

沈鹭卿　见沈锡庆

沈懋嘉（沈庚民）1882.6.12

沈梦存 1869.11.14,11.16,11.17,12.
10

沈能虎（沈子梅）1861.6.23；1865.11.
7；1871.12.26,12.30；1872.1.18,1.
29,2.10；1874.1.10,2.12,3.23,3.
25,4.11,4.14,7.5,7.17,8.3；1875.
3.5,3.9,5.2,5.15,6.21,8.7,10.

12,10.13；1878.6.18,6.22

沈念桢 1856.2.27

沈匏庐　见沈涛

沈品莲　见沈仲薇

沈启昌（沈克斋）1872.5.1

沈钦韩（沈小宛）1859.6.11；1888.11.
15

沈汝言（沈缄斋）1861.7.10,7.12

沈若渠 1860.11.21

沈少愚　见沈渊

沈慎斋　见沈丽文

沈石田　见沈周

沈涛（沈匏庐）1861.4.6,5.28；1863.
2.7；1882.5.16

沈伟田（沈希民、沈羲民）1866.2.5,2.
8,2.15,5.10,5.13,9.7,9.14；1867.
1.5,1.7,1.13,2.8,4.18,5.30,6.
16,9.5；1868.7.8；1869.1.18,1.23,
2.4,2.20,4.14,4.18,5.23,5.27,6.
1；1886.3.20

沈渭川 1871.11.24

沈问梅　见沈锡华

沈梧（沈旭庭）1887.10.29,11.3,11.4

沈锡华（沈问梅）1860.4.6,4.15；

1861.6.23;**1865**.11.7;**1871**.12.26;
1878.10.13

沈锡庆(沈鹭卿)**1864**.6.11

沈锡桐(沈燮同、沈竹斋)**1871**.9.20,
10.21

沈希民　见沈伟田

沈羲民　见沈伟田

沈霞亭　见沈云书

沈小宛　见沈钦韩

沈燮同　见沈锡桐

沈心梅　见沈丙墀

沈心盛(沈仲贤)**1867**.5.18,5.19

沈旭庭　见沈梧

沈雁门　见沈鸿宾

沈宜人 **1875**.10.7

沈幼丹　见沈葆桢

沈玉麟(沈旭初)**1878**.10.13,10.14

沈遹骏(子焕、沈子焕)**1861**.4.6,4.8,
4.10,4.11,4.15,4.19,4.20,4.21,
4.22,4.23,4.27,4.28,4.29,4.30,
5.2,5.3,5.4,5.5,5.6,5.7,5.8,5.
11,5.14,5.17,5.18,5.19,5.20,5.
24,5.26,5.27,5.28,6.2,6.3,6.9;
1862.3.16,5.15,5.25,11.19,11.

20,11.22,11.23,11.26,11.27,11.
29,12.3,12.4,12.6,12.7,12.10,
12.14,12.18,12.24,12.28,12.31;
1863.2.7,2.9,2.10,9.28;**1865**.5.
25,5.30,9.4;**1868**.4.19

沈渊(沈少愚)**1860**.3.16,4.3,6.4

沈云书(沈霞亭)**1878**.11.20,11.21

沈载堂 **1861**.4.25

沈兆霖 **1852**.9.19;**1867**.8.4

沈中丞　见沈葆桢

沈仲馥　见沈秉成

沈仲薇(沈品莲)**1868**.6.2,6.3

沈仲贤　见沈心盛

沈仲昭 **1868**.12.15,12.18

沈周(沈石田)**1853**.12.12;**1875**.7.
16,8.6;**1880**.7.11;**1888**.10.4

沈竹斋　见沈锡桐

沈子焕　见沈遹骏

沈子梅　见沈能虎

沈子钧 **1882**.6.26

沈子汀 **1860**.11.25

审安侄　见赵企翔

慎庵　见赵宗毅

昇麟 **1875**.3.9

史光谱　见史济源

史海楼　见史致沄

史花楼　见史兆霖

史华楼　见史兆霖

史化明(史叔原)1862.2.24,2.26,3. 1,3.20,4.4

·史济源(史光圃、史光谱)1861.8.25; 1865.1.31;1868.12.20;1869.7.3, 11.17;1875.6.10

史佳若　见史致驯

史静伯　见史纬恩

史靖伯　见史纬恩

史连城1856.2.17

史念祖(史绳之、史皋司)1869.8.9, 10.16,11.18;1970.11.10;1971.9. 20,10.13

史皋司　见史念祖

史卿若1862.1.17

史全1866.9.1,9.2

史闰孙1862.9.17,9.20,9.21

史绳之　见史念祖

史绳祖1875.7.16

史士良　见史致谔

史叔原　见史化明

史思继1862.9.17

史同寅1872.5.4;1873.11.5,11.14, 11.19

史纬恩(史静伯、史靖伯)1864.7.1,7. 3;1881.2.19

史贤希　见史怿悠

史贤立　见史信悠

史象若1864.10.9

史信悠(史贤立)1870.5.1,5.3;1871. 1.16

史雪子1870.12.30

史怿悠(贤希、史贤希)1861.8.27,8. 29,8.30,8.31,9.2,9.3,9.4,9.6,9. 7,9.9,9.10,10.8;1862.3.20,5.16, 5.17,5.22,7.2,7.19,7.20,9.3; 1863.3.21;1864.8.1,8.4,8.7,8. 10,9.2,9.3,9.23,9.29,9.30,10.3, 10.14,10.15,10.27;1865.1.31,2. 7,10.23;1867.5.21;1868.4.4,11. 13,11.15,11.27,11.30,12.3,12.4, 12.8;1970.5.1;1875.11.19,11.22

史云门　见史炳第

史焰1882.5.25

史兆霖(花楼、史花楼、史华楼)1865.

寿之五叔　见赵祖顺

受谦　见祝受谦

绥孙　见方长绥

舒甫　见赵曾锡

舒赫德 1862.6.28

舒恒 1872.7.8

舒叔　见赵曾锡

叔云　见薛福成

叔纯　见董孝贻

叔度　见邓嘉绪

叔盖　见钱松

叔桓倩　见赵侃

叔耆七兄　见赵嘉龄

叔问　见郑文焯

叔愚　见施建烈

叔渊　见王彤

叔珍府君　见赵珍

书城　见杨汝孙

书端(书元甫)1874.3.8

书叟　见杨汝孙

书元甫　见书端

树人　见邓嘉绩

漱六　见袁芳瑛

漱翁　见袁芳瑛

帅成瀛(帅仙舟)1862.6.15,6,24

帅仙舟　见帅成瀛

顺安侸　见赵企翊

顺吉叔 1865.2.23;1870.5.19,5.30;
　1879.10.17

舜臣　见赵煦

硕甫　见姚莹

思老　见莫友芝

思一二兄　见赵振裎

思赞　见杨同福

偲老　见莫友芝

四兄　见赵世荣

四姊　见赵纫珠

耜洲　见季邦桢

松侪　见丁辰军

松恩(松希)1873.1.19

松峻(松秀峰)1863.12.29

松林(松茂亭)1867.12.6,12.9

松茂亭　见松林

松圃　见马绳武

松如　见赵国藩

松似竹(松竹斋)1870.11.15

松午　见曹锦炎

松希　见松恩

松秀峰　见松峻

松雪　见赵孟频

松雪斋　见赵孟频

松筠 1862.6.15;1863.12.2

松竹斋　见松似竹 1870.11.15

崧骏(崧中丞)1886.10.10;1888.12.3

崧中丞　见崧骏

宋陈寿(宋茂之)1869.11.23

宋澄川 1871.9.3

宋春珍 1871.4.12

宋德鸿(宋军门)1870.9.21,9.22,9.
　　23

宋栋臣 1872.5.4,5.10,5.16

宋辅弼　见宋元勋

宋辅臣 1872.12.13

宋国永 1865.5.16

宋化南　见宋之棠

宋军门　见宋德鸿

宋克 1888.10.4

宋克健(宋雨石)1888.2.11

宋濂 1878.4.4;1888.6.22

宋荦(宋牧仲、宋长公)1872.1.12;
　　1877.11.11;1885.7.9;1888.6.22

宋景诗 1863.5.18

宋茂之　见宋陈寿

宋勤甫 1863.1.8

宋庆 1864.1.12;1868.8.18

宋绍祁(宋生香)1863.9.30;1864.1.
　　5,1.14,1.24,7.22;1865.1.13,12.
　　6,12.11

宋升平 1871.10.1

宋声平(宋颂承)1876.7.1

宋生香　见宋绍祁

宋氏(寓客)1888.9.17

宋思陵　见赵构

宋颂承　见宋声平

宋王氏 1872.4.18,4.19

宋五得 1872.4.18

宋翔凤(宋于庭)1858.6.12;1859.3.
　　6,4.29,9.8,10.17;1860.2.24,3.8;
　　1888.11.15

宋小儿 1875.9.11

宋小亭　见宋远和

宋也如 1865.1.30

宋于庭　见宋翔凤

宋雨石　见宋克健

宋元勋(宋辅弼)1872.3.5,6.11;
　　1873.1.22

15,12. 18,12. 23,12. 26,12. 28,12.

30；**1865**. 1. 15,1. 30,2. 13,2. 17,4.

18,5. 6,6. 5,7. 14,8. 21,11. 13,11.

28,12. 3,12. 28；**1866**. 1. 1,7. 20,9.

1；**1867**. 5. 30

苏有昆　见苏友昆

苏祐 **1878**. 4. 5

苏韵珂　见苏应珂

苏韵庄　见苏应珂

苏辙 **1875**. 7. 16

酥姬　见冯酥

肃顺 **1860**. 11. 6；**1861**. 9. 13,9. 28,12.

9,12. 18；**1862**. 1. 10；**1865**. 7. 25

素塍叔　见赵献文

孙北海　见孙承泽

孙昌国（栋臣、孙副戎）**1856**. 2. 12,3.

16

孙长绂（孙方伯）**1863**. 12. 27；**1874**. 1.

6,3. 17,3. 24,4. 2,11. 30；**1875**. 1.

14,3. 9,9. 23,9. 24

孙澄之　见孙文川

孙澂之　见孙文川

孙诚斋 **1862**. 8. 7

孙承泽（孙北海、孙退谷）**1876**. 12. 13；

1879. 5. 11；**1882**. 7. 28；**1885**. 10. 21；

1887. 3. 25；**1888**. 6. 22

孙楚卿　见孙光谟

孙楚卿　见孙国纪

孙方伯　见孙长绂

孙方伯　见孙观

孙方舆（孙莘畲）**1863**. 12. 17,12. 23,

12. 29,12. 31；**1864**. 6. 2,6. 7

孙副戎　见孙昌国

孙观（孙惺斋,孙省斋、孙方伯、方伯）

1872. 6. 24,6. 26,10. 31,11. 4；**1874**.

1. 6,1. 8,1. 10,3. 24,3. 25,3. 26,3.

27,4. 2,4. 3,4. 13,4. 14,4. 15,11.

30,12. 2；**1875**. 1. 14,3. 9,3. 11,5. 2,

5. 8,7. 15,8. 1,8. 7,9. 22,9. 23,9. 24

孙观光（孙敬亭）**1867**. 4. 27,5. 8；

1873. 2. 13

孙光谟（孙楚卿）**1862**. 9. 15,9. 19,9.

21

孙光宪 **1875**. 7. 2

孙国纪（孙楚卿）**1862**. 2. 11

孙海岑　见孙云锦

孙浣初 **1865**. 11. 26,11. 28

孙嘉淦 **1858**. 9. 3；**1862**. 6. 28

孙惺斋　见孙观

孙省斋　见孙观

孙砚农　见孙文田

孙翼谋 1865. 4. 30

孙毅堂 1883. 10. 24

孙玉农 1869. 11. 7

孙渊如　见孙星衍

孙月峰　见孙镬

孙云锦(孙海岑)1864. 11. 22, 11. 27,

　　12. 25; 1865. 1. 18, 1. 31, 11. 26;

　　1867. 6. 23, 6. 30, 7. 11; 1868. 4. 22,

　　10. 5

孙云叔　见孙亮功

孙韫泉 1860. 3. 3, 3. 5

孙载之 1866. 11. 27

孙哲民　见孙文煜

孙桢(孙石云)1888. 6. 22

孙振铨 1881. 1. 24

孙芝扬 1873. 1. 4, 1. 5

孙竹堂　见孙士达

孙子佩　见孙尚绂

孙子期 1853. 8. 3, 12. 21

隋藏珠(隋龙渊)1862. 2. 26, 6. 1

隋龙渊　见隋藏珠

索改子 1870. 9. 6, 9. 7

索洛太 1871. 5. 21

T

塔齐布(塔提军)1856. 2. 12, 3. 4;

　　1861. 10. 10; 1862. 1. 19

塔提军　见塔齐布

台魁石 1871. 4. 25

台勇 1862. 1. 19

台勇三 1871. 4. 25

邰某 1887. 5. 10

太原府君　见赵凤诏

太原公　见赵凤诏

谭宝谟(谭子猷)1869. 9. 24

谭碧理 1868. 11. 30, 12. 1

谭崇阶　见谭富基

谭富基(谭崇阶)1872. 3. 29; 1873. 10.

　　25; 1874. 3. 9, 4. 7

谭钧培 1877. 11. 18; 1881. 12. 9; 1884.

　　4. 25

谭荔仙　见谭溥

谭溥(荔仙、谭荔仙)1861. 8. 30, 9. 2,

　　9. 29, 10. 8, 10. 9, 10. 10, 10. 11, 10.

　　13; 1866. 1. 7, 1. 9

谭绍洸(慕王)**1864**. 1. 6

谭少柳　见谭泰来

谭泰来(谭少柳)**1884**. 12. 16,12. 17

谭廷献　见谭献

谭献(谭廷献、谭仲修)**1888**. 5. 4,6. 18,10. 26,11. 12

谭月卿 **1867**. 8. 9,8. 28,10. 22,10. 25, 10. 28

覃溪　见翁方纲

谭仲修　见谭献

谭子猷　见谭宝谟

谈厚甫 **1861**. 2. 19

谈平甫 **1861**. 2. 19

汤宝珩(熙台、汤熙台)**1860**. 12. 25; **1861**. 7. 8,7. 23;**1862**. 11. 14;**1865**. 11. 8

汤斌(汤潜庵)**1885**. 10. 21

汤宾(汤子晋)**1872**. 11. 19,11. 23

汤伯温　见汤似瑄

汤成烈(汤果卿、汤果翁)**1855**. 9. 4; **1856**. 7. 9;**1862**. 2. 26,2. 28,3. 4,3. 5,3. 9,3. 16,3. 20,3. 21,3. 24,3. 28, 3. 30,4. 1,4. 4;**1865**. 2. 24;**1866**. 4. 9;**1867**. 5. 15,5. 16;**1868**. 4. 7;**1875**.

11. 19;**1878**. 5. 26,7. 3,9. 5;**1881**. 3. 4

汤春舫　见汤世熙

汤存甫 **1880**. 3. 25,3. 26

汤地山　见汤裕谦

汤敦甫　见汤金钊

汤敦之 **1865**. 10. 28;**1868**. 12. 15,12. 16

汤果卿　见汤成烈

汤果翁　见汤成烈

汤海秋　见汤鹏

汤开 **1855**. 11. 9

汤老开 **1854**. 8. 29

汤乐民　见汤禄名

汤亮生 **1872**. 2. 1

汤禄名(汤乐民)**1855**. 5. 31,11. 6; **1865**. 4. 27,4. 29,6. 10,8. 3,8. 9; **1868**. 5. 20

汤金钊(汤敦甫、汤文端)**1867**. 9. 3; **1868**. 9. 9

汤鹏(汤海秋)**1862**. 4. 3;**1863**. 2. 8

汤聘征 **1875**. 9. 30

汤启昀(汤石农)**1877**. 3. 30,4. 9,8. 23,10. 18,12. 13;**1878**. 1. 16

汤潜庵　见汤斌

汤全人　见汤世佺

汤彦泽　见汤世庸

汤衣谷　见汤裕

汤贻芬（雨生、雨翁、汤雨生、汤雨翁、汤贞闵、汤贞愍）1852. 9. 12, 9. 15, 9. 16, 10. 3; 1853. 12. 21, 12. 27; 1855. 5. 31; 1862. 1. 15; 1863. 2. 18; 1864. 12. 1; 1865. 4. 27; 1888. 10. 4; 1889. 1. 1

汤雨生　见汤贻芬

汤雨翁　见汤贻芬

汤裕谦（汤地山）1871. 2. 17, 2. 18, 2. 22, 10. 25

汤彝铭（诗林、汤诗林）1862. 4. 41, 10. 22, 10. 28, 10. 29, 10. 30; 1863. 3. 15, 3. 21, 3. 28, 4. 2, 4. 5, 4. 17, 5. 1, 5. 3, 5. 4, 5. 14, 5. 24, 5. 26, 5. 29, 5. 31, 6. 8, 6. 10, 6. 16, 6. 20, 6. 24, 6. 26, 6. 27, 10. 17, 10. 18, 11. 11, 11. 20, 11. 24, 11. 25, 11. 29, 12. 1, 12. 6, 12. 13, 12. 14; 1864. 9. 27, 9. 30, 10. 3, 10. 6, 10. 11, 10. 12, 10. 13, 10. 14, 10. 15, 10. 18, 10. 19, 10. 21, 10. 24, 11. 1, 11. 3, 11. 10, 11. 11, 11. 13, 11. 17, 11. 23; 1865. 1. 5, 4. 2

汤亦中（汤子惠）1861. 11. 24, 11. 25

汤裕（衣谷、汤衣谷、重夫）1858. 9. 1, 9. 14, 9. 17; 1859. 3. 8, 3. 9, 5. 4, 5. 20, 7. 1, 7. 30, 8. 17, 8. 24, 9. 7, 9. 8, 9. 9, 9. 16; 1860. 3. 11, 6. 24, 7. 3, 7. 8, 7. 17, 11. 17, 11. 27, 12. 25, 12. 27, 12. 28, 12. 29, 12. 31; 1861. 1. 3, 1. 7, 1. 8, 1. 10, 1. 19, 1. 21, 1. 22, 1. 23, 1. 25, 1. 27, 1. 28, 1. 29, 2. 2, 2. 4, 2. 6, 2. 7, 2. 8, 2. 9, 2. 10, 2. 11, 2. 12, 2. 15, 2. 18, 2. 19, 2. 20, 2. 22, 2. 23, 2. 25, 2. 27, 3. 1, 3. 2, 3. 3, 3. 4, 3. 5, 3. 6, 3. 9, 3. 13, 3. 14, 3. 15, 3. 16, 3. 17, 3. 19, 3. 21, 3. 22, 3. 24, 3. 26, 3. 27, 3. 28, 3. 30, 3. 31, 4. 1, 4. 2, 4. 6, 4. 7, 4. 8, 4. 10, 4. 11, 4. 12, 4. 14, 4. 15, 4. 16, 4. 17, 4. 19, 4. 21, 4. 24, 4. 25, 4. 26, 4. 27, 4. 28, 4. 29, 4. 30, 5. 1, 5. 2, 5. 3, 5. 4, 5. 5, 5. 6, 5. 7, 5. 10, 5. 11, 5. 12, 5. 13, 5. 14, 5. 15, 5. 16, 5. 17, 5. 18, 5. 19, 5. 21, 5. 22, 5. 23, 5. 26, 5. 27, 5. 28, 5. 31, 6. 1, 6. 3, 6. 4, 6. 9, 6. 10, 6. 11, 6. 12, 6. 13, 6. 15, 6. 16, 6. 17, 6. 20, 6. 21, 6. 24, 6. 26, 6. 30,

7. 1,7. 2,7. 3,7. 4,7. 6,7. 7,7. 8,7.

20,7. 22,7. 23,7. 24,7. 25,7. 28,7.

30,7. 31,8. 1,8. 2,8. 3,9. 11,10. 10,

12. 9,12. 29;**1862**. 1. 24,1. 25,2. 11,

2. 19,2. 25,3. 16,3. 18,3. 21,5. 15,

5. 26,6. 5,6. 28,8. 22,9. 6,11. 13,

11. 14,11. 17,11. 18,11. 19,11. 20,

11. 21,11. 22,11. 23,11. 24,11. 25,

11. 27,11. 29,11. 30,12. 1,12. 3,12.

4,12. 5,12. 6,12. 10,12. 11,12. 13,

12. 14,12. 16,12. 18,12. 28,12. 31;

1863. 1. 1,1. 3,1. 4,1. 15,1. 16,1.

18,1. 19,1. 21,1. 22,1. 23,2. 9,2.

21,2. 24,3. 13,3. 19,3. 21,3. 22,3.

26,4. 5,4. 12,8. 18,9. 1,9. 13,9. 14,

9. 20,9. 30,10. 18,10. 19,10. 26,11.

2,11. 8,11. 12,11. 17,11. 18,11. 20,

12. 3,12. 4,12. 13,12. 14;**1864**. 1.

19,1. 23,3. 8,4. 14,4. 18,4. 26,5.

21,5. 29,6. 1,6. 2,6. 14,6. 18,7. 7,

7. 8,7. 16,7. 25,7. 28,7. 31,8. 5,8.

25,9. 20,9. 21,9. 23,9. 25,9. 28,9.

30,10. 2,10. 3,10. 4,10. 7,10. 9,10.

10,10. 11,10. 12,10. 14,10. 15,11.

1,11. 17,11. 18,11. 19,11. 20,11.

21,11. 22,11. 23,11. 26,11. 27,11.

30,12. 1,12. 2,12. 4,12. 7,12. 11,

12. 12,12. 15,12. 18,12. 21,12. 22,

12. 23,12. 24,12. 28,12. 29,12. 30,

12. 31;**1865**. 1. 2,1. 3,1. 4,1. 5,1. 8,

1. 10,1. 11,1. 13,1. 14,1. 15,1. 20,

1. 22,1. 26,1. 28,1. 30,1. 31,2. 4,2.

5,2. 7,2. 13,2. 15,2. 17,4. 8,4. 9,4.

10,4. 13,4. 14,4. 15,4. 16,4. 17,4.

18,4. 20,4. 21,4. 22,4. 23,4. 24,4.

25,4. 26,4. 29,5. 1,5. 5,5. 6,5. 11,

5. 12,5. 15,5. 16,5. 18,5. 22,5. 23,

5. 24,5. 25,5. 26,5. 27,5. 29,5. 30,

5. 31,6. 1,6. 2,6. 3,6. 4,6. 5,6. 6,6.

7,6. 8,6. 9,6. 12,6. 13,6. 14,6. 15,

6. 16,6. 17,6. 18,6. 19,6. 30,7. 2,7.

3,7. 4,7. 5,7. 6,7. 7,7. 8,7. 10,7.

11,7. 12,7. 14,7. 15,7. 16,7. 19,7.

20,7. 21,7. 22,7. 23,7. 25,7. 29,7.

31,8. 3,8. 4,8. 8,8. 13,8. 14,8. 15,

8. 16,8. 17,8. 18,8. 20,8. 21,9. 5,

11. 4,11. 7,11. 8,11. 12,11. 13,11.

18,11. 21,11. 27,11. 28,12. 3,12. 7,

陶鹤汀　见陶宝森

陶鹤亭　见陶宝森

陶华 1876. 12. 4

陶楫(陶作舟)1859. 7. 9;1863. 12. 25;
1864. 4. 10,5. 4,5. 5

陶立三 1884. 9. 23

陶茂林 1864. 5. 13

陶庆培 1867. 8. 18

陶少云　见陶桄

陶澍(陶文毅)1859. 3. 19;1861. 9. 25;
1862. 6. 15;1864. 4. 8

陶慰农　见陶云锦

陶文毅　见陶澍

陶巽行　见陶炳权

陶益生 1884. 9. 26

陶云锦(陶慰农)1869. 11. 24;1874. 3.
24,12. 3;1875. 5. 4,5. 7,7. 2,7. 11

陶振 1889. 1. 1

陶宗仪 1858. 9. 12;1878. 4. 2

陶作舟　见陶楫

特征府君　见赵伟枚

滕都阃　见滕国献

滕副戎　见滕嗣林

滕国献(珍堂、滕都阃)1856. 2. 12,3.
15

腾虎　见周瑛

滕嗣林(滕副戎)1864. 8. 10;1867. 9.
23

滕嗣武 1861. 10. 1;1864. 3. 23

梯赐佛哩(佛赐)1863. 4. 13,4. 17

惕庵　见吴靖

天津道　见丁寿昌

天民　见周瑛

田德溥 1872. 10. 9,10. 10

田开寿 1874. 10. 22

田况 1860. 10. 22;1875. 8. 16

田朗三　见田惟公

田朗山　见田惟公

田烺三　见田惟公

田汝成 1878. 4. 12

田雯 1873. 8. 18

田惟公(田朗三、田烺三、田朗山)
1872. 2. 27,3. 3,4. 13,4. 15,6. 7,8.
1,8. 8,12. 16;1873,2. 3,9. 11,10.
31;1874,1. 2,2. 22,3. 13,6. 1,11.
13;1875. 1. 21,4. 1,4. 10,4. 25,8.
20,9. 8

田星灿(田幼峰)1874. 5. 24

9.2,10.28,10.29;**1863**.4.7,4.9,5.
19,10.21,10.23,11.9,11.15,11.
25,12.6;**1864**.1.8,4.10,4.11,4.
27,5.12,6.30,7.15,7.16,7.20,7.
27,8.5,8.14,8.19,8.21,8.24,9.2,
11.22,11.24;**1865**.1.9,1.11,1.13,
1.20,1.30;**1866**.1.6;**1868**.12.15,
12.19,12.20,12.23;**1869**.4.6

万青藜(万藕舲)**1873**.3.18;**1874**.1.
20

万少村　见万方田

万恕(万心如)**1872**.7.9

万斯同**1874**.12.7

万孙　见赵大纯

万泰(万锦堂)**1861**.10.9;**1867**.8.31

万香巢　见万贡琡

万小汀**1868**.8.24

万毓香　见万筠

万沄(万观亭)**1872**.2.22

万筠(万毓香)**1872**.3.5,6.11,7.9,8.
28;**1873**.3.25;**1875**.3.21,9.4

汪安均**1864**.1.6

汪安斋　见汪塈

汪宝泰(汪鹤孙)**1859**.3.14,3.17

汪本铨(汪衡甫)**1853**.4.11

汪彬**1878**.4.29

汪伯庸**1852**.5.29,6.3,6.23,6.30,7.
5,7.6,11.25,12.16,12.19;**1853**.1.
4,1.5,1.9,3.2,3.22,6.18,6.19

汪承谦(汪艺斋)**1869**.12.4

汪鼎(汪璇甫)**1858**.6.19,6.27

汪鼎勋(汪定勋、汪辅周、汪凫洲、汪凫
舟)**1866**.4.4,4.11,6.20,10.22,10.
23,11.2,11.4,11.15,11.23,11.24,
11.25;**1867**.4.24,4.27,5.9,7.9,7.
11;**1877**.10.9,10.13,10.21,10.30,
10.31,11.16,11.18,11.28;**1879**.8.
22;**1881**.5.22

汪定勋　见汪鼎勋

汪度(汪镜函)**1871**.9.27

汪铎(汪寿卿)**1881**.1.24,1.25,1.26,
1.30

汪恩铭(汪铭恩、汪少堂)**1861**.6.5;
1862.11.14;**1866**.11.2,11.15,11.
17,11.18;**1863**.6.8;**1866**.11.2;
1867.2.6,4.18;**1869**.4.4,5.11,5.
31,6.13,6.15,6.16,6.18

汪方伯　见汪本铨

汪昉(汪叔明)**1855**.2.2;**1889**.1.1

汪佛堂 **1867**.2.27

汪凫洲　见汪鼎勋

汪凫舟　见汪鼎勋

汪辅周　见汪鼎勋

汪公毅 **1859**.5.3

汪贵蓉(汪镜初)**1871**.12.30

汪海洋 **1864**.5.1,7.5;**1865**.7.25,8.7

汪罕青　见汪祖绶

汪汉青　见汪祖绶

汪翰青　见汪祖绶

汪鹤孙　见汪宝泰

汪衡甫　见汪本铨

汪虎溪　见汪守愚

汪笏山　见汪彤程

汪华 **1881**.2.11

汪怀武 **1864**.1.6

汪垫(汪安斋)**1866**.3.30,4.18,4.21,
4.22,6.25,11.28

汪继昌(汪小樵)**1868**.6.15

汪近仁(雨人、汪雨人)**1852**.3.29;
1853.7.18,7.30,7.31,8.2,8.3;
1859.3.27;**1860**.1.4;**1862**.11.16,
11.18;**1863**.11.10;**1864**.8.29,8.

30;**1865**.3.2

汪镜初　见汪贵蓉

汪镜函　见汪度

汪赍之　见汪良弼

汪老会 **1870**.5.18

汪龙溪　见汪元鲁

汪枚(汪云皋)**1869**.11.21

汪梅村　见汪士铎

汪孟慈　见汪喜孙

汪孟平　见汪坦

汪兰轩　见汪显达

汪阆源　见汪士钟

汪良弼(汪赍之)**1869**.7.30,8.30,9.
1,9.24,9.25,10.6,10.11,10.25,
10.28,11.8,11.9,11.11,11.12,11.
14,11.15,11.16,11.18,11.19,12.
24;**1870**.1.14,1.17,1.18,4.1,6.
14,7.12,8.5,8.16,9.11,11.24;
1871.1.17,4.22,5.16,9.17,9.18,
9.19,9.21,9.24,9.25,9.27,9.28,
10.1,10.2,10.3,10.11,10.13,10.
14,10.19,10.21,10.29,11.2,11.3,
11.8,11.11,12.18;**1872**.1.3,1.7,
1.13,1.15,1.23,1.25,1.30,2.7,2.

9,2.21,2.25,3.14,4.9,6.25,11.1,
11.2,12.26;**1873**.2.11,2.13,5.21,
8.13;**1874**.12.2;**1875**.3.11,5.4,6.
22,7.1,7.11,7.13

汪令　见汪显达

汪柳门　见汪铭銮

汪龙溪　见汪元鲁

汪铭恩　见汪恩铭

汪明府　见汪显达

汪铭銮(柳门、汪柳门)**1866**.4.2,4.3,
11.3,11.4,11.9,11.10;**1867**.2.27,
7.11;**1868**.6.15;**1881**.3.18,3.20,
12.7

汪庆源(汪遂堂)**1852**.3.9,3.10;
1853.3.5,9.18,9.19

汪秋阁 **1862**.5.21,5.22,6.10,6.11,7.
2,7.5,7.10

汪汝桂(燕山、汪燕山)**1859**.3.14,3.
15,3.17,3.18,3.19,4.5,4.6,4.22,
7.9;**1860**.2.25;**1861**.6.2,6.3,6.6,
6.9,6.10,6.12,6.13,6.19,6.23,6.
30,7.6,7.7,7.22,7.23,7.24,7.26,
7.30,7.31,8.1,8.2,8.3,9.11,10.
3,10.8,10.11,10.12,12.9,12.29;

1862.1.8,6.28,7.3,7.6,11.15,11.
17,11.18,11.20,11.22,11.24,11.
25,11.26,11.27,11.29,11.30,12.
1,12.2,12.3,12.4,12.5,12.6,12.
7,12.8,12.10,12.14,12.17,12.28,
12.31;**1863**.1.7,1.8,1.9,1.10,1.
11,1.12,1.13,1.14,1.15,1.16,1.
25,1.26,2.8,2.9,2.21,2.24,2.26,
2.27,3.14,3.22,4.4,4.19,5.30,7.
24,9.7,9.9,9.10,9.20,9.22,12.
24,12.30;**1864**.1.2,1.9,1.11,1.
13,1.14,1.23,1.24,1.25,1.27,1.
29,2.1,2.2,2.11,2.18,2.19,2.20,
2.22,2.24,3.22,4.4,4.6,4.11,4.
13,4.14,4.15,5.17,7.16,8.12;
1865.1.5,1.29,6.11,6.19,11.4,
11.5,11.14;**1878**.12.5;**1884**.6.13

汪少庵 **1872**.6.26

汪少韩　见汪学潮

汪少泉 **1855**.12.4

汪少堂　见汪恩铭

汪石翁　见汪正

汪石心　见汪正

汪士铎(汪梅村)**1865**.2.1,2.5;**1867**.

6.7,6.23,9.8;1868.9.1,9.6,9.8,
11.26,11.30

汪士鋐(汪松南)1879.5.11

汪士钟(汪阆源)1881.12.31;1888.
11.15

汪世兄　见汪元鑫

汪守愚(虎溪、汪虎溪)1860.7.21,7.
27,8.1,8.4,8.12,8.13,8.16,9.1,
9.6,9.7,9.15,9.28,9.30,10.1,10.
3,10.7,10.9,10.10,10.14,11.6,
11.15,11.16,11.23,11.26,12.16,
12.17,12.18,12.19,12.22;1861.6.
1,7.10,7.11,7.12,7.13;1862.5.
27;1864.11.22,11.27,11.30,12.
16;1865.4.15;1866.4.1,4.3,4.8,
4.9,8.1,8.21,8.22

汪寿卿　见汪铎

汪叔明　见汪昉

汪松南　见汪士鋐

汪松云1861.10.18

汪遂堂　见汪庆源

汪思甫　见汪英

汪坦(汪孟平、汪委员)1870.8.23,8.
24,9.10

汪彤程(汪笏山)1874.3.2,3.3,3.8

汪微垣(汪幼聪)1862.9.16,9.20

汪莘塘　见汪念增

汪委员　见汪坦

汪文盛1882.1.1

汪念增(汪莘塘)1867.5.8;1868.2.
19,2.20,2.22,5.29,6.14;1869.2.
27,3.1,3.29,3.30,4.1,6.5,6.9;
1870.2.1,4.15;1876.2.7,12.13

汪小帆1861.4.25,4.26,4.29,5.2

汪小樵　见汪继昌

汪小山　见汪元恺

汪喜孙(汪孟慈)1885.7.9

汪显达(汪兰轩、汪明府、汪令)1871.
11.5,11.22,11.23,11.25,11.26,
11.27,12.3,12.6,12.7,12.8,12.9;
1874.3.17,3.24

汪省吾1862.1.19

汪璇甫　见汪鼎

汪学潮(少韩、汪少韩)1852.3.28,3.
29,3.30,11.12;1853.7.31;1854.5.
17,5.18,10.28,10.29;1855.4.27,
4.29

汪燕山　见汪汝桂

1.30,4.10,5.2,5.3,5.18,5.25,6.

11,7.12

王璧臣　见王锡圭

王必达(王霞轩)1864.1.17

王彬(朗生、王朗生)1862.5.29,5.30;

1862.7.9,7.10,7.11,7.16,7.18,7.

21,7.22;1863.12.7

王炳(璞臣、王璞臣、朴臣、王朴臣)

1858.9.4;1859.3.4,3.14,3.15,6.

10.4,10,6.11,6.12,8.4,9.13,10.

4;1860.2.3,3.8,3.14,3.22,3.23,

3.24,3.27,5.26,6.4,7.6;1861.1.

13,4.1;1862.7.6;1863.10.29;

1865.9.20,9.21,9.26,9.27,10.1,

10.2,10.3,10.4;1866.1.29,1.30,

1.31,2.1,3.7,3.10,3.12,3.13,3.

25,4.27,5.7,6.23,7.3,7.6,7.11,

8.15,8.17,9.13,11.12,11.20,12.

29;1867.1.23,1.28,1.30,2.10,2.

19,2.20,2.26,3.2,4.18,4.22,4.

24,5.4,5.5,7.2,7.3,8.19,8.20,9.

6;1868.1.15,1.17,2.8,2.18,6.15,

8.27;1869.3.4,3.5,3.28,3.29,6.

5,6.10;1872.2.14,2.15,2.16;

1876.2.7

王炳奎 1873.7.5

王伯大 1876.7.12

王朝伦(王少峰)1865.4.24

王宸(王蓬心)1886.10.5

王臣弼(王右星)1862.1.9,1.10,1.

17,1.20,1.30,2.3,4.10

王成璐(廉普先生)1861.10.3

王成谦 1867.9.25

王重三　见(王振纲)1872.1.10

王宠(王雅宜)1886.11.23;1888.1.8

王春 1872.11.17

王春(奴子)1869.11.19;1872.3.6;

1874.1.21;1875.4.22,5.26,5.27,

6.20,7.29,8.20,10.16;1876.4.19,

6.10,7.19;1877.3.6,3.14,5.11

王春帆　见王凤仪

王大 1855.4.29

王大经(王晓廉、王晓莲)1866.1.30,

2.1,3.8,3.10,6.20,12.8;1867.2.

27,4.22,4.23,6.5,6.7,8.16,8.19;

1869.8.8,8.9

王大鹏 1854.10.11

王大悦 1875.9.10

王半溪　见王世全

王弼臣　见王廷相

王丹崖(王晴岚)1870.2.14,2.15,5.
　11

王道隆 1870.12.27,12.28;1871.1.2

王道墉 1863.8.31

王德榜 1864.6.3,6.20

王德炳(王子范)1871.1.19,1.20

王德寿(王三元)1856.1.20,1.21,3.
　31

王得金 1871.4.26

王得喜 1875.2.4

王典史 1886.10.23

王佃 1875.9.11

王殿忠 1870.12.8;1871.4.10

王鼎臣　见王定安

王定安(王鼎臣)1867.10.20,12.19,
　12.24,12.30;1868.4.20,4.21,4.
　22,5.6,5.25,5.27,6.14

王定保 1875.7.2

王而农　见王夫之

王发桂(王笑山)1865.4.28

王藩(王蓉坡)1854.4.16,4.19,12.7;
　1860.2.18

王丰三 1872.1.26

王峰臣　见王可升

王奉金 1871.4.26

王凤麟 1870.4.7

王凤翔(王寿人)1869.11.26,12.17;
　1871.1.19,7.17

王凤仪(王春帆)1861.9.17,9.18;
　1862.2.16,3.5,3.21,3.28,3.31,4.
　2,4.10;1863.10.27,10.30;1864.
　11.2

王夫之(王而农)1859.1.12,8.29;
　1860.9.8;1861.11.25

王绂(王孟端)1876.4.14

王符五　见王振录

王福谦(王纶阶)1870.2.13,2.14,11.
　12

王辅臣 1860.12.29;1879.2.21

王辅臣　见王开柄

王辅之 1870.4.7

王复斋　见王厚之

王庚保(王赓宝、王赓保、王敬庵)
　1875.12.3;1876.1.2;1882.9.16,9.
　17,10.8,10.9;1888.7.14

王赓宝　见王庚保

王赓保　见王庚保

王更有 1871.4.25

王榖生 1861.9.9

王榖祥(王禄之)1887.11.4;1888.10.4

王观(王款鹤)1888.10.4

王贯山　见王筠

王国荣(宣生)1861.10.3

王瀚(兰卿、王兰卿)1861.1.30,1.31,
2.1,2.2,2.3,2.7,2.8,2.9,2.10,2.
11,2.12,2.13,2.14,2.19,2.21,2.
23,2.26,3.6,3.8,3.10,4.11,4.14,
4.16,4.18,4.21,5.1,6.8,6.9,6.
12,6.16,6.23,6.30,7.21,7.22,7.
23,7.30,7.31,8.2,8.3,8.18,9.11,
12.29;1862.1.27

王汉忠 1871.4.25

王合 1870.9.3,9.13;1871.1.19

王鹤鸣(王和之)1870.4.29,5.19,5.
20,5.26,9.4,10.16,11.25;1871.2.
28,5.29,11.24

王和之　见王鹤鸣

王弘皎 1875.9.11

王宏撰(王无异)1885.7.9

王厚之(王复斋)1882.7.31

王翚(王石谷、石谷子)1865.4.17;
1867.8.29;1871.12.26;1879.3.11;
1880.4.19;1883.8.27;1884.3.12;
1885.10.16;1888.1.8,11.30

王会 1860.10.31

王畿(王龙谿)1873.6.14

王积懋(鹤生、霍生、王鹤生、王霍生)
1861.8.28,9.1,9.2,9.3,9.4,9.6,
9.7,9.9,9.10,9.18,9.19,9.21,9.
22,9.25,9.26,9.28,10.3,10.4;
1862.1.19,2.16,2.18,2.20,2.21,
2.25,2.27,3.3,3.23,3.24,3.25,3.
26,3.28,3.29,3.30,3.31,4.1,4.4,
4.7,4.8,4.9,4.10,4.11,4.12,4.
13,5.15,5.16,5.17,5.18,5.19,5.
20,5.22,5.24,5.26,5.29,5.30,6.
1,6.3,6.5,6.11,6.12,6.20,7.3,7.
9,7.10,7.11,7.13,7.15,7.18,7.
20,7.21,7.22,7.29,8.5,8.6,8.9,
8.15,8.20,8.28,8.29,8.30,8.31,
9.3,9.4,9.8,10.19,10.20,10.22,
10.23,10.24,10.26,10.28,10.29,
10.31,11.7;1863.3.14,3.15,3.18,
3.21,3.22,3.27,3.28,4.2,4.5,4.

王荩卿 **1864**.11.11

王景孚 **1868**.2.18

王景寿（王椒生）**1863**.1.19,1.20,1.
21；**1879**.10.31,11.10,11.12；**1880**.
1.18,3.5,3.30,4.3,4.11,4.26,6.
8,7.16,8.20,9.20,11.4,11.30,12.
8,12.12,12.13；**1881**.2.28,3.8,3.
20,5.11,5.26,7.29,10.24；**1884**.3.
17,3.25

王镜执（王蓉台）**1870**.4.29,5.22；
1871.7.4

王敬庵　见王庚保

王敬美　见王世懋

王敬五　见王庆诚

王君衷 **1861**.12.8

王俊 **1860**.5.11,5.18

王俊民 **1875**.11.23

王开炳（王辅臣）**1867**.8.3,8.23,10.
18,10.20

王开琳 **1864**.3.16,4.8

王可升（王峰臣）**1864**.1.6,4.27,7.13

王款鹤　见王观

王逵 **1875**.7.2

王利贞 **1875**.9.10

王开运　见王闿运

王闿运（王开运、吟秋、王吟秋、壬秋、
王壬秋）**1861**.9.21,12.3,12.9,12.
11,12.12,12.23；**1864**.11.5,11.7,
11.8,11.17,11.19,11.20,11.21,
11.22,11.23,11.25,12.23；**1865**.1.
12,11.7,11.8；**1867**.7.20

王兰广（王香圃）**1869**.11.14,11.18

王兰卿　见王瀚

王朗生　见王彬

王礼端 **1871**.4.25

王立名 **1861**.12.8

王笠吾 **1866**.1.7

王龙谿　见王畿

王禄之　见王毅祥

王纶阶　见王福谦

王洛见 **1871**.11.20

王履谦 **1862**.7.24,7.30

王梀 **1875**.8.27

王茂才（**1873**.7.4,7.7

王眉叔　见王贻寿

王梅村　见王荫福

王梅叔　见王荫福

王梅溪 **1862**.7.30

王孟端　见王绂

王梦虎　见王衍庆

王梦楼　见王文治

王冕（王元章）1866. 6. 9；1869. 5. 25；

1880. 12. 5；1883. 11. 15

王明山（王柱堂）1863. 11. 20，11. 22

王铭西（王愚溪）1860. 3. 19；1863. 1.

24，2. 1；1868. 3. 31

王枏（王静卿）1875. 7. 5，7. 9

王鹏冲（王文荪）1885. 7. 9

王蓬心　见王宸

王辟之 1875. 7. 16

王璞臣　见王炳

王朴臣　见王炳

王锜 1878. 4. 30

王其淦（王小霞）1866. 4. 26

王启原 1879. 1. 5

王钦若 1875. 10. 27；1882. 5. 24

王清贵 1870. 9. 7

王卿云（王庚伯）1872. 5. 1

王晴岚　见王丹崖

王庆 1870. 2. 7

王庆慈 1867. 3. 18

王庆奎（虚斋、王虚斋）1861. 9. 6，9.

10，9. 22，9. 25，9. 28，10. 5；1862. 2.

18，2. 21，3. 24，4. 1，4. 12，5. 15，5.

18，5. 19，5. 22，5. 26，6. 1，6. 3，6. 5，

6. 11，6. 20，7. 10，8. 15，8. 20，9. 8，

10. 21；1863. 4. 8，6. 24，6. 26；1864.

10. 5，10. 6；1867. 11. 2，11. 3

王庆祺 1875. 1. 24

王庆诚（王敬五）1861. 11. 30

王屏（王万山）1872. 3. 5. 9. 19

王让 1871. 4. 25

王壬秋　见王闿运

王瑞臣 1861. 9. 29

王瑞庭　见王馀庆

王瑞徵（王芝圃）1862. 6. 1；1863. 3.

29，4. 4，5. 6，6. 24，10. 19，10. 25

王荣大 1868. 4. 5

王荣德 1852. 4. 12，4. 30；1865. 2. 26；

1867. 5. 15；1868. 4. 16；1880. 11. 19，

11. 20

王蓉坡　见王藩

王蓉台　见王镜执

王三 1870. 7. 3

王三元　见王德寿

王善录（王少槐）1861. 3. 1；1864. 5. 2，

王雨农　见王澍生

王雨轩　见王必昌

王芋塘 1854.4.18

王育才 1875.9.11

王玉相（王石臣）1870.11.30,12.1

王元美　见王世贞

王元吉 1886.5.21

王原祁（王圆照）1887.12.26

王元章　见王冕

王圆照　见王原祁

王远 1882.5.11

王远和（王小亭）1863.11.20,11.22,
　11.25,11.27;1864.3.21

王筼（王贯山）1889.2.10

王云起 1878.1.28

王允禧 1875.9.11

王运兰 1871.4.25

王兆骐（王建愚）1865.6.19

王曾樾（王荫斋）1860.2.22,2.23,4.
　29,9.21,9.23;1868.6.4

王札方 1871.4.13

王拯（王少鹤）1864.5.3,5.10

王晸　见王政

王政（王晸）1871.5.9,5.19

王振纲（王重三）1872.1.10

王振录（王符五）1872.3.20;1873,1.
　24,6.14

王振铃（王篆五）1872.9.6,12.25;
　1873.1.24,4.11,6.14

王镇埔（王逸亭、王协亭）1867.6.1,6.
　6,6.7,6.10,12.21,12.23,12.30;
　1868.1.2,1.3,1.4,4.16,4.17,4.
　21,4.30,5.13,6.26,7.16,9.27,10.
　10,10.21,10.24,10.25,11.3,11.4;
　1870.10.25

王芝圃　见王瑞徵

王铨 1875.7.16

王志安（王子钧）1872.3.1

王稚登（王百毂）1888.6.22

王治卿 1867.12.24

王仲山　见王问

王竹安 1868.5.4

王竹坪 1871.9.26

王竹溪　见王金钊

王篆五　见王振铃

王准（王子仙）1855.4.23,5.11,5.30,
　5.31

王子诚 1862.1.29

王子椿 **1875**.10.28

王子范　见王德炳

王子宏 **1852**.4.10

王子钧　见王志安

王子佩 **1861**.11.24,11.26,11.27

王子卿 **1867**.11.28

王子全 **1867**.11.28

王子仙　见王准

王子云　见王香倬

王子允 **1862**.1.9

王作霖(澍卿) **1864**.1.30

王祖培 **1875**.1.24

王佐卿　见王翊宸

维藩　见赵宋培

维桢　见赵国培

维贞四兄　见赵国培

蔚之大兄 **1865**.9.23;**1867**.4.23;**1868**.
　2.23,2.26

温德勒克西 **1864**.5.13

温殿花 **1871**.4.13

温凤楼 **1863**.7.29

温甫　见曾国华

温怀伯 **1871**.9.17,10.9,10.16,10.25,
　11.11,12.27;**1872**.1.20,2.24;

1875.5.8

温豫 **1875**.7.16

文柏川　见文祥

文璧 **1878**.4.17,4.29

文辅卿　见文翼

文格 **1867**.7.20

文嘉 **1871**.12.26

文濂(文幼溪) **1872**.3.1;**1873**.2.26,
　5.4;**1875**.4.1,8.21

文林 **1878**.4.29

文麟 **1865**.6.14

文恒(文月亭、文悦亭、文游击) **1872**.
　3.4,3.21,3.29,.1,4,5.17,6.22,7.
　15,9.15,10.9,10.10,12.16;**1873**.
　1.21,2.1,2.3,3.15,10.8,10.13,
　10.18,12.23,12.27;**1874**.1.15,1.
　16,2.8,2.9,2.20,2.28,3.9,4.6,4.
　12,4.13,6.15,8.1,8.27,10.11

文明 **1874**.7.14

文同 **1885**.12.30

文文肃　见文震孟

文锡 **1875**.2.4

文祥(文柏川) **1860**.11.6;**1864**.6.19;
　1865.4.26;**1868**.3.7;**1869**.7.7

翁曾源（翁仲渊）**1887**. 10. 12

翁仲渊　见翁曾源

威妥码 **1863**. 8. 1；**1866**. 6. 24；**1868**. 3. 6

维城　见赵德培

维和　见赵植培

维屏　见程薇省

维勋七弟　见赵荫培

韦长贵（韦守斋）**1865**. 11. 12，11. 14，

　　11. 15，11. 16，12. 9；**1866**. 1. 1，1. 2

韦守斋　见韦长贵

韦正 **1853**. 3. 20；**1864**. 3. 26

韦志俊 **1860**. 5. 11

伪大将　见陈姓

伪王宗 **1864**. 6. 11

卫蕙（卫柳泉）**1871**. 11. 12

卫柳泉　见卫蕙

卫生兄 **1861**. 4. 13；**1865**. 2. 23，2. 25，5.

　　25；**1866**. 11. 17；**1867**. 5. 15，5. 16，

　　10. 3；**1868**. 6. 19，11. 20；**1870**. 5. 5；

　　1875. 11. 18；**1876**. 3. 15；**1877**. 11.

　　21；**1879**. 11. 27；**1880**. 11. 19；**1882**.

　　5. 9，6. 26，6. 29

卫铸卿 **1881**. 11. 8

魏安清（魏唐倪）**1877**. 10. 2

魏般仲　见魏彦

魏宝卿　见魏炳虎

魏保卿　见魏炳虎

魏葆卿　见魏炳虎

魏炳虎（魏宝卿、魏保卿、魏葆卿）

　　1878. 10. 13，12. 31；**1879**. 6. 1；**1880**.

　　1. 12，1. 25；**1881**. 6. 22；**1883**. 10. 12；

　　1885. 10. 29

魏伯钦 **1869**. 1. 23

魏春泉 **1876**. 12. 16，12. 19；**1877**. 1. 1，

　　1. 11，1. 14，1. 22，4. 16

魏大　见魏襄

魏大 **1861**. 3. 2，3. 9

魏大中（魏忠节）**1877**. 9. 12，10. 2，10.

　　22

魏懂（魏绍庭、魏绍亭、魏太守）**1861**.

　　10. 9，10. 11，10. 13；**1862**. 5. 26，5.

　　30，6. 1，6. 29；**1863**. 3. 14；**1869**. 11.

　　18

魏二　见魏彦

魏刚己　见魏耆

魏凤芝　见魏铭

魏桂（魏仲子）**1884**. 6. 13，6. 14

魏虎臣　见魏麟彪

魏彦(盘仲、魏盘仲、般中、般仲、魏般
仲、魏二)**1859**.9.8,9.9;**1860**.1.31,
6.25,12.29;**1861**.1.1,1.3,1.4,1.
6,1.7,1.12,1.16,1.17,1.19,1.20,
1.21,1.22,1.23,1.24,1.30,1.31,
2.1,2.2,2.3,2.5,2.6,2.7,2.8,2.
10,2.11,2.12,2.13,2.14,2.16,2.
18,2.19,2.20,2.21,2.22,2.23,2.
24,2.25,2.26,2.27,2.28,3.1,3.5,
3.6,3.7,3.8,3.10,3.11,3.13,3.
14,3.15,3.17,3.19,3.20,3.22,3.
23,3.25,3.27,3.28,3.29,3.31,4.
6,4.8,4.9,4.11,4.13,4.14,4.16,
4.17,4.18,4.19,4.20,4.21,4.22,
4.23,4.25,4.26,4.27,4.28,4.29,
4.30,5.1,5.2,5.3,5.4,5.5,5.6,5.
7,5.8,5.9,5.10,5.11,5.12,5.13,
5.14,5.15,5.16,5.17,5.19,5.22,
5.23,5.31,6.1,6.6,6.7,6.8,6.9,
6.10,6.11,6.12,6.13,6.16,6.17,
6.18,6.24,6.25,6.26,6.28,6.30,
7.2,7.3,7.4,7.5,7.6,7.7,7.20,7.
21,7.23,7.25,7.26,7.27,8.2,8.3,
9.11,12.9;**1862**.1.24,1.25,2.16,

3.29,3.30,4.2,5.27,6.28,7.3,7.
22,8.22,11.13;**1863**.1.1,1.2,1.3,
1.4,1.16,1.28,1.29,1.30,1.31,2.
10,3.14,3.23,4.10,5.8,6.6,8.15,
8.29,8.30,10.29;**1864**.1.9,2.14,
5.8,5.19,5.20,5.23,5.24,6.1,6.
2,6.5,6.11,6.16,6.20,7.2,7.3,7.
5,7.20,7.31,8.9,11.5,11.7,11.8,
11.18,11.19,11.22,11.23,11.26,
11.27,12.1,12.11,12.21,12.22,
12.24,12.27,12.29,12.30;**1865**.1.
12,2.1,2.5,4.10,4.12,4.19,4.21,
4.27,5.8,5.12,5.24,6.6,6.12,6.
13,6.15,6.16,6.18,6.20,6.30,7.
3,7.7,7.8,7.20,7.29,8.14,8.16,
8.17,9.9,11.7,11.8,11.9,11.14,
11.16,11.17,11.22,12.1,12.4,12.
9,12.27;**1866**.1.2,2.4,2.20,3.17,
4.14,5.12,6.7,6.26,6.28,9.30,
10.5,10.14,10.17,10.28,11.19,
12.4,12.6,12.7,12.28;**1867**.1.5,
1.13,1.20,1.21,1.25,1.28,2.19,
3.17,3.18,4.1,4.6,4.7,4.16,4.
22,4.25,5.8,5.28,5.30,5.31,6.

16,6. 17,8. 16,8. 18,9. 3,10. 4,11.

30,12. 3,12. 27;**1868**. 2. 13,2. 21,2.

25,2. 26,4. 8,4. 29,4. 30,5. 8,5. 9,

5. 14,6. 17,6. 25,7. 9,8. 1,8. 11,8.

17,8. 21,9. 8,9. 25,9. 29,11. 4,11.

26,12. 3,12. 5;**1869**. 3. 4,3. 29,4. 9,

4. 22,6. 4,7. 12,8. 26,9. 14,10. 1;

1870. 3. 19,11. 25;**1871**. 1. 3,8. 1,9.

8,10. 15,12. 25;**1872**. 1. 15,2. 3,2.

5,7. 17,7. 22,9. 13,10. 13,10. 17,

10. 18,12. 9;**1873**. 5. 4,7. 3,7. 22,

11. 15, 11. 27; **1874**. 5. 1, 10. 19;

1875. 12. 2,12. 3,12. 4,12. 23;**1876**.

1. 19,1. 22,2. 20,2. 24,3. 2,3. 25,4.

5,4. 22,5. 2,5. 22,5. 30,7. 5,7. 16,

7. 23,8. 4,8. 28,9. 9,9. 14,9. 15,9.

20,12. 19;**1877**. 1. 23,2. 11,2. 24,3.

4,3. 25,4. 15,4. 16,4. 17,4. 29,5.

29,6. 28,7. 7,7. 30,9. 16,10. 8,11.

3,11. 5;**1878**. 1. 13,1. 25,1. 29,2.

23,2. 27,3. 28,4. 6,6. 14,6. 18,6.

21,6. 22,6. 26,6. 30,9. 16,10. 12,

10. 14,12. 8,12. 27;**1879**. 1. 19,3. 3,

3. 12,3. 25,3. 31,4. 13,5. 5,5. 8,5.

12,6. 20,7. 14,8. 3,9. 13,9. 17;

1880. 1. 22,2. 3,4. 4,4. 5,5. 23,6. 8,

7. 8,8. 11,9. 13,12. 1,12. 31;**1881**.

2. 22,2. 23,3. 4,3. 29,4. 25,5. 10,6.

22,7. 9,9. 25,10. 5,10. 7,11. 13,12.

1,12. 2;**1882**. 1. 2,2. 6,2. 12,4. 5,4.

26,6. 22,7. 25,9. 22;**1883**. 1. 27,4.

14,6. 11,9. 5,9. 13,12. 20,12. 25;

1884. 1. 22,2. 29,3. 25,5. 13,5. 16,

8. 2,9. 16,11. 21;**1885**. 1. 15,1. 28,

2. 1,2. 10,4. 22,9. 20,9. 25,12. 24,

12. 27;**1886**. 1. 23,6. 5,6. 14,9. 7,9.

9,11. 23,11. 24,11. 25;**1887**. 3. 20,

3. 21,6. 18,7. 16,10. 23,10. 24,10.

27,11. 4;**1888**. 5. 17,5. 20,5. 21,12.

3,12. 5;**1889**. 1. 10,1. 24,1. 25,7. 8,

7. 10

魏瀛(魏柳南、魏司马)**1861**. 10. 2,10.

22;**1864**. 5. 25,5. 26,5. 27,6. 21,6.

27,8. 22,11. 27,11. 29;**1865**. 5. 15,

5. 17

魏驭名 **1869**. 11. 8

魏喻义 **1864**. 1. 12

魏源(魏默深、默深先生) **1859**. 3. 6;

1860. 1. 22,1. 31,8. 12,10. 27;1861.

10. 2;1864. 6. 16;1867. 6. 7;1876. 9.

8;1888. 11. 15

魏振铺 1872. 5. 13

魏忠节　见魏大中

魏仲子　见魏桂

魏子莹　见魏进义

味辛先生　见赵怀玉

倭和(倭性泉) 1872. 12. 14;1874. 1.

22,12. 23

倭仁(艮峰、艮相、倭相) 1864. 7. 11;

1865. 4. 28,4. 30;1867. 7. 22,8. 4,8.

8,10. 1,1868. 11. 27;1869. 7. 7

倭相　见倭仁

倭兴阿(倭云阶) 1874. 1. 15,1. 16

倭性泉　见倭和

倭云阶　见倭兴阿

乌兰泰 1852. 8. 20;1853. 10. 27

邬洪 1881. 7. 19

吴伴渔 1860. 4. 5

吴葆琛(吴雨农) 1871. 9. 20;1872. 1.

18;1873. 2. 13

吴宝书 1865. 10. 12,10. 13

吴保丰(吴桐孙、吴通孙) 1852. 2. 28,

8. 6,12. 25;1853. 3. 2,12. 19

吴邠卿　见吴申祐

吴伯葵 1855. 5. 14

吴才九　见吴起凤

吴昌寿 1863. 9. 15

吴昌言(吴颖函) 1862. 3. 31,4. 3,7.

18,8. 25

吴朝彦(吴良甫) 1870. 2. 15;1871. 7.

25,7. 29,8. 3,8. 10,8. 13,8. 14

吴承潞(吴广庵、吴广安) 1868. 2. 22,

2. 23,5. 26,11. 30;1869. 3. 3,3. 4,3.

30,6. 7;1877. 2. 20,2. 22;1883. 6.

19,6. 22;1885. 11. 23;1886. 11. 23

吴处厚 1875. 7. 16

吴春帆　见吴赞诚

吴春海　见吴鸿恩

吴次垣　见吴台朗

吴达尊(申之、吴申之) 1855. 3. 7,4.

19,4. 21,4. 23,5. 10,5. 11,5. 12,5.

15,5. 16,5. 17,5. 19,5. 23,5. 25,5.

27,5. 30,6. 2,6. 7,6. 12,6. 21,6. 29,

7. 1,7. 7,7. 11,7. 15,7. 19,7. 21,7.

28,8. 2,8. 5,8. 6,8. 7,8. 9,8. 10,8.

11,8. 12,8. 13,8. 14,8. 15,8. 17,8.

19,8. 21,8. 23,8. 24,8. 25,8. 27,8.
29,8. 30,8. 31,9. 1,9. 2,9. 3,9. 4,9.
5,9. 7,9. 8,9. 10,9. 14,9. 16,9. 21,
9. 24,9. 26,9. 27,9. 29,10. 6,10. 9,
10. 10,10. 12,10. 13,10. 17,10. 19,
10. 20,10. 21,10. 23,10. 24,10. 25,
11. 2,11. 4,11. 5,11. 11,11. 12,11.
19;**1856**. 5. 17,5. 18,5. 19,5. 30,6.
8,6. 14,6. 15,6. 17,6. 18,6. 23,6.
24,6. 30,7. 2,7. 5;**1858**. 7. 24

吴大澂(吴清卿)**1866**. 12. 1;**1868**. 11.
29,11. 30;**1869**. 3. 2,3. 3,3. 4,3. 30,
6. 9,6. 10,6. 15;**1872**. 2. 15;**1877**. 2.
19,2. 20,4. 29

吴大衡(吴毅卿、吴仪卿)**1866**. 3. 13;
1869. 3. 30,6. 9,6. 10;**1872**. 3. 25;
1873. 2. 10;**1877**. 2. 20

吴大廷(吴桐云)**1862**. 7. 20;**1864**. 4.
30

吴岱芝(吴畹春)**1861**. 11. 30,12. 2,
12. 4,12. 15,12. 22;**1862**. 4. 12

吴道子 **1868**. 1. 5;**1871**. 11. 21;**1875**.
10.31

吴都转　见吴坤修

吴鹗(吴秋浦)**1870**. 9. 15
吴方椿(寿年、吴寿年)**1861**. 2. 12,2.
17,4. 30,5. 5,5. 6,5. 7,5. 8,5. 14,5.
15,5. 19,5. 21,5. 22,5. 23,5. 24,5.
26,5. 28,5. 29,5. 30,5. 31,6. 3,6. 6,
6. 17,6. 18,6. 20,6. 21,7. 8,7. 22,7.
29,7. 30,8. 1;**1863**. 2. 10;**1867**. 12.
16,12. 17,12. 18;**1868**. 1. 4,9. 7,9.
29,10. 7,10. 11,10. 13,10. 23,10.
27,10. 31,11. 4,11. 5,11. 7,11. 10,
11. 12,11. 18,11. 23

吴凤昌(吴珀卿)**1867**. 3. 10,3. 17,3.
18,4. 10,4. 12,4. 14,4. 18,8. 16,8.
29,9. 1;**1868**. 1. 16,2. 6,2. 7,2. 11,
3. 24,6. 11;**1869**. 1. 18,1. 20,2. 14,
3. 21,5. 8,5. 23,5. 27,6. 1,6. 4;
1875. 11. 27,11. 29,12. 23;**1876**. 4.
10;**1878**. 10. 3,11. 26;**1879**. 11. 12;
1881. 3. 2,10. 18,12. 19;**1886**. 8. 4;
1887. 5. 10

吴凤仪(吴韶庭)**1874**. 6. 22,6. 23
吴观乐(吴子备)**1887**. 7. 24,7. 26,7.
28,8. 10,10. 27;**1888**. 10. 19,10. 23
吴贯槎(斋源)**1856**. 2. 12

吴冠英　见吴隽

吴光鼎(吴熙之)1869.8.9,10.31,11.
14

吴观察　见吴坤修

吴观礼(吴子俊)1877.2.20

吴光启(吴觌之)1869.11.14,11.16,
11.29;1871.7.2,9.19,9.21;1872.
1.13,2.2,2.21,3.1,3.7;1874.2.
21;1875.3.24,3.25

吴广庵　见吴承潞

吴广安　见吴承潞

吴浩(吴爽楼)1860.6.3,6.4

吴荷屋　见吴荣光

吴恒(吴仲英)1881.12.30,12.31;
1882.1.7,2.8,2.13

吴衡选　见吴士铨

吴鸿恩(吴春海)1864.7.28,7.31

吴槐卿1887.11.1

吴焕采(吴兰石)1875.5.7,5.13,7.2,
7.10,7.13,10.15

吴继瑞(吴少岑)1869.7.30

吴嘉宾(吴子叙)1862.4.13

吴嘉廉(吴子让)1863.4.4;1865.1.
12,1.18,1.31

吴嘉善(吴子登)1858.7.22,10.4;
1859.12.4;1861.12.3,12.10;1862.
9.8;1863.4.4;1878.4.7,4.8;1881.
12.19;1883.4.20

吴稼如　见吴之纲

吴经先1861.12.8

吴瑾(吴钟山)1859.4.11,4.19,4.29

吴晋壬　见吴唐林

吴晋英　见吴唐林

吴靖(吴铁庵、惕庵、吴惕庵)1858,9.
2,9.17;1861.11.30,12.29,12.30,
12.31

吴儆(子慎)1854.10.16

吴菊青1862.11.14;1866.11.26

吴均1875.7.2

吴隽(吴俊、吴冠英)1866.6.9,10.14,
10.18,11.3;1867.2.8;1884.5.26

吴俊　见吴隽

吴骏昌(吴毅钦)1869.8.17,8.31;
1872.3.24,3.25,3.26.3.27

吴觌之　见吴光启

吴坤修(竹庄、吴竹庄、吴都转、吴观
察)1861.10.9;1862.5.28,5.29,6.
1,6.2,6.5,6.6,6.27,6.29,7.1,7.

吴南屏　见吴敏树

吴匏庵　见吴宽

吴平老　见吴云

吴平翁　见吴云

吴平斋　见吴云

吴珀卿　见吴凤昌

吴起凤(吴才九)1871.6.7

吴芑孙　见吴诠

吴千总　见吴英杰

吴清卿　见吴大澂

吴秋农(吴生)1878.1.12,1.15,1.16,
　1.18,11.12

吴秋浦　见吴鹗

吴诠(吴芑孙)1887.4.11

吴全美 1861.8.27;1862.12.31;1863.
　2.3;1864.4.22

吴让泉 1883.6.5

吴荣(吴元孚、吴原甫,吴元甫)1871.
　10.12,10.13,10.21,10.23;1872.1.
　24,1.27,2.6,11.1;1873.8.13,8.
　22,9.14,10.13,10.15,11.5;1874.
　12.3;1875.5.2,5.5,5.19,6.25,7.
　11,7.13

吴荣枌(吴雅甫)1869.11.15,11.19;

1872.1.30

吴荣光(吴荷屋)1872.1.28

吴儒卿 1887.7.12

吴汝庚(吴损轩)1855.7.10

吴三桂 1879.2.21

吴瑟甫 1866.9.19,9.23,9.24

吴山子　见吴育

吴善培(吴砥斋)1865.10.14

吴韶庭　见吴凤仪

吴少岑　见吴继瑞

吴申祐(吴邠卿)1864.5.22,5.26,5.
　27,6.1,6.2,6.3,11.17

吴圣俞　见吴咨

吴申之　见吴达尊

吴升 1862.10.31;1863.1.1,1.2,1.7,
　1.8,1.10

吴生　见吴秋农

吴师郊(吴子白)1872.3.23

吴石奇 1859.7.9,7.30

吴士芬(吴子苾)1872.1.28

吴士铨(吴衡选)1869.11.22

吴士甲 1863.1.19

吴世谦 1861.1.26

吴氏(伯厚大嫂、伯厚嫂)1865.3.11;

吴晓帆　见吴煦

吴新铭(吴木庵、吴木憨、吴木安、吴墨憨)**1861**. 1. 18,1. 19,1. 21,3. 28,3. 31,4. 9,4. 14,4. 20,4. 21,5. 31;**1863**. 1. 20;**1864**. 6. 5,6. 7,8. 12,8. 24,12. 4,12. 16,12. 23,12. 24;**1865**. 1. 4,1. 12,9. 4,12. 6,12. 9,12. 16;**1867**. 6. 19,6. 22,6. 25,7. 1,9. 20,12. 24;**1868**. 12. 15

吴新卿 **1886**. 5. 18,5. 21,5. 22

吴星堂 **1860**. 7. 4;**1861**. 3. 30

吴省庵 **1868**. 12. 16

吴杏生 **1855**. 10. 5

吴修之 **1863**. 1. 21

吴煦(吴晓帆)**1862**. 11. 21;**1866**. 6. 29,7. 4,7. 5,11. 10,11. 12,11. 13,11. 16,11. 17;**1867**. 2. 27,5. 4;**1869**. 4. 6

吴勖仲 **1860**. 12. 12;**1861**. 5. 18;**1867**. 5. 16,5. 21;**1881**. 11. 10

吴序礼(吴煊台)**1872**. 3. 26

吴选青　见吴耀

吴雅甫　见吴荣枌

吴耀(吴选青)**1865**. 6. 29,7. 1,7. 6

吴仪臣　见吴寿坤

吴懿臣　见吴寿坤

吴翊臣　见吴寿坤

吴仪卿　见吴大衡

吴毅卿　见吴大衡

吴毅钦　见吴骏昌

吴引之 **1879**. 10. 23

吴英杰(吴千总)**1870**. 1. 8,7. 19,7. 30;**1871**. 4. 19,4. 23,7. 11,7. 12

吴颖函　见吴昌言

吴友乐　见吴康寿

吴渔山　见吴历

吴雨农　见吴葆琛

吴育(山子、吴山子、吴五)**1854**. 1. 6;**1855**. 6. 29,7. 10;**1861**. 2. 12,3. 28,4. 9;**1882**. 7. 28

吴玉如 **1885**. 9. 15

吴郁生(吴蔚若)**1877**. 10. 28,10. 29;**1878**. 5. 11;**1883**. 4. 25,4. 27

吴元炳 **1881**. 12. 9

吴元孚　见吴荣

吴元甫　见吴荣

吴原甫　见吴荣

吴云(吴平斋、吴平老、吴平翁、吴氏)

1862.12.6,12.7,12.8,12.11,12.12;**1863**.2.5,6.10,6.20;**1864**.6.23,6.24,6.27;**1865**.9.21,9.24;**1866**.1.30,4.15,4.27;**1868**.2.22,2.23;**1869**.3.3,5.3,5.6,5.11,5.17,6.5,6.6,6.7,7.28,10.16;**1870**.2.17,4.22;**1876**.2.7,4.14,12.13;**1877**.1.14,1.15,1.22,1.25,2.19,2.20,11.16;**1879**.3.31,4.15,4.20,4.22,4.30,5.4,5.9,5.12,5.15,5.18,5.30,6.3,6.8,6.20,7.5,9.1,9.2,9.24,10.3,10.9,10.13,11.1,11.10,11.17,11.24,12.10;**1880**.1.4,1.7,1.26,2.1,2.2,4.19,9.4,10.8,11.25;**1881**.6.15,6.20,8.9,8.16,9.4,9.9,9.15,9.23,9.24,12.1,12.3,12.7;**1882**.1.10,1.15,1.17,1.23,1.28,1.31,2.1,2.2,2.10,2.11,2.13,3.12,3.17,5.8,7.9,7.10,7.12,9.18,9.22;**1883**.4.1,6.19;**1885**.7.13,11.21;**1886**.11.23;**1889**.2.10,6.11

吴沄 **1862**.2.5

吴赞诚(吴春帆)**1875**.6.3,6.10

吴缵先 **1862**.2.21,2.22,2.24,3.16,3.17,3.18,3.20,3.21,7.22

吴贞陔 **1866**.7.9

吴甄甫 **1860**.2.18

吴镇(吴仲圭)**1888**.10.4

吴振械 **1864**.4.21

吴之纲(吴稼如)**1870**.6.25

吴芝生 **1865**.5.20

吴中行 **1878**.4.29

吴钟山　　见吴瑾

吴仲圭　　见吴镇

吴仲卿 **1860**.3.17

吴仲宣　　见吴棠

吴仲英　　见吴恒

吴竹如　　见吴廷栋

吴竹影 **1860**.7.27,8.11,11.27,12.12;**1861**.7.12

吴竹庄　　见吴坤修

吴焯 **1862**.6.27

吴咨(圣俞、吴圣俞)**1853**.4.4,6.7;**1854**.5.26,6.5,6.19,6.26,7.24,8.16,10.16,10.18,10.20,11.4,11.6;**1855**.1.31,2.2,4.13,10.9;**1886**.6.21

吴子安 **1878**. 5. 11 , 5. 12

吴子白　见吴师郊

吴子备　见吴观乐

吴子苾　见吴士芬

吴子登　见吴嘉善

吴子和 **1861**. 10. 26

吴子俊　见吴观礼

吴子铃 **1861**. 1. 14

吴子洽 **1861**. 10. 26

吴子让　见吴嘉廉

吴子石　见吴宗瑛

吴子受 **1868**. 7. 8 , 7. 13

吴子硕 **1869**. 1. 23

吴子序 **1858**. 7. 23

吴子拳 (吴某) **1861**. 12. 7

吴子叙　见吴嘉宾

吴宗瑛 (吴子石) **1858**. 6. 19 ; **1861**. 2.
14 , 4. 11 , 4. 22 , 6. 29 , 7. 3 , 7. 21 , 9.
11 ; **1862**. 4. 1 ; **1863**. 6. 16

梧冈　见周凤山

武葆初 **1864**. 4. 10 , 4. 12 , 7. 25

武楚臣　见武明善

武丹 **1880**. 1. 2

武国金 **1871**. 2. 8 , 2. 9

武镜汀　见武祖德

武明良 **1861**. 10. 1 ; **1864**. 4. 10 , 7. 19

武明善 (武楚臣) **1863**. 10. 1 ; **1864**. 8.
21 , 8. 27 , 9. 3

武汝清 (武酌堂) **1869**. 11. 26 , 12. 17 ,
12. 18 ; **1870**. 2. 16 , 3. 8 , 3. 9 , 3. 10 , 4.
24 , 4. 25 , 4. 29 , 5. 8 , 6. 5 , 6. 10 , 9. 1 ,
9. 4 ; **1871**. 3. 26 , 3. 27 , 5. 26 , 5. 27 , 5.
29 , 6. 25 , 6. 27 , 6. 28 , 7. 17

武赞臣 **1864**. 4. 12 , 7. 22 , 8. 27 , 9. 3

武占元 **1870**. 1. 20

武酌堂　见武汝清

武祖德 (武镜汀) **1864**. 8. 21 , 9. 2 , 9.
12 ; **1865**. 1. 25 , 4. 5 , 5. 30 , 10. 29 , 11.
27 , 12. 5

五女　见赵淑

伍承祖 (伍云峰) **1860**. 5. 18

伍赐生 **1853**. 10. 27

伍敦元 **1863**. 9. 9

伍福 (伍贻堂) **1885**. 7. 9

伍贵文 (比王) **1864**. 1. 6

伍力臣 **1860**. 5. 18

伍绍荣 **1863**. 9. 9

伍嵩生　见伍肇龄

伍维寿 **1864.7.19**

伍恂(伍仲常)**1855.5.28**

伍贻堂　见伍福

伍云峰　见伍承祖

伍肇龄(伍嵩生)**1868.9.1**

伍仲常　见伍恂

吾兄　见赵熙文

悟帚　见扫叶

X

西庐老人　见王时敏

西太后　见慈禧

西谷　见归兆嘉

熙之　见邓嘉缉

奚冈(奚铁生)**1871.10.23**

奚铁生　见奚冈

熙麟 **1864.1.20**

锡嫂　见庄氏

席宝田 **1864.4.11,4.20,5.7,6.3**

席衡斋 **1865.10.14**

席氏 **1880.11.14**

席松泉 **1865.10.8,10.9,10.10,10.19**

细君　见邓嘉祥

夏伯初　见夏子龄

夏纯山 **1869.3.28**

夏范卿　见夏贻钰

夏鹤生　见夏贻铭

夏銮 **1856.3.4**

夏上珍　见夏子鎏

夏束卿 **1872.2.20,2.22**

夏顺之　见夏孙桐

夏孙桐(夏顺之)**1884.7.19**

夏同善(夏子松)**1872.6.26**

夏湘舟 **1879.6.19**

夏贻铭(夏鹤生)**1871.9.23**

夏贻钰(夏范卿)**1872.6.26;1874.2. 7,2.10;1875.5.4,5.6,7.11,7.13; 1884.7.19**

夏子方 **1870.10.29,11.4;1871.9.1**

夏子龄(夏伯初)**1869.10.15;1872.2. 20;1873.8.28;1874.2.7**

夏子鎏(夏上珍)**1869.9.4,9.8,9.9, 9.27,10.4,10.8,10.11,11.9,11. 11,11.14;1871.9.19,9.27,10.2, 10.11,11.2,11.3;1872.2.6;1874. 1.9,1.24,12.1,12.2;1875.3.11,5. 4,6.22**

夏子松　见夏同善

徐雨之　见徐润

徐雨子　见徐润

徐玉瓒（徐悦庭）**1881**.5.20,5.22

徐钰亭　见徐昭珩

徐元铠（函叔、徐函叔）**1861**.6.15,6.
17,6.18,6.19,6.21；**1863**.4.10；
1863.9.28,9.29,10.6；**1864**.2.10,
2.11,2.28,2.29,3.9,3.20,4.14,4.
16,4.20,6.7,9.2；**1865**.6.22,6.23,
6.27,6.28,7.1,7.6,7.10,7.15,8.
25,8.26,9.3,9.5,11.27,12.5；
1868.12.18

徐岳 **1880**.11.16

徐月槎 **1865**.10.20；**1866**.1.22,2.15,
3.19,3.27；**1868**.1.18,1.31,2.11,
5.12

徐月庄 **1883**.4.3

徐跃三 **1887**.11.1

徐悦庭　见徐玉瓒

徐允之 **1883**.11.29

徐韵生　见徐维城

徐昭法　见徐枋

徐兆璜（徐渭南）**1861**.8.18,9.11,10.
7,10.8,10.12；**1862**.2.11,2.18,2.

25,2.26,7.7,11.6；**1863**.1.19；
1867.11.15

徐肇文（徐少仓）**1869**.11.26

徐祯卿（徐昌毂）**1878**.4.17；**1881**.11.
19

徐臻寿（徐子勤）**1869**.10.27；**1871**.9.
25

徐震甲（徐东园）**1859**.7.9；**1863**.2.14

徐之铭 **1861**.8.20,12.7,12.10；**1862**.
1.18；**1863**.5.26；**1864**.4.21

徐仲蕃　见徐庆昌

徐子诚 **1865**.3.19

徐子晋　见徐康

徐子苓（徐毅甫）**1862**.8.30,9.1,9.2,
9.3,9.4；**1863**.5.18,6.24,6.26,6.
27,11.17

徐子盘 **1858**.9.21

徐子勤　见徐臻寿

徐子恕　见徐士镕

徐宗幹（徐树人）**1864**.5.12,6.21,6.
30；**1865**.8.7
1875.10.24

徐昭珩（徐钰亭）**1858**.6.19,6.21；
1859.11.7；**1860**.6.25,7.3,12.26；

12. 29；**1866**. 1. 31，2. 9，2. 23，3. 7，3.
9，3. 14，3. 19，3. 20，3. 25，3. 27，4. 4，
4. 6，4. 11，4. 20，4. 24，4. 26，5. 26，8.
18，10. 14，11. 9，11. 25；**1867**. 1. 1，1.
3，1. 8，1. 23，3. 2，3. 26，5. 6，7. 13，9.
11，10. 4；**1868**. 1. 16，2. 1，2. 3；**1870**.
5. 18；**1871**. 5. 30，7. 12，8. 1，11. 1；
1872. 4. 25，7. 2，7. 3，8. 18，9. 1，9.
26，12. 10；**1873**. 3. 23，3. 31，5. 18，5.
24，6. 18，8. 20，9. 1，11. 27；**1875**. 2.
1，12. 12，12. 16，12. 29；**1876**. 1. 1，1.
4，1. 13，1. 18，1. 19，2. 5，2. 18，2. 23，
2. 27，3. 3，3. 5，3. 9，3. 24，3. 29，3.
30，3. 31，4. 19，4. 26，4. 27，5. 7，5.
16，8. 17，9. 5，9. 28，9. 30，12. 11，12.
17，12. 18；**1877**. 1. 1，1. 10，1. 28，2.
18，2. 22，4. 15，4. 16，4. 18，4. 19，4.
20，5. 28，6. 6，6. 11，7. 3，7. 13，10.
10，10. 14，10. 18，10. 24，10. 28，10.
31，11. 28；**1878**. 1. 26，6. 2，6. 19，6.
21，6. 26，7. 28，11. 27，12. 6；**1879**. 1.
30，3. 10，3. 12，3. 25，3. 31，5. 18，5.
19，5. 25，5. 29，6. 5，6. 12，6. 23，7. 3，
7. 8，8. 22，9. 11，9. 18，9. 22，10. 25，

11. 17，12. 10，12. 17，12. 19，12. 30；
1880. 1. 7，1. 26，2. 26，5. 23，9. 14，
10. 14，12. 1，12. 7；**1881**. 1. 9，1. 29，
2. 23，3. 1，3. 17，4. 3，5. 12，6. 25，7.
9，9. 24，10. 7，10. 25，10. 27，11. 25，
12. 15；**1882**. 1. 3，1. 4，1. 10，1. 18，1.
21，2. 13，2. 28，3. 30，4. 2，4. 3，6. 15，
6. 16，6. 18，7. 19，9. 1，9. 3，12. 11，
12. 14，12. 24；**1883**. 1. 26，1. 28，2. 4，
3. 1，3. 2，3. 3，3. 31，5. 6，6. 12，7. 24，
9. 15，9. 17，12. 2；**1884**. 1. 11，2. 4，2.
29，3. 23，9. 16，9. 19，9. 29，10. 25，
11. 11；**1885**. 3. 28，4. 3，5. 17，5. 23，
5. 25，5. 29，6. 9，6. 10，8. 30，10. 25，
12. 25；**1886**. 1. 23，2. 10，5. 9，6. 2，8.
23，8. 29，9. 11，11. 8，11. 16，12. 1，
12. 21；**1887**. 3. 1，3. 14，5. 31，7. 23，
8. 28；**1888**. 5. 14，5. 26，11. 29

薛安仁 **1870**. 12. 28

薛炳炜（薛方亭）**1861**. 11. 30；**1862**. 1.
19，5. 29，5. 30；**1863**. 2. 26，4. 16，4.
17，4. 19

薛登科 **1871**. 7. 13

薛方亭　见薛炳炜

杨守仁（杨小山）**1865**. 4. 11,7. 21,7. 22,8. 14;**1866**. 10. 21,11. 6,11. 8, 11. 9

杨思立　见杨同祜

杨思举　见杨同升

杨思让　见杨同恺

杨思赞　见杨同福

杨泗孙（滨石、杨滨石）**1866**. 10. 29, 11. 2;**1867**. 2. 8,2. 11,2. 24,4. 18; **1868**. 1. 16,1. 22,2. 13,2. 14,2. 15, 3. 21,5. 26,5. 27,6. 11;**1869**. 2. 20, 6. 1,6. 3;**1874**. 9. 27;**1875**. 12. 16; **1876**. 1. 6,5. 18,6. 2,6. 25;**1877**. 4. 11,10. 20;**1878**. 2. 21,3. 7,4. 8,5. 20,6. 15,6. 16,10. 13,10. 31,11. 17, 11. 18,11. 25,11. 26;**1879**. 2. 5,2. 6; **1880**. 4. 3,4. 21,10. 8,10. 17;**1881**. 6. 22;**1882**. 2. 19,3. 27;**1883**. 3. 24, 4. 3,5. 5,5. 16,10. 16,12. 16;**1886**. 2. 6,2. 27,10. 2,10. 6,10. 10,10. 22, 12. 6;**1887**. 1. 6;**1888**. 3. 3

杨松琴 **1859**. 4. 7

杨慎 **1878**. 4. 5

杨崇光（杨实甫、杨硕甫）**1876**. 12. 21;

1878. 10. 1,11. 22,11. 25;**1879**. 1. 23,1. 26,12. 18;**1886**. 10. 16

杨崇伊（杨政甫）**1875**. 11. 23,11. 27, 12. 4,12. 26,12. 27;**1878**. 4. 7,4. 8, 4. 15;**1880**. 5. 28,10. 3,10. 6,12. 24

杨书城　见杨汝孙

杨书成　见杨汝孙

杨树东（杨晓村）**1859**. 2. 24;**1862**. 4. 29

杨实甫　见杨崇光

杨硕甫　见杨崇光

杨苕甫　见杨同榭

杨调甫　见杨同榭

杨廷熙 **1867**. 7. 22

杨同榭（杨苕甫、杨调甫）**1876**. 10. 12, 10. 14;**1880**. 10. 5,10. 6;**1881**. 3. 16

杨同福（思赞、杨思赞）**1863**. 1. 2,1. 10;**1864**. 12. 2;**1875**. 11. 25;**1879**. 1. 17;**1882**. 3. 6,3. 11,10. 11,12. 7; **1883**. 3. 24,4. 3,5. 16;**1884**. 5. 18,5. 26,5. 30,7. 4,9. 14,9. 21,11. 16,11. 25;**1885**. 1. 9,1. 17,1. 25,4. 21,5. 18,5. 20,8. 7,12. 18;**1886**. 2. 27,7. 12,7. 21,8. 4,9. 6,12. 6;**1887**. 1. 1,

11. 8,12. 25;**1877**. 2. 14,3. 20,3. 21,
4. 11,6. 7,8. 13,8. 21,8. 27,9. 1,9.
20,9. 25,10. 2,10. 3,10. 4,10. 19,
10. 20,10. 29,12. 3,12. 25,12. 27,
12. 30,12. 31;**1878**. 1. 18,1. 21,1.
24,2. 13,2. 21,3. 7,3. 21,4. 7,4. 8,
5. 20,6. 10,6. 12,6. 14,6. 15,7. 2,9.
2,9. 8,9. 15,9. 16,9. 22,10. 3,10. 9,
10. 13,10. 16,10. 31,11. 10,11. 17,
11. 18,11. 19,11. 20,11. 22,11. 26,
12. 17,12. 28,12. 31;**1879**. 1. 15,1.
17,1. 18,2. 1,2. 4,2. 5,2. 6,2. 20,2.
23,3. 7,3. 24,3. 25,4. 12,4. 22,5. 2,
5. 9,5. 25,7. 3,7. 26,8. 4,9. 1,9. 4,
9. 6,10. 6,10. 12,10. 21,10. 24,11.
12,12. 11,12. 20;**1880**. 1. 6,1. 12,1.
25,2. 13,2. 19,4. 3,4. 5,4. 7,4. 14,
4. 21,4. 22,4. 23,5. 28,7. 3,7. 8,7.
10,7. 26,8. 20,9. 12,10. 17,12. 5,
12. 8;**1881**. 1. 7,2. 28,3. 15,3. 27,4.
11,5. 2,5. 26,6. 7,6. 26,7. 11,7. 26,
8. 7,9. 25,9. 27,9. 28,10. 2,11. 9;
1882. 1. 4,3. 6,6. 2,10. 6,10. 7,10.
11;**1885**. 5. 20;**1886**. 11. 3;**1887**. 4.

21,5. 5,7. 17;**1889**. 1. 9

杨以迥(杨遴士、杨霖士)1870. 9. 15,
10. 6

杨以增 **1853**.3.1

杨艺舫 见杨宗濂

杨艺亭 **1864**.9. 17

杨亦涛(杨逸涛)**1863**.2. 14,2. 21

杨逸涛 见杨亦涛

杨应枚(杨卜臣)**1870**.2. 13,2. 14

杨映梅 **1883**.3. 22;**1887**.1. 5

杨永杰(杨卓庵)**1865**.1. 8,2. 6,5. 2,
5. 21,6. 7,11. 27,12. 26;**1866**. 3. 30,
8. 16,9. 1,10. 2;**1867**. 6. 13,6. 19,6.
20,8. 21,9. 20;**1868**. 3. 1,3. 2,3. 10,
4. 21,5. 26,6. 3,6. 4,10. 11;**1869**. 6.
18;**1870**. 11. 1;**1876**. 7. 5;**1877**. 11.
30;**1879**.3. 25

杨咏春 见杨沂孙

杨咏公 见杨沂孙

杨咏老 见杨沂孙

杨咏翁 见杨沂孙

杨咏叟 见杨沂孙

杨泳沂(杨渊甫)**1866**.11. 3

杨用明 见杨金鉴

杨子劭 1862.5.21,5.22,7.1,7.3；

1862.7.6,7.7,7.10；1862.9.3,9.4,

9.5,9.7；1863.3.14；1864.7.1,7.3；

1866.3.11,3.14,3.19,3.22,3.29,

4.6,4.9,4.14,4.15,4.18,4.23,4.

24,4.26,11.16；1870.4.19,4.20

杨子芗　见杨庆宝

杨子英 1852.5.24

杨宗瀚(杨藕舫) 1862.11.16；1864.

12.30,12.31；1865.3.15,8.2,12.3；

1866.4.6

杨宗濂(杨艺舫) 1862.2.19,2.20,3.

30,11.16,11.21

羊舫(羊瀛春) 1856.2.12

羊念思 1855.5.28,5.30

阳明先生　见王守仁

姚伯昂　见姚元之

姚春舟　见姚治恬

姚访梅 1875.6.12

姚福 1878.4.22

姚福堃(姚芝生) 1886.4.30,5.2,5.

29,6.3

姚广孝 1880.9.12

姚花秾 1866.7.20

姚觐元(姚念慈) 1885.4.15

姚濬昌(姚慕庭) 1861.9.29,10.1；

1862.2.17,5.26,6.1,6.7,6.13,6.

16,6.22

姚宽 1875.8.16；1858.6.14

姚慕庭　见姚濬昌

姚念慈　见姚觐元

姚瓯亭　见姚曾翼

姚鹏翔 1870.2.7

姚朴园 1865.3.17,3.18,3.20,10.10；

1866.5.5,12.29；1867.2.8,4.18；

1868.1.16,2.13；1869.5.27,6.1

姚屺瞻 1887.6.18

姚秋士 1868.12.15,12.16,12.17

姚绍珍 1864.1.12

姚生花 1873.11.14,11.19

姚石甫　见姚莹

姚士元 1873.11.23

姚绶 1888.10.4

姚寿同(姚星房) 1869.12.16；1870.1.

19,1.21,1.25,1.26,2.16

姚体崇(姚小欧) 1865.9.13,9.14,9.

16,10.10,10.12,10.16,10.18,10.

19,10.20；1866.1.17,1.20,2.7,2.

8,2.15,11.2

姚肜甫 1862.3.21,3.30,5.18,5.24,5.

26,6.1,7.5,7.26,8.12,8.15,8.23,

10.21,10.31;**1863**.5.23;**1864**.7.25

姚星房　见姚寿同

姚小欧　见姚体崇

姚彦洪 1863.4.22,5.5,5.8

姚彦嘉　见姚岳望

姚彦深 1863.10.13,12.21;**1867**.9.15

姚莹(姚石甫、硕甫) **1853**.2.24,10.

27;**1854**.10.27;**1858**.6.14,6.15,6.

16;**1859**.6.3,**1861**.9.29;**1867**.9.11

姚元之(姚伯昂) **1862**.6.27;**1871**.10.

18

姚岳望(彦嘉、姚彦嘉) **1853**.12.12;

1856.1.27,1.30,3.9,3.26;**1859**.9.

20;**1860**.2.24,3.4,3.7,3.24,6.6,

11.18,11.20,11.22,11.24,11.27,

12.10,12.11,12.12;**1861**.5.6,5.

16,5.18,5.19,5.24,5.26,5.31,6.

1,6.3,6.6,6.7,6.8,6.9,6.10,6.

13,6.19,6.21;**1862**.3.21,5.16,5.

20,5.24,7.23,8.14,8.16,8.18,8.

21,8.22,8.23,8.24;**1863**.1.16,1.

17,3.14,4.22,11.20,12.15,12.16;

1866.3.15;**1876**.7.10;**1882**.6.27,

6.28,6.29,7.3;**1888**.4.13

姚曾翼(姚瓯亭) **1860**.11.23;**1865**.3.

14

姚芝生　见姚福堃

姚治恬(姚春舟) **1874**.1.9,2.2,2.4,

4.10

姚子逊 **1887**.1.6,4.9,7.12

药房中丞　见翁同书

药龛 **1880**.1.25;**1884**.3.12;**1885**.10.

16

叶矮子 **1861**.9.17

叶安溪 **1866**.11.6

叶伯英(叶冠卿、叶观察),**1869**.8.10,

8.31,9.9,9.12,11.3,11.11,11.18;

1871.9.18,10.20,11.7;**1872**.1.5,

6.24;**1873**.2.9,2.10;**1874**.1.6,1.

7,1.10,3.23,3.24,3.25,3.26,4.2,

4.3,4.14,11.30,12.2;**1875**.1.14,

3.12,5.2,10.6,10.7

叶步洲 **1860**.8.4

叶崇庆(叶子卿、叶委员) **1873**.12.6,

12.7

叶东卿　见叶志诜

叶督　见叶名琛

叶根香 1865.8.27,8.28

叶观察　见叶伯英

叶冠卿　见叶伯英

叶涵溪　见叶裕仁

叶金榜(叶翯云) 1867.1.8,1.11,2.8, 4.18;1868.1.18;1878.2.13,10.13, 11.10;1880.4.7,5.24,6.1,7.4,7. 17,9.4,9.12,10.8,10.14,11.5; 1884.12.16;1885.1.31;1887.1.6, 7.28

叶路氏 1872.5.9,5.13,7.4

叶茂如 1883.6.29

叶茂亭 1862.7.7

叶梦得 1875.7.16

叶名琛(叶督) 1858.6.30;1863.9.1

叶全庆(叶吟伯、叶云伯、叶芸伯) 1878.2.28;1879.3.16,3.25,7.28, 9.17;1880.6.26,6.27,7.4,10.7, 10.14;1881.1.1,3.2,7.11,11.22, 12.21;1882.4.14,9.12,9.24,12.7; 1883.1.27,6.23,12.11,12.12; 1884.1.12,2.27,3.10,5.13,5.14,

7.4,11.21,11.29,12.26;1885.1. 30,1.31,4.17,4.21,10.12,10.19, 12.16,12.26;1886.3.31,4.12,4. 27,6.3,7.5,8.4,12.6;1888.4.15, 4.28

叶盛 1878.4.22

叶士荃(叶叔谦) 1883.10.10

叶叔谦　见叶士荃

叶松岩　见叶肇文

叶素存 1884.3.27

叶天士 1879.5.20

叶湘文　见叶祖巽

叶湘雯　见叶祖巽

叶湘云 1871.11.7

叶向荣(叶一斋、叶益斋) 1871.11.11; 1872.1.24;1873.9.19,9.20

叶虚谷　见叶祖咸

叶委员　见叶崇庆

叶一斋　见叶向荣

叶益斋　见叶向荣

叶圻(叶云岩) 1865.8.16

叶吟伯　见叶全庆

叶雨岫 1864.2.9

叶裕仁(叶涵溪) 1866.3.8,3.11,3.

6;**1880**.3.8;**1882**.7.22,7.23,7.25

于氏　见于昌遂

于奕正 **1875**.6.3

于跃渊 **1875**.9.11

于忠肃公　见于谦

于竹虚　见于实之

俞安期 **1871**.10.29;**1883**.5.8

俞达(俞吟香) **1883**.1.26,1.28,3.1,

　3.3,3.4,11.16,11.17;**1884**.4.26

俞东福 **1854**.10.27

俞鹤龄 **1883**.3.1

俞会昌(同甫、俞同甫) **1856**.3.14,3.

　15,3.16,3.30

俞姬(俞氏、俞女、姬、新姬、黛娟、黛

　姬、阿俞、大俞、孟俞、俞修眉) **1877**.

　3.13,3.18,3.21;**1883**.1.28,1.29,

　1.30,2.16,2.20,2.23,2.24,2.26,

　2.28,3.1,3.3,3.4,3.30,9.20,11.

　12,11.14,11.16,11.17,11.18,11.

　21,12.26,12.31;**1884**.2.3,7.3,7.

　14,8.1,9.28,10.7,10.9,10.11,10.

　15,10.20;**1885**.1.11,5.21,6.4,11.

　19,11.21,11.24,11.26,12.5,12.

　24;1886,1.10,5.22,11.21,11.22,

12.22,12.24;**1887**.1.8,1.13;3.

133.15,3.16,11.5,11.14;**1888**.1.

25,2.16,3.25,3.27,8.17,9.14,11.

27,11.30,12.2;**1889**.3.15,4.19,6.

24,7.9,7.10)

俞莲生　见俞元修

俞廉石　见俞绍莱

俞林 **1869**.11.19

俞梅卿 **1869**.11.26

俞母　见刘氏

俞秋浦　见俞渭

俞绍莱(俞廉石) **1869**.11.3;**1870**.11.

　18

俞女　见俞姬

俞氏　见俞姬

俞姬母　见刘氏 **1885**.12.19

俞同甫　见俞会昌

俞纬臣　见俞锡钢

俞渭(俞秋浦) **1864**.5.2,5.7

俞锡钢(俞纬臣) **1871**.8.1,8.2,8.3

俞小莺(莺姬、小俞、季俞) **1883**.11.

　16,11.17;**1884**.10.9,10.11;**1885**.

　1.11;**1885**.1.11,2.27,5.21,11.19,

　12.19,12.24;1886,1.10,11.22,12.

雨之　见徐润

玉宝 **1884**.6.15

玉成师 **1875**.9.10

玉岱峰 **1869**.11.16,11.19,11.23,11.
28,11.29,11.30,12.1,12.2,12.3,
12.6,12.9,12.15,12.20,12.24,12.
25,12.28;**1870**.1.3,1.31,2.1,2.8,
2.9,2.11,2.18,3.6,3.10,3.19,3.
20,3.21;**1872**.1.18

玉峰 **1865**.10.11

玉简 **1870**.11.11

玉明 **1862**.6.27

郁士桢(郁子枚) **1861**.8.18,10.11,
10.12;**1862**.3.16,3.18,3.21,4.11,
4.13,5.8,7.7,9.13,11.6;**1863**.1.
19,5.24,6.2,8.23,9.5,11.25;
1867.11.15

郁子枚　见郁士桢

裕亲王　见福全

裕生　见冯承裕

裕孙　见冯承裕

豫生　见冯承裕

豫簪公　见赵朋男

芋仙　见李士棻

渊如先生　见孙星衍

元好问(元遗山) **1880**.7.8

元师　见方骏谟

元通和尚 **1875**.9.10

元遗山　见元好问

元徵　见方骏谟

元徵师　见方骏谟

沅老　见曾国荃

沅圃　见曾国荃

沅浦　见曾国荃

沅师　见曾国荃

沅帅　见曾国荃

远泉　见丁达泉

岳炳荣(晋臣) **1856**.2.12

岳秉文(岳翰生) **1872**.1.14,1.30

岳翰生　见岳秉文

岳珂 **1875**.8.16

岳蒙泉　见岳正

岳生　见曾纪寿

岳调甫　见岳仲宣

岳条甫　见岳仲宣

岳条甫　见岳调甫

岳正(岳蒙泉) **1872**.11.4

岳仲宣(岳调甫、岳条甫) **1861**.1.4,5.

7；**1862**.11.20

月潭 **1876**.12.13

云浦　见胡长芝

云樵　见刘翊宸

芸圃　见胡长芝

筠墅　见管毓和

筠仙　见郭嵩焘

云浦府君　见赵汇

云浦公　见赵汇

恽宝善(恽伯诗、恽叔愚)**1879**.11.28；

　1880.2.21，2.22；**1883**.11.25

恽伯诗　见恽宝善

恽宝桢(恽君硕)**1875**.9.17

恽次山　见恽世临

恽次渊　见恽彦彬

恽次园　见恽彦彬 **1860**.6.28，7.18

恽伯方　见恽鸿仪

恽抚　见恽世临

恽恭人 **1868**.4.16；**1872**.1.30，9.30；

　1873.5.14

恽桂孙(恽小山)**1869**.7.3，7，6，7.11，

　7.19，7.30，9.4，9.7，9.12，9.16，9.

　23，10.11，10.13，11.16，11.17，11.

　18；**1870**.1.18；**1871**.1.17，11.18；

1872.2.15；**1875**.5.25，6.10，6.12，

7.28，8.26，9.27，9.28，9.29，10.15，

11.26，12.26；**1877**.8.24

恽鸿仪(伯方、恽伯方、恽君)**1852**.2.

23，2.26，3.1，3.5，3.10，3.22；**1859**.

2.26；**1861**.5.8，5.19，5.20，5.23，5.

27，6.12，7.4；**1862**.4.30，5.27；

1875.9.17；**1878**.3.26，11.16，11.

17，11.18，11.19，11.20，11.28；

1880.11.20；**1882**.6.27，6.28，6.29；

1886.12.13

恽季文 **1885**.4.15

恽君硕　见恽宝桢

恽南田　见恽寿平

恽少微　见恽彦瑄

恽士峨　见恽彦玮

恽世临(恽次山、恽中丞、恽抚)**1861**.

9.4，12.7；**1863**.9.21，12.26，12.30；

1864，1.9，2.2，4.26，7.10，8.22；

1867.4.23，4.25，4.27，6.19，7.27，

10.1；**1868**.2.22，2.27，5.25，5.27，

6.14，6.15，11.9，11.10，11.11，11.

13，11.14，12.8；**1869**.1.13，3.3，3.

6，3.13，6.5，6.7，6.8，10.6

恽寿平(恽南田、恽园客)**1854**.11.7;
　1884.3.12;**1885**.10.16,10.21;
　1887.12.7;**1888**.1.25,2.11,11.30

恽叔来　见恽俟孙

恽叔愚　见恽宝善

恽颂孙(恽仲清)**1877**.11.5,11.16,
　11.18

恽纫香(恽畹香)**1864**.9.30,10.2

恽畹香　见恽纫香

恽俟孙(恽叔来)**1867**.8.25,8.29;
　1876.12.13

恽莘农　见恽彦琦

恽莘耘　见恽祖祁

恽小山　见恽桂孙

恽彦彬(恽次园、恽次渊)**1860**.6.28,
　7.18;**1886**.10.14

恽彦琦(恽莘农)**1861**.10.26;**1862**.4.
　23,4.30,9.20,9.21,9.24,9.26

恽彦瑄(恽少微)**1869**.10.23,10.24,
　10.25

恽彦玮(恽士峨)**1862**.9.18

恽园客　见恽寿平

恽仲清　见恽颂孙

恽竹坡**1885**.4.15;**1886**.12.13

恽子卿**1875**.5.30

恽祖祁(恽莘耘)**1886**.10.3,10.5,10.7

袁斌**1870**.4.7;**1871**.1.20

袁伯襄　见袁熙赞

袁潮生　见袁绩

袁承恩(袁受卿)**1861**.1.22,2.13,2.
　14,2.24,4.14,5.2,7.24,8.1

袁铎(袁桐君)**1861**.7.20,7.22,7.23,
　7.28,7.30,8.3,8.25,8.27,9.9,9.
　10,9.12,9.13,9.29,10.3,10.7;
　1862.2.11,2.16,3.29,3.30,7.3,
　11.21,11.25,11.27,12.1,12.10;
　1863.4.3;**1864**.8.9;**1865**.5.1;
　1866.11.20;**1867**.4.23,4.24,4.27,
　5.4,5.5,5.14

袁芳瑛(漱六、袁漱六、漱翁、袁太守)
　1858.6.16,6.17,6.18,9.2;**1861**.9.
　25;**1863**.9.22

袁厚庵　见袁绩懋

袁绩(袁潮生)**1882**.7.2

袁绩懋(厚庵)**1853**.10.9

袁甲三**1852**.10.15;**1863**.2.28,10.6

袁简斋　见袁枚

袁金溪　见袁铣

10.10；**1874**.6.15，8.27；**1875**.3.9

载纲　见载钢

载公　见邓嘉缵

载公　见载帛

载铨 **1852**.10.15

载湉（皇帝）**1875**.1.17，1.20，2.6

载垣（怡王、怡亲王）**1861**.9.13，9.28，
12.9，12.18

载治（治贝勒）**1875**.1.19

再功　见邓嘉缵

再同　　见黄国瑾

臧穆庵　见臧纡青

臧纡青（臧穆庵）**1883**.4.20

曾宝铨（曾子衡）**1874**.7.4

曾宝章（君麟、曾君麟）**1867**.3.6，3.
18，4.18；**1868**.2.11，6.12；**1875**.11.
23，11.27，12.2，12.4，12.10；**1876**.
1.6，4.3，4.4，4.6，4.11，4.19，4.28，
5.3，5.4，6.1，6.25，7.4，7.18，7.20，
9.2，9.9，10.12，11.5，11.6，11.24；
1877.2.16，3.16，3.18，5.29，5.30，
7.28，8.23，8.31，9.13，10.13，10.
15，10.28，12.25；**1878**.2.3，2.7，2.
13；**1879**.1.23，2.13，3.3，3.12，3.

24，3.25

曾秉高 **1860**.3.25

曾秉忠 **1860**.3.12，3.25，4.30，6.27

曾伯纬　见曾观文

曾伯伟　见曾观文

曾澄侯　见曾国潢

曾春和 **1864**.3.11

曾春雨 **1864**.1.20

曾传芳（曾雨香）**1864**.1.12

曾涤生　见曾国藩

曾督　见曾国藩

曾访 **1868**.4.21

曾符臣　见曾纪瑞

曾符卿　见曾纪瑞

曾公　见曾国藩

曾公子　见曾纪泽

曾宫保　见曾国荃

曾观察　见曾国荃

曾观文（曾伯纬、曾伯伟）**1866**.1.22；
1869.1.23，5.23，5.27，6.1，6.3；
1875.11.27，12.11；**1876**.1.6，11.1，
11.8；**1877**.5.3，10.15；**1878**.9.22，
10.13；**1880**.4.7，11.7；**1881**.7.2；
1882.4.9；**1883**.10.3；**1885**.12.26；

1870.3.1,5.24,7.3,8.5,8.7,8.12,
8.24,8.28,9.4,10.17,10.22,10.
24,10.25,10.28,11.1,11.4,11.7,
11.8,11.9,11.10,11.11,11.12,11.
13,11.14,11.22,11.24;1871.1.21,
2.24,3.20,4.27,5.16,8.8,8.9,9.
3,9.6,9.18,10.11,11.2;1872,1.
13,2.12,2.13,2.16,2.22,2.28,3.
26,3.28,3.31,4.5,4.11,6.19,6.
20;1873.2.2;1874.1.6,1.8,1.10,
2.17,3.16,3.17,3.23,3.24,3.25,
3.26,3.28,4.114.13,4.15;1875.1.
14,2.6,3.9,3.11,5.25,5.26,6.8,
6.9,6.10,6.12,6.13,6.14,8.25,9.
27,10.3,10.17;1876.10.25,11.22;
1877.3.26,10.8,10.9,11.29;1878.
2.2,5.8,11.18,12.5;1879.1.1,1.
5,1.22,5.1,5.4;1880.2.10,11.15;
1881.1.16;1882.2.18;1883.2.8,
11.10;1884.1.28,6.6,6.13,11.28,
12.7;1885.2.15;1886.2.4,8.21,
11.6;1887.10.12;1888.5.20,11.
14;1889.1.31

曾国华(温甫、曾六先生)1867.8.14,

10.7;1875.1.10

曾国潢(曾澄侯、澄侯丈)1868.11.13,
11.23,11.24,11.29,12.2,12.4,12.
10,12.19,12.20

曾国荃(沅圃、曾沅圃、沅浦、曾沅浦、
曾观察、沅帅、九帅、沅老、沅师、统
帅、中丞、曾宫保、老九、九舍弟、九
大人)1861.9.17,9.29,9.30,10.1,
10.2,10.3;1862.2.28,3.16,3.19,
3.23,5.30,6.16,10.22,10.29,11.
9;1863.2.26,2.28,3.29,4.16,4.
24,5.15,5.19,5.20,5.28,6.10,6.
12,7.1,7.3,7.5,9.17,10.24,10.
25,10.27,10.30,10.31,11.6,11.
17,11.19,11.20,12.14,12.24,12.
26;1864.1.12,1.20,4.1,6.17,6.
27,7.3,8.22,9.14,9.21,10.14,10.
25,10.26,11.3,11.6,11.7,11.8,
11.10,11.17,11.19,11.26,12.8,
12.12,12.25;1865.1.7,1.13,1.19,
4.9,4.18,4.26,4.28,5.3,5.14,8.
15,8.19,8.23,10.28,11.6,12.16;
1866.3.23,4.2,4.19,5.25,8.31,
10.23;1867.4.22,5.28,5.30,5.31,

6. 2,6. 19,6. 23,7. 9,7. 16,7. 18,7.
22,8. 8,8. 9,8. 14,8. 19,8. 25,8. 27,
8. 31,9. 19,9. 21,9. 30,10. 4,10. 5,
10. 7,10. 12,10. 22,11. 23,11. 27,
11. 28,11. 30,12. 4,12. 5,12. 6,12.
12;**1868**. 1. 2,2. 18,3. 15,4. 21,7.
19,7. 20,12. 15;**1869**. 6. 11,10. 28;
1870. 9. 22;**1872**. 1. 13,6. 20;**1871**.
1. 21,9. 1;**1873**. 1. 10,5. 8,12. 31;
1875. 1. 1,1. 7,1. 8,1. 10,1. 11,1.
20,2. 15,2. 22,3. 14,3. 25,3. 26,4.
2,4. 16,4. 17,4. 22,4. 24,5. 11,5.
13,5. 14,5. 15,5. 24,8. 4,8. 6,10. 8,
12. 14,12. 23;**1876**. 2. 9,3. 15,4. 15,
7. 15,12. 26;**1877**. 8. 24,9. 30,10.
17;**1878**. 1. 12;**1880**. 6. 11,10. 24;
1881. 5. 1;**1883**. 6. 18,7. 7,7. 22;
1884. 4. 29,5. 6,5. 31,6. 12,6. 13,6.
14,7. 12,11. 24,12. 12;**1885**. 1. 28,
6. 11,7. 18,8. 15,8. 26;**1886**. 8. 21,
9. 23,9. 24,10. 7,10. 10,10. 11;
1887. 5. 13

曾侯　见曾国藩

曾厚斋 **1863**. 7. 5

曾虎臣 **1867**. 12. 22

曾虎山 **1867**. 8. 9;**1868**. 11. 28,12. 1

曾吉园 **1877**. 10. 15

曾纪官（曾剑农、曾龙剑）**1867**. 11. 27,
11. 28,12. 5;**1868**. 5. 3

曾纪鸿（栗诚、曾栗诚）**1865**. 1. 18,5.
15,11. 9;**1867**. 6. 1,6. 13;**1868**. 4.
20,4. 21,7. 21,10. 4,10. 10,12. 8,
12. 11,12. 19,12. 22;**1869**. 7. 3,7. 5,
11. 7,11. 14,11. 18,11. 26;**1870**. 10.
25;**1872**. 4. 5

曾纪渠（静臣、曾静臣、曾荩臣）**1867**.
11. 27,12. 23,12,25;**1868**. 1. 4,4.
16,4. 17,4. 21,5. 16,5. 17,5. 19,5.
27,5. 28,6. 2,9. 21,11. 27,12. 23,
12. 25;**1868**. 1. 4,4. 16,4. 17,4. 21,
5. 16,5. 17,5. 19,5. 27,5. 28,6. 2,9.
21;**1875**. 1. 10,5. 24

曾纪瑞（曾符臣、曾符卿）**1867**. 11. 28,
12. 5;**1868**. 4. 17,5. 3;**1875**. 5. 24;
1878. 1. 12

曾纪寿（岳生）**1875**. 1. 10,5. 24

曾纪泽（曾劼冈、劼刚、曾劼刚、曾公
子、曾嗣侯）**1863**. 4. 23,4. 24,9. 18,

9. 19,9. 21,9. 22,9. 29,10. 2,10. 3,
10. 17,10. 24,12. 5,12. 6;**1864**. 6.
24,6. 25,6. 26,6. 28,9. 21;**1865**. 1.
18,2. 8,4. 29,5. 15,5. 20,5. 22,6.
13,6. 24,6. 26,7. 7,8. 14,8. 15,8.
17,11. 6,11. 9,11. 22,12. 16,12. 29,
12. 31;**1867**. 5. 30,10. 7,11. 27,11.
28,12. 5,12. 17,12. 20,12. 22,12.
23,12. 24,12. 25,12. 26,12. 28,12.
29;**1868**. 1. 2,1. 3,1. 4,4. 16,4. 17,
4. 21,4. 28,5. 2,5. 3,5. 7,5. 9,5. 13,
5. 15,5. 16,5. 17,5. 19,5. 22,5. 25,
5. 27,5. 28,5. 31,6. 3,6. 23,6. 27,7.
2,7. 9,7. 13,7. 18,7. 20,7. 21,8. 2,
8. 8,8. 30,9. 1,9. 8,9. 17,9. 18,9.
28,10. 3,10. 7,10. 11,10. 20,10. 23,
10. 28,11. 4,11. 8,11. 10,11. 14,11.
15,11. 16,11. 18,11. 21,11. 23,11.
24,11. 25,11. 26,11. 29,12. 2,12. 4,
12. 9,12. 10;**1869**. 3. 4,4. 21,7. 3,7.
5,7. 7,7. 11,7. 18,7. 20,7. 27,8. 1,
8. 4,8. 5,8. 9,8. 19,8. 21,8. 27,9. 1,
9. 8,9. 19,10. 16,10. 25,11. 1,11. 6,
11. 13,11. 14,11. 17,11. 18,11. 26,

12. 5;**1870**. 1. 17,1. 18,2. 17,3. 2,3.
20,3. 31,4. 19,6. 19,7. 7,8. 5,8. 7,
8. 12,8. 18,9. 1,9. 5,9. 19,9. 25. 10.
14,10. 28,11. 9,11. 13;**1871**. 3. 3,3.
20,4. 18,5. 16,9. 14,10. 4,10. 7,11.
2,11. 3,11. 5;**1872**. 1. 11,2. 28,3.
19,4. 5,5. 20,6. 20,12. 15;**1873**. 1.
10,7. 9,7. 19,8. 8,9. 14,12. 8,12.
26,12. 31;**1874**. 3. 21,9. 5,12. 19;
1875. 5. 14,6. 9,8. 6;**1876**. 7. 15,10.
25;**1877**. 8. 24,11. 20,11. 29,11. 30;
1878. 11. 18, 12. 7;**1880**. 11. 15;
1882. 4. 25,5. 12;**1886**. 12. 4;**1888**.
4. 10,4. 11

曾寄圃　　见曾学时

曾季圃　　见曾学时

曾剑农　　见曾纪官

曾劼冈　　见曾纪泽

曾劼刚　　见曾纪泽

曾静臣　　见曾纪渠

曾荩臣　　见曾纪渠

曾君标　　见曾之撰

曾君表　　见曾之撰

曾君静　　见曾中翰

8. 5,8. 10,8. 11,11. 9,11. 16;**1885.**
1. 9,1. 27,1. 29,1. 31,3. 4,7. 7,7.
22,7. 31,10. 18,10. 29,12. 26;**1886.**
1. 5,1. 17,2. 16,5. 2,5. 13,5. 29,6.
26,7. 21,9. 30,10. 1,10. 5,10. 27,
12. 7;**1887.** 1. 5,1. 6,3. 4,4. 7,4. 9,
4. 16,4. 19,7. 12,12. 20;**1888.** 1. 8,
1. 19,5. 6,7. 17,9. 9,10. 30,11. 2;
1889. 2. 1

曾中翰(曾君静)**1877.** 12. 27;**1878.** 1.
3,1. 12,1. 15,1. 16,1. 18,3. 7,3. 18,
4. 7,5. 29,8. 31,9. 21,9. 28,10. 1,
10. 8,10. 10,11. 12,11. 22,11. 26,
12. 14,12. 17,12. 28,12. 29;**1879.** 1.
26,2. 5,4. 22,5. 2,5. 8,5. 9,5. 28,5.
30,6. 1,6. 6,8. 3,8. 18,8. 19,10. 17,
10. 29,11. 7,11. 12,11. 16,12. 10,
12. 11,12. 23;**1880.** 1. 6,1. 12,1. 24,
2. 1,2. 11,2. 19,3. 23,5. 24,5. 28,6.
7,6. 16,7. 2,7. 3,7. 4,7. 10,7. 15,7.
18,7. 21,9. 10,9. 12,9. 15,10. 6;
1881. 2. 28,3. 16,4. 7,11. 16,11. 17,
12. 20,12. 30;**1882.** 1. 7,2. 18,3. 12,
3. 15,4. 9,6. 19,12. 17;**1883.** 2. 9,4.

1,4. 3,4. 25,4. 27,5. 5,5. 16,10. 3,
10. 12,12. 18,12. 23;**1884.** 1. 3,2. 5,
2. 17,2. 23,3. 15,3. 18,3. 19,3. 22,
3. 23,3. 25,3. 26,3. 27,4. 1,5. 8,5.
13,5. 17,5. 18,7. 4,11. 16,11. 23,
12. 3,12. 13,12. 16;**1886.** 2. 16,5. 29

曾子衡　　见曾宝铨
札纯山　　见札克丹
札拉苏(札子昭)**1859.** 7. 14
札克丹(札仁山、札纯山)**1862.** 11. 30;
　1868. 6. 19
札仁山　　见札克丹
札子昭　　见札拉苏
查吉人　　见查详考
查南崧 **1868.** 5. 11,5. 14
查文经(查少泉)**1867.** 12. 11
查详考(查吉人)**1865.** 5. 1,5. 4,5. 7,
　5. 11,5. 17
翟声焕 **1861.** 12. 8
翟文泉(翟云升)**1875.** 10. 24
翟贞甫 **1870.** 2. 16
詹启纶(詹龙轩)**1863.** 2. 20;**1864.** 3.
　30,4. 17;**1877.** 9. 30
詹泰阶　　见詹治臣

3. 2,3. 21,9. 15,10. 15;1854,7. 8,8.
8,11. 3;**1855**. 1. 11,3. 6,6. 11,6. 29,
7. 1,7. 2,7. 7,7. 10,10. 12,10. 20,
11. 16;**1865**. 7. 9;**1868**. 4. 5;**1881**.
11. 13
张富年(屺堂、张屺堂、芑堂、张芑堂)
1863. 9. 24,9. 25,10. 4;**1864**. 1. 18,
1. 19,2. 9,2. 10,2. 11,3. 8,3. 27,3.
28,4. 14,4. 15,4. 16,4. 17,5. 4,5. 5,
5. 6,5. 12,5. 16,5. 18,5. 23,5. 29,5.
30,6. 30,7. 2,7. 16,7. 20,8. 11,8.
12,8. 24,9. 2,9. 3,9. 11,9. 12,9. 15,
9. 18,9. 21,9. 22,9. 27,11. 17,11.
21,11. 23,12. 20,12. 27;**1865**. 1. 19,
1. 22,2. 2,2. 3,4. 4,5. 7,5. 8,5. 9,5.
28,5. 29,6. 2,6. 4,6. 9,6. 23,6. 24,
6. 27,7. 10,7. 24,8. 26,8. 27,9. 2,9.
4,9. 5,9. 7,9. 9,9. 10,10. 28,10. 30,
11. 7,11. 14,11. 19,11. 27,12. 5,12.
7,12. 8,12. 12,12. 14,12. 15,12. 16,
12. 18,12. 28;**1866**. 1. 6,1. 7,1. 9,1.
30,3. 12,3. 19,3. 26,4. 12,5. 13,5.
21,6. 5,6. 19,6. 20,6. 21,6. 22,6.
25,7. 21,7. 24,10. 8,10. 23,11. 1,

11. 21;**1867**. 1. 9,1. 19,2. 22,5. 28,
6. 7,6. 8,7. 8,7. 9,7. 10,7. 14,7. 17,
7. 19,7. 21,7. 24,7. 28,7. 29,7. 30,
8. 2,8. 10,8. 11,8. 27,9. 14,9. 19,9.
29,10. 16,10. 26,12. 17,12. 24,12.
27;**1868**. 1. 18,2. 23,4. 5,4. 27,5. 7,
5. 10,5. 20,7. 28,7. 30,8. 26,8. 28,
9. 12,9. 28,9. 29,10. 4,10. 5,10. 7,
10. 8,10. 9,10. 11,10. 19,11. 2,11.
4,11. 7,11. 9,11. 10,11. 11,11. 12,
11. 13,11. 18,11. 29,12. 2,12. 6,12.
7,12. 9,12. 16,12. 17,12. 19,12. 23;
1869. 1. 24,1. 27,3. 4,4. 13,4. 21,4.
22,5. 15,5. 19,6. 7,6. 14,8. 28,11.
12,11. 13,11. 14;**1870**. 1. 14,2. 21,
5. 15,7. 10,11. 24;**1871**. 2. 3,2. 24,
12. 25;**1872**. 1. 5,4. 12,5. 3;**1873**. 4.
24,8. 22;**1874**. 10. 19;**1875**. 4. 9;
1876. 3. 10,6. 29;**1877**. 1. 31,3. 4;
1879. 7. 29,10. 22;**1880**. 1. 6;**1882**.
8. 11;**1885**. 7. 13;**1886**. 11. 22,11.
23,12. 4;**1887**. 1. 29,2. 20,10. 23,
10. 24,10. 26,10. 27,11. 11,12. 7,
12. 21;**1888**. 2. 20,8. 30,9. 6

1,4. 2,4. 5,4. 13,8. 19,9. 4

张潸（张上若）**1870**. 8. 19;**1871**. 2. 24

张京堂　　见张莳

张敬先 **1870**. 7. 3

张镜蓉　　见张凤翥

张九成（张子韶）**1861**. 4. 28;**1873**. 6.

14

张居正 **1858**. 6. 11;**1878**. 4. 29

张菊甫　　见张福年

张菊畦　　见张士铨

张菊如　　见张士保

张菊溪　　见张士铨

张爵五 **1863**. 12. 14,12. 26

张军门　　见张璧田

张开霁 **1867**. 5. 30

张开祁（张绍京）**1865**. 1. 30,11. 26;

1867. 9. 20

张凯嵩 **1867**. 10. 1

张康侯　　见张晋

张康侯　　见张锡蕃

张克英（张文川）**1869**. 12. 1,12. 7,12.

8

张琨（张琢如）**1869**. 12. 5,12. 12,12.

22;**1870**. 4. 25,4. 27,4. 29,5. 20,5.

21,7. 3,7. 19,7. 31,8. 16,8. 19;

1871. 1. 13,1. 14,3. 17,3. 27,6. 28

张坤 **1875**. 7. 28,7. 29,8. 2,10. 31

张朗庭 **1861**. 5. 16

张力臣　　见张弨

张立侯　　见张弥

张廉卿　　见张裕钊

张亮基（张石卿）**1861**. 12. 7,12. 10,

12. 13;**1862**. 1. 18;**1867**. 10. 1

张亮荃 **1864**. 4. 21

张霖（张润生）**1878**. 3. 1,3. 3,3. 9,3.

12,3. 13,3. 14,3. 16;**1887**. 6. 16

张林同 **1871**. 5. 21

张柳堂　　见张延绪

张柳亭　　见张有乾

张聋 **1863**. 5. 18

张龙门 **1861**. 6. 8

张鲁孙　　见张斯桂

张麓生 **1868**. 2. 13

张落形 **1862**. 8. 24

张梅圃　　见张国伟

张孟春 **1869**. 12. 21

张弥（张立侯）**1876**. 2. 7

张明 **1870**. 7. 1,7. 4

张万迪 **1881**.9.16

张万镒 **1870**.11.30

张万义 **1871**.4.12

张维屏(张云坡)**1864**.5.22,6.24,6.
27,7.29

张威邦 **1860**.4.30,5.11

张畏翁　见张寅

张文川　见张克英

张文虎(张啸山)**1863**.10.19,10.20;
1864.11.21,12.21,12.29;**1865**.1.
2,1.30,1.31,2.4,5.1;**1868**.8.23,
8.26,9.3,9.6,10.19,10.27,11.13,
11.14,12.5,12.11;**1885**.4.3

张文卿 **1884**.2.20

张文水 **1870**.2.1,2.2,4.18,9.7,12.
18;**1871**.2.22,7.11

张文印(张锡侯)**1872**.5.1;**1873**.11.1

张无为 **1883**.5.8

张锡蕃(张康侯)**1871**.10.13;**1875**.5.5

张锡光 **1871**.4.25

张锡侯　见张文印

张锡祺(张瑞亭)**1871**.7.29

张曦亭　见张保泰

张熙亭　见张保泰

张喜和 **1871**.11.20

张喜生　见张喜孙

张喜孙(张喜生)**1883**.4.5;**1885**.1.
28,1.30

张霞臣　见张葆

张仙舫　见张庆安

张香圃　见张金芝

张芗圃　见张金芝

张小浦 **1862**.7.28,10.26

张小巧(张巧官、韵初、张氏)**1855**.3.
1,3.2,4.13,4.19,4.23,6.10

张小山　见张秉钧

张小石 **1861**.12.10

张小伊　见张承颐

张小竹 **1887**.11.19

张啸山　见张文虎

张孝忠 **1872**.9.3

张兴 **1870**.7.3,7.5

张杏村　见张集禧

张秀峰　见张岱

张秀园 **1855**.11.26;**1859**.4.7

张叙官 **1870**.12.18,12.23,12.30;
1871.1.2,5.16,5.29

张学醇 **1864**.3.27

张学顺 **1870.**6.5

张学颜 **1878.**4.12

张学义 **1871.**4.26

张秀园 **1855.**11.26

张延绪(张柳堂)**1874.**12.2

张燕昌(张芑堂)**1879.**11.14;**1885.**7.13

张仰辛 **1871.**4.25

张曜孙(张仲远、张仲翁)**1862.**1.9,1.10,1.11,1.12,1.25,2.3,3.24,3.26,3.27,3.28,3.30,4.1,4.10,4.11,4.12,4.13,8.19,9.4;**1867.**12.1;**1871.**8.3

张耀宗(张子敬)**1862.**12.31

张一斋　见张秉恬

张肆孟(张集甫)**1863.**2.2,2.3

张义贵 **1865.**7.25

张寅(张子畏、张畏翁)**1858.**9.17;**1862.**6.13,6.14,6.15,6.16,6.17,6.19,6.20,6.21,6.22,6.23,6.24,6.26,6.27,6.29,6.30,7.1,7.2,7.3,7.5,7.6,7.,7.19,8.21,9.6,9.8,11.14

张瑛(张仁卿、张纯卿)**1867.**1.6,7.5,7.6,7.7,6.29,6.30,7.4,7.5,7.6.7.7,7.21,8.16,9.1,9.13,9.17,9.20;**1868.**10..9;**1869.**3.4;**1875.**12.10,12.24;**1876.**11.9;**1878.**10.13,12.17;**1879.**2.20,6.13,8.4,9.2,9.4,9.6,11.30,12.1;**1880.**5.12,7.17,9.5,9.12,10.2,10.14,11.3,11.5,11.8,11.10;**1881.**2.28,5.26,8.8,12.29,12.31;**1882.**1.2,2.10,2.16,3.2,3.3,3.6,3.8,4.23,5.25,5.31,6.19,6.20,8.12,10.28;**1883.**2.21,5.4,8.29;**1884.**2.12,6.29,7.4,9.18,9.26,11.12,12.5;**1885.**1.29,1.31,3.3,3.7,3.8,3.27,4.1,8.7,8.16,10.19,10.23;**1886.**2.27,3.29,4.30,6.3,10.10,10.16,11.14,12.6,12.7;**1887.**1.6,2.5,2.19,4.13,6.18,6.27,10.6,12.19;**1888.**1.2;**1889.**4.7,4.12,4.16

张莹(张怀白)**1855.**6.29

张有山　见张兆栋

张有乾(张柳亭)**1855.**8.23

张永功　见张守谦

张永恭　见张守谦

张友岩　见张世椿

张佑之　见张景蕃

张雨 1886.5.20,6.3

张雨生　见张溥东

张钰(张宝卿) 1871.9.24,11.2,11.3

张豫立(张少渠) 1861.4.11;1866.7.
4;1869.3.22,3.30

张玉良　见张璧田

张玉梁　见张璧田

张玉喜 1870.6.3,6.4

张裕钊(张廉卿) 1868.10.10,10.11,
10.12,10.17,10.26,　11.3,11.8,
11.10,11.12,11.14,11.15,11.16,
11.19,11.20,11.21,11.28,12.6,
12.10,12.11;1869.3.2,3.3,3.5;
1876.10.9,10.10

张元恺　见张福年

张岳龄(张子衡) 1875.9.29,9.30,10.
3,10.10

张岳生　见张峙东

张鋆 1872.5.10,5.13,5.16

张云城 1867.10.25

张云杭 1878.10.16,10.25

张云坡　见张维屏

张云卿 1855.5.6

张允功　见张守谦

张载福(张子厚) 1862.5.18,5.26,5.
31,6.1;1863.2.24,2.25,2.27,2.
28,3.1;1864.12.2,12.26

张占魁 1870.11.24;1871.3.31,5.19

张占奎 1871.4.26

张占瀛 1870.4.17,11.30

张诏(张槐亭) 1871.11.20,11.23,11.
24,12.1,12.7

张肇鼎(张吉孙、张吉生) 1881.6.8,6.
9,6.19,6.21;1882.6.28,7.27,10.
12;1887.6.16,7.1;1888.1.3,1.8,
1.17

张兆栋(张有山) 1869.3.30,6.8

张兆奎 1864.6.5

张兆来(振远、张振远) 1853.2.24,3.
4,3.5,3.6,3.8,3.14,3.26,4.7,4.
12,4.27,5.1,6.29,9.17,10.3,10.
16,10.17,10.31,11.9,11.22,12.
19,12.21,12.30;1854.1.3,1.5,2.
2,3.8,4.4,7.7,7.9,7.10,7.12,7.
21,7.22,7.23,7.24,7.31,8.3,8.7,
8.9,8.10,8.14,8.19,8.21,9.1,9.

4,9.6,9.19,9.22,9.27,10.4,10.5,
10.6,10.9,10.13,10.14;**1855**.1.9,
1.11,2.5,2.19,2.20,3.1,3.6,3.
16,3.18,4.9,4.23,5.20,5.26,5.
28,5.29,5.30,6.1,6.21,6.28,6.
29,6.30,7.1,7.23,7.29,8.17,8.
19,8.23,8.24,8.25,8.30,9.14,9.
15,9.19,10.2,10.3,10.4,10.8,10.
17,10.18,11.2,11.5,11.6,11.12,
11.15,11.16,11.17,11.19;**1856**.5.
17,5.25,5.26,6.2,6.4,6.8,6.9,6.
13,6.15,6.20,6.23,6.24,6.25,6.
26,6.28,6.30,7.2;**1858**.7.2;**1859**.
2.24,3.20,5.12,5.19,7.30,11.11;
1860.3.3,4.26,4.27,4.28,5.1,5.
19,5.21,5.23,5.24,5.30,7.2,7.6,
7.9,7.18,8.13,8.21,8.25,9.1,9.
4,9.7,9.16,9.29,10.9,10.12,10.
13,10.15,10.24,10.29,11.4,11.8,
11.9,11.13,11.27,12.23;**1861**.1.
23,1.24,1.26,1.27,1.29,1.30,2.
2,2.3,2.5,2.6,3.9,3.10,3.11,5.
4,5.7,6.9,6.12,6.14,6.15,6.17,
6.19,6.20,6.21,7.1,7.4,7.10,7.

12,7.14,7.15,7.17,9.11;**1862**.1.
23,1.25,3.19,5.15,5.26,9.4,9.5,
10.19,11.22,12.30;**1863**.1.26,2.
9,4.10,12.16,12.29,12.31;**1864**.
1.3,2.10,2.11,2.29,3.5,4.20,7.
21,9.3,9.4,9.9,9.12,10.9,11.19,
11.21,12.29;**1865**.1.27,4.8,4.9,
4.10,6.22,6.23,6.27,6.28,10.28,
10.30;**1866**.1.7,1.9;**1868**.1.10,3.
316.19,12.23

张肇纶(张楚孙)**1875**.11.18,11.19;
　1876.3.16;**1877**.8.17,8.27,9.3

张镇　见张璧田

张振龙(张沛然)**1869**.12.7;**1870**.3.
　14,3.15

张振轩　见张树声

张振远　见张兆来

张芝 **1886**.9.20

张之万 **1864**.1.20;**1867**.10.4;**1868**.2.
　18

张直夫 **1875**.6.30

张执之　见张晋礼

张峙东(张岳生)**1865**.9.13,9.14,9.
　18,10.7,10.12,10.19,10.20;**1866**.

长子实 见赵实

赵璧(完甫)1869.9.11;1874.2.7,2.
21,2.28,3.11,6.11,6.18,8.11,9.
8,9.18,9.26,10.7,12.17,12.19,
12.20;1875.1.17,2.6,3.6,4.5,4.
16,4.17,4.25,4.28,5.3,5.5,5.7,
5.11,5.12,5.14,5.16,5.20,5.26,
5.30,6.5,6.24,6.28,7.2,7.8,7.
12,7.14,7.16,7.25,7.31,8.4,8.6,
8.19,8.26,9.1,9.16,10.4,10.7,
10.13,10.14,11.9,12.23;1876.1.
31,2.4,3.14,6.20,9.1,9.9,9.14,
10.12,12.22,12.28;1877.2.2,2.
27,3.14,4.6,9.1;1878.3.10,5.24,
7.5,8.5,8.6,9.3,9.5,9.6,10.29,
11.1,11.20,11.21,12.9;1879.5.
20,5.31

赵泌(赵二川)1871.7.4

赵彪诏(豹三先生)1859.9.30

赵秉恒(赵子常)1870.5.11,5.13

赵炳麟(赵吟椒、赵吟翁)1862.5.29,
5.31,6.1,6.2,6.5,6.6,6.9,11.11;
1863.2.21

赵炳言 1860.7.30

赵秉忠 1878.4.30

赵伯镕 见赵廷铭

赵伯蓉 见赵廷铭

赵昌龄 1873.2.25

赵昌祚(殿英兄、殿英大兄、殿英大哥)
1861.5.16,5.18;1862.7.16,12.30;
1865.2.25,3.11,5.24,5.25,9.21,
9.23;1866.1.29,1.31,3.7,3.8,3.
11,3.16,3.22,3.24,4.11,5.27,7.
5,10.31,11.6,11.27,12.10,12.17;
1872.6.4,7.23;1873.4.2,8.1,8.
21;1877.2.2;1879.8.13;1882.5.9

赵彻贻(伯度)1871.5.21;1872.1.25,
1.27,3.21,12.29

赵忱(孟农)1865.3.11,9.22

赵承慈(子慎弟、慎弟)1862.1.9,1.
20,1.21,1.23

赵承惠(慎生侄)1865.3.14;1872.7.
22

赵承绪(祜生)1885.12.3

赵承旨 见赵孟頫

赵重(重侄)1881.3.6,7.4;1883.8.9;
1885.2.25,2.26,4.17,4.24,6.17,
12.3,12.4,12.12,12.18;1886.1.

4.12；**1855**.2.16,10.10；**1865**.2.26；

1867.5.15；**1868**.4.16,11.21；**1871**.

4.21,10.4；**1872**.10.1,12.21；**1873**.

3.29；**1876**.3.15,3.16；**1877**.2.2；

1879.11.28；**1880**.5.21；**1882**.7.2

赵辅 **1878**.4.3

赵构（宋思陵）**1885**.11.21

赵国 **1877**.2.2

赵国藩（松如）**1877**.4.20,9.28；**1882**.

5.11

赵国培（维桢、仲纪、维贞四兄）**1865**.

1.31,11.4；**1867**.7.4；**1872**.1.16,9.

27

赵国卿（吉如、吉如侄）**1865**.3.11,3.

13,9.21,9.23,9.24；**1866**.4.18,4.

20,12.6；**1869**.3.27,4.6,4.9,5.15,

5.16,5.20,5.22,5.23,5.25；**1871**.

12.23,12.24；**1872**.1.22,7.2,7.23；

1875.1.18,2.23；**1876**.2.6,2.7,12.

12,12.13；**1877**.1.1,1.9,1.23,2.3,

2.19,2.20,3.17,4.30,11.29；**1878**.

6.22,6.23；**1879**.6.8；**1880**.11.27；

1881.2.22,8.27；**1882**.5.11；**1883**.

9.4,9.13；**1884**.10.22

赵国英（质如、质如侄、质侄、哲如、哲

如侄、哲侄）**1869**.5.22,5.23,6.7,6.

10；**1870**.1.14,5.6,5.22,5.30,7.

11,7.13,7.15,7.17,7.21,8.1,8.

22,8.31,9.26,10.17,11.3,11.4,

11.5,11.11,11.14,11.15,11.18,

12.22；**1871**.3.5,3.31,4.6,4.11,4.

19,4.23,4.29,5.11,5.30,5.31,6.

26,7.9,7.13,7.19,7.29,7.30,8.5,

8.11,8.19,8.20,8.23,8.27,8.30,

8.31,9.7,9.14,9.15,9.16,9.18,9.

19,9.20,9.23,9.28,9.29,10.9,10.

16,10.18,10.21,10.28,11.3,11.

16,11.20,11.28,12.18,12.24；

1872,1.13,1.15,2.5,3.6,4.3,7.

23,8.18,9.1,9.4,10.5,10.13,10.

17,12.9,12.10,12.11,12.15,12.

21,12.26,12.27；**1873**,1.61.15,1.

16,1.22,1.29,2.3,2.8,2.14,2.20,

2.26,4.1,4.2,4.3,4.4,4.6,4.11,

4.17,4.27,5.4,5.8,5.10,5.16,5.

18,6.18,7.29,8.15,8.29,8.31,9.

1,9.2,9.18,9.26,10.30,11.15,11.

26,11.28,11.29；**1874**,1.1,2.23,2.

24,2.28,3.11,3.13,3.14,3.15,3.
16,3.28,3.30,4.5,4.7,5.1,5.7,5.
8,5.10,5.11,5.13,5.15,5.17,5.
23,5.24,5.29,5.30,6.7,6.8,6.10,
6.18,6.30,7.2,7.4,8.9,9.11,9.
20,10.7,11.1,11.4,11.11,11.20,
11.24,12.17;**1875**.2.6,3.7,3.8,3.
17,3.29,3.30,3.31,4.2,4.7,4.9,
4.16,4.24,4.25,5.7,5.11,5.12,5.
30,6.5,6.22,7.20,8.10,8.20,8.
26,9.1,9.8,10.4,10.9,10.14;
1877.2.6,3.13,3.14,4.30;**1879**.9.
24;**1881**.9.18,11.18;**1882**.10.12,
11.3,11.18,11.20;**1888**.10.12

赵国雍(子然)**1877**.9.28

赵国裕(镜如、镜如七侄)**1865**.3.11,
9.21;**1867**.8.23,8.24,8.27,8.29,
9.1,9.4,9.13,9.14;**1869**.2.22;
1884.10.8

赵光炎　见赵景江

赵海桥　见赵东昀

赵衡平(赵平衡、赵蔚卿)**1875**.9.21;
1880.11.8;**1881**.8.7

赵恒泽(孟文大伯)**1852**.4.12;**1883**.

11.27

赵祜(赵朴卿)**1885**.12.4

赵怀玉(眛辛先生)**1854**.1.6;**1859**.9.
30;**1865**.9.2;**1878**.3.12;**1887**.3.25

赵汇(云浦府君、云浦公)**1865**.2.26;
1867.5.15;**1872**.9.14;**1882**.2.18

赵惠基(迪甫叔、迪夫叔、迪叔)**1871**.
6.28;**1872**.6.22;**1874**.2.21;**1875**.
2.6,4.21,7.8,10.5;**1879**.12.30,
12.31;**1880**.1.30,9.26,9.30,10.
28;**1881**.7.15,10.26;**1883**.5.28,9.
8;**1886**.9.18

赵继鼎(驾部府君)**1876**.3.15;**1877**.
2.2,11.21

赵季梅 **1868**.1.4,4.28,9.27

赵际阳(葵生)**1883**.9.8;**1885**.1.11,
1.12,11.30,12.13,12.21,12.22;
1886.1.1,1.2,10.20

赵家达(士伯兄)**1853**.2.10;**1854**.10.
17;**1861**.4.13,5.16;**1879**.8.13

赵嘉龄(叔耆七兄)**1861**.5.16;**1874**.
2.7

赵价人　见赵宗德

赵介人　见赵宗德

赵介贻 **1862**. 1. 15

赵金保 **1864**. 1. 11

赵京锡(子谦)

赵锦堂 见赵连标

赵景江(通生、赵光炎)**1865**. 2. 23；
1868. 4. 7；**1875**. 12. 28；**1876**. 3. 15；
1877. 2. 2, 11. 21；**1878**. 10. 20, 10.
21；**1879**. 11. 27, 11. 29, 12. 31；**1880**.
1. 23, 2. 7, 2. 16, 4. 15, 8. 5, 8. 14, 11.
18；**1882**. 3. 17；**1884**. 11. 28, 11. 29,
11. 30

赵景坡 **1869**. 7. 10

赵景贤(竹生)**1860**. 7. 30；**1863**. 6. 18,
6. 24

赵敬 **1871**. 4. 25

赵君默(赵君穆)**1879**. 2. 20；**1882**. 2.
19；**1883**. 3. 22, 3. 23, 4. 11, 6. 23, 7.
23；**1886**. 3. 18, 6. 26；**1887**. 6. 27；
1889. 2. 23

赵君穆 见赵君默

赵君修 **1881**. 4. 9；**1882**. 10. 28；**1883**. 1.
17, 1. 27；**1885**. 4. 11, 4. 12；**1887**. 6.
27；**1888**. 1. 25

赵钧和(赵叔平)**1862**. 9. 19, 10. 22,
10. 24

赵钧谟(赵伶甫)**1852**. 9. 3

赵俊 **1871**. 11. 20, 12. 3, 12. 5, 12. 8

赵俊升 **1868**. 4. 16

赵浚(赵文波)**1871**. 11. 5, 11. 23, 11.
24, 11. 25, 11. 26, 12. 11

赵侃(叔桓侄)**1869**. 3. 1；**1876**. 1. 14,
1. 15, 1. 16, 2. 7；**1877**. 9. 3, 9. 14；
1878. 3. 5, 4. 6, 4. 13, 6. 22；**1879**. 6.
28, 11. 24, 12. 23, 12. 30, 12. 31；
1880. 3. 20, 4. 29, 5. 26, 11. 14；**1881**.
1. 7, 2. 28, 2. 15；**1887**. 11. 30, 12. 3

赵克家(朝议府君)**1852**. 4. 12, 4. 30；
1868. 4. 16；**1876**. 3. 16

赵宽(宽儿、清胪、次子、次儿、儿子宽)
1865. 5. 1；**1866**. 1. 19；**1875**. 12. 24；
1876. 5. 12, 7. 20；**1877**. 2. 15, 2. 16,
3. 30, 4. 3, 4. 9；**1878**. 2. 6, 2. 17, 9. 7,
12. 22；**1879**. 2. 1, 5. 5, 5. 22, 6. 23；
1880. 5. 20, 7. 26, 8. 9；**1881**. 3. 25, 4.
2, 4. 5, 4. 21, 6. 16, 9. 18, 9. 22, 10. 2,
10. 28, 10. 29, 11. 25, 11. 29, 12. 1,
12. 3, 12. 4, 12. 6, 12. 7, 12. 10, 12.
12, 12. 23, 12. 25；**1882**. 1. 1, 1. 5, 1.

14,1. 28,2. 17,2. 18,4. 6,4. 9,4. 10,
4. 12,4. 13,5. 13,5. 18,5. 30,6. 3,6.
15,10. 3,10. 10,11. 10,12. 9;**1883**.
2. 4,2. 7,4. 1,4. 19,4. 27,5. 31,6. 1,
6. 5,6. 14,6. 18,6. 23,6. 26,8. 16,
11. 11,12. 10;**1884**. 2. 8,2. 21,2. 23,
3. 2,3. 5,3. 6,3. 13,3. 23,3. 26,3.
28,4. 8,4. 9,4. 15,4. 28,5. 1,5. 5,6.
21,6. 23,6. 26,6. 29,7. 1,7. 6,7. 8,
7. 15,7. 20,8. 2,10. 8,12. 22;**1885**.
2. 18,2. 19,2. 20,2. 22,2. 23,4. 22,
5. 3,5. 22,5. 24,5. 31,7. 13,8. 12,8.
15,8. 16,8. 22,8. 31,9. 14,9. 18,9.
24,9. 29,10. 3,10. 5,10. 6,12. 8;
1886. 1. 6,1. 10,1. 18,9. 30,11. 17,
11. 21,11. 24,12. 4;**1887**. 3. 21,3.
23,6. 23,10. 18,10. 23,12. 9,12. 14;
1888. 8. 18,9. 16,10. 7,12. 13,12.
17,12. 28;**1889**. 6. 22,6. 26

赵朗甫　见赵曾向

赵丽生 **1886**. 1. 10,7. 17

赵连标(赵锦堂) **1864**. 4. 29,5. 19,5.
23

赵良 **1876**. 12. 4

赵良诒(赵元泽、赵元直) **1878**. 12. 16,
12. 17,12. 19;**1879**. 3. 15,3. 16,3.
17,6. 30;**1880**. 10. 2,10. 3,10. 6;
1881. 2. 18,2. 19,10. 11;**1883**. 5. 10,
5. 23;**1884**. 4. 29,6. 2

赵林 **1869**. 11. 19

赵璘 **1875**. 7. 2

赵令畤 **1875**. 8. 16

赵榴庆(榴弟、榴生弟) **1877**. 11. 21;
1879. 11. 27

赵路(阿路、三儿) **1867**. 2. 11,3. 10;
1868. 1. 29;**1872**. 2. 13,5. 8

赵梅 **1871**. 4. 25

赵梅江　见赵文麒

赵梦祥(擢才大叔) **1854**. 2. 18;**1861**.
4. 4;**1875**. 10. 24

赵孟頫(松雪、松雪斋、赵松雪、赵子
昂、赵吴兴、赵文敏、赵承旨) **1866**.
4. 16;**1867**. 4. 6,6. 8;**1875**. 9. 4;
1878. 1. 7,6. 23;**1879**. 5. 11;**1880**. 7.
8;**1882**. 6. 5;**1883**. 5. 8,6. 6,8. 15;
1885. 10. 25;**1886**. 11. 25,12. 15;
1887. 3. 25;**1888**. 10. 4

赵孟埤(录事府君) **1877**. 2. 2

23,1. 24,2. 10,3. 1,5. 26,5. 31,6. 2,
6. 3,6. 4,6. 7,6. 19,7. 8,7. 11,7. 27,
8. 5,10. 12,11. 16,12. 4,12. 5,12. 6,
12. 10,12. 11,12. 19,12. 21,12. 22;
1861. 3. 9,3. 24,3. 28,4. 27,5. 2,6.
1,6. 2,6. 5,6. 11,6. 12,6. 14,6. 19,
6. 21,6. 27,6. 28,7. 1,7. 23,8. 16,
10. 28,12. 29; **1862**. 3. 19,3. 20,3.
22,3. 23,4. 10,4. 12,4. 21,5. 16,5.
24,6. 14,7. 15,7. 20,9. 5,9. 16,9.
27,10. 19,10. 27,12. 9; **1863**. 3. 13,
3. 15,5. 29,5. 31,10. 29,12. 30;
1864. 1. 19,4. 14,4. 16,6. 16,6. 23,
7. 7,7. 8,11. 1,11. 18; **1865**. 1. 14,1.
15,1. 22,1. 23,1. 26,1. 27,2. 12,2.
14,4. 12,4. 13,4. 16,4. 20,4. 23,4.
26,5. 16,5. 17,5. 19,5. 21,5. 24,5.
25,5. 29,6. 9,6. 10,6. 14,6. 20,6.
30,7. 6,7. 9,7. 10,7. 13,7. 14,7. 17,
7. 22,7. 28,7. 29,7. 31,8. 1,8. 2,8.
4,8. 7,8. 8,8. 9,8. 10,8. 11,8. 14,8.
15,10. 15,10. 20; **1866**. 1. 1,1. 6,1.
10,1. 13,1. 15,1. 22,1. 23,2. 2,2. 3,
2. 10,2. 11,2. 15,5. 20,6. 4,6. 28,6.

29,8. 16,10. 9,12. 11; **1867**. 2. 5,2.
7,3. 22,6. 15,6. 21,7. 28,10. 7,11.
10; **1868**. 1. 10,2. 1,2. 2,3. 15,3. 31,
4. 6,4. 16,6. 27,6. 30,7. 28,7. 31,8.
21,9. 14,10. 4,10. 7; **1869**. 1. 11,1.
15,1. 16,1. 22,1. 29,1. 30,2. 16,2.
17,2. 28,3. 3,3. 9,3. 27,3. 29,3. 30,
3. 31,5. 7,5. 22,5. 29,6. 5,6. 7,6. 8,
6. 9; **1870**. 4. 29,5. 5,5. 16,8. 25,10.
21,10. 22; **1871**. 1. 2,7. 15,8. 1,9. 8,
11. 20; **1872**. 2. 3,2. 4,7. 17,7. 22,
10. 13,10. 16,12. 9; **1873**. 1. 5,4. 2,
4. 14,7. 3,8. 1,8. 29,11. 15,11. 25;
1874. 2. 23,3. 1,6. 14,8. 2,11. 3,11.
8; **1875**. 1. 13,1. 14,4. 9,7. 30,8. 2,
11. 17,11. 19,11. 22,11. 23,11. 24,
11. 25,11. 27,12. 7,12. 15,12. 28;
1876. 1. 28,2. 29,4. 12; **1879**. 9. 13;
1881. 2. 15; **1882**. 6. 25

赵柔(长女、大女、柔女) **1866**. 1. 19;
1868. 2. 4,6. 8,7. 12,7. 26; **1869**. 2.
25; **1870**. 1. 14; **1872**. 4. 23,4. 25;
1873. 3. 3,4. 7,5. 7; **1875**. 3. 26,4.
11,5. 14,7. 3,8. 18; **1876**. 9. 10,9.

9. 20, 10. 14, 12. 18, 12. 23, 12. 24;
1872. 1. 13, 1. 15, 2. 1, 2. 22, 4. 25, 6.
1, 7. 17, 7. 22, 8. 12, 8. 18, 8. 24, 10.
12, 10. 13, 11. 2, 11. 6, 11. 27, 12. 6,
12. 9; **1873**. 1. 3, 1. 6, 1. 16, 1. 29, 2.
23, 3. 23, 3. 30, 4. 2, 4. 11, 4. 14, 4.
17, 4. 27, 4. 30, 5. 2, 5. 7, 5. 21, 5. 23,
6. 24, 7. 5, 8. 15, 8. 16, 8. 24, 8. 31, 9.
10, 9. 11, 9. 16, 9. 17, 9. 18, 9. 30, 10.
6, 10. 7, 10. 15, 11. 2, 11. 15, 11. 25,
11. 26, 11. 27, 11. 28, 11. 29, 12. 1,
12. 9, 12. 15; **1874**. 1. 1, 1. 17, 1. 24,
2. 2, 2. 15, 2. 19, 2. 23, 3. 1, 4. 1, 4. 6,
4. 29, 5. 8, 5. 18, 5. 19, 5. 20, 5. 30, 6.
4, 6. 5, 6. 6, 6. 8, 6. 14, 6. 30, 7. 20, 8.
2, 8. 7, 8. 28, 9. 5, 10. 2, 10. 3, 11. 3,
11. 11, 11. 16, 11. 19, 11. 25, 12. 11;
1875. 1. 13, 1. 19, 1. 20, 2. 1, 2. 3, 2.
8, 2. 17, 2. 19, 2. 21, 3. 13, 3. 15, 3.
27, 4. 9, 4. 10, 4. 28, 5. 6, 5. 14, 9. 1,
10. 9, 11. 19, 11. 23, 11. 24, 11. 25,
12. 1, 12. 12, 12. 22, 12. 25, 12. 30;
1876. 1. 11, 1. 13, 1. 15, 3. 8, 3. 9, 3.
12, 3. 15, 3. 16, 3. 17, 3. 20, 3. 21, 4.

1, 4. 4, 4. 9, 4. 11, 4. 13, 4. 14, 4. 16,
4. 19, 4. 22, 5. 7, 5. 12, 6. 5, 6. 6, 6. 7,
6. 9, 6. 10, 6. 12, 6. 13, 6. 19, 7. 6, 7.
8, 7. 11, 7. 15, 7. 18, 7. 19, 7. 22, 7.
24, 8. 3, 9. 2, 9. 19, 9. 29, 10. 4, 10.
21, 12. 12, 12. 16, 12. 18, 12. 23;
1877. 2. 2, 2. 16, 2. 19, 2. 20, 3. 6, 3.
8, 3. 11, 3. 18, 3. 20, 3. 23, 3. 27, 3.
29, 4. 3, 6. 11, 6. 23, 7. 28, 7. 30, 8. 1,
8. 10, 8. 27, 9. 3, 9. 6, 9. 25, 9. 28, 10.
15, 10. 26, 11. 14, 11. 15, 12. 18, 12.
20, 12. 26; **1878**. 3. 14, 4. 24, 5. 9, 5.
20, 5. 21, 5. 29, 6. 20, 6. 26, 9. 1, 9. 6,
9. 10, 9. 30, 10. 18, 10. 31, 11. 12, 11.
20, 12. 4; **1879**. 1. 4, 2. 26, 3. 12, 3.
18, 3. 19, 3. 25, 3. 26, 3. 31, 4. 6, 4. 7,
4. 30, 5. 8, 5. 9, 5. 26, 5. 30, 5. 31, 6.
1, 6. 2, 6. 9, 6. 16, 6. 28, 6. 30, 7. 4, 7.
10, 7. 18, 8. 3, 8. 10, 8. 18, 8. 19, 9. 1,
9. 3, 9. 18, 9. 24, 9. 27, 9. 30, 10. 4,
10. 19, 10. 22, 11. 5, 11. 6, 12. 5, 12.
16, 12. 30; **1880**. 1. 13, 1. 25, 1. 26, 1.
31, 2. 4, 3. 19, 3. 27, 3. 31, 4. 10, 4.
20, 5. 26, 5. 27, 5. 31, 6. 13, 6. 15, 7.

15，8. 26，8. 28，9. 26，10. 23，10. 24，
10. 25，11. 4，11. 5，11. 6，11. 28，12.
5，12. 6，12. 9；**1881**. 2. 22，2. 23，3. 7，
3. 21，4. 2，4. 21，5. 22，8. 7，9. 18，10.
17，11. 18，12. 27；**1882**. 1. 19，3. 2，3.
3，3. 30，4. 20，6. 13，6. 26，7. 16，7.
31，8. 2，9. 2，9. 17，9. 19，9. 24，9. 25，
10. 11，10. 12，10. 27，11. 3，11. 28，
12. 2；**1883**. 2. 7，2. 19，2. 22，3. 14，3.
23，3. 29，3. 31，5. 23，7. 22，8. 8，8.
15，10. 26，12. 10，12. 16；**1884**. 1. 27，
3. 1，3. 23，4. 14，5. 4，6. 27，7. 2，7.
13，9. 30，10. 8，10. 17，10. 19，10. 21，
11. 29，12. 4，12. 9，12. 11，12. 15，12.
18，12. 28；**1885**. 1. 13，4. 11，7. 10，8.
4，8. 7，8. 10，8. 18，10. 3，12. 3，12. 8；
1886. 3. 18，4. 2，6. 22，9. 24，9. 25，
10. 1，10. 5，10. 11，10. 13，10. 14，11.
2，11. 18，11. 20，11. 22，11. 23，11.
25，12. 4；**1887**. 3. 21，3. 23，4. 30，9.
13，9. 17，9. 27，10. 21，10. 26，12. 1；
1888. 3. 22，4. 2，4. 27，10. 2，10. 5，
10. 16，10. 18，10. 21，11. 22；**1889**. 1.
9，1. 10，3. 3，3. 4，3. 9，3. 16，3. 26，3.

29，6. 1，6. 6，6. 12，6. 13，6. 16
赵世荣（子卿、四兄）**1865**. 3. 12
赵士行　见赵登诒
赵受丰（用孚叔祖）**1861**. 5. 16
赵受恒（用久叔祖）**1852**. 5. 23；**1853**.
7. 25，8. 23；**1854**. 6. 10；**1855**. 2. 20，
3. 17，3. 18；**1861**. 5. 5；**1876**. 3. 16
赵叔平　见赵钧和
赵书云（赵卿五）**1869**. 9. 11，9. 17，9.
21
赵淑（五女）**1885**. 4. 24，5. 22，6. 3；
1887. 12. 9
赵树吉（沉卿）**1864**. 6. 19
赵舜臣　见赵煦
赵宋培（维藩）**1886**. 9. 2
赵松雪　见赵孟頫
赵遂初 **1875**. 3. 13，4. 27，4. 28
赵苕生（小女）**1852**. 11. 1；**1860**. 6. 8，
6. 9；**1862**. 10. 19；**1863**. 3. 23；**1866**.
6. 15
赵廷彩（紫卿、紫卿兄、芷卿、九兄、九
哥）**1861**. 3. 17，4. 26，5. 19；**1862**. 5.
15；**1865**. 3. 11，3. 13，3. 14，4. 23，4.
28，5. 8，5. 24，5. 25，9. 21，9. 23，9.

24,9. 28,10. 3,10. 17,10. 20,12. 3, 12. 26;**1866**. 3. 7,3. 9,3. 10,3. 11,4. 4,4. 7,4. 9,4. 11,4. 15,4. 16,4. 17, 4. 20,4. 21,4. 28,4. 29,4. 30,5. 1,5. 2,5. 4,5. 5,5. 7,5. 13,5. 15,5. 17,5. 19,5. 22,5. 23,5. 25,5. 27,5. 30,5. 31,6. 1,6. 2,6. 3,6. 10,6. 21,6. 23, 6. 25,7. 7,7. 9,7. 10,7. 11,7. 21,7. 24,7. 25,8. 7,8. 15,8. 17,8. 24,8. 26,8. 27,8. 31,9. 2,9. 6,9. 7,9. 8,9. 11,9. 15,9. 19,9. 23,10. 2,10. 8,10. 14,10. 17,10. 29,10. 31,11. 6,11. 15,11. 17,11. 20,11. 27,11. 30,12. 1,12. 3,12. 4,12. 7,12. 10,12. 16, 12. 23,12. 28,12. 29,12. 30;**1867**. 1. 3,1. 9,1. 20,1. 21,1. 25,2. 1,2. 3,2. 10,2. 20,2. 23,2. 26,2. 27,2. 28,3. 5,3. 6,3. 9,3. 11,3. 14,3. 17,3. 20, 3. 24,3. 25,3. 29,3. 30,3. 31,4. 1,4. 3,4. 5,4. 6,4. 7,4. 9,4. 11,4. 17,4. 20,4. 23,4. 26,4. 27,5. 1,5. 3,5. 6, 5. 7,5. 8,5. 9,5. 11,5. 14,5. 20,6. 2, 7. 11,7. 13,7. 24,7. 28,8. 8,8. 12,8. 22,8. 24,8. 26,8. 27,8. 28,9. 5,9.

11,9. 12,9. 13,9. 14,9. 21,9. 25,9. 30,10. 6,10. 10,10. 15,10. 21,11. 5, 11. 19,12. 3,12. 16;**1868**. 1. 12,1. 13,1. 18,2. 1,2. 6,2. 8,2. 10,2. 14, 2. 18,2. 20,2. 21,2. 27,3. 12,3. 13, 3. 16,3. 18,3. 23,3. 25,3. 31,4. 5,4. 8,4. 16,5. 2,5. 12,5. 25,5. 26,5. 27, 5. 29,6. 8,6. 10,6. 13,6. 14,6. 15,6. 16,6. 19,7. 16,8. 4,9. 20,10. 9,10. 24,11. 16,12. 11;1869,1. 18,2. 19, 2. 27,2. 28,3. 1,3. 9,3. 21,3. 26,3. 27,3. 29,3. 30,4. 13,4. 16,4. 17,5. 3,5. 22,5. 23,6. 5,6. 6,6. 9,6. 10; **1870**. 4. 19,5. 4,10. 29,12. 8;**1871**. 1. 3,2. 9,11. 20,12. 18;**1873**. 9. 2; 1876,2. 6,5. 7;**1877**. 10. 9;**1881**. 3. 18

赵廷衡(赵少山)**1874**. 9. 7,9. 8,10. 17

赵廷铭(赵伯镕、赵伯蓉)**1864**. 6. 14, 8. 6

赵廷铭(子弼)**1879**. 5. 14,5. 15

赵廷尧(亦唐叔、亦唐二叔、寅二叔) **1865**. 2. 23,2. 25;**1867**. 5. 15;**1870**. 4. 6,6. 30,7. 23,10. 6,12. 14;**1871**.

11. 16,11. 17,12. 16;**1861**. 2. 19,2.
22,2. 23,2. 24,2. 26,3. 2,3. 3,3. 5,
3. 6,3. 8,3. 9,3. 10,3. 11,3. 13,3.
17,4. 5,4. 6,4. 7,4. 9,4. 11,4. 14,4.
15,4. 20,4. 22,4. 30,5. 5,6. 1,6. 20,
6. 24,6. 25,7. 4,7. 6,7. 7,7. 18,7.
23,8. 6,8. 7,8. 9,8. 16,9. 12,9. 20,
9. 30,12. 9,12. 29;**1862**. 1. 23,2. 11,
2. 19,2. 23,3. 16,3. 18,3. 19,3. 21,
3. 22,3. 26,3. 29,3. 31,4. 1,4. 3,4.
4,4. 12,4. 13,4. 29,5. 15,5. 19,5.
24,5. 25,5. 26,5. 27,6. 4,6. 5,6. 25,
6. 28,7. 1,7. 16,8. 3,8. 19,8. 21,8.
22,8. 29,9. 4,9. 5,10. 19,10. 22,10.
23,11. 6,11. 13,11. 14,11. 15,11.
16,11. 18,11. 19,11. 21,11. 22,11.
23,11. 25,11. 28,12. 1,12. 3,12. 4,
12. 6,12. 8,12. 9,12. 10,12. 11,12.
12,12. 13,12. 14,12. 15,12. 25;
1863. 1. 2,2. 5,2. 9,2. 12,3. 20,3.
22,4. 3,4. 24,4. 28,5. 2,5. 7,5. 17,
6. 6,6. 8,7. 13,7. 29,8. 15,9. 4,9. 7,
9. 17,9. 23,9. 24,10. 29,11. 10,11.
30,12. 1,12. 2,12. 16;**1864**. 1. 3,1.

8,3. 8,3. 13,4. 22,4. 29,5. 19,5. 30,
6. 6,6. 14,6. 19,7. 3,7. 5,7. 20,8.
23,8. 29,9. 8,11. 17,11. 19,11. 23,
11. 26,11. 28,12. 7,12. 8,12. 20,12.
29;**1865**. 1. 5,1. 12,2. 16,2. 17,2.
23,2. 28,3. 7,3. 8,3. 11,3. 13,3. 14,
3. 17,3. 18,3. 19,3. 20,3. 22,3. 25,
3. 27,3. 31,4. 3,4. 4,4. 5,4. 7,4. 8,
4. 9,4. 10,4. 15,4. 17,4. 20,4. 21,4.
27,4. 29,5. 1,5. 2,5. 5,5. 11,5. 16,
5. 22,5. 24,5. 26,5. 29,5. 31,6. 2,6.
4,6. 6,6. 7,6. 10,6. 11,6. 13,6. 15,
6. 16,6. 17,6. 19,6. 20,6. 30,7. 1,7.
6,7. 7,7. 8,7. 9,7. 14,7. 15,7. 23,7.
25,8. 2,8. 3,8. 4,8. 13,8. 15,8. 17,
8. 21,9. 4,9. 24,10. 3,10. 17,10. 28,
10. 30,11. 3,11. 6,11. 7,11. 9,11.
12,11. 13,11. 20,11. 26,11. 27,11.
28,11. 29,11. 30,12. 3,12. 5,12. 7,
12. 8,12. 9,12. 11,12. 12,12. 18,12.
27,12. 28,12. 31;**1866**. 1. 2,1. 9,2.
4,2. 9,2. 20,3. 15,3. 17,3. 18,3. 19,
4. 1,4. 14,4. 16,4. 19,4. 27,5. 4,5.
10,5. 12,5. 29,6. 5,6. 7,6. 12,6. 28,

7.20,7.29,8.15,8.16,8.31,9.1,9.
21,9.30,10.17,10.24,11.1,11.6,
11.21,11.29,12.4,12.6,12.7,12.
28,12.29;**1867**.1.5,1.19,1.20,1.
25,1.28,2.2,2.23,3.17,3.18,3.
20,4.6,5.28,6.1,6.7,6.24,7.1,7.
18,8.18,8.27,9.4,9.14,9.15,10.
4,10.17,10.20,11.4,12.3,12.27;
1868.2.8,2.13,2.21,2.24,2.25,3.
15,4.4,4.29,4.30,5.11,6.10,6.
26,7.9,7.16,8.6,8.8,8.21,9.5,9.
8,9.20,9.21,9.22,9.25,10.1,10.
12,11.4,11.13,12.4,12.5,12.6;
1869.1.16,1.17,2.9,2.16,2.22,2.
25,2.26,2.27,2.28,3.1,3.3,3.13,
3.17,3.19,3.28,3.31,4.4,4.17,4.
27,4.29,5.17,5.22,5.27,6.13,6.
19,7.12,7.29,8.20,8.26.9.29,10.
1,10.12,10.28,11.16,12.3,12.15,
12.23;**1870**.1.8,2.21,2.22,3.11,
3.19,4.29,5.5,5.26,6.23,6.25,7.
31,8.20,8.23,9.3,9.4,9.5,9.15,
9.18,9.23,9.30,10.2,10.3,10.5,
10.8,10.20,10.24,10.28,11.3,11.

7,11.11,11.23,11.24,11.30,12.1,
12.15,12.16,12.22,12.26;**1871**.1.
1,1.7,1.16,1.26,1.27,2.3,2.10,
2.16,2.18,2.19,2.23,2.24,2.26,
3.1,3.2,3.3,3.4,3.5,3.6,3.7,3.
19,3.30,4.9,4.13,4.18,4.23,5.
16,5.23,5.30,5.31,6.21,7.7,7.
15,7.29,8.9,8.18,9.18,9.21,9.3,
10.4,10.7,10.8,10.11,11.2,11.5,
11.28,12.18,12.23,12.25,12.28;
1872.1.6,1.11,1.13,2.19,2.25,3.
1,3.19,4.9,4.11,4.22,4.25,5.3,
5.20,5.25,6.9,6.12,6.20,6.22,6.
25,7.23,8.8,8.13,10.15,10.17,
11.18,12.15;**1873**.1.6,3.30,3.31,
4.2,4.12,4.27,4.28,4.29,4.30,5.
2,5.3,5.5,5.7,5.14,5.16,5.18,5.
19,5.21,5.24,5.26,5.31,6.2,6.
16,6.20,7.22,7.27,8.1,8.6,8.7,
8.8,8.9,8.10,8.13,8.15,8.21,8.
29,9.2,9.21,9.26,10.15,10.30,
11.15,11.26,12.1;**1874**.1.19,1.
20,2.23,3.19,4.1,4.6,5.7,5.14,
5.18,6.26,8.9,8.16,8.18,10.17,

12.21;**1875**.1.3,1.23,1.25,2.3,2.
23,3.15,4.9,4.29,5.8,6.7,7.7,8.
10,9.16,10.8,10.10,10.14,11.13,
11.28,12.14;**1876**.1.13,1.18,2.9,
2.15,3.28,4.13,4.22,5.19,5.30,
6.29,7.8,7.11,7.16,9.6,9.9,10.
12,10.14,10.19,10.20,10.25,11.
17,12.26;**1877**.1.2,2.25,3.14,3.
19,3.25,5.10,5.28,7.8,7.30,8.
17,9.3,9.16,9.27,10.10,10.15,
10.18,10.22,11.7,11.30,12.7,12.
25,12.27;**1878**.1.16,1.21,2.11,3.
11,3.25,5.5,5.9,5.28,6.1,6.26,
6.27,6.28,7.25,8.13,9.20,10.6,
10,6.12,10,10.14,10.27,10.29,
11.1,11.11,11.13,12.12,12.27,
12.29;**1879**.1.14,1.19,2.11,2.15,
3.11,3.17,3.18,4.6,4.13,4.26,5.
6,5.8,5.12,5.28,6.3,6.12,7.14,
9.9,9.17,10.16,12.8,12.15,12.
26;**1880**.1.22,2.18,3.12,4.2,4.
12,4.15,4.27,5.14,5.24,6.11,7.
15,8.25,8.26,9.5,9.9,9.23,9.26,
10.4,10.15,12.1,12.4,12.5,12.9;

1881.1.4,1.7,1.11,1.22,1.23,1.
24,1.25,1.29,1.30,2.2,2.6,2.8,
2.15,2.16,3.2,3.5,3.6,3.18,3.
19,3.31,4.11,5.24,6.1,6.8,6.13,
6.17,8.27,10.26,11.1,11.7,12.1,
12.3,12.15,12.22;**1882**.1.8,1.9,
2.18,2.19,5.12,6.25,11.4,11.7;
1883.1.22,2.8,3.10,3.30,4.7;
1885.1.17,2.15;**1887**.3.25;**1888**.
11.13

赵锡龄(赵与三)**1869**.12.17

赵细琼(六姊)**1852**.2.26,4.10,6.22,
7.2,7.29;**1853**.2.25,3.10,3.11,3.
31,5.3,5.6,8.28,12.24;**1854**.1.8,
4.15,4.16,4.23,4.29,5.5,5.7,11.
20;**1855**.12.6,12.18;**1856**.5.3,5.
7,5.14,5.29,6.4,7.13,7.16;**1858**.
6.14,6.21,7.11,8.27,8.30,9.2;
1859.9.10,11.14—17,12.11,12.
16;**1860**.2.10,3.1,3.2,3.12,3.14,
4.7,5.26,6.2,6.3,6.5,6.7,6.8,6.
19,7.5,7.6,7.31,11.10;**1861**.1.8,
8.16,8.21,10.8,10.23,10.28,12.
29;**1862**.3.24,3.26,4.10,4.21,5.

14,11. 20,11. 21,11. 22,12. 6,12.
18;**1878**. 1. 27,3. 13,3. 28,5. 1,5.
25,6. 2,6. 6,6. 28,8. 17,8. 29,10.
13,10. 15,10. 25,11. 1,11. 11,12. 5,
12. 11;**1879**. 1. 4,2. 16,3. 18,5. 9,5.
15,7. 14,8. 7,10. 21,10. 22,11. 5,
11. 6,12. 17;**1880**. 1. 26,2. 22,4. 22,
6. 9,6. 19,6. 28,8. 11,10. 1,10. 3,
10. 11,10. 12,10. 19,10. 25,10. 30,
11. 20,12. 4,12. 28,12. 30;**1881**. 1.
14,1. 29,2. 22,2. 23,3. 15,3. 25,3.
31,4. 19,4. 25,9. 26,10. 1,12. 23;
1882. 1. 5,2. 5,3. 24,4. 24,5. 3,6.
12,6. 25,6. 28,6. 29,6. 30,7. 3;
1883. 11. 24

赵霞峰 **1875**. 12. 23

赵闲斋 **1872**. 11. 23

赵献文(素塍叔)**1861**. 5. 16

赵献卿(修塍大叔)**1852**. 4. 12,4. 14;
1864. 4. 26;**1870**. 8. 8,8. 9;**1871**. 3.
30,6. 7

赵湘舲 见赵学菜

赵小南(赵筱楠)**1869**. 10. 8,10. 11;
1871. 10. 1,10. 5

赵小崖 **1871**. 10. 3

赵筱楠 见赵小南

赵筱斋 见赵煜

赵缅玖(佩媛、黄氏姊)**1882**. 10. 30;
1883. 11. 25,11. 27,11. 29,12. 24;
1885. 11. 30

赵新兴 **1881**. 11. 2;**1887**. 5. 20

赵星辰(赵兴奎、赵兴魁)**1870**. 9. 3,9.
9,9. 12,9. 13,9. 16;**1871**. 3. 12

赵兴 **1877**. 2. 2

赵兴浩 **1872**. 12. 19,12. 20

赵兴奎 见赵星辰

赵兴魁 见赵星辰

赵兴楣(映椿侄)**1868**. 3. 31

赵兴贤 **1869**. 12. 2,12. 3,12. 13;**1870**.
1. 19;**1871**. 3. 9,3. 12

赵煦(舜臣、赵舜臣)**1863**. 2. 27,7. 5,
8. 19,8. 24,12. 24,12. 25,12. 26;
1864. 1. 8,1. 9,1. 13,1. 19,1. 21,1.
25,1. 28,1. 29,1. 31,2. 2,3. 11,3.
20,3. 24,4. 16,4. 26,5. 23,6. 2,6. 3,
6. 16,6. 18,6. 19,6. 23,6. 24,6. 30,
7. 2,8. 5,9. 4;**1868**. 8. 2,8. 5,10. 10

赵学菜(赵湘舲)**1869**. 11. 28,11. 29,

11. 30,12. 5,12. 11,12. 12;**1870**. 1.

29,2. 4,2. 6,2. 11,2. 17,3. 11,3. 16,

4. 18,5. 17,5. 20,5. 22,6. 3,7. 19,7.

31,9. 26,10. 11,10. 17,11. 23,11.

24,11. 25,11. 29;**1871**. 1. 7,1. 14,1.

27,2. 7,2. 17,2. 19,2. 22,2. 28,3. 4,

3. 5,3. 23,4. 23,5. 7,6. 28,7. 4,7. 7,

7. 8,7. 9,7. 11,7. 12,7. 13,8. 4,9.

14,10. 8,10. 9,10. 17,10. 19,10. 21;

1872. 1. 3,1. 11,1. 20,1. 24,5. 6;

183. 8. 22;**1875**. 5. 8,5. 9,9. 7

赵学海(梅谷二伯)**1852**. 3. 28;**1861**.

　5. 16;**1867**. 5. 19;**1868**. 6. 12;**1883**.

　5. 4;**1885**. 11. 30

赵学修(芳洲四叔)**1852**. 3. 28,3. 30;

1853. 2. 20;**1854**. 8. 1,10. 15;**1855**.

　4. 4;**1868**. 6. 12

赵学辙(湖州府君)**1877**. 2. 2

赵学震(子广大叔)**1854**. 1. 5

赵彦卫 **1875**. 7. 16

赵砚田　　见赵德光

赵一清 **1872**. 1. 22

赵怡庭 **1880**. 11. 28

赵宜人 **1881**. 8. 2,9. 14

赵毅纬 **1873**. 2. 24

赵吟椒　　见赵炳麟

赵吟翁　　见赵炳麟

赵英 **1877**. 2. 2

赵颖(长庚侄、长侄、颖侄、少颖侄)

1854. 10. 3;**1859**. 3. 10;**1861**. 4. 13;

1862. 2. 11;**1865**. 3. 11,3. 13;**1866**.

4. 30;**1867**. 6. 17,8. 16,9. 15,10. 4;

1868. 2. 21,5. 14,9. 25,9. 29,11. 4;

1869. 2. 14,5. 25;10. 12,10. 31,11.

1;**1870**. 3. 13;**1871**. 9. 22,9. 28,10.

3,10. 9,10. 14;**1872**. 6. 26,6. 27,9.

10,9. 13,10. **1511**. 2;**1873**. 1. 15,2.

11,3. 14,4. 2,4. 27,4. 30,5. 18,5.

19,5. 24,8. 16,8. 31,9. 1,9. 16,9.

17,9. 27,9. 30,10. 15,10. **1810**. 22,

10. 28,11. 21,11. 25;**1874**. 1. 2,1. 7,

1. 8,1. 11,1. 14,1. 17,1. 24,1. 25,1.

30,1. 31,2. 3,2. 8,2. 12,3. 1,3. 17,

4. 4,4. 5,4. 20,6. 11,6. 26,7. 21,9.

23,10. 7,12. 3,12. 16,12. 17;**1875**.

1. 8,1. 9,1. 10,1. 14,1. 28,2. 2,3. 2,

3. 6,3. 19,3. 25,4. 3,4. 5,4. 6,4. 9,

4. 10,4. 24,4. 26,4. 28,4. 29,5. 2,5.

4,5.5,5.7,5.9,5.14,5.11,5.20,6.
18,6.19,6.22,6.24,6.27,7.1,7.3,
7.7,7.11,7.14,7.20,7.26,7.30,7.
31,8.1,8.2,8.2,8.7,8.9,8.11,8.
17,8.20,8.22,8.25,8.26,8.28,9.
3,9.15,9.16,9.17,9.19,10.4,10.
7,10.9,10.15,10.16,10.23,10.24,
10.27,10.28,10.31,11.10,11.13,
11.14,11.15,11.22,12.10,12.14；
1876.1.13,2.15,3.26,4.13,5.19,
6.28,6.29,7.5,7.8,7.9,7.11,7.
18,7.24,7.25,7.30,9.9,10.17,10.
28,11.20,12.7,12.19,12.21,12.
22；1877.1.2,1.3,1.4,2.25,3.14,
5.2,5.19,5.27,7.5,8.17,9.16,9.
27,11.30,12.27；1878.3.11,3.17,
3.25,5.21,5.24,7.5,8.7,9.11,11.
20,11.21,12.12；1879.1.14,1.19,
3.17,5.31,12.5,12.8,12.11,12.
15,12.24,12.26,12.27；1880.1.10,
1.22,2.21,3.12,6.11,8.26,9.16,
10.15,11.7,11.8,12.3,12.4；1881.
7.4,7.9,8.11,10.14,10.23,10.25,
10.29,11.2,12.14；1882.2.8,2.11,

4.23,5.2,12.11；1883.3.12,7.7,7.
9,7.13,7.22,8.4,12.28；1884.1.
11,9.19,9.20；1885.1.13,1.27；
1886.8.21,8.22,11.30；1887.4.30,
5.13；1888.1.20,10.12

赵荫培（维勋七弟）1870.8.8,8.9；
1875.9.17

赵英甫 1865.10.24

赵永泰 1871.4.25

赵用贤 1878.4.29

赵幼循　见赵宗洛

赵玉 1871.4.26

赵渝江（长生、长生弟）1865.2.23,2.
25,2.26,3.6,3.8,10.23,10.24,12.
26；1866.2.27,3.25,4.5,6.13,7.9,
9.7,10.4,10.25,11.22,11.25,12.
5,12.13,12.22,12.29；1867.1.20,
1.23,1.30,1.31,2.13,2.16,3.8,3.
15,4.9,4.11,4.18,4.19,4.20,4.
25,5.15,5.21,7.4,7.13,8,21；
1868.1.18,2.2,2.8,2.22,3.31,4.
5,4.6,4.7,4.8,5.4,5.8,5.23,6.
17,6.26,7.15,8.22,8.27,9.6,9.
23,9.25,10.24,11.6,11.12,11.27,

12.2,12.6;**1869**.2.4,2.5,3.13,3.
22,3.27,3.28,4.2,4.5,4.9,4.18,
4.22,4.23,5.5,5.13,6.8,6.9,6.
10,6.11;**1870**.1.3,5.5,11.24;
1871.1.3,7.11,7.15,8.16;**1872**.1.
23,2.7,10.13;**1873**.9.6;**1875**.12.
28;**1876**.3.15,3.16;**1877**.1.21,1.
25;**1881**.3.14;**1882**.3.17,6.26,6.
29,7.1;**1883**.4.13,5.31,9.24,10.
1,10.3,11.24,11.25,12.19;**1884**.
1.4,1.11,9.18

赵煜(赵筱斋)**1869**.9.4,9.5,9.21

赵豫培 **1874**.6.13

赵裕秀 **1871**.4.12

赵原(赵善长)**1888**.6.22

赵元生 **1885**.12.3

赵元泽　见赵良诒

赵元直　见赵良诒

赵源濬(达泉侄)**1870**.8.9;**1872**.7.
27,9.27;**1875**.11.18,11.19;**1876**.
1.14;**1877**.6.12

赵悦善(蓉圃叔祖)**1865**.2.23,2.24,
2.25

赵允祐(赵子受)**1869**.8.15,9.10,9.

12

赵赞伯 **1862**.1.30,2.3

赵增龄 **1883**.11.29

赵珍　见叔珍府君

赵振绂(子锡兄)**1865**.3.22,5.25,6.
6,6.9,6.13,6.30,7.4,7.9,7.31,8.
9,8.11,9.4,9.10,10.23,11.19;
1882.12.24

赵振纲(伯荣弟、桐生)**1861**.4.4,4.
13,5.16

赵振纪(子献兄、子宪兄、子宪二兄、宪
兄)**1861**.2.2,4.4,4.5,4.6,4.8,4.
10,4.13,4.15,4.16,4.17,5.25,5.
27,6.6;**1862**.10.21,11.22,12.30;
1863.1.18,1.19,1.20,1.21,1.23,
1.24,1.25,1.26,2.9,2.10,2.12;
1864.2.21,8.26,8.28,8.30,8.31,
9.20,9.21,9.23,9.25,10.3,10.15,
11.28;**1865**.1.14,2.5,2.6,2.8,2.
11,2.13,2.15,2.17,2.23,2.24,2.
25,2.27,3.7,3.8,3.9,3.10,3.11,
3.12,3.13,3.15,3.16,3.22,4.24,
4.26,4.28,5.14,5.24,5.25,6.6,8.
12,12.23;**1866**.5.4,5.7,5.13,5.

23,5. 24,6. 13,6. 14,6. 25,7. 5,7. 9,
7. 10,7. 11,7. 14,7. 20,7. 29,8. 7,8.
16,8. 19,8. 24,8. 27,8. 31,9. 7,9.
19,9. 21,9. 22,9. 23,9. 24,10. 2,10.
9,10. 14,10. 28,10. 29,10. 31,11.
17,11. 21,11. 22,12. 5,12. 17,12.
22,12. 29;**1867**. 1. 3,1. 8,1. 9,1. 23,
1. 30,2. 13,3. 8,3. 15,3. 27,3. 31,4.
1,4. 21,4. 22,5. 13,5. 14,5. 15,5.
16,5. 21,6. 16;**1868**. 1. 13,1. 17,3.
15,4. 20,5. 25,6. 27,7. 13,8. 6,8. 7,
8. 9,8. 10,8. 15,8. 19,8. 25,9. 13,9.
15,9. 20,9. 21,9. 28,10. 9,10. 10,
10. 17,10. 19,10. 28,11. 1,11. 10,
11. 30,12. 2,12. 4,12. 7,12. 9,12.
11;**1869**. 1. 16,2. 17,2. 21,2. 27,2.
28,3. 4,3. 15,4. 2,5. 4,5. 19,6. 4,6.
6,9. 8,10. 4,10. 26;**1870**. 4. 1,5. 3,
5. 5,5. 28,5. 29,5. 30,6. 1,6. 2,6. 7,
7. 11,7. 17,7. 21,8. 5,8. 6,8. 7,8.
11,8. 15,8. 22,8. 23,8. 31,9. 2,9. 4,
9. 26,9. 27,10. 1,10. 8,11. 30;1871,
1. 7,1. 16,2. 10,3. 2,3. 4,3. 5,3. 11,
5. 26,7. 11,7. 13,7. 14,7. 15,7. 16,

7. 21,8. 19,9. 8,9. 20,9. 21,10. 27,
11. 1,11. 9,11. 23,12. 18,12. 23,12.
24,12. 27;**1872**. 2. 5,2. 7,2. 22,3. 1,
3. 6,4. 21,4. 25,5. 31,7. 23,9. 1,10.
13,10. 17;**1873**. 3. 6,3. 7,5. 20,5.
30,6. 17,7. 2,7. 29,8. 7,8. 10,11.
15,11. 26,12. 1,12. 15;**1874**. 3. 19,
6. 4;**1875**. 2. 23,11. 17,11. 19,12. 28;
1876. 1. 9,1. 12,1. 21,3. 15,3. 16,4. 15,
10. 21,10. 28,11. 20,12. 9,12. 26;**1877**.
1. 1,1. 7,1. 8,1. 14,1. 29,2. 2,4. 9,5.
11,5. 26,5. 27,5. 30,9. 7,9. 16,11. 21,
12. 6;**1878**. 1. 28,3. 2,3. 13,12. 28;
1879. 11. 27,11. 28,11. 29,12. 10,12.
15,12. 16,12. 30,12. 31;**1880**. 1. 8,1.
13,1. 18,1. 23,1. 25,1. 26,1. 30,2. 1,2.
16,2. 21,2. 26,4. 2,4. 9,4. 10,4. 29,5.
14,5. 25,8. 14,8. 28,9. 5,11. 18,11. 19,
11. 20,11. 24;**1881**. 2. 22,2. 28,3. 4,3.
25,4. 21,4. 25,5. 22;**1882**. 4. 24,5. 9,6.
27,6. 29,7. 1,7. 2,7. 3,7. 27,8. 3,8. 11,
8. 23,8. 24,9. 1,9. 4,9. 22,10. 1,10. 12,
12. 24;**1883**. 9. 8,11. 24;**1884**. 1. 22,2.
21,5. 5,10. 30,11. 5,11. 29,12. 6,12. 7;

赵植培(维和)1871.6.7,7.3

赵执贻(赵仲固)1864.11.20,12.2;
1875.9.17,9.19;1881.11.10;1887.
12.5

赵忠弼(赵作梅)1852.3.5

赵钟书(训导府君、守田公)1852.4.
12;1859.9.30;1865.2.26;1867.5.
15;1868.4.16;1869.8.8;1870.9.
29;1871.12.25;1875.7.6;1876.3.
16;1888.4.27

赵钟英(憩堂二叔祖、憩棠二叔祖)
1853.7.24;1868.4.16

赵忠毅　见赵南星

赵仲固　见赵执贻

赵仲洛(少琴、赵少琴)1865.9.16,9.
17,10.14,10.20;1866.1.20,1.22,
2.8,2.12,2.15,3.17,4.27,5.10,5.
14,5.17,5.25,6.9,7.10,9.3,9.8,
9.13,9.17,10.18,12.21;1867.1.
20,2.1,2.8,2.11,2.24,3.2,3.6,3.
31,4.10,4.18,4.19.,8.28,8.29,9.
1;1868.1.16,1.18,2.22,3.21,3.
24,5.22,5.28,6.10,6.11;1869.1.
18,1.21,1.23,3.23,5.23,5.27,6.

1,6.3

赵竹桥1873.3.25;1874.11.21;1875.
4.27,4.29

赵铸(伯渊兄)1852.4.12;1865.2.26;
1867.5.15;1868.4.16

赵住1886.1.10

赵祝棠1860.10.17

赵庄(次女、二女、庄女、女庄、中女、方
氏女)1860.7.2;1866.1.19;1868.4.
8,4.16,5.12;1871.4.29,6.1,6.8;
1873.10.6,11.23,11.27;1874.11.
20,11.25;1875.6.18,10.10;1876.
2.24,3.20,3.21,3.22,3.25,3.28,
4.5,4.9,4.11,4.12,4.16,7.20,8.
7,10.1,10.12;1877.1.20,9.30,10.
1,10.3,10.15,10.29,11.2;1878.1.
2,1.29,8.31,9.7,12.4,12.5;1879.
6.23;1880.10.4,10.5,10.6,10.7,
10.8,11.11,11.12;1882.2.10,3.2,
4.14,6.19,8.12,9.26;1883.9.15,
12.10;1884.1.18,7.3,11.4,11.13;
1885.2.27,9.26,10.21;1886.6.26,
11.3;1887.5.10;1888.1.25;1889.
1.20,2.3,4.19

赵倬堂 **1860**. 10. 29

赵藻 **1877**. 2. 2

赵子昂　见赵孟頫

赵子常　见赵秉恒

赵子受　见赵允祐

赵子息(伏生大兄)**1863**. 6. 6

赵宗德(价人、赵价人、赵介人)**1869**.
7. 3；**1875**. 11. 27, 11. 30, 12. 2, 12.
10, 12. 11；**1876**. 1. 6, 1. 21, 5. 12, 5.
17, 6. 1, 6. 2, 6. 25, 11. 26, 12. 25；
1877. 2. 10, 2. 14, 4. 29, 5. 4, 8. 13, 8.
21, 8. 29, 12. 30；**1878**. 1. 16, 3. 7, 3.
21, 4. 27, 5. 2, 6. 15, 6. 16, 9. 21, 10.
1, 10. 3, 10. 13, 11. 18, 11. 19, 11. 22,
11. 26；**1879**. 1. 23, 2. 4, 2. 13, 2. 20,
5. 25, 8. 4, 9. 28, 10. 6, 11. 3, 11. 7,
11. 12, 12. 20；**1880**. 1. 8, 1. 12, 2. 13,
4. 3, 4. 7, 4. 14, 4. 22, 5. 7, 6. 16, 6.
30, 7. 10, 8. 20, 10. 6, 10. 8, 10. 20,
10. 24, 12. 5；**1881**. 2. 28, 3. 7, 3. 16,
3. 27, 3. 28, 3. 30, 4. 9, 5. 26, 5. 28, 6.
22, 6. 28, 8. 5, 9. 14, 9. 20, 9. 25, 9.
28, 10. 5, 10. 29, 11. 1, 12. 31；**1882**.
1. 7, 1. 31, 2. 10, 2. 18, 2. 19, 3. 15, 4.

8, 6. 19, 7. 18, 8. 21, 8. 27, 10. 6, 10.
28, 12. 7；**1883**. 3. 22, 3. 27, 4. 1, 4. 3,
4. 11, 5. 5, 5. 8, 5. 12, 5. 16, 5. 30, 6.
13, 6. 23, 6. 24, 6. 28, 6. 29, 7. 23, 8.
2, 9. 13, 9. 29, 10. 1, 10. 3, 10. 14, 10.
16, 11. 12, 12. 12；**1884**. 1. 14, 1. 18,
3. 18, 5. 14, 5. 26, 7. 2, 7. 4, 7. 20, 9.
11, 9. 17, 9. 22, 9. 24, 9. 26, 11. 4, 11.
13, 11. 16；**1885**. 1. 16, 1. 31, 2. 8, 2.
25, 3. 4, 3. 20, 3. 27, 4. 22, 7. 7, 7. 31,
9. 19, 10. 19, 11. 3, 12. 26；**1886**. 1.
20, 2. 25, 3. 18, 6. 3, 6. 13, 6. 18, 7.
21, 7. 22, 10. 7, 10. 12, 10. 23, 11. 1；
1887. 1. 3, 1. 5, 1. 6, 1. 20, 1. 29, 2.
19, 3. 4, 4. 9, 4. 15, 6. 18, 6. 27, 7. 26,
9. 8, 10. 4, 10. 6, 12. 22；**1888**. 1. 2, 1.
6, 1. 8, 1. 19, 1. 25, 1. 31, 2. 17, 3. 26,
6. 16, 7. 17, 10. 23, 11. 4；**1889**. 6. 20,
6. 23, 7. 4

赵宗建(次侯、赵次侯、赵次叟)**1861**.
6. 22, 7. 4；**1865**. 9. 15, 9. 16, 10. 9,
10. 11, 10. 18, 10. 20；**1866**. 1. 22, 2.
15, 3. 14, 5. 14, 5. 20, 6. 9, 8. 20, 9. 8,
9. 9, 9. 17, 10. 21, 11. 1, 11. 3, 12. 25；

1867. 1. 5, 1. 8, 1. 26, 2. 8, 2. 11, 2. 24, 3. 2, 3. 3, 3. 6, 3. 19, 3. 27, 3. 28, 3. 31, 4. 7, 4. 18, 4. 19, 6. 11, 8. 27; **1868.** 1. 16, 1. 28, 3. 24; **1869.** 1. 26, 2. 2, 2. 14, 2. 17, 4. 10, 4. 24, 5. 13, 5. 18, 5. 23, 5. 25, 6. 3, 7. 3, 10. 2; **1870.** 7. 14; **1871.** 7. 11; **1873.** 11. 27; **1874.** 6. 30; **1875.** 11. 26, 11. 27, 11. 30, 12. 2, 12. 11, 12. 15, 12. 28; **1876.** 1. 2, 1. 6, 1. 21, 1. 30, 1. 31, 2. 3, 2. 16, 5. 12, 5. 17, 6. 2, 6. 4, 6. 9, 6. 25, 8. 23, 9. 2, 10. 1, 10. 14, 11. 4, 11. 10, 12. 6; **1877.** 1. 12, 1. 17, 2. 14, 3. 21, 3. 23, 4. 14, 5. 3, 5. 4, 5. 9, 6. 7, 6. 28, 8. 13, 8. 14, 8. 21, 10. 3, 10. 20, 10. 29; **1878.** 1. 5, 1. 18, 1. 19, 1. 21, 2. 3, 4. 19, 4. 24, 5. 2, 6. 16, 7. 2, 9. 16, 10. 13, 10. 31, 11. 22, 11. 26, 12. 14, 12. 28, 12. 31; **1879.** 1. 23, 2. 3, 2. 4, 2. 6, 4. 12, 6. 28, 7. 31, 8. 4, 9. 4, 10. 6, 10. 24, 10. 31, 11. 7, 12. 22; **1880.** 1. 25, 2. 22, 4. 2, 4. 3, 4. 5, 4. 14, 5. 7, 5. 19, 6. 16, 7. 10, 7. 29, 8. 20, 9. 14, 10. 6, 12. 5, 12. 12; **1881.** 2. 28, 3. 24, 3. 27, 5. 2, 5. 24, 5. 27, 6. 7, 8. 7, 8. 10, 9. 21, 9. 25, 9. 28, 10. 18, 10. 23, 12. 21; **1882.** 1. 11, 2. 19, 3. 3, 3. 11, 4. 9, 4. 30, 6. 19, 7. 13, 8. 12, 10. 14, 12. 17; **1883.** 1. 1, 2. 8, 2. 11, 3. 23, 3. 24, 4. 1, 4. 3, 5. 5, 5. 8, 5. 16, 5. 30, 6. 29, 8. 22, 8. 28, 9. 3, 9. 29, 10. 3, 10. 12, 10. 16, 10. 25, 11. 3, 11. 11, 11. 15, 12. 12; **1884.** 1. 28, 3. 27, 4. 9, 5. 26, 7. 8, 7. 17, 9. 21, 10. 26, 11. 4, 12. 27; **1885.** 1. 9, 2. 24, 3. 1, 3. 20, 4. 20, 4. 21, 5. 11, 5. 13, 7. 4, 7. 7, 7. 13, 7. 31, 10. 10, 10. 16, 10. 29, 12. 26; **1886.** 1. 23, 2. 6, 2. 16, 2. 27, 3. 10, 6. 14, 6. 26, 8. 4, 9. 7, 10. 27, 12. 6; **1887.** 1. 6, 1. 25, 1. 26, 4. 9, 4. 16, 4. 19, 4. 21, 4. 23, 7. 12, 7. 20, 8. 23, 12. 19; **1888.** 1. 2, 1. 6, 1. 20, 4. 17, 5. 6, 5. 7, 6. 9, 6. 16, 6. 22, 10. 30, 11. 4; **1889.** 1. 18, 1. 23, 2. 3, 3. 6, 3. 8, 4. 12

赵宗洛（幼循、赵幼循）**1869.** 10. 25, 11. 7, 11. 15; **1872.** 1. 25, 1. 26, 1. 30, 2. 7, 2. 9; **1875.** 5. 4, 5. 7, 5. 9, 5. 11, 5. 12, 6. 19, 6. 21, 6. 22, 6. 24, 6. 25,

周东俊 **1870**. 2. 1, 3. 20；**1871**. 7. 16, 7. 17

周斗山 **1865**. 9. 4

周二　见周济

周凤山（梧冈）**1856**. 2. 12, 2. 28, 3. 4, 3. 14；**1864**. 7. 11

周馥（周玉山）**1868**. 5. 15；**1875**. 6. 12

周复卿　见周㦛

周副将　见周盛鼎

周荄（周滋明、周兹明、周再甥）**1878**. 6. 22；**1879**. 8. 23；**1880**. 2. 2；**1882**. 4. 5, 4. 29, 7. 18, 7. 23, 7. 25；**1883**. 6. 23, 12. 20；**1884**. 1. 11, 9. 24, 11. 13；**1885**. 4. 8, 4. 12, 4. 13, 8. 30, 9. 2, 9. 18, 9. 25, 9. 28, 9. 29, 10. 5, 10. 13, 10. 18, 10. 20, 11. 23, 12. 8, 12. 11, 12. 25；**1886**. 1. 31, 2. 9, 2. 17, 3. 1, 3. 19, 7. 22, 8. 24, 9. 23, 10. 2, 11. 25, 12. 11, 12. 18；**1887**. 2. 21, 2. 22, 3. 22, 3. 29, 4. 1, 7. 16, 9. 13, 10. 23, 10. 24；**1888**. 4. 10, 8. 15, 10. 1, 11. 7；**1889**. 1. 11

周纲堂 **1864**. 5. 12

周国堡 **1866**. 1. 4

周国才 **1863**. 12. 15

周煇 **1875**. 7. 16

周兰（周伯荪）**1866**. 3. 10

周六三 **1877**. 11. 24

周公甫　见周廷绅

周公执　见周瓛

周功甫　见周廷绅

周恭肃　见周用

周贡甫　见周廷绅

周惠堂 **1861**. 10. 1

周槐生 **1852**. 3. 16, 10. 7

周家楣（周小棠）**1887**. 10. 19

周乐三 **1867**. 5. 18

周㦛（周复卿）**1867**. 3. 16, 3. 18, 3. 25

周汉军（周东甫）**1869**. 11. 29

周汉英 **1867**. 9. 23, 9. 24

周虎臣　见周景璇

周会松（周寿亭）**1870**. 9. 13, 9. 14

周基（子定、石麓）**1854**. 11. 23, 11. 25, 12. 2, 12. 16, 12. 17, 12. 18, 12. 21；**1855**. 4. 26, 4. 29, 5. 6

周辑瑞（周子佩）**1864**. 9. 18

周济（保绪、周二）**1855**. 6. 29；**1862**. 11. 30；**1864**. 2. 7；**1871**. 2. 24；**1877**.

11. 25；**1883**. 4. 20

周健庵　见周乃大

周晋麒 **1885**. 4. 24

周景璇（周虎臣、周子寅）**1865**. 7. 18；

1871. 9. 1，9. 3，12. 22；**1872**. 1. 9，1.

23；**1873**. 7. 31，10. 15；**1874**. 6. 7；

1875. 3. 10

周菊生　见周祖楷

周钧甫　见周同毂

周军门　见周天爵

周开锡（周寿山）**1863**. 8. 20；**1867**. 12.

26

周开阳（周星吾、周悍吾）**1872**. 1. 2，1.

17，11. 5；**1875**. 5. 6，5. 8

周宽世（周宽士）**1863**. 7. 29；**1864**. 6.

10，6. 18，6. 23，8. 24

周宽士　见周宽世

周懒庵 **1865**. 9. 20

周阆山　见周悦修

周礼门 **1866**. 11. 11，11. 12

周立科　见周志靖

周莲叔　见周长森

周缦云　见周学濬

周孟舆　见周世澄

周沐润（周文之）**1860**. 12. 10；**1862**.

11. 18，11. 20

周乃大（周健庵）**1869**. 10. 4；**1871**. 10.

13

周藕生 **1865**. 9. 15，9. 16，9. 25；**1866**. 2.

25，2. 27，3. 2，3. 3，3. 4，3. 13，3. 15，

4. 3，8. 7，8. 16，8. 18，8. 29，9. 3，9. 9，

9. 16，9. 19，9. 21，9. 24，9. 30

周岐山（集冈）**1856**. 2. 12

周启运 **1886**. 10. 9

周庆 **1860**. 6. 7

周三 **1853**. 12. 7

周三宝（周氏）**1855**. 6. 10，6. 21，6. 25

周山茨　见周升桓

周氏　见周三宝

周绍曾（周冷丐）**1865**. 10. 20；**1866**. 1.

22，6. 9，7. 14

周声和　见周调鎏

周升桓（周山茨）**1880**. 1. 13

周甥女 **1878**. 3. 6，3. 13，3. 20；**1878**. 7.

5，7. 18，7. 24，7. 26，7. 31，10. 13，10.

14，10. 21；**1879**. 1. 4，6. 22，9. 27；

1880. 1. 25，5. 14，7. 14，7. 19，8. 1；

1881. 6. 25，6. 29，7. 19；**1882**. 8. 26；

1883. 5. 7；**1884**. 4. 19；**1885**. 3. 13，3.
17

周盛波 **1864**. 1. 12，7. 18

周盛鼎（周象臣、周副将）**1888**. 6. 6，6.
16

周士烺（瀛士）**1853**. 10. 18，10. 19；
1854. 3. 25；**1855**. 6. 7，6. 10，6. 11，6.
30

周世澄（虔生、虔甥、孟舆、孟甥、周孟
舆）**1854**. 4. 21，11. 18，12. 12，12. 15；
1855. 11. 18；**1858**. 8. 23，8. 29，9. 13，
9. 16，9. 17，9. 20，10. 4；**1859**. 2. 26，
4. 30，5. 1，12. 12；**1860**. 3. 1，3. 3，3.
4，3. 28，6. 4，6. 7，6. 14，7. 30，8. 1，
12. 9；1861，2. 4，3. 15；**1862**. 3. 19，3.
28，4. 24，8. 10，11. 1；**1863**. 2. 9，3.
25，4. 5，5. 24，7. 13，7. 22，7. 27，7.
29，7. 30，11. 8，11. 10，11. 14，12. 2，
12. 4，12. 13；**1864**. 1. 25，5. 21，7. 2，
9. 20，11. 2，11. 3；1865，1. 6，1. 13，4.
28，5. 24，5. 25，6. 6，6. 17，6. 19，7. 3，
7. 4，7. 8，7. 13，7. 18，7. 19，7. 21，7.
22，7. 23，7. 27，8. 22，8. 23，8. 25，12.
2，12. 16，12. 29；**1866**. 1. 13，1. 18，4.

14，4. 16，4. 19，6. 7，6. 28，8. 7，8. 16，
9. 16，9. 23，11. 13，12. 16；**1867**. 1. 2，
1. 8，2. 7，3. 8，5. 27，6. 17，6. 27，7. 4，
7. 17，7. 20，9. 15，9. 16，9. 19，10. 12，
12. 31；**1868**. 1. 4，2. 8，3. 19，3. 23，3.
24，4. 5，5. 26，6. 10，6. 13，8. 21，8.
27，9. 21，10. 18，11. 28，12. 4，12. 10，
12. 21，12. 22，12. 24；**1869**. 3. 17，3.
22，5. 18，6. 19，8. 8，10. 8，10. 20，10.
30；**1870**. 8. 17；**1872**. 5. 27，6. 12，7.
23，8. 1，8. 7，8. 12，9. 17，12. 3，12. 6，
12. 7；**1873**. 1. 6，6. 21，7. 13，8. 3，8.
31，9. 6，12. 1；**1874**. 1. 13，1. 21，2. 6，
5. 29，6. 18，7. 21，9. 18；**1875**. 2. 26，
3. 26，4. 3，4. 8，5. 5，5. 7，5. 9，5. 11，
5. 20，5. 27，6. 3，6. 19，6. 27，7. 1，7.
2，7. 8，7. 12，7. 29，7. 30，7. 31，8. 1，
8. 2，8. 9，8. 15，8. 25，8. 26，9. 1，9.
15，9. 16；**1876**. 1. ，2，3. 31，10. 25，
11. 13，12. 11，12. 17；**1877**. 1. 13，2.
11，4. 30，5. 12；**1878**. 2. 27，3. 6，3.
23，5. 8；**1882**. 6. 25；**1885**. 4. 12；
1888. 4. 10

周氏姊　见赵纫珠

周寿山　见周开锡

周寿亭　见周会松

周叔程　见周仪灏

叔程师　见周仪灏

周叔宗 **1883**. 5. 8

周树德（周滋庭、周滋亭、周芝亭）**1864**. 4. 17, 4. 18; **1865**. 9. 15, 9. 16, 9. 17, 10. 12, 10. 13, 10. 14, 10. 16, 10. 17, 10. 18, 10. 19, 10. 20; **1866**. 1. 20, 1. 22, 2. 5, 2. 9, 2. 15, 2. 27, 3. 2, 3. 3, 3. 19, 3. 21, 5. 12, 5. 28, 7. 11, 8. 16, 9. 3, 9. 9, 9. 16, 9. 18, 9. 24, 12. 6; **1867**. 2. 8, 2. 21, 2. 23, 3. 10, 3. 14, 4. 10, 4. 13, 4. 15, 4. 18, 4. 19, 6. 11, 8. 27; **1868**. 1. 16, 1. 25, 1. 28, 2. 6, 2. 14, 3. 25, 3. 26; **1874**. 4. 28, 5. 18, 6. 30

周素人 **1859**. 4. 7

周陶斋 **1865**. 8. 27, 8. 28; **1887**. 10. 27

周天爵（周军门）**1853**. 3. 7, 3. 8

周天受 **1860**. 4. 11, 5. 11

周调銮（周声和）**1869**. 11. 30; **1870**. 2. 16, 2. 17; **1871**. 7. 17

周廷绅（周功甫、周贡甫、周公甫）**1859**. 5. 3; **1859**. 7. 1; **1860**. 1. 31, 6. 25, 12. 26, 12. 28; **1861**. 1. 18, 1. 21, 1. 22, 1. 23, 1. 24, 1. 25, 2. 1, 2. 2, 2. 9, 2. 10, 2. 11, 2. 12, 2. 13, 2. 16, 2. 17, 2. 23, 2. 25, 2. 27, 2. 28, 3. 4, 3. 5, 3. 8, 3. 12, 3. 14, 3. 16, 3. 20, 3. 22, 3. 26, 3. 27, 4. 3, 4. 4, 4. 10, 4. 12, 4. 20, 4. 21, 4. 22; **1862**. 11. 21, 11. 23, 11. 27, 12. 6

周同毂（周钧甫）**1853**. 3. 6, 3. 21, 5. 23; **1854**. 10. 3; **1864**. 11. 20, 12. 2, 12. 15; **1866**. 9. 23, 10. 28, 11. 8, 11. 9, 11. 14, 11. 16, 11. 19, 11. 22, 11. 28, 12. 6, 12. 7, 12. 8, 12. 23; **1867**. 1. 2, 1. 8, 1. 17, 1. 18, 1. 27; **1868**. 2. 13; **1869**. 7. 3, 7. 17, 9. 14, 9. 26, 10. 25; **1870**. 5. 4; **1871**. 9. 26. 9. 29, 12. 18; **1872**. 1. 29, 1. 30, 2. 7, 3. 28, 6. 4, 7. 17; **1875**. 2. 12, 6. 19, 8. 22, 9. 17, 9. 19, 9. 29, 10. 6, 10. 7, 10. 9, 10. 13, 10. 14, 10. 15; **1876**. 5. 2, 11. 7, 11. 8, 11. 18; **1877**. 3. 2, 3. 13, 3. 25, 5. 12; **1878**. 3. 23, 6. 18; **1879**. 4. 17, 4. 26, 5. 31; **1880**. 10. 12, 11. 2, 11. 20, 12. 15

17;**1858**. 6. 14,6. 15,6. 21,6. 24,6.
27,6. 29,7. 1,7. 19,7. 22,7. 24,8.
30,8.31,9. 1,9. 2,9. 7,9. 11,9. 12,
9. 14,9. 19,9. 20,9. 25,10. 4;**1859**.
1. 12,2. 11,2. 14,2. 18—21,2. 23,2.
25,3.9,3. 22,4. 9,4. 27,8. 9,8. 10,
8. 26,8. 28,8. 29,8. 30,9. 2,9. 6,9.
7,9. 8,10. 27—11. 4,11. 8,11. 30,
12. 1,12. 2,12. 3;**1860**. 1. 22,1. 24,
1. 30,1. 31,2. 1,2. 2,2. 4,2. 5,2. 7,
2. 9,2. 12,2. 13,2. 14,2. 18,2. 19,2.
22,3. 1,3. 3,3. 6,3. 8,3. 9,3. 11,3.
12,3. 14,3. 15,3. 22,3. 23,3. 24,3.
27,4.3,4. 4,4. 14,4. 15,4. 19,4. 20,
4. 21,4.26,5. 2,5. 26,5. 27,5. 28,5.
29,5.31,6.2,6. 4,6. 6,6. 7,6. 19,6.
24,6.25,6.26,6. 27,6.29,7. 2,7. 3,
7.4,7.11,7. 18,7.21,7.27,7.29,7.
30,8. 5,8. 11,8. 12,8. 13,8. 15,8.
16,8. 19,8. 22,8. 27,8. 30,9. 8,9.
9—9. 13,9.21,9. 27,9. 29,10. 6,10.
7,10. 8,10. 9,10. 10,10. 12,10. 13,
10. 14,10. 15,10. 17,10. 18,10. 19,
10. 20,10. 26,10. 29,11. 4,11. 6,11.

7,11.8,11. 10,11. 13,11. 14,11. 17,
11. 25,11. 26,11. 27,11. 30;1861,1.
28,1. 30,2. 11,2. 19,2. 27,3. 1,3.
15,3. 17,3. 23,3. 24,3. 30,4. 22,4.
27,4.30,5.3,5. 5,5. 8,5. 9,5. 15,5.
19,6.2,6.7,6. 15,6. 18,6. 22,6. 28,
6. 30,8. 29,8. 30,9. 2,9. 11,10. 27,
12. 1,12. 2,12. 4,12. 29;**1862**. 1. 23,
1. 25,2. 5,2. 16,2. 18,2. 19,2. 24,2.
25,3. 2,3. 4,3. 19,3. 20,3. 21,3. 24,
3. 26,3. 29,3. 30,4. 2,4. 11,4. 12,4.
13,5. 15,5. 19,5. 20,5. 21,5. 22,5.
23,5. 25,5. 31,6. 3,6. 5,6. 6,6. 14,
6. 22,6. 24,6. 25,6. 28,7. 1,7. 3,7.
8,7.9,7. 16,7. 17,7. 28,7. 29,8. 12,
8. 22,8. 28,8. 29,8. 30,8. 31,9. 2,9.
3,9. 4,9. 10,9. 17,9. 18,9. 20,9. 23,
9. 25,10. 19,10. 22,10. 23,10. 28,
10. 31,11.6,11. 9,11. 13,11. 15,11.
17,12. 14,12. 15;**1863**. 1. 16,1. 24,
1. 25,2. 24,2. 27,3. 20,9. 28,12. 20;
1864,2. 22,6. 25;1865,4. 1,8. 15,
10. 28;**1866**. 6. 15,7. 16;**1867**. 6. 4,
6. 10,7. 4,7. 17,7. 24,7. 26,8. 11,9.

11,10. 20;**1868**. 9. 18;**1871**. 9. 1;

1876.4. 14,9. 1;**1877**. 10. 8;**1878**. 3.

23,5. 8;**1879**. 9. 27;**1880**. 5. 14;

1882.5. 12,5. 16;**1883**. 4. 20;**1885**.

9. 27;**1887**. 12. 2,12. 4

周用(周恭肃)**1881**.6. 5

周豫德(周芝题)**1866**. 1. 22,6. 9,9. 6,

9. 22,9. 23,11. 4,12. 6,12. 10;**1867**.

1. 29,2. 8;**1868**. 1. 17

周璘(公执)**1852**. 6. 24,7. 2,7. 5,7. 6,

7. 11,7. 13,7. 15,8. 17,8. 19,9. 7,

10. 11,11. 5,11. 8,11. 17,12. 4,12.

18,12. 26,12. 30;**1853**. 1. 9,1. 11,1.

17,1. 19,1. 23,1. 24,2. 17,2. 20,2.

25,3. 2,3. 14,3. 25,9. 15,9. 16,9.

19,9. 22,9. 30,10. 3,10. 4,10. 15,

10. 23,10. 29,11. 13,11. 18,11. 19,

11. 21,11. 22,11. 24,11. 26,11. 27,

11. 28,11. 29,11. 30,12. 2,12. 5,12.

6,12. 8,12. 9,12. 11,12. 12,12. 15,

12. 16,12. 18,12. 19,12. 20,12. 22,

12. 25,12. 30,12. 31;**1854**. 1. 1,1. 2,

1. 3,1. 5,1. 7,1. 9,1. 17,1. 18,1. 20,

1. 25,1. 26,1. 27,1. 29,1. 30,1. 31,

2. 2,2. 6,2. 7,2. 9,2. 11,2. 16,2. 18,

2. 20,2. 21,3. 25,4. 9,5. 5,11. 18,

11. 19,12. 5,12. 14;**1855**. 3. 27,3.

31,4. 11,4. 15,4. 21,6. 22,6. 23,6.

25,6. 27,7. 1,7. 3,7. 4,7. 6,7. 9,7.

10,7. 14,7. 15,7. 17,7. 19,7. 20,7.

24,7. 27,7. 31,8. 2,8. 3,8. 5,9. 8,9.

9,9. 24,9. 27,10. 11;**1859**. 9. 20;

1860. 1. 12,3. 11,3. 12,4. 4,4. 5,6.

4,6. 7,6. 25,7. 27,9. 8,10. 29,12.

10,12. 17;**1861**. 1. 27,1. 28,1. 29,1.

31,2. 1,2. 2,2. 6,2. 7,2. 9,2. 11,2.

12,2. 15,2. 24,2. 27,3. 17,3. 20,3.

22,3. 28,4. 2,4. 22,4. 25,5. 29,6. 2,

6. 8,6. 12,6. 13,6. 16,6. 19,6. 28,6.

26,6. 28,6. 30,7. 1,7. 4,7. 8,7. 22,

7. 28,7. 29,7. 31,8. 1,8. 3,9. 11,12.

29,12. 30;**1862**. 5. 24,6. 26,9. 6;

1863.6. 4,9. 15,9. 17

周瑄(稚威、稚五、周稚威)**1852**. 2. 20,

2. 21,2. 23,2. 24,2. 26,2. 29,3. 1,3.

4,3. 5,3. 8,3. 10,3. 12,4. 3,4. 13,4.

16,4. 19,4. 23,4. 29,5. 1,7. 18,7.

19,7. 21,7. 22,7. 24,7. 27,7. 30,8.

1,8. 3,8. 12,8. 14,8. 15,8. 18,8. 19,
8. 23,8. 26,8. 27,8. 28,8. 29,8. 30,
9. 7,10. 8,10. 11,10. 16,10. 17,10.
20,10. 22,10. 23,10. 24,10. 25,10.
27,10. 28,10. 29,11. 8,11. 10,11.
16,11. 18,11. 25,12. 3,12. 4,12. 6,
12. 8,12. 9,12. 10,12. 11,12. 12,12.
14,12. 16,12. 18,12. 19,12. 20,12.
24,12. 27,12. 28,12: 29;**1853**. 1. 19,
1. 20,1. 21,1. 22,1. 28,1. 29,1. 30,
2. 1,2. 9,2. 14,2. 19,2. 21,2. 24,2.
25,2. 26,3. 1,3. 2,3. 5,3. 6,3. 10,3.
11,3. 12,3. 13,3. 14,3. 16,3. 20,3.
21,3. 22,3. 23,3. 24,4. 7,4. 12,4.
19,4. 20,4. 21,4. 27,5. 8,5. 19,6.
14,6. 17,6. 18,6. 19,6. 20,7. 11,8.
4,8. 5,8. 6,8. 7,8. 16,8. 19,8. 20,8.
23,8. 28,8. 30,9. 2,9. 7,9. 14,9. 15,
9. 17,9. 29,9. 30,10. 4,10. 9,10. 20,
10. 22,10. 23,10. 29,11. 1,11. 3,11.
9,11. 11,11. 19,11. 22;**1854**. 2. 10,
3. 5,3. 6,3. 8,3. 16,3. 19,3. 20,3.
21,3. 24,3. 26,4. 9,4. 22,5. 4,5. 5,
5. 6,5. 7,7. 11,7. 12,7. 13,7. 14,7.

15,7. 19,7. 20,7. 22,7. 24,7. 28,7.
31,8. 1,8. 3,8. 5,8. 11,8. 22,8. 24,
8. 25,8. 26,9. 1,9. 2,9. 5,9. 12,9.
13,9. 15,9. 19,9. 20,9. 21,9. 22,11.
7,11. 8,11. 9;**1855**. 1. 8,1. 12,1. 14,
1. 15,1. 16,1. 19,1. 21,1. 24,1. 29,
1. 30,2. 3,2. 5,2. 6,2. 7,2. 8,3. 27,
4. 3,4. 5,4. 7,4. 8,4. 9,4. 21,4. 23,
4. 24,5. 2,5. 5,5. 10,5. 12,5. 14,5.
15,5. 16,6. 8,6. 9,6. 10,6. 11,6. 12,
6. 13,6. 14,6. 15,6. 17,6. 18,6. 19,
6. 21,6. 22,6. 30,7. 1,7. 2,7. 3,7. 4,
7. 5,7. 8,7. 10,7. 11,7. 12,7. 13,7.
14,7. 15,7. 18,7. 19,7. 20,7. 21,7.
23,7. 24,7. 26,7. 28,7. 31,8. 5,8. 6,
8. 7,8. 11,8. 12,8. 14,8. 16,8. 17,8.
18,8. 19,8. 20,8. 21,8. 22,8. 23,8.
24,8. 26,8. 30,9. 1,9. 3,9. 5,9. 9,9.
10,9. 11,9. 12,9. 13,9. 14,9. 19,9.
21,9. 22,9. 24,9. 27,9. 30,10. 1,10.
7,10. 11,10. 13,10. 14,10. 19,10.
20,10. 22;**1856**. 6. 6,6. 12,6. 20,6.
21,6. 22,6. 23,6. 24,6. 25,6. 26,6.
27,6. 29,7. 9;**1859**. 1. 9;**1861**. 9. 4,

12.2,12.22;**1862**.9.4,10.22,11.7;

1863.3.23,6.4,6.20,7.13;**1865**.

11.4,12.16;**1871**.9.1,9.2,9.3;

1878.3.23

周仪旸(伯恬、周大)**1853**.3.9;**1855**.

5.14,6.29;**1861**.5.5;**1869**.7.20;

1878.5.8;**1885**.4.12

周瀛士 见周士煃

周毓秀 **1872**.5.4

周悦修(阆山、周阆山)**1863**.12.26,

12.27;**1864**.1.4,1.7,1.10,1.14,1.

15,1.18,1.21,1.22,1.25,1.27,1.

31,3.11,3.12,3.13,8.17,8.26,9.

4;**1865**.9.15,10.8;**1866**.1.17,2.25

周云卿 **1861**.4.11

周韵辉 **1871**.11.19

周韵香 **1882**.7.30

周再甥 见周荄

周增寿 **1875**.2.4

周兆禧(周小云)**1868**.4.18,4.21

周正茂 **1861**.10.8

周芝题 见周豫德

周芝亭 见周树德

周志靖(周立科)**1887**.11.1

周稚威 见周瑄

周致甫 见周成

周中堂 见周祖培

周兹明 见周荄

周滋明 见周荄

周滋庭 见周树德

周滋亭 见周树德

周子定 见周基

周子华(周桐轩)**1873**.1.19,1.20

周子钧 见周维都

周子吕 **1858**.9.20;**1859**.4.30,5.1,9.

14,10.8;**1860**.5.12,5.17,6.6,6.

19;**1861**.1.23,1.25,1.27,1.28,1.

29,1.30,1.31,2.1,2.2,2.6,3.28,

3.29,3.30,4.22,4.27,4.28,5.16,

6.1,6.3,6.4,6.5,6.6,6.7,6.8,6.

9,6.10,6.13,6.16,6.17,6.18,6.

19,6.21,6.22,6.25,6.26,6.27,6.

28,6.30,7.1,7.20;**1862**.3.26,5.

30,6.26,7.29,7.30,8.13,8.14,8.

21,9.16,9.17,9.18,9.19,9.25,10.

19,10.29,11.29,12.3,12.8,12.9,

12.30,12.31;**1863**.1.1,1.22,1.26,

2.2,2.3,2.21,2.22,2.23,2.24,6.

朱惟堂 **1861**.10.1；**1864**.1.21

朱味笙 **1875**.5.25

朱文喜 **1870**.7.26

朱锡鬯 **1875**.9.10

朱希颖（朱尊卿、朱谔卿）**1880**.3.10；
1881.1.11，2.21；**1882**.5.14，5.17，
6.12，11.29，11.30；**1883**.4.8，4.14，
6.8，7.5，7.13，10.2；**1884**.1.9，1.
10，5.12，5.16，11.8，11.18；**1885**.8.
8，8.20

朱希照（朱少峰）1867，1.28，3.17，3.
24，4.6，4.16，4.19，4.22

朱熹（朱子）**1859**.3.6；**1860**.2.10；
1861.11.24；**1862**.5.10，6.29，11.
27；**1863**.4.29；**1867**.6.5，9.25；
1876.7.12；**1887**.1.8

朱霞轩 **1863**.7.5

朱筱山　见朱作霖

朱小山　见朱作霖

朱小沤　见朱钧

朱小坪 **1855**.4.27

朱燮臣　见朱仪训

朱星鉴　见朱式云

朱星斋　见朱寿昶

朱学笃 **1865**.10.27，10.28；**1866**.10.17

朱学岑　见朱仪训

朱雪岑　见朱仪训

朱逊贻（朱石翘）**1867**.7.20

朱彝尊（朱竹垞、朱氏）**1859**.3.6；
1875.9.29；**1887**.4.20；**1888**.11.15；
1889.1.1

朱仪训（朱议训、朱燮臣、朱雪岑）
1852.3.18，3.22，5.18；**1853**.11.25，
12.14，12.28；**1854**.1.4，1.9，1.17，
11.3；**1855**.2.25；**1875**.9.17

朱逸卿 **1853**.12.28，12.31

朱议训　见朱仪训

朱游击　见朱连胜

朱友岩 **1885**.4.21

朱月州 **1861**.4.15

朱筠（朱竹君）**1871**.9.9；**1885**.7.9

朱元璋（明太祖）**1858**.6.14；**1860**.8.
19；**1864**.8.6；**1875**.10.28；**1878**.4.3

朱云章（朱汉槎）**1867**.10.19.10.20

朱韵梅　见朱世培

朱载亭　见朱炳塾

朱瞻基（明宣宗）**1878**.4.3，4.24

朱兆槐（朱植三）**1863**.1.18，1.19，1.

祝乃书　见祝康民

祝培之 1854,7.17,1855.5.26

祝慎(祝双亭、祝爽亭)1871.9.4,9.5,

　9.6;1875.3.11,6.12,8.26,9.27,9.

　29

祝受谦 1854,7.17,7.22

祝双亭　见祝慎

祝爽亭　见祝慎

祝桐君　见祝凤喈

祝允明(祝枝山)1878.4.29,4.30;

　1888.10.4

祝肇 1878.4.17

祝子常 1854.7.16;1855.6.29

柱周　见李应麟

庄本淳　见庄培因

庄蝶庵 1860.5.17

庄濠(庄彦甫)1874.3.20,4.1;1875.

　6.24

庄纪平 1862.9.17

庄捷振(庄咸之)1860.7.6;1861.1.4.

　2.17,3.21,3.23,3.27,3.28,4.10,

　6.4,6.19,7.1,7.3,7.4,7.5,7.8,7.

　20,7.22,7.25,7.26,7.27,7.30;

　1874.9.7

庄俊甫 1865.2.23,3.15;1882.6.28,6.

　29

庄栗园　见庄懋仪

庄懋仪(庄栗园)1862.6.28

庄女　见赵庄

庄培因(庄本淳)1887.10.12

庄蘉孙 1862.5.2

庄氏(锡嫂、子锡嫂)1865.9.10;1866.

　3.25;1874.5.18;1882.11.28;1885.

　1.12

庄士敏(庄仲求、庄仲球)1862.4.23,

　4.29,5.1,7.16,7.24,7.26,8.4,8.

　7,8.20,8.21;1864.12.2;1868.11.

　15,11.24,12.4;1875.9.17

庄守斋　见庄祖基

庄绥甲(庄四)1855.6.29

庄受祺(庄卫生)1862.1.22

庄述祖(庄珍艺)1868.10.7

庄四　见庄绥甲

庄威凤(庄耀采)1852.10.12,12.14,

　12.24,12.27;1853.8.25;1854.6.3;

　1856.5.23;1862.7.14,7.16,7.23,

　7.24,7.30,8.4,8.7,8.8,8.11,8.

　16,8.20,8.21,8.28;1863.2.2,2.

12；1875. 11. 19；1880. 4. 17，4. 21，7.

20，7. 22，8. 7，8. 14，11. 20，12. 1，12.

13；1881. 3. 31，4. 2；1882. 6. 27，6.

28，6. 29；1883. 11. 24；1884. 2. 23，5.

5，5. 23，6. 28；1885. 12. 2，12. 4；

1886. 3. 19，10. 5，11. 8，12. 13

庄卫生　见庄受祺

庄咸之　见庄捷振

庄小园 1861. 6. 3

庄心吉 1875. 11. 19，11. 22，12. 20

庄心惠 1862. 6. 28

庄彦甫　见庄濠

庄耀采　见庄威凤

庄钺（庄金墀）1862. 4. 23

庄珍艺　见庄述祖

庄忠械（庄仲白）1868. 8. 21，8. 24，9.

6，10. 4，10. 17，10. 18，10. 29，11. 12，

11. 27，11. 28，11. 29，12. 1，12. 4，12.

5，12. 7；1869. 2. 21，5. 16；1870. 2. 21

庄仲白　见庄忠械

庄仲求　见庄士敏

庄仲球　见庄士敏

庄篆生 1875. 5. 25

庄子湘 1865. 4. 5

庄祖基（庄守斋）1867. 8. 27，8. 30；

1868. 7. 18，7. 23，7. 28，8. 1，8. 8，9.

9，10. 13，10. 15，10. 26，11. 21，11.

23，12. 7，12. 8

卓秉恬（卓海帆）1862. 7. 2

卓海帆　见卓秉恬

倬云　见张复照

卓兆蕃（卓砚眉）1870. 8. 24

擢才大叔　见赵梦祥

子白　见方翙元

子弼　见赵廷铭

子楚　见邓尔晋

子春　见黄上达

子定　见周基

子耿　见方璟

子广大叔　见赵学震

子鹤　见盛久荣

子焕　见沈逌骏

子继　见胡培系

子江　见刘绍沅

子谨　见方佺

子敬　见吕承憼

子俊　见管贻芳

子良　见程廷弼

宗源翰(湘文、宗湘文)**1863**.6.26,9.
26,9.30,12.13,12.15,12.17;**1864**.
2.10,2.11,2.29,4.5,4.10,6.1,6.
7,6.9,6.10,7.25,8.6,8.14,8.15,
8.20,8.21,9.11,9.12,11.21,12.4,
12.5,12.20;**1865**.1.23,4.13;**1866**.
9.19;**1869**.3.1,5.7,11.26;**1876**.7.
20;**1877**.11.15,11.16,12.18;**1878**.
3.2,6.3;**1881**.1.29,4.29,5.1;
1883.6.8;**1884**.1.10,2.11;**1885**.5.
13,5.20,7.2,7.4,7.7,7.9,7.17,7.
18,7.21,7.22,7.28,7.31,8.7,8.
14,9.9,9.20,9.26,9.29,10.12,10.
16,10.21,10.29,11.13,12.26,12.
30;**1886**.1.14,1.17,1.25,2.6,2.
22,2.27,3.22,3.29,4.2,4.30,5.2,
5.8,5.13,5.20,5.29,6.3,6.11,6.
26,7.14,7.21,8.4,8.22,8.29,9.7,
9.14,9.16,9.19,9.20,9.30,10.3,
10.10,10.16,11.29,12.3,12.16,
12.27;**1887**.1.5,1.6,1.16,1.20,1.
26,1.31,2.21,3.4,3.10,4.3,4.7,
4.9,4.15,4.16,4.19,5.10,5.20,5.
23,6.1,6.18,6.21,6.27,7.5,7.12,
7.18,7.21,7.26,7.29,8.14,9.2,9.
8,9.29,10.3,10.12,10.19,10.26,
10.27,10.28,10.29,11.1,11.2,11.
3,11.4,11.19,11.28,12.24;**1888**.
1.15,1.31,2.5,2.9,2.15,2.17,2.
23,3.3,3.6,3.23,4.28,5.6,5.7,5.
11,5.24,6.2,6.19,7.14,7.17,7.
21,8.22,8.30,9.3,9.9,10.3,10.4,
10.14,10.18,10.27,10.30,11.3,
11.14,11.22,12.29;**1889**.1.1,1.6,
1.14,1.23,1.27,2.1,2.3,2.13,2.
23,3.8,6.7,6.9,7.4,7.7,7.16

宗月锄　见宗廷辅

宗载之　见宗得福

宗子戴 **1886**.2.26;**1889**.6.18

邹岱东 **1875**.3.10,3.12,6.21,10.12,
10.13,10.24,11.13

邹德沄　见邹在人

邹殿元 **1870**.12.11

邹东川 **1853**.3.27,3.29

邹和之　见邹觐皋

邹觐皋(邹和之)**1868**.10.26,11.17

邹蓉阁　见邹在衡

邹蓉翁　见邹在衡

邹士璁 **1871**. 10. 4

邹豫春(邹遇春)**1879**. 6. 30;**1884**. 8. 11

邹遇春 见邹豫春

邹鸣鹤(邹钟泉)**1853**. 2. 24;**1868**. 11. 17

邹钟泉 见邹鸣鹤

邹在衡(邹蓉阁、邹蓉翁)**1861**. 1. 20, 2. 11,2. 12,2. 23,2. 24,2. 25,3. 3,3. 16,3. 22,4. 10,4. 17,4. 25,5. 2,5. 9, 5. 23,7. 1,7. 5,7. 7,10. 27;**1862**. 6. 28,11. 14,11. 22,11. 24,12. 2,12. 6, 12. 11, 12. 13;**1864**. 5. 19;**1866**. 3. 11;**1867**.4. 24,4. 27

邹在人(邹德沄)**1873**.12. 14

遵侄 见赵遵

左大 见左桂

左二 见左树

左辅(左仲甫、杏庄)**1861**.11. 30,12. 8

左副帅 见左宗棠

左公 见左宗棠

左光(左葵生)**1884**.4. 29

左桂(孟辛、左孟辛、左孟星、左大、意轩)**1861**. 2. 20,2. 21,2. 23,2. 24,2.

26,2. 27,2. 28,3. 2,3. 5,3. 6,3. 7,3. 8,3. 9,3. 10,3. 11,3. 13,3. 14,3. 15, 3. 17,3. 19,3. 20,3. 22,3. 23,3. 25, 3. 27,3. 28,3. 29,3. 31,4. 1,4. 2,4. 5,4. 6,4. 7,4. 8,4. 9,4. 11,4. 13,4. 16,4. 17,4. 19,4. 20,4. 21,4. 24,4. 25,4. 26,4. 28,4. 30,5. 1,5. 2,5. 3, 5. 4,5. 5,5. 6,5. 7,5. 9,5. 13,5. 14, 5. 15,5. 16,5. 17,5. 18,5. 19,5. 20, 5. 24,5. 27,5. 28,5. 31,6. 2,6. 3,6. 6,6. 7,6. 8,6. 9,6. 10,6. 11,6. 12,6. 16,6. 17,6. 19,6. 23,6. 24,6. 25,6. 30,7. 2,7. 3,7. 4,7. 7,7. 20,7. 21,7. 23,7. 25,7. 30,7. 31,8. 2,8. 3,9. 11, 10. 3, 10. 11, 12. 9, 12. 10;**1862**. 2. 11,3. 18,3. 23,5. 18,5. 20,5. 30,6. 7,7. 26,8. 5,8. 8,9. 8,9. 9,9. 10,10. 19, 10. 22, 10. 23, 10. 24, 10. 25, 10. 27,10. 28,10. 29,10. 31,11. 1,11. 7, 11. 8, 11. 18, 11. 21, 12. 1;**1863**. 2. 13,3. 13,3. 15,3. 16,3. 19,3. 21,3. 22,3. 23,3. 25,3. 26,3. 27,3. 28,3. 30,5. 6,5. 10,5. 13,5. 24,6. 1,6. 17, 6. 20, 7. 13, 10. 6, 10. 23, 12. 26;

1864. 1. 8，1. 25，7. 2；**1865**. 1. 5，1. 12，5. 28，6. 6，8. 23，11. 8；**1866**. 2. 20，8. 16，11. 7；**1867**. 1. 9，1. 23，7. 20，12. 5；**1868**. 7. 16，8. 18；**1870**. 2. 17；**1884**. 4. 29

左季高　　见左宗棠

左军门　　见左宗棠

左恪靖侯　　见左宗棠

左葵生　　见左光

左孟辛　　见左桂

左孟星　　见左桂

左树（仲敏、左仲敏、大树、左二）**1861**. 3. 25，3. 27，3. 31，4. 1，4. 2，4. 7，4. 13，4. 15，4. 16，4. 17，4. 19，4. 20，4. 21，4. 24，4. 25，4. 26，4. 28，4. 30，5. 2，5. 5，5. 6，5. 7，5. 9，5. 13，5. 16，5. 17，5. 19，5. 28，6. 2，6. 6，6. 8，6. 10，6. 11，6. 12，6. 16，6. 17，6. 19，7. 2，7. 7，7. 21，7. 23，8. 2，8. 3，9. 11，12. 9，12. 10；**1862**. 3. 18，3. 23，5. 30，6. 7，

10. 19；**1863**. 3. 27，6. 17，6. 20，12. 26；**1864**. 7. 2；**1866**. 9. 1；**1867**. 8. 21，12. 5；**1877**. 11. 14，11. 17，11. 18

左湘阴　　见左宗棠

左制军　　见左宗棠

左中丞　　见左宗棠

左仲甫　　见左辅

左仲敏　　见左树

左宗棠（左副帅、左中丞、左军门、左季高、左制府、左季帅、左公、左湘阴、左制军、左恪靖侯）**1861**. 9. 7，9. 25；**1862**. 4. 1，5. 18，7. 13；**1863**. 7. 19，9. 5；**1864**. 4. 8，4. 11，4. 12，4. 25，5. 16，6. 17，6. 27，8. 6，8. 16，8. 17，8. 24，12. 3；**1865**. 7. 25，8. 7；**1866**. 9. 19；**1867**. 6. 19，8. 4，8. 18，12. 26；**1868**. 2. 24，8. 18，9. 10，11. 27；**1882**. 5. 20；**1884**. 10. 10

作梅　　见陈鼐